생존의 기로

21세기 미·중 관계와 한국

생존의 기로

21세기 미·중 관계와 한국

초판 1쇄 발행 2021년 10월 20일
초판 3쇄 발행 2022년 10월 10일

지은이 정재호

펴낸곳 서울대학교출판문화원
주소 08826 서울 관악구 관악로 1
도서주문 02-889-4424, 02-880-7995
홈페이지 www.snupress.com
페이스북 @snupress1947
인스타그램 @snupress
이메일 snubook@snu.ac.kr
출판등록 제15-3호

ISBN 978-89-521-3050-1 93340

생존의 기로

21세기 미·중 관계와 한국

정재호 지음

서울대학교출판문화원

서문

이 책의 '프리퀄'(prequel)인 『중국의 부상과 한반도의 미래』가 출간된 것이 2011년 여름의 일이니 어언 10년의 세월이 흘렀다. 490쪽에 달하는 그 책은 지금까지 도합 5쇄를 찍었으니 사회과학 학술서로는 어지간한 성적을 거두었다. 『중국의 부상과 한반도의 미래』는 2012년 한국국제정치학회가 주는 학술상을 수상했고, 또 이를 읽어본 학계, 정부, 재계, 언론의 많은 분들과의 만남을 통해 저자로서 또 연구자로서 적잖은 소회를 느끼기도 했다.

『중국의 부상과 한반도의 미래』의 마지막 장(14장)을 읽은 독자라면 기억이 나겠지만, 오롯이 학술연구의 접근(즉, 방대한 자료 읽기와 실증을 통한 논리의 전개)으로 이뤄진 책의 대부분과 달리 그 말미에는 한국의 제대로 된 외교·안보를 위한 필자 나름의 진단과 처방을 제시했었다. 필자의 좁은 소견에도 당시 우리 외교·안보가 나아가던 방향과 내용이 몹시 못마땅했기 때문이다. 『중국의 부상과 한반도의 미래』가 나온 지 10년이 넘었고 그동안 세 개의 정부(이명박, 박근혜, 문재인)가 지나가고 있지만, 그 책 안에 — 학술적 접근과 나름의 자제 노력에 가려지기는 했지만 — 내재되어 있던 답답함과 불만이 줄어들기는커녕 오히려 배가되고 있음을 부정하기 어렵다.

이순(耳順)이 넘어 세상사 많은 게 마뜩찮은 것은 노화의 탓일 수도 있겠으나, 밖에서는 명확히 보이는 것들이 왜 안에서는 그리도 안 보이는지에 대한 궁금함이 적지 않다. 많은 사람들이 보수/진보 운운하며 대부분 이를 편 가르기로 설명하지만, 왜 시기와 정권에 관계없이 우리의 외교·안보는 유사한 문제들을 지속적으로 노정하는지에 대한 지적 호기심을 누르기 어렵다. 또 중장기적 국익까지도 스스로 망치는 모습을 보면서 생존의 기로에 선 한국에 대한 깊은 우려 역시 감출 수가 없다.

2017년 서울대학교출판문화원에서 『중국의 부상과 한반도의 미래』의 증보판 출간에 대한 의사를 타진해 왔다. 사실 처음에는 필자도 그렇게 접근하려 했지만, 2018년 가을 며칠간 지방에 내려가 증보판의 기획을 고민하던 중 생각이 바뀌게 되었다. 당초 2~3개 장을 새로 써 『중국의 부상과 한반도의 미래』가 끝나는 2008년 이후의 10년을 다루는 증보판을 상정했지만, 이내 그 10년 동안 너무도 많은 — 대체로 한국에 불리하고 또 생각할수록 아쉬운 — 일들이 있었음을 인지하게 되었다. 결국 증보판이 아닌, 『중국의 부상과 한반도의 미래』의 '시퀄'(sequel)로서 『생존의 기로: 21세기 미·중 관계와 한국』이라는 새 책을 쓰게 되었다.

10여 년 전만 해도 미래전략 방정식의 한 항에 불과했던 미·중 관계가 이제는 현실의 유/불리와 한국의 생존을 좌우하는 함수 그 자체가 되고 있다. 그 어느 때보다도 한국의 외교와 안보가 준엄한 갈림길에 선 지금 바로 여기에서 과연 무엇을 어떻게 인지하고 판단해야 하는지에 대해 독자들과 깊은 고민을 함께 나누고자 한다. 이 책 또한 이전의 많은 비판과 노력처럼 그냥 흘러가 버리는 목소리에 불과할 수도 있겠으나, 최소한 이런 고민을 했던 기록만이라도 반드시 후세에 물려줘야 한다는 생각을 버릴 수가 없다.

1장에는 "미·중 관계의 진화: 전략적 경쟁으로의 진입"(『중소

연구』, 2011년)의 내용 일부가 들어 있으며, 2장은 필자가 편집한 *Assessing China's Power* (Palgrave, 2015)의 1장 부분이 포함되어 있다. 3장은 "개혁기 중국의 대외관계(1980~2017): 변화와 계속성에 대하여"(서울대학교 중국연구소 편, 『개혁 중국』, 2019)의 내용을 수정·증보했으며, 4장은 "How America and China See Each Other: National Views and Official Perceptions"(*Pacific Review*, 2019)를 증보한 것이다. 5장과 6장은 2014~2017년에 걸쳐 국립외교원 중국연구센터와 함께 작업한 내용(『중국정세보고』, 2014~2017)을 대폭 재구성 및 증보한 것이며, 7장은 고려대학교 김헌준 교수와 3년 넘게 고민을 나누며 썼던 글의 일부를 고쳐 쓴 것이다. 8장과 9장은 이번에 새로 썼으며, 10장은 서울대학교 아시아연구소 미중관계연구센터가 펴낸 『미·중 사이 한국의 딜레마: 사례와 평가』(2017)에 포함된 필자의 집필 부분을 대폭 수정·증보한 것이다. 결론인 11장 역시 새로 쓴 글임을 밝힌다.

이 책의 내용이 만들어지는 데에 2014~2017년 기간 미·중 관계에 초점을 맞춘 연구를 가능케 해준 국립외교원의 지원이 있었고, 서울국제포럼(SFIA)은 미·중 관계에 대한 어젠다 워킹 그룹을 통해 2019년의 연구를 지원했다. 서울대학교 아시아연구소는 미·중관계 프로그램(PUCR)을 2013년부터 지금까지 물심양면으로 지원해 주었는데, 임현진 초대 소장과 박수진 현임 소장께 감사를 표한다. 또 다양한 현안을 주제로 한 필자의 인터뷰에 기꺼이 응해준 전/현직 정부 인사들께도 깊은 감사를 드린다. 이 책을 위한 자료 수집의 긴 과정에서 이영준 석사, 박나영 석사, 김성준 석사생, 그리고 오수연 학사의 세심한 도움이 있었다. 그리고 지난번 책에 이어 이번에도 많은 도움을 준 서울대학교출판문화원의 관계자 여러분께도 고마움을 표한다.

국/영문 저서와 편서를 합쳐 열아홉 번째로 이 책을 출판하게 되었다. 1983년 대학원 공부를 시작한 지 40년 가까운 시간이 흘렀지만 자료를 읽고, 생각을 정리하며, 글을 쓰는 것이 여전히 이렇게 즐거울 수 있음에 하나님께 깊은 감사를 드린다. 고향 집에 내려갈 때마다 "이제는 그만 좀 하고 쉬며 삶을 즐겨라" 하시던 어머니, 1988년부터 옆에서 끊임없이 기도하며 격려해 준 아내 혜경, 그리고 이제는 나라 걱정을 꽤나 하는 딸 유진에게 감사한 마음과 함께 이 책을 바친다.

2021년 5월
笑江齋에서

차례

표 차례

그림 차례

제1부

제1장

미·중 관계의 변환과 한국의 미래

> "지금의 추세가 지속된다면 향후 미·중 간 비극적 전쟁은 단순히 가능한 것을 넘어 우리 대부분이 예상하는 그 이상으로 개연성이 높아질 것이다."[1)]

> "미·중 관계는 대한민국의 독자적인 통제 노력을 벗어나 있으나 한반도 문제에 가장 근원적인 영향력을 가진 양자 관계이다."[2)]

21세기 들어 중국의 부상은 세계 전역에서 일상의 화두가 되었다. 구소련이 붕괴되고 얼마 지나지 않은 1990년대 중반만 해도 중국의 부상이나 강대국화는 대체로 현실과 동떨어진 시나리오로 치부되곤 했다. 하지만 GDP 연평균 성장률 10퍼센트를 넘나드는 고성장을 지속하면서 중국의 부상과 강대국화는 한때 역전되기 어려운 추세로까지 인식되었다.[3)] 특히 2000년대 들어 주요 강국인 이탈리아, 영국, 프랑스, 독일, 일본을 연이어 제치며 세계 2위의 경제대국으로 등극한 중국의 모습이, 상당 기간 경제 침체와 중동 및 아프가니스탄에서의 전쟁으로부터 벗어나지 못한 미국의 모습과 대조되면서 미·중 간 '세력전이'(power transition)의 가능성까지 제기되고 있다.

'슈퍼파워'(superpower)로서의 미국과 소련의 양자 관계가 20세기 후반 내내 — 50년 가까이 — 국제정치의 구조 및 규범을 좌우한 가장 핵심적인 변수였다면, 21세기에는 미·중 관계가 그 역할을 대신할 것으로 전망된다.[4)] 이미 미·중 양국을 가리켜 G2(Group of Two: 즉, 국제정치/경제의 구조와 규범을 형성하고 유지하는 양대 대국)로 부르고 있으며, 심지어 미국에서도 중국을 국제사회에 책임을 져야 하는 '이해 상관자'(stakeholder)로 지칭한다. 혹자는 미·중 관계를 '부분적 대립'(partial confrontation)이 불가피한 관계라고 부르며,

또 혹자는 '경쟁적 공존'(competitive co-existence)의 관계로 규정한다. 무엇보다도 널리 알려진 비유는 패권 경쟁 내지는 패권 전쟁의 개연성까지 상정하는 '투키디데스의 덫'인데, 이 또한 중국의 국제적 위상을 미국의 그것에 근접한 것으로 상정한 것이다.[5)]

미·중 관계의 악화는 다음 세 가지 측면에서 한국에는 심각한 악재(惡材)일 수밖에 없다. 첫째, 오랜 동맹인 미국과 새로운 전략적 동반자 중국은 한국에 공히 중요한 존재이기에, 미·중 관계의 악화는 필연적으로 한국에 매우 까다로운 딜레마를 안겨줄 수밖에 없기 때문이다.[6)] 둘째, '역외 균형 전략'(offshore-balancing strategy)의 핵심인 서태평양 지역을 포기할 가능성이 제로에 가까운 미국과, 오랜 기간 동아시아를 자국의 앞마당으로 간주해 온 중국 사이에서 패권 경쟁의 주 무대 중 하나는 한반도일 수밖에 없다. 즉, 미·중 간 협력보다는 경쟁이나 대립이 두드러질 수밖에 없는 지정학적 중심에 한국이 위치해 있는 것이다.[7)] 셋째, G2로서의 미국과 중국은 북핵 문제의 해결, 한반도 평화체제의 구축, 대외의존도가 매우 높은 한국 경제, 그리고 4차 산업혁명과 같이 한국의 생존을 좌우할 거의 모든 영역에서 독립변수로 작동할 것이기에, 양국 관계의 악화는 종속변수인 한국에 매우 부정적 영향을 끼칠 수밖에 없다.

이 같은 핵심적 중요성에도 불구하고 미·중 관계의 진화/변환이 가져오는, 그리고 향후 초래할 수밖에 없는 전략적 딜레마에 대한 한국에서의 연구는 일천하기 그지없다. 한국에 그토록 중요한 미·중 관계를 전문적으로 연구하는 연구소나 연구센터가 거의 없으며, 이를 전적으로 지원하는 프로그램 역시 전무한 실태다. 또 미·중 관계를 전문적으로 연구하는 학자의 수도 손으로 꼽을 정도라, 한국의 지식 생태계가 향후 닥칠 수밖에 없는 미·중 관계발(發) 딜레마들을 제대로 이해하고 또 그 각각에 적합한 대안을 제시할 수 있을지 우려가 적지 않다.[8)]

서장(序章)의 역할을 하는 이 장은 다음 세 가지 내용을 담고 있다. 첫째, 단순한 연대기적 서술을 피하기 위해 양자 관계(bilateral relations)로서의 미·중 관계를 바라보는 데에 유용한 분석 틀 내지 관점에는 어떤 것들이 있는지 살펴본다. 둘째, 거시적 관점에서 볼 때 탈냉전 시기 미·중 관계의 진화 내지는 변환이 대체로 어떠한 궤적을 그려왔는지에 대한 분석적 논의를 제시한다. 셋째, 이 장의 마지막 부분에서는 이 책의 전체적 구성에 대해 간략히 소개한다.

양자 관계를 보는 분석 틀과 관점들

국제정치학의 다양한 연구 대상 중 두 국가 사이의 양자 관계와 관련해서는 높은 학술적·정책적 관심에도 불구하고 적절히 활용할 만한 이론적 토대를 찾기가 쉽지 않다.[9)] 물론 양자 간 분쟁의 발생 요인 및 협상에 대해서는 합리적 선택 및 게임 이론의 여러 관점들이 존재하지만, 역사의 긴 맥락을 따라가면서도 양국 관계를 효율적으로 기술 및 설명해 주는 분석 틀을 찾기란 그리 쉽지 않다. 이로 인해 대다수의 연구들이 연대기적 서술(chronological description) 방식을 택하거나, 아니면 주요 사건 위주(event-oriented) 혹은 이슈 영역 위주(issue area-oriented)의 접근을 택했던 것이 사실이다. 미·중 관계와 관련해서도 이와 같은 방법론적 비판에서 벗어나는 저작은 그리 많지가 않다.

그렇다면 양자 관계의 논의에 있어 유용한 관점이나 분석 틀에는 어떤 것이 있는가? 대략 네 가지를 생각할 수 있는데, 그중 첫째는 개별 국가의 전략적 행동을 유도 또는 제약하는 변수로서의 공간적 환경, 즉 지정학적 맥락을 들 수 있다.[10] 지정학적 맥락은 두 가지 측면에서 지대한 영향을 끼치는데, 하나는 개별 국가의 안보 인식을 구성하는 핵심 환경을 지칭하며, 다른 하나는 양국 간의 지리적 거리가 만들어내는 영향을 가리킨다. 전자의 경우, 태평양이나 대서양과 같은 압도적 규모의 '해자'(垓字: ocean moats)로 둘러싸여 본토 안보에 대한 우려가 상대적으로 적은 미국과, 무려 14개국과 도합 22,800킬로미터의 국경을 공유한 중국의 안보 인식이 같을 수 없음을 의미한다.[11] 그리고 후자의 경우, 지리적 거리가 멀수록 — 특정 무기체계의 개입이 필요한 핵전쟁의 경우를 제외하면 — 양국의 서로에 대한 위협 인식은 상대적으로 낮아진다는 의미이다.[12]

둘째로는 개별 국가의 전략적 행동을 유도 및 제약하는 변수로서 시간적 맥락(longitudinal context), 즉 양자 간 역사의 측면을 들 수 있다. 어느 양자 관계도 진공 상태에서 시작하는 것은 없으며, 모두 역사의 흐름 속에서 축적된 인식과 쟁점을 품고 진화할 수밖에 없다. 미·중 관계 역시 연원은 상대적으로 짧지만, 그래도 한 세기가 훨씬 넘는 기간 동안 형성된 상호 인식과 쟁점들을 통해 끊임없이 재구성되고 있음을 인지할 필요가 있다.[13]

셋째로는 국제정치에서 그 무엇보다 중요한 요소인 힘 또는 국력(national power)을 들 수 있다. 국력 평가의 기준은 학계에서도 오랫동안 논쟁의 중심에 서 왔지만, 크게 다섯 범주를 생각할 수 있다. 미·중 관계와 관련해 우선 관심을 끄는 것은 바로 현재와 미래의 힘에 대한 평가이다. 간단히 말해, 언제쯤 중국의 종합국력이 미국의 그것과 대등해지거나 또는 초월할 것인지를 가리킨다.[14] 이는 앞서 언급했던 '투키디데스의 덫,' 패권 전쟁 등의 개념과 연계되어 가연성이 높은 상황을 만들어낼 수도 있다. 그다음으로는 실재하는 힘(actual power)과 인식되어진 힘(perceived power)의 구별에 대한 것으로, 전자도 측량이 쉽지 않을 뿐 아니라, 후자 역시 상당한 불가측성(不可測性)을 지닌다는 점에 주목해야 한다.[15]

남은 세 범주 중 하나는 구조적 힘(structural power)과 행태적 힘(behavioral power)의 구분에 대한 것이다. 군사력이 월등한 국가가 비군사적 영역에서까지 자신의 선호를 타국에 강제할 수 있는지에 대해서는 학계에서도 논쟁이 없지 않다. 소위 영역과 무관한 '힘의 전환성'(fungibility)이라 불리는 구조적 힘에 대한 대안적 관점의 하나가 곧 행태적 힘이라는 개념이다. 이는 군사적 열세에 있는 국가도 때로는 이슈 영역과 외교력에 따라 자신의 선호를 관철시킬 수 있음을 의미한다.[16] 다른 하나는 양국 간 힘의 격차가 초래하는 위협 인식의 문제로, 힘의 격차가 좁혀질수록 — 지리적 거리, 상호 인식의 요인과 함께 — 분쟁의 가능성이 높아지는 추세를 가리킨다.[17] 마지막으로는 국력 투사의 지리적 범위에 대한 것으로, 전 지구적(global), 지역적(regional) 그리고 연안(near-sea)으로 나누는 분류가 일반적이다. 이것이 갖는 함의는 미·중 간 전 지구적 패권 경쟁이 동아시아에서의 그것과 반드시 시기적으로 겹치지 않을 수도 있다는 점이다. 즉, 전 지구적 투사 능력을 갖기 전이라도 중국은 지역 패권에 도전할 수 있으며, 이 역시 많은 문제를 만들어낼 수 있다는 의미이다.

넷째로, 양자 관계를 봄에 있어 또 하나 유용한 관점은 가치/규범/문화/문명에 대한 것이다. 1990년대 한때 세계화의 확산에 따른 '주권의 도태'(death of sovereignty)와 '초국가 공동체'(supranational communities)가 화두였던 적이 있다. 그로부터 20년 남짓 흐른 지금, 주권은 완벽하게 귀환했으며 WTO의 쇠퇴 및 '브렉시트'와 같은 역주행 추세들을 쉽게 발견할 수 있다.[18] 21세기 들어 당당히 되돌아온 주권 국가들을 그나마 일정 부분 묶어주는 끈으로 가치/규범/문화/문명을 생각할 수 있다. 이러한 요소들이 양자 관계의 이해에 중요한 이유는 혹시 있을 수도 있는 분쟁에서 완화제의 역할을 하기 때문이다. 예컨대 20세기 전반부의 부상국 미국과 독일 중에서 왜 영국이 전자를 더 우호적으로 인식했으며, 세력전이의 막바지에서 만회의 어려움을 통감한 영국이 왜 미국에 순순히 패권을 양여했는지도 이와 연관이 있다. 즉, 역사, 문화, 언어, 종교, 인종, 세계관이라는 측면에서 양국이 많은 것을 공유했고, 이로 인해 인식된 불확실성과 우려가 상대적으로 적었다는 점이다. 가치 공유에 의한 공존 가능성의 제고는 곧 영·미 관계와는 성격이 사뭇 다른 미·중 관계의 이해에 많은 시사점을 제공해 준다.[19]

미·중 관계 진화의 궤적

학술적으로나 정책적으로 초미의 관심사일 수밖에 없는 미·중 관계에 대한 전망은 — 다양한 방법론적 진전에도 불구하고 — 여전히 그 난도가 높아 보인다. 따라서 여기서는 중국의 개혁·개방 노선 채택 이후 40년간 미·중 관계가 노정한 진화의 궤적(軌跡)을 추적함과 동시에, 학계 및 정책 서클에서 제시된 주요 관점을 중심으로 그 추세를 도출해 본다.

동아시아 맥락에서 미·중 관계의 궤적에 대한 관점으로 크게 다섯 가지를 생각할 수 있는데, 이에는 ① 현상 유지론, ② 지역 강국론/평화로운 부상, ③ 견제/균형론, ④ 정책 오류론/패권 경쟁론, ⑤ 공유 패권론/신중화 질서론이 포함된다.

현상 유지론

1980년대부터 1990년대 중반까지 압도적인 영향력을 발휘했고 지금도 적지 않은 청중을 가진 관점으로, 중국의 강대국화가 원만히 이뤄지기 어렵거나 설사 장기간에 걸쳐 실현되더라도 중국이 미국을 앞지를 가능성은 낮다는 평가를 가리킨다.[20] 그런 의미에서 이 관점을 현상 유지론 또는 대체 불가론이라고 칭할 수 있다. 그보다 더 부정적인 평가로는 중국의 다양한 내부 문제들(예컨대 부패, 부채, 지역 격차, 도농 격차, 고령화, 환경)로 인해 부상 그 자체가 쉽지 않을 수 있다는(muddling China) 시각과, 설사 부상하더라도 그 중국은 '중등 중국'(middle China)에 그칠 것이라는 전망을 포함한다.[21] 결국 큰 틀에서는 여전히 미국의 패권 유지가 대세라는 관점이라고 할 수 있다.

1990년대 말 동아시아 금융위기를 발판으로 중국이 '책임지는 대국'(負責任的大國)을 자임하고, 또 2000년대 들어 경제규모 기준으로 유럽 강국들을 하나씩 제치면서 현상 유지론의 기반 약화가 시작되었다.[22] 특히 2010년 중국이 일본의 GDP를 추월한 후 이 관점의 설득력이 줄기 시작했다. 리먼 브라더스(Lehman Brothers) 사태와 그 이후의 '예산 감축'(sequester)과 '정부 폐쇄'(shutdown) 등이 만들어낸 미국의 쇠퇴 이미지 또한 이 관점의 약화에 일조를 했다. 2012년 『이코노미스트』(*Economist*)는 국내총생산(GDP) 기준 미·중 경제력의 교점이 2019년이라고 전망했으나, 이는 실현되지 않았다. 2016년 골드먼 삭스(Goldman Sachs)가 그 교점은 대략

2027년경이라고 했지만, 이 또한 두고 볼 일이다.[23] 2020년의 '검은 백조'인 코로나 사태가 미국과 중국에 미친 영향에 따라 중국의 따라잡기(追趕) 추세와 현상 유지론/대체 불가론의 기반이 바뀔 수 있음을 시사하는 것이다.[24]

최근 들어 경제력보다는 군사력에서 미국이 지닌 압도적 우위에 초점을 맞춘 전망들이 늘고 있다. 그러나 군사 분야에서도 빠르면 2023년(중국의 국방예산 증가율을 15.6%로 책정할 경우), 또는 늦어도 2032년(10.7%로 책정할 경우)에 중국 국방비가 미국을 넘어설 것이라는 전망이 제기되었다. 그러나 최근의 실제 추세를 감안하면 그 가능성은 비교적 낮아 보인다.[25] 그럼에도 당초 2018년에나 가능하리라던 미국 국방정보국(DIA)의 예상과 달리 스텔스 전투기(J-20)의 시험 비행을 2012년에 수행한 것을 볼 때, 일부 영역에서 중국의 따라잡기 가능성을 완전히 배제하기는 어렵다.[26]

지역 강국론/'평화로운 부상'의 시각

현상 유지론과 달리 지역 강국론은 중국의 위상이 최소한 지역 강국의 수준으로 높아지고, 미·중 간 힘의 균형이 일부 바뀜에도 불구하고 양국 관계는 조화롭게 유지된다는 전망을 가리킨다. 1990년대 후반과 2000년대 내내 중국 학계의 주류적 시각 — 소위 '일초다강론'(一超多强論) — 이었고 또 서구의 많은 전문가들도 따랐던 이 관점은 개혁·개방 시기의 중국 외교가 나름 세련되고 적절한 균형감을 유지해 왔음에 주목했다.[27] 현 시기를 소위 '백년의 국치'(百年國恥)를 털어낼 절호의 계기이자 '전략적 기회의 기간'(戰略機遇期)으로 간주해 온 중국이 불필요하게 미국을 자극하거나 국제사회의 우려를 자아내지 않고 내부 문제에 집중한다는 시각이다.[28] 20세기 초 미국의 부상 역시 당시 패권국이던 영국의 부정적 관심을 크게 불러일으키지 않았기에 가능했다는 점에 기반해, 중국도 도광양회(韜光養晦) 전략으로 국제사회와 패권국의 우려를 줄이려 한다는 주장을 가리킨다.

물론 개혁·개방 시기 내내 중국이 보인 행태는 (2009년과 2012년 이후를 제외하면) 상당 부분 이러한 평가와 일치한다. 예컨대 후진타오 정부 출범 이후 2004년에 내놓은 '평화적인 부상'(和平崛起)의 원칙을 당시 국제사회의 다양한 우려를 감안해 '평화적인 발전'(和平發展)으로 전격 수정한 것이라든지, 경제력의 증대 속도에 비해 국방력 증강의 추세가 상대적으로 완만했다든지, 그리고 대체로 방어적 국방 원칙을 견지했다는 것이 좋은 예이다.

반면에 이 관점은 한 가지 핵심적인 비판에 직면할 수 있다. 즉, 판단의 시기적 초점을 어디에 두느냐에 따라 결론이 달라질 수 있기 때문이다. 환언하면, 미국에 비해 힘이 절대로 부족했던 지금까지는 중국의 전략적 겸허가 합리적일 뿐 아니라 설득력도 갖고 있지만, 일단 중국의 종합국력이 패권국 미국과 비슷해지거나 심지어 이를 넘어선 후에도 과연 그러한 입장이 지속될지에 대해서는 그 어떤 명확한 답도 제시하지 않는다. 특히 2009년 동중국해와 남중국해에서 모습을 처음 드러낸 중국의 공세적 외교, 그리고 2012년 시진핑 집권 이후 자리를 잡은 주동적 변화들을 감안하면 평화로운 지역 강국의 부상이라는 시각이 지닌 유효 기간이 점차 짧아지는 것으로 보인다.

견제/균형론: 의도론 vs. 구조론

앞서 제시한 현상 유지나 평화적인 부상의 관점과 달리, 견제/균형론은 향후 미·중 간 국력 격차가 급속히 좁혀지면서 양국 사이 치열한 전략적 경쟁의 가능성이 높다는 전제에 기반한다. 즉,

앞서의 두 시각보다 중국의 부상과 강대국화에 대해 낙관적인 평가를 내재하며, 이에 대한 대비로서 대중국 견제 내지는 균형의 필요성을 주장하는, 2000년대와 2010년대 전반까지 회자되었던 시각을 지칭한다. 이 견제/균형론에는 두 가지 세부 유형이 있는데, 각기 의도론과 구조론을 그 배경으로 한다.

우선 의도론을 배경으로 한 견제/균형론에 따르면, 미·중 관계가 분쟁 국면에 이르게 될지는 중국의 수정주의적 의도에 달려 있으며, 이에 대해서 아직까지 명확한 결론을 내리기 어렵다고 평가한다. 즉, 중국의 의도와 관련해 보다 확실한 결론을 도출하기 위해 검증의 시간이 더 필요하다는 입장이다. 따라서 아직은 중국을 책임 있는 성원으로 만들기 위해 미국과 국제사회가 적극적으로 '교류/관여'(engagement)의 노력을 경주해야 한다고 강조한다.[29] 따라서 의도론적 견제/균형론은 일정 부분 불가지론(不可知論)의 전제를 갖고 시작하지만, 일단 중국의 현상 변경(수정주의적) 의도가 드러날 경우 미국은 적극적인 견제와 균형을 택할 수밖에 없다는 의미를 내포한다.[30]

의도론적 견제/균형론은 다음과 같은 문제점을 갖고 있다. 즉, 중국이 현상 변경의 의도를 가졌는지를 규명하기 위해 지표와 임계점을 구체적으로 어떻게 잡을지, 또 그것이 어떤 맥락에서 드러난다는 것인지가 대체로 불분명했다는 점이다.[31] 그러나 의도론적 견제/균형론은 다음에 논할 구조론적 견제/균형론에 비하면 미·중 분쟁이 필연적이지 않다는 입장이지만, 2013년 이후 그 기반도 예전에 비해 상당히 약화된 것으로 평가된다.

의도론적 견제/균형론과는 대조적으로 구조론을 배경으로 하는 견제/균형론에 따르면, 중국의 의도가 무엇인지는 그리 중요하지 않으며 또 의도라는 것은 언제라도 변할 수 있다고 한다. 이에 더해 중국의 부상 그 자체가 이미 패권국 미국의 '전략적 운용의 공간'(room for strategic maneuvering)을 축소시키고 있기에 미국 역시 가만히 있어서는 안 된다는 관점을 가리킨다. 결국 향후 미·중 간 치열한 전략적 경쟁은 불가피하며, 불리한 상황이 생기기 전에 미국이 선제적으로 중국을 '제약'(constrain)해야 한다고 주장한다.[32] 따라서 구조론에 입각한 견제/균형론은 앞서의 의도론적 견제/균형론에 비해 더 결정론적이며 비관적인 입장을 제시한다.

구조론적 견제/균형론 역시 중요한 문제점을 갖고 있다. 미·중 전략적 경쟁이 구체적으로 무엇을 의미하며, 행태적으로 어떻게 구현될지를 분명히 제시하지 않기 때문이다. 예컨대 핵전력에 있어 미·중 간 '최소한의 억지'(minimum deterrence)가 유지되는 현 상태에서 양국의 전략적 경쟁의 끝이 어떻게 드러난다는 것인지가 제시되어 있지 않다. 또한 지금의 국제정치·경제 체제 내에서 미·중 양국이 공히 가장 큰 수혜자임을 감안할 때, 양국 간 전략적 대립이 구체적으로 어느 수준까지 이를 것이며 그 임계점은 어디인지를 밝힌 연구가 별로 없다는 점이다.[33]

정책 오류론/패권 경쟁론

2012년 말 시진핑 집권 이후 중국의 공세적 외교는 더 이상 학계에서 논쟁의 대상이 되지 않고 있으며, 중국의 수정주의 추세가 점차 뚜렷해짐에 따라 등장한 비교적 새로운 시각을 가리킨다. 특히 2017년 트럼프 집권 이후, 오바마 2기 행정부의 소극적이고 피동적인 대중국 정책에 대한 강력한 비판이 제기됨과 동시에, 그동안 진행되어 온 의도론적 견제/균형론과 구조론적 견제/균형론 사이의 경쟁에서 후자가 우세를 점하게 되었음을 알리는 신호이기도 하다.

소위 "우리가 중국을 잘못 봤다"(We've got China wrong)로 축약되는 정책 오류론은 크게 다음 세 가지 내용을 담고 있다. 첫째, 국제사회의 적극적 교류와 관여를 통해 중국이 점차 자유, 민주, 시장경제 체제로 수렴되리라던 서구의 기대와 예상은 오류였으며, 당초 중국은 그럴 의도 자체가 없었다는 것이다. 둘째, 교류/관여로 대변되는 국제사회의 대중국 정책이 오히려 중국의 수정주의 경향을 부추긴 면이 있기에 이를 적극적인 견제와 균형으로 전환해야 함을 강조하는 것이다. 셋째, 비록 이와 같은 전환이 트럼프 행정부 출범 이후에 가시화되었지만, 이러한 평가는 공화당뿐 아니라 민주당을 포함한 조야에 비교적 넓은 공감대를 구축했고 또 바이든 행정부까지 이어지고 있다는 점이다.[34]

정책 오류론에 더해, 트럼프 행정부에서는 중국을 수정주의 세력이자 경쟁자로 적시해 견제와 균형의 고삐를 죄었다. 미국정부가 중국에 대한 소위 '전 정부적'(a whole-of-government approach) 그리고 '전 사회적'(a whole-of- society approach) 대응을 강조하고, 학계와 정책 서클에서도 패권 전쟁론이나 투키디데스의 덫과 같이 결정론에 가깝고 또 비관적 시나리오들이 많이 회자되었다.[35] 이러한 대중국 노선은 바이든 행정부도 이어받았을 뿐 아니라, 기존의 '전 정부적' 및 '전 사회적' 대처에 더해 '전 동맹적'(whole-of-allies) 접근을 강조하며 중국과의 '극한의 경쟁'(extreme competition)까지 상정하고 있다.[36]

중국 역시 주도권 경쟁을 인정하며, 이를 '우세 거부 전략'(拒優戰略)으로 칭한다.[37] 4장에서 보다 상세히 논하겠지만, 미·중 간 상호 인식까지 악화되는 상황에서 이같이 결정론적이고 비관적 전망이 자리 잡는 것은 그리 이상적이지 않지만, 중국 역시 미·중 관계가 이미 '질적으로 변화'한 것으로 평가한다. 혹자는 이를 양국 관계의 '신단계'(新階段) 또는 '역사적 관문'으로 표현하고, 또 혹자는 이를 '후 관여 시대'(後接觸時代: post-engagement era)라고 부르는데, 결국은 모두 시대의 전환이 이뤄지고 있음을 의미한다.[38]

공유 패권론/신중화 질서론

마지막으로 공유 패권론과 신중화 질서론을 들 수 있는데, 아직 주류적 관점으로 부상하지는 않았지만 향후 중국의 강대국화가 성공적으로 구현될 경우 최소한 동아시아에서는 미국 중심의 구조와 규범을 대체하는 신질서의 구축이 가능하다는 시각을 가리킨다. 이러한 담론은 대략 2000년대 초반부터 시작되었는데, 18~19세기 유럽과 달리 동아시아에서는 부상하는 중국에 대한 '세력 균형'(balancing)의 명시적 움직임을 찾기 어렵다는 점에서 출발하였다.[39] 이에 따르면, 향후 역내 국가들이 미국만 선호하여 중국을 일방적으로 견제하거나 포위에 나설 가능성은 높지 않으며, 우선적으로 미국과의 역내 패권의 공유, 그리고 보다 장기적으로는 미국의 서태평양 철수에 이은 중국 중심의 신질서 구축의 개연성이 높다고 평가한다.[40]

물론 이 관점에 대한 다양한 반론이 존재한다. 역내 국가들이 중국에 대한 우려와 두려움을 결여했다기보다 이를 효과적으로 드러낼 방법과 계기를 찾지 못했을 수 있다는 것이 그중 하나이다.[41] 역내 국가 대부분의 중국 의존도가 매우 높아 전략적 우려를 명시적으로 표하기 어려움에도 불구하고, 2013년 이후 중국의 공세적 외교가 가진 부정적 측면들에 대해 이들이 적극적으로 그리고 다양한 양태로 대비하고 있기 때문이다.[42] 다만 장기적으로 중국의 종합국력이 미국을 압도하고 이를 계기로 미국이 동아시아에서 상당 부분 물러나게 되면 — 즉, 패권적 영향력을 상실하면

— 이 같은 신질서의 구축도 개연성이 전혀 없다고 볼 수는 없다.

이상에서 살펴본 미·중 관계 진화의 궤적은 다음과 같은 몇 가지 특징을 갖는다. 압도적인 힘의 우위를 바탕으로 오랫동안 '넘지 못할 산'으로 인식되던 미국의 상대적 쇠퇴와 중국의 따라잡기로 인해 미·중 관계의 현상 유지는 — 최소한 동아시아에서는 — 갈수록 어려워질 수도 있다. 2000년대 내내 유지되던 미·중 간의 조화로운 관계도 상호 불신과 우려가 점차 커지는 전략적 경쟁의 단계에 이미 진입한 것으로 봐야 한다. 국제사회의 인식 속에서 중국의 수정주의적 의도가 보다 확실시되고 있으며, 이에 따라 양국 관계는 적극적인 경쟁과 간헐적 분쟁의 조합으로 드러날 가능성이 크다.[43)]

미·중 경쟁과 대립이 영역적으로는 선 경제, 후 군사 그리고 최종적으로는 가치/이념에서 이뤄진다고 일반적으로 생각하지만, 동시다발의 가능성도 배제할 수는 없다.[44)] 유사한 맥락으로, 중국의 의도가 반드시 지역 패권의 선 확보 이후 세계 패권의 모색이 아닐 수도 있으며, 두 가지가 동시다발적으로 일어날 가능성을 배제하기 어렵다. 또 이와 관련해 2020년 이후 코로나 사태는 예상보다 훨씬 많은 불확실성을 부여했다.[45)] 트럼프가 부각시킨 '중국의 도전'을 바이든 행정부 역시 '극한의 경쟁'(extreme competition)으로 인식하고 있다.[46)] 장기적으로 역내 중국 중심의 신질서 구축의 가능성을 완전히 배제할 수는 없으나, 현 상황의 미·중 관계는 대체로 견제/균형론과 정책 오류론/패권 경쟁론이 중첩해 드러나는 그야말로 관건의 시기로 평가할 수 있다.

이상의 논의를 종합하면, 국력 격차의 감소와 전략적 신뢰의 결여, 그리고 상호 인식의 악화로 향후 미·중 관계는 경쟁, 대립 및 충돌의 길로 나아갈 개연성이 매우 높다.[47)] 양국 간 협력은 매우 제한적일 것이며, 그나마 그 폭도 동아시아에서는 훨씬 축소되어 나타날 것이다. 또 미, 중이 자국의 선호를 관철하는 과정에서 발생되는 '제3자 강요'의 딜레마 역시 보다 빈번해질 수밖에 없다. 안보와 경제, 그리고 북한 문제로 인해 동아시아 지정학의 중심에 선 한국에 그 딜레마는 반복, 증폭될 가능성이 매우 높다. 우리는 이 위기를 제대로 이해하고 또 처절한 생존의 기로에서 최적의 선택을 할 수 있을 것인가?

책의 구성

이와 같은 관건의 시기, 준비되지 않은 중소국은 혹여 생존의 기로에 설 수도 있다. 미·중 관계의 대전환을 어떻게 이해해야 하고, 또 이 거대한 도전에 한국은 어떻게 대처해야 하는지를 이 책은 다루고 있다. 서장(제1부 1장)인 이 장을 제외하면, 이 책은 도합 2부 10장으로 구성되어 있다. 제2부(2~6장)는 독립변수로서의 미·중 관계를 다루는데, 2장은 강대국화의 과정에 이미 진입한 중국과 패권국 미국 사이의 국력 비교를 담고 있다. 보다 구체적으로는 양국 간 경제력, 군사력, 대내 통제력, 그리고 대외 적응력(소프트 파워 포함)을 중심으로 '힘'의 비교에 초점을 맞춘다. 3장은 쉽 없이 커가는 힘을 바탕으로 이제 전략적 겸허를 넘어 보다 주동적이며 공세적으로 변해가는 중국의 대외관계에 대한 실증적 논의를 제시한다. 4장에서는 이러한 능력과 정책의 변환 속에서 미·중의 상호 인식이 이전에 비해 다방면에서 부정적으로 변해가는 과정을 '국민 인식'(national views)과 '공적 인식'(official perceptions)의 두 측면에서 추적한다. 5장과 6장은 2008년부터 2020년까지 —

즉, 오바마 및 트럼프 행정부 시기의 — 미·중 관계가 신뢰와 협력보다는 대립과 경쟁의 모습을 축적해 가는 과정을 분석한다.

제3부(7~11장)는 종속변수에 관한 내용으로, 2부에서 논한 독립변수(미·중 관계)의 변화에 따라 역내 국가들, 그리고 가장 중요하게는 한국에 어떤 선택지들이 존재하며, 또 그중 어떤 것이 최적인지에 대한 논의를 제시한다. 7장에서는 패권 경쟁의 상황에서 중소국에 주어지는 '메뉴'(menu)와 그 최적화의 기준을 검토해 본다. 8장에서는 실증적 사례연구를 통해 미·중 간 다섯 가지 현안과 관련해 호주, 싱가포르 그리고 필리핀이 설정한 전략적 좌표에 대한 비교 및 평가를 제시한다. 9장에서는 지난 20여 년의 한·중 관계를 분석해 중국의 강대국화가 한·중 관계의 비대칭성을 강화시킴과 동시에 한국의 전략적 선택지를 줄이고 있음을 논증한다. 10장에서는 2012년 이후 8년여간 미·중 경쟁으로 인한 제3자 강요의 열 가지 사례에서의 한국의 입장과 선택에 대한 평가를 제시한다. 마지막으로 11장에서는 전략적 선택의 최적화에 대한 궁극적 기준은 국익이라는 전제하에, 한국이 나아가야 할 방향에 대한 깊은 고민을 독자들과 나누며 책을 맺는다.

주

1 Graham Allison, *Destined for War: Can America and China Escape Thucydides Trap?* (New York: Houghton, Mifflin and Harcourt, 2017), p. 184.

2 Jae Ho Chung, "South Korea Between Eagle and Dragon: Perceptual Ambivalence and Strategic Dilemma," *Asian Survey*, Vol. 41, No. 5 (September-October 2001), p. 793.

3 James Kynge, *China Shakes the World: A Titan's Rise and Troubled Future* (New York: Houghton Mifflin, 2006); Center for Strategic and International Studies and Institute for International Economics, *China: The Balance Sheet* (New York: Public Affairs Press, 2006); Martin Jacques, *When China Rules the World: The End of the Western World and the Birth of a New Global Order* (New York: Penguin Books, 2012); Juan Pablo Cardenal and Heriberto Araujo, *China's Silent Army: The Pioneers, Traders, Fixers and Workers Who Are Remaking the World in Beijing's Image* (New York: Crown, 2013); Geoff Dyer, *The Contest of the Century: The New Era of Competition with China — and How American Can Win* (New York: Vintage, 2014); Robert D. Kaplan, *The Return of Marco Polo's World: War, Strategy, and American Interests in the Twenty-First Century* (New York: Random House, 2018). 그리고 중국 내 비슷한 시각으로는 胡鞍鋼, 『超級中國』(杭州: 浙江人民出版社, 2015); 閻學通·曹瑋, 『超越韜光養晦 — 談3.0版中國外交』(天津: 天津人民出版社, 2016); 金燦榮, 『大國來了』(北京: 華文出版社, 2017); 胡鞍鋼, 『中國進入世界舞臺中心』(杭州: 浙江人民出版社, 2017); 于洪君, 『中國走向世界舞臺的中心』(北京: 黨建讀物出版社, 2017)을 보라. 물론 비관적 전망도 적지 않은데, 예컨대 George Magnus, *China in the 2020s: A More Difficult Decade?* (London School of Economics, September 2019)를 보라.

4 슈퍼파워의 기준으로 해당 국가가 가진 힘의 총체적 규모도 중요하지만, 차상위 국가군과의 국력 격차가 압도적으로 드러나는 것 역시 함께 고려되어야 한다. 그런 의미에서 21세기의 미국과 중국은 차상위국인 러시아나 일본에 비해 압도적 국력 차를 노정하는 것으로 평가된다. 그와 같은 중국 측 평가로는 林利民·王軒, "試析中美新兩極結構及其特點," 『現代國際關係』, 10期(2019)를 보라.

5 ‘경쟁적 공존’에 대해서는 Andrew S. Erickson, “Competitive Co-existence: An American Concept for Managing US-China Relations,” *National Interest*, January 30, 2019, at https://nationalinterest.org/feature/competitive-coexistence-american-concept-managing-us-china-relations-42852를 보라. 유사한 중국 측 관점으로 李開盛, “利益平衡: 中美在東亞的共處之道,”『世界經濟與政治』, 8期(2020)를 보라. 투키디데스의 덫은 Allison, *Destined for War*를 참조하라.

6 이 책의 여러 부분에서 상세히 논의하겠지만, 2012~2020년의 기간 미·중 간 경쟁으로 인해 크고 작은 딜레마들이 한국에 닥쳐왔다. 이에는 ① 미국 주도의 ‘환태평양 경제동반자 협정’(TPP)과 중국 중심의 ‘역내포괄적 경제동반자 협정’(RCEP)에의 가입에 대한 선택, ② 중국이 주도한 아시아인프라투자은행(AIIB) 가입 문제, ③ ‘아시아 안보는 아시아인의 힘으로’(Asian security by Asian people)를 내세운 2014년 CICA 회의에서의 입장 표명, ④ 2015년 베이징 전승절 참석 문제, ⑤ 고고도 미사일 방어 시스템(THAAD) 배치를 둘러싼 갈등, ⑥ 남중국해 항행의 자유 문제에 대한 입장, ⑦ 트럼프 행정부의 중국 견제 전략인 ‘인도·태평양 구상’(Indo-Pacific Initiative)에 대한 입장, ⑧ 화웨이(華爲) 설비의 배제 논란, 그리고 ⑨ 홍콩, 신장의 인권 문제 등이 포함된다.

7 일반적으로 미·중 간 협력의 수준을 규정하는 두 개의 변수가 있는데, 이는 지역적 범주(즉, 아시아 포함 여부)와 영역적 범주(hard security 이슈인지 여부)를 가리킨다. 예컨대 이 두 가지가 중첩되는 북핵 문제의 경우 미·중 협력의 수준이 매우 낮을 수밖에 없다는 의미이다. 2018년 10월 미·중 협력에 의해—무역 분쟁의 와중에서도—나이지리아 반정부 조직으로부터의 핵물질 회수가 성공적으로 이뤄진 것은 전자의 중요성이 매우 큼을 보여준다. Aaron Mehta, “How the US and China Collaborated to Get Nuclear Material Out of Nigeria—and Away from Terrorist Groups,” *Defense News*, January 14, 2019, at https://www.defensenews.com/news/pentagon-congress/2019/01/14/how-the-us-and-china-collaborated-to-get-nuclear-material-out-of-nigeria-and-away-from-terrorist-groups/.

8 이와 관련해 정재호(편),『미·중 관계 연구론』(서울대학교출판문화원, 2014), 1장(특히 pp. 21-24)을 참조하라.

9 예컨대 삼자 관계 하면 쉽게 떠오르는 ‘전략적 삼각 관계’(strategic triangle) 같은 분석 틀이 없다는 의미이다.

10 Arthur Stein, *Why Nations Cooperate: Circumstances and Choice in*

Internaitonal Relations (Ithaca: Cornell University Press, 1990), pp. 172-210과 Tim Marshall, *Prisoners of Geography* (New York: Scribner, 2016)를 참조하라.

11 이와 같은 안보 자의식에 대해서는 Paul R. Pillar, *Why America Misunderstands the World* (New York: Columbia University Press, 2016), Chs. 2-3; Andrew J. Nathan and Robert Ross, *The Great Wall and the Empty Fortress: China's Search for Security* (New York: Norton, 1996), Chs. 3, 5-6을 참조하라.

12 즉, 다른 요인의 개입이 없는 상태에서 미·중 간에는 소위 '근접성의 저주'(curses of proximity)는 약하게 작동함을 의미한다.

13 예컨대 Jack Levy, "Too Important to Leave to the Other: History and Political Science in the Study of International Relations," *International Security*, Vol. 21, No. 2 (1997), pp. 22-33과 Warren I. Cohen, *America's Response to China: A History of Sino-American Relations* (New York: Columbia University Press, 1990), 3rd ed.를 참조하라.

14 이와 관련해 이 책의 2장을 참조하라.

15 예컨대 1950년대 한국전쟁에서 신생국 중국은 어떻게 초강대국 미국과 '무승부'를 이룰 수 있었는지, 그리고 1973년 중동전쟁에서 왜 이스라엘은 다수의 이슬람 국가들을 상대로 승리를 거둘 수 있었는지 등을 가리킨다.

16 행태적 힘에 대해서는 Robert O. Keohane and Joseph S. Nye, *Power and Interdependence: World Politics in Transition* (Boston: Little Brown, 1977), pp. 165-218과 William Mark Habeeb, *Power and Tactics in International Negotiation: How Week Nations Bargain with Strong Nations* (Baltimore and London: Johns Hopkins University Press, 1988), pp. 10-33을 보라.

17 단순한 힘의 증가가 아니라 그 힘이 위협으로 인식될 때가 더 중요함에 대해서는 Stephan Walt, *The Origins of Alliance* (Ithaca: Cornell University Press, 1987)를 참조하라.

18 2020년 COVID-19 사태 이후 부분적 탈세계화는 오히려 가속화되고 있다. 정재호, "코로나 19 이후의 세계변화 전망," 『외교』, 134호(2020년 7월), pp. 14-22를 보라.

19 전통적인 영·미 간 문화/문명적 친근성에 대해서는 Duncan Andrew Campbell, *Unlikely Allies: Britain, America and the Victorian Origin of the Special Relationship* (New York: Hambledon Continuum, 2007)과 Peter J. Katzenstein, "The West as Anglo-America," in Peter J. Katzenstein (ed.),

Anglo-America and Its Discontents: Civilizational Identities beyond the West and East (New York: Routledge, 2012)를 참조하라.

20 Joseph S. Nye, Jr., *Bound to Lead: The Changing Nature of American Power* (New York: Basic Books, 1991); George Friedman, *The Next 100 Years* (New York: Doubleday, 2009), Chs. 1, 5; Wang Jisi, "America Will Still Be the Only Superpower for the Next 20 Years," *Xinhua*, August 2, 2011; Robert Sutter, *China's Rise in Asia: Promises and Perils* (Lanham: Rowman & Littlefield, 2005); Robert Kagan, "Why the World Needs America," *Wall Street Journal*, February 11, 2012; Michael Beckley, "China's Century? Why America's Edge Will Endure," *International Security*, Vol. 36. No. 3 (Winter 2011/2012), pp. 46-78을 보라.

21 David S. G. Goodman and Gerald Segal (eds.), *China Deconstructs* (London: Routledge, 1995); Gerald Segal, "Does China Matter?" *Foreign Affairs*, Vol. 78, No. 5 (September-October 1999), pp. 24-36을 보라. 이러한 관점은 요즘도 가끔 접할 수 있는데, Michael Beckley, "The United States Should Fear a Faltering China," *Foreign Affairs*, Vol. 98, No. 5 (October 2019)를 참조하라.

22 葉自成, "中國實行大國外交戰略勢在必行," 『世界經濟與政治』, 1期(2000)를 보라.

23 "An Understated Economy," *The Economist*, 2012년 12월 15일; 『조선일보』, 2013년 2월 2일.

24 예컨대 盧凌宇·鮑家政, "從製造者到索取者: 霸權衰落的邏輯," 『世界經濟與政治』, 9期(2019)를 보라.

25 『중앙일보』, 2013년 5월 30일을 참조하라. 그러나 2017~2020년 중국 국방예산의 전년 대비 증가율이 각각 6.8%, 8.1%, 7.4%, 6.6%였음을 감안하면 이 같은 전망의 실현은 그리 쉽지 않아 보인다.

26 보다 상세한 논의는 이 책의 2장을 참조하라.

27 예컨대 方栢華, 『國際關係格局』(北京: 中國社會科學出版社, 2001), 4장을 보라. 이러한 시각을 가진 최근의 저술로 宋泓, "一超多强國際格局下的大國合作與紛爭," 『當代亞太』, 1期(2016), pp. 4-24를 보라.

28 이와 관련해 Evan Medeiros and M. Talyor Fravel, "China's New Diplomacy," *Foreign Affairs*, Vol. 82, No. 6 (November-December 2003), pp. 22-35; Avery Goldstein, *Rising to the Challenge: China's Grand Strategy and International Security* (Stanford: Stanford University Press, 2005), Chs. 5-6; Yong Deng, "Reputation and the Security Dilemma: China Reacts

to the China Threat Theory," in Alastair Iain Johnston and Robert S. Ross (eds.), *New Directions in the Study of China's Foreign Policy* (Stanford: Stanford University Press, 2006), pp. 188-214를 참조하라. 관련해 閻學通·孫學峰, 『中國崛起及其戰略』(北京: 北京大學出版社, 2005)도 참조하라.

29 David Shambaugh, "China Engages Asia: Reshaping the Regional Order," *International Security*, Vol. 29, No. 3 (Winter 2004), pp. 64-99; Alastair I. Johnston, "Is China a Status Quo Power?" *International Security*, Vol. 27, No. 4 (Spring 2003), pp. 5-56; Henry Kissinger, "The Future of US-China Relations: Conflict Is a Choice, Not a Necessity," *Foreign Affairs*, Vol. 91, No. 2 (March-April 2012), pp. 44-55를 참조하라.

30 실제로 중국의 전문가들 사이에서 중국의 지향점 — 강대국 또는 패권국 — 에 대해 이견이 있다는 관점으로는 Pu Xiaoyu, "Controversial Identity of a Rising China," *China Journal of International Politics*, Vol. 10, No. 2 (2017), pp. 131-149를 참조하라.

31 바로 그런 이유로 중국의 공세적 외교와 관련해 학계에서 상당한 논쟁이 일기도 했다. 예컨대 Alastair I. Johnston, "How New and Assertive Is China's New Assertiveness?" *International Security*, Vol. 37, No. 4 (Spring 2013), pp. 7-48; Andrew Scobell and Scott W. Harold, "An 'Assertive' China? Insights from Interviews," *Asian Survey*, Vol. 63, No. 3 (May 2013), pp. 111-131; Bjorn Jerden, "The Assertive China Narrative: Why It is Wrong and How So Many Still Bought into It," *The Chinese Journal of International Politics*, Vol. 7, No. 1 (March 2014), pp. 47-88; Michael Swaine, "China's Assertive Behavior — Part One: 'Core Interests,'" *China Leadership Monitor* (November 15, 2010), at http://carnegieendowment.org/2010/11/15/china-s-assertive-behavior-part-one-on-core-interests-pub-41937; Michael D. Swaine and Taylor Fravel, "China Assertive Behavior — Part Two: The Maritime Periphery," *China Leadership Monitor* (June 24, 2011), at http://carnegieendowment.org/2011/06/24/china-s-assertive-behavior-part-two-maritime-periphery-pub-44829; Dingding Chen, Xiaoyu Pu, and Alastair I. Johnston, "Debating China's Assertiveness," *International Security*, Vol. 38, No. 3 (Winter 2013/2014), pp. 176-183; Aaron L. Friedberg, "The Sources of Chinese Conduct: Explaining Beijing's Assertiveness," *The Washington Quarterly*, Vol. 37, No. 4 (2014); Oriana S. Mastro, "The Stealth Superpower: How China Hid

Its Global Ambitions," *Foreign Affairs*, Vol. 98, No. 1 (January/February 2019)을 참조하라.

32 이에 속하는 저술로 Aaron Friedberg, "Ripe for Rivalry: Prospects for Peace in a Multipolar Asia," *International Security*, Vol. 18, No. 3 (Winter 1993-1994), pp. 5-33; Richard Betts, "Wealth, Power and Instability: East Asia and the United States after the Cold War," *International Security*, Vol. 18, No. 3 (Winter 1993-1994), pp. 34-77; Thomas Christensen, "Posing Problems without Catching Up: China's Rise and Challenges for U.S. Security Policy," *International Security*, Vol. 25, No. 4 (Spring 2001), pp. 5-40; John Mearsheimer, *The Tragedy of Great Power Politics* (New York: W. W. Norton, 2001), Ch. 10; John Mearsheimer, "China's Unpeaceful Rise," *Current History*, No. 105 (2006), pp. 160-162를 참조하라. 중국의 '대국 의도'를 비교적 명시적으로 드러낸 저술로 査繼宏, 『中國崛起需要大國心態』(北京: 中國三峽出版社, 2011), pp. 3-8, 17-24, 197-202; 謝國明 等, 『中美關係50年: 1969-2019』(北京: 人民日報出版社, 2020), 10장을 보라.

33 예외적으로 Denny Roy, "The 'Power Transition': A Spot Check," *PacNet*, No. 71 (September 11, 2013)을 보라.

34 Stewart Paterson, *China, Trade and Power: Why the West's Economic Management Has Failed* (London: Publishing Partnership, 2018); Kurt Campbell and Ely Ratner, "How American Foreign Policy Got China Wrong," *Foreign Affairs* (April 2018); Melanie Hart and Kelly Magsamen, *Limit, Leverage, and Compete: A New Strategy on China* (Washington, D.C.: Center on American Progress, April 3, 2019); Elbridge A. Colby and A. Wess Mitchell, "The Age of Great-Power Competition," *Foreign Affairs*, Vol. 99, No. 1 (January-February 2020)을 보라. 물론 이와는 일부 다른 의견도 존재한다. Daniel Drezner, "There Is No China Crisis," *Reason*, April 2020, at https://reason.com/2020/04/25/there-is-no-china-crisis/를 참조하라.

35 Allison, *Destined for War*; Kaplan, *The Return of Marco Polo's World*; 閻學通, 『歷史的慣性: 未來十年的中國與世界』(北京: 中信出版社, 2013), pp. 38-41; 時殷弘, "中國新領導與中國對外政策和中美關係前景," 鐘飛騰(主編), 『跨越修昔底德陷穽』(北京: 中國社會科學出版社, 2017), pp. 43-48을 참조하라.

36 "Biden: China Should Expect 'Extreme Competition' from US," *AP*

News, February 7, 2021, at https://apnews.com/article/joe-biden-xi-jinping-china-8f5158c12eed14e002bb1c094f3a048a; The White House, *Interim National Security Strategy Guidance*, March 2021, at https://www.whitehouse.gov/wp-content/uploads/2021/03/NSC-1v2.pdf를 보라.

37 凌勝利, "拒優戰略: 中美亞太主導權競爭," 『當代亞太』, 1期(2017), pp. 109-138을 보라.

38 趙明昊, "特朗普執政與中美關係的戰略轉型," 『美國硏究』, 5期(2018), pp. 26-48; 楊慶龍, "近年來美國戰略思想界對華政策的觀念轉變及其成因分析," 『國際觀察』, 5期(2018), pp. 1-16; 袁鵬, "中美關係進入新階段," 『現代國際關係』, 6期(2018), pp. 1-3; 達巍, "歷史關口再思中美關係," 『環球網』, 2019년 10월 27일, at http://www.china.com.cn/opinion/think/2020-05/18/content_76058193.htm; 楊潔篪, "積極營造良好外部環境," 『人民日報』, 2020년 11월 30일.

39 Barry Buzan, "How and To Whom Does China Matter?" in Barry Buzan and Rosemary Foot (eds.), *Does China Matter? A Reassessment* (London: Routledge, 2004), pp. 152-154; Robert S. Ross, "Balance of Power Politics and the Rise of China: Accommodation and Balancing in East Asia," *Security Studies*, Vol. 15, No. 3 (July-September 2006), pp. 392-395; David C. Kang, *China Rising: Peace, Power, and Order in East Asia* (New York: Columbia Univeristy Press, 2007), Ch. 1; David Kang, "Paper Tiger: Why Isn't the Rest of Asia Afraid of China?" *Foreign Policy*, April 25, 2013, at http://www.foreignpolicy.com/articles/2013/04/25/paper_tiger_china_military_buildup. 중국 내 주장에 대해서는 趙汀陽, 『天下體系: 世界制度哲學導論』(南京: 江蘇教育出版社, 2005); 趙汀陽, "天下概念與世界制度," 秦亞靑(主編), 『中國學者看世界 — 國際秩序卷』(北京: 新世界出版社, 2007), pp. 3-35를 보라.

40 패권 공유의 필요성에 대해서는 Hugh White, *The China Choice: Why We Should Share Power* (Oxford: Oxford University Press, 2013); 王俊生, "東北亞安全秩序的悖論與中美雙領導體制的未來," 『當代亞太』, 2期(2019)를 보라.

41 Jae Ho Chung, "East Asia Responds to the Rise of China: Patterns and Variations," *Pacific Affairs*, Vol. 82, No. 4 (Winter 2009/2010), pp. 657-675를 보라.

42 예컨대 Robert G. Sutter, Michael E. Brown, and Timothyu J. A. Adamson, with Mike. M. Mochizuki and Deepa Ollapally, *Balancing*

Acts: The US Rebalance and Asia-Pacific Stability (Washington, D.C.: Sigur Center for Asian Studies, August 2013); David H. Denoon (ed.), *China, the United States and the Future of Southeast Asia* (New York: New York University Press, 2017); Jae Ho Chung and Hunjoon Kim, "East Asia's Responses to the Rise of China: Identifying and Accounting for Intra-Regional Variations," mimeo (2020)를 참조하라.

43 전 중앙당 대외연락부 저우리(周力) 부부장은 최근의 한 기고문에서 "이제 중국이 미국과의 투쟁전선의 전반적인 확대에 대비해야 한다"고 강조했다. "積極應對六大外部環境惡化的準備,"『中國社會科學報』, 2020년 6월 22일.

44 이 같은 선후 과정에 대해서는 閻學通,『世界權力的轉移』(北京: 北京大學出版社, 2015), pp. 72-73을 보라.

45 張淸敏, "新冠肺炎疫情大流行重塑中國外交議程,"『國際政治硏究』, 3期(2020), pp 84-107과 Asia Society's US-China Center, Bertelsmann Stiftung, and George Washington University's China Policy Program, *Dealing with the Dragon: China as a Tranatlantic Challenge* (June 2020)를 참조하라.

46 2021년 2월 7일 바이든 대통령의 CBS 인터뷰에서의 언급.

47 The National Intelligence Council, *Global Trends 2040: A More Contested World* (Washington, D.C.: NIC, March 2021).

제2부

제2장

중국의 강대국화와 미·중 국력 평가

"미국은 여전히 가장 크고 부유하며, 미래를 만들어 갈 최대의 역량을 지닌 국가이다."[1]

"중국의 강대국 반열에의 진입은 서구 보편주의의 종언과 근대성의 경쟁이 시작되었음을 의미한다."[2]

2020년 시점에서 볼 때, 중국이 이미 강대국의 반열에 올랐다는 사실을 반박하기는 쉽지 않다. 여기서 강대국이란 국제정치·경제의 구조 및 규범을 형성하고 또 이를 유지할 능력을 갖춘 국가를 가리킨다.[3] 40년 전 개혁·개방이 막 시작되었을 무렵, 국제사회는 중국의 발전 가능성에 대해 상당한 회의를 가졌는데, 이는 중국이 오랜 이념의 족쇄를 풀고 과연 새로운 길을 갈 수 있을지 불확실성이 컸기 때문이다.[4] 1980년대의 대체로 성공적인 시작에도 불구하고, 1989년의 '천안문 사태'로 불거진 정치 불안과 1991년 소련의 붕괴 및 동구 사회주의권의 몰락은 중국의 지속적 발전 가능성에 대해 큰 의문을 제기했다. 심지어 이를 계기로 '중국 붕괴론'(중국 국가체제의 붕괴 및 지역 분열 가능성을 제시하는 관점)이 적잖은 인기몰이를 하기도 했다.[5]

지난 40년의 통계는 중국 붕괴론을 상당히 효율적으로 반박하고 있다. 우선 천안문 사태 이후 그와 유사한 초대형 반정부 소요 사태가 아직은 발생하지 않고 있으며, 다수의 '군체성 사건'(群體性事件: 집단시위를 가리킴)에도 불구하고 이들 대부분은 제한된 지역에서의 단발성 사건에 그치고 있다.[6] 신장(新疆)과 티베트 소수민족 지구에서도 마찰이 끊이지 않지만, 중국 중앙정부의 대지방 통제 능력은 대체로 안정적으로 유지되는 것으로 평가된다.[7] 지난 40년간 중국의 성취는 오히려 '중국 위협론'을 확산시키는 쪽으로 작동해 왔다. 세계 시장에 중국산 물품이 넘쳐나고, 대부분의 국가들에서 중국이 1, 2위의 무역대상국이 되었으며, 무역·투자·관광 등 제반 영역에서 중국의 존재감이 이미 아시아를 넘어 세계무대를 장악해 가고 있기 때문이다.

2017년 트럼프의 등장 이전까지 지속된 경제 침체와 더불어 군비 축소, 예산 감축(sequester), 연방정부 폐쇄(shut-down)의 면모를 보인 미국과, '중화민족의 위대한 부흥'을 천명함과 동시에 '평화로운 부상' 원칙을 재확인하는 중국의 이미지가 교차되면서, 향후 두 강대국 사이에 세력전이가 일어날 가능성에 대한 뜨거운 논쟁이 세계 각지에서 제기되었다. 트럼프의 집권 이후 사뭇 다른 분위기가 감지되기도 했지만(이 책의 6장 참조), 이 같은 강대국 게임의 근저에 한마디로 '국력'(national capabilities)이라는 변수가 있음은 재론이 불필요하다.

이 장은 개혁·개방 노선 채택 이후 40년간 중국의 강대국화 과정을 살펴보면서 주요 영역에서의 미·중 국력 평가를 주된 내용으로 한다. 1절에서는 경제력 전반에 대한 분석을 제시하고, 2절에서는 군사력에 대한 평가를 제공한다. 3절에서는 대외 적응력에 관한 논의를, 그리고 4절에서는 내부 통제력에 대한 평가를 제시한다. 마지막 5절에서는 앞서의 네 영역에 대한 평가를 기반으로 미·중 간 국력 비교와 이의 패권 경쟁에 대한 함의를 살펴본다.

중국의 경제적 부상과 비교 평가

강대국화를 위한 국력 배양은 무엇보다도 경제력 건설로부터 시작될 수밖에 없다. 강대국이 되기 위해 반드시 필요한 군사력의 배양 — 일정 규모의 군대 유지, 선진화된 무기체계의 도입과 획득, 그리고 첨단 방산기술의 개발 — 에는 강력한 경제 기반의 확보가 핵심이기 때문이다.[8] 개혁·개방 원년인 1978년에 — 거대한 인구에 힘입어 — 명목 국내총생산(GDP) 기준 세계 10위이던 중국은 32년이 지난 2010년 일본을 제치고 세계 2위에 등극해 지금도 그 자리를 지키고 있다.[9] 2012년에는 미국을 제치고 중국이 세계 최대의 무역국이 되었다. 2019년 기준 해외직접투자(FDI) 유치에서 세계 1위, 외환보유 규모에서 세계 2위, 소재·부품 수출에서 세계 1위, 그리고 자동차 생산 및 판매 규모에서도 세계 1위국의 위치를 점했다.[10] 『포천』(*Fortune*)이 선정한 2019년 세계 500대 기업에는 중국 기업이 119개 포함되어 미국(121개)과 대등한 수준으로 평가되었다.[11] 또 2013년 자본규모 기준 세계 최대 은행으로 기존의 미국은행(BOA)을 제치고 중국공상은행(ICBC)이 선정되었으며, 2019년에는 세계 10대 은행 중 1~4위를 모두 중국의 은행이 차지했다.

2012년 기준 중국의 연구개발(R&D) 투자 총액은 GDP의 2퍼센트인 1조 위안(1,608억 달러)이었는데, 이는 당시 세계 2위에 해당하는 액수였다. 2017년에도 여전히 중국(4,220억 달러)은 미국(5,110억 달러)에 이어 2위 자리를 지켰다.[12] 미국 국립과학재단(NSF)에 의하면, 2016년의 과학기술 관련 논문 수에서 중국이 미국을 이미 추월한 것으로 나타났다. 2019년 『네이처 인덱스』(*Nature Index*)가 집계한 화학 분야의 고급 연구 성과에서도 중국이 세계 1위로 부상했다.[13] 또 세계지식재산권기구(WIPO)에 따르면, 2019년 기준 중국의 국제특허 출원은 5만 8,990건으로 세계 1위였으며, 이는 미국(5만 7,840건)을 넘어선 수치였다.[14]

2013년 기준 세계에서 연산 속도가 가장 빠른 컴퓨터는 중국의 톈허(天河)였고, 2016년 6월 기준 세계 최고 성능의 슈퍼컴퓨터 역시 중국산이었다. 그러나 2019년 현재 가장 빠른 컴퓨터는 미국의 타이탄(17-Petaflop Titan)으로, 미국과 중국이 이 분야에서 매우 치열한 경쟁을 벌이고 있다.[15] 중국의 기술 굴기 배경에는 이미 알려진 것처럼 선진국으로부터의 산업기밀 유출과 산업스파이(industrial espionage)의 역할도 일부 있었지만, 지난 수십 년간 중국의 R&D에 대한 막대한 투자와 끊임없이 지속되는 연구 열정을 보면 일견 이해되는 부분이 적지 않다.[16]

2020년 시점에 중국이 바라보는 상대는 미국 하나뿐이며, 막대한 인구(미국의 4배)를 지닌 중국의 경제 총량이 미래 어느 시점에는 미국을 앞설 것으로 확실시된다. 2012년 12월 『이코노미스트』(*Economist*)의 전망에 따르면 그 추월 시기는 2019년이었다.[17] 그러나 2010년대 중반 이후 중국 경제의 부진으로 이 전망은 실현되지 않았다. 2013년 골드먼 삭스(Goldman Sachs)가 미·중 경제력의 교점이 GDP 기준으로 2027년경에 만들어질 것으로 전망했으며,[18] 이는 블룸버그(Bloomberg)의 2016년 전망 — 교점이 2026년에 이뤄질 것 — 과 상당히 유사하다.[19] 〈그림 2-1〉은 이 같은 예측에 기반한 것이지만, 미국과 중국의 경제전망이 모두 불확실한 상황(2020년의 COVID-19로 인해 더욱 그러함)이라 실제 이대로 이뤄질지는 알 수 없다.

물론 이와 같은 상향 선형적(上向線形的: upward linear) 전망에 대한 반론도 적지 않다. 예컨대 중국 내 소득 편차 및 지역 격차가

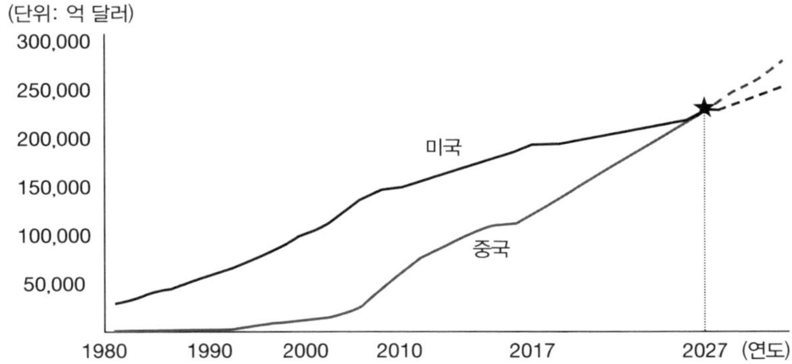

그림 2-1. 미·중 경제규모의 수렴 전망(GDP 기준)

매우 크다든지, 금융체제가 불안하고 부동산 거품이 상당히 많으며 또 지방정부 부채가 지나치게 많다든지(2018년 기준, GDP의 48퍼센트로 추정), 2030년경 중국의 고령화가 심각한 수준에 달할 것이라거나, 중국의 발전 모델이 '더러운 석탄'(dirty coal)에 주로 의존하고 있어 매우 비효율적이라는 것이 이에 포함된다.[20] 또 그동안의 중국 경제 관련 통계에서 조작 및 '가공'(cooked)된 것이 많아 신뢰성에 문제가 많다는 지적도 있다.[21] 중국의 GDP 평균 성장률은 여전히 세계 평균의 2배 가까이 되지만, 2016년 이후 중국의 경제성장률은 예전 같지 않아 — 2020년 코로나 사태의 충격을 포함해 — 향후 전망을 매우 불확실하게 만들고 있다.

'옥스퍼드 이코노믹스'(Oxford Economics)의 한 보고서에 따르면, 2016~2025년 기간 중 세계경제 성장의 절반 이상을 중국, 미국 그리고 인도의 3개국이 견인할 것으로 전망되었다. 그중에서도 중국의 비중이 26.1퍼센트로 3국 중 가장 높을 것이라는 평가가 있었다.[22] 전 세계 GDP에서 중국이 점하는 비중은 1992년의 1퍼센트에서 2018년의 16퍼센트로 급증했지만, 미국의 비중은 같은 기간 26퍼센트에서 24퍼센트로 줄었을 뿐이다. 미국에 비해 일본과 EU의 쇠퇴가 더 두드러졌다.

향후 중국의 영향력 강화를 가장 잘 보여줄 지표 중 하나로 위안화(元貨)의 통용 및 국제화를 들 수 있다. 위안화는 세계적 통용도 기준으로 2012년 13위였지만, 3년 만인 2015년 4위로 부상했다. 또 미국 통제하에 있는 국제금융결제시스템(SWIFT)에 대항하기 위해, 중국은 2015년에 인민폐 결제체제(CIPS)를 구축하고 위안화 결제 가능 은행의 수도 2015년의 6개국 19개소에서 2019년 89개국 865개소로 늘렸다.[23] 그러나 2019년 8월 기준, 전 세계의 외환 예비율로 보면 달러가 여전히 62퍼센트로 가장 높고, 그다음으로는 유로(21%)였으며, 인민폐는 2퍼센트에 불과했다.[24]

중국은 2014년 이후 '디지털 인민폐' 프로젝트에도 많은 공을 들여왔다. 비트코인이나 리브라(Libra)의 중국 내 유통에 대한 사전 견제 포석이기도 했지만, 현금 유통을 줄이고 은행의 기능을 축소시키는 이 실험의 끝에는 '디지털 레닌주의'(digital Leninism)의 강화가 있을 뿐 아니라, 미국의 전 지구적 금융 패권에 대한 구체적 대안의 모색이 자리잡고 있는 것이 사실이다.[25]

2019년 기준, 중국의 경제규모는 미국의 66퍼센트 수준이고[26] 일인당 평균 소득은 세계 65위(10,098달러)에 해당한다.[27] 따라서 앞에서 언급한 다양한 구조적 문제에도 불구하고 벌써 미·중 패권 경쟁이라는 화두가 전 세계를 사로잡고 있음은 매우 흥미롭다. 1872년 미국의 GDP가 영국의 그것을 추월했을 때의 영·미 관계보다 지금의 미·중 관계가 훨씬 더 논쟁적인 이유는 무엇 때문인가? 이는 아마도 당시 막 떠오르고 있던 신흥국 미국과 달리, 이미 당(唐)·명(明)·청(淸)과 같이 화려한 제국의 경험을 지닌 중국의 부상이 결코 예사롭지 않다고 보는 국제사회의 인식 또는 '역사의 그림자' 때문일 것으로 평가된다.

중국의 군사 굴기와 비교 평가

거대 영토를 가진 선진국 캐나다와 호주를 통상 강대국으로 부르지 않는데, 그 가장 큰 이유는 바로 막강한 군사력의 결여에 있다. 역사상 강대국들은 모두 선진 무기체계와 강력한 군대를 보유했고, 국제정치학자들 역시 "전쟁에서 패권국을 이기지는 못하더라도 최소한 상당히 약화시키기에 충분한 힘을 가진 국가"를 강대국으로 정의하고 있다.[28] 19세기 중반의 아편전쟁 이후 계속된 열강의 침탈로 소위 '100년의 국치'를 경험한 중국에는 '부국'과 함께 '강병'이 가장 우선적 명제이자 당위였다.[29] 개혁·개방 이전의 마오(毛) 시기 안보와 주권에 대한 중국의 병적인 집착에 대해서는 여기서 상론이 따로 불필요하다.

중국의 군사 굴기(軍事崛起)에 대한 열정은 어제 오늘의 일이 아니며, 1949년 건국 이래 중국군의 능력, 의지, 그리고 전략은 강군화를 위해 지속적으로 변해 왔다. 특히 2012년 말 시진핑의 집권 이후 중국은 여러 측면에서 이전의 중국과는 확연히 다른 모습을 보이고 있다. 첫째, 거시적 전략의 측면에서 30년 넘게 견지해 온 '전략적 겸허'(韜光養晦)의 노선을 과감히 벗어던지고 보다 능동적이며 공세적인 좌표(有所作爲/奮發有爲)를 지향하고 있다. 예컨대 중국이 오랫동안 강조해 온 대외관계의 3원칙 중 '우두머리 맡지 않기'(不當頭)는 2014년 이후 더 이상 공식적으로 언급되지 않고 있다.[30]

둘째, 의지의 측면에서도 2030년대 중반에 지역적 군사대국,

그리고 2050년에는 전 지구적 수준의 군사대국을 지향하고 있으며, 전자에 대해서는 대부분의 전문가들이 큰 반론을 제기하고 있지 않다.[31] 뿐만 아니라 실질적으로 강화되는 군사력을 바탕으로 핵심 이익(주권, 안전, 발전이익)을 보다 적극적으로 수호하려 하고, 또 증대된 힘을 굳이 감추려 하지도 않는다. 더 나아가 1949년 건국 이후 오랫동안 견지해 온 '방어적 방어'를 조금씩 넘어서는 '적극적 방어'(積極防禦)를 시행하는 모습도 드러난다.[32]

셋째, 무엇보다 주목할 것은 중국의 군사력 증강 추세이며, 관련해 다음 몇 가지를 대표적으로 적시할 수 있다.

시진핑 집권 이후 시행된 강력한 반부패 운동을 계기로 장쩌민·후진타오 시기에 깊이 자리 잡은 군 내부의 파벌을 제거하고(2013년 이후 최소 100명 이상의 장성이 숙청됨), 이들을 대부분 자신의 측근으로 대체함으로써 대내적으로는 시 주석과 당에 충성하는 군대의 재건을 추구해 왔다. 또 대외적으로도 '국지적인 정보화 전쟁'(新息化局部戰爭)과 해양에서의 전쟁을 이길 수 있는 역량 건설을 위한 다양한 전술적·기술적 문제의 해결에 매진해 왔다.

구체적인 조치로 2015~2016년에는 소위 '목 위의'(脖子以上) 개혁을 통해 군 수뇌부의 지휘/행정 계통에 대한 변화가 도모되었고, 2017~2018년에는 소위 '목 아래'(脖子以下) 개혁을 통해 강군 건설을 위한 군종 및 군구에 대한 획기적 변화가 이뤄졌다. 그 결과, 건국 이후 막강한 힘을 누렸던 4총부가 전격 해체되고 15개 부문으로 재구성되었다. 또 마오쩌둥을 포함하여 그 어느 지도자도 건드리지 못했던

— 공산혁명의 오랜 지역적 유산이 담긴 — 7개 군구(軍區)가 5개의 전구(戰區: joint-service theater command)로 재편되었다.[33] 그 과정에서 육군의 18개 집단군 중 5개가 해체되었고, 새로이 우주군과 사이버군으로 구성된 전략지원군(SSF)이 창설되었다. 뿐만 아니라 그동안 분절되어 있던 군 병참 지원 체계가 통합되면서 연합병참부대(聯合後勤保障部隊)가 2016년에 설립되었다.[34]

군종별 변화 중 가장 두드러진 것은 1990년대 이래 지속된 해군의 현대화이다. 1995~1996년의 대만해협 위기 직후 가속화된 현대화는 특히 시진핑 시기 들어 중국군의 핵심을 기존의 육군이 아닌 해군으로 전환하면서 큰 힘을 받고 있다. 역사상 대부분의 세계 강국들이 해군을 집중 육성한 것을 귀감으로 중국 역시 '연안 해군'(brown-water navy)에서 벗어나 '대양 해군'(blue-water navy)을 지향하는 것이다. 향후 육군의 비중을 현재의 70퍼센트에서 50퍼센트까지로 낮출 가능성도 제기되고 있다.

이러한 노력의 결과로 중국이 보유한 해군함의 비약적인 증가가 이뤄졌다. 2015~2017년 기간에만 40만 톤 이상을 새로이 진수해 2018년 기준 도합 400척 이상의 군함을 보유한 것으로 추정되며, 2030년까지는 무려 530척의 보유가 예상된다.[35] 전문가들에 따르면, 2020년에는 중국이 톤수(tonnage) 기준으로 러시아 해군을 추월했다고 하며, 미 해군과는 2030년경 톤수 기준으로 대체적인 양적 대등성(parity)을 이룰 것으로 보인다.[36]

해군력 다음으로 주목할 것은 중국의 미사일 전력이다. 오래전부터 미사일 전력을 '전략적 억지의 핵심이자 국가안보의 초석'으로 간주해 중시해 왔으며, 특히 중국의 비교우위는 미국과 러시아가 '중거리 핵전력 협정'(INF)에 발이 묶인 사이 적극적으로 개발해 온 중단거리(500~5,500km) 육상 발사 탄도 및 순항미사일에 있다.[37] 둥펑-21D나 둥펑-26과 같은 지대함 탄도미사일(carrier killer) 또는 지대지 탄도미사일은 서태평양에서 전진 방어(forward defense)를 채택하고 있는 미국의 해군 전력(특히 항모전단)과 괌과 같은 전진 기지에 매우 위협적일 수밖에 없다.[38] 미 해군 함정의 대만해협에서의 항행 빈도가 수년간 줄어든 것 역시 이와 무관하지 않다.[39]

추가적으로 극초음속 무기(hypersonic weapons: 예컨대 둥펑-17)를 주목할 필요가 있는데, 이는 대기권 밖에서의 요격이 불가능하며, 탄도미사일의 빠른 속도와 순항미사일의 저고도 회피기동성을 함께 지닌 무기로 대함 및 대지 공격이 가능하다. 중국의 경우 이미 2018년 2월에 마하-6, 시속 7,344km에 태양열 충전이 가능한 극초음속 무인무기의 발사에 성공한 바 있다. 더 나아가 중국의 무인기/함 전력 역시 일취월장하고 있는데, 2018년 5월 회전익 무인비행체 1,374대가 동시 대형 비행에 성공했고, 또 같은 달 56대의 소형 무인함이 남중국해에서 대형 운항에 성공한 바 있다.[40]

중국의 핵전력은 지난 50여 년간 여타 영역에 비해 그 변화가 상대적으로 크지 않았다. 핵탄두(280개 남짓)의 총수도 전체 개발 기간을 감안할 때 그다지 늘지 않았고, 공격적 투자의 모습도 보이지 않기 때문이다. 그럼에도 불구하고 중국은 '최소 억지 능력'과 핵전력의 3요소(triad)를 제대로 갖추기 위해 공중 발사 탄도미사일의 개발에 박차를 가함과 동시에, 육상 발사 탄도미사일의 저장고(silo)에 대한 방어 증강에 전력을 기울이고 있다.[41] 더 나아가 현재 4척의 진(晉)-급 핵추진 잠수함(SSBN: 최대 사정거리 7,200km의 탄도미사일 12기 장착 가능)을 운용하는바, 이를 6척까지 늘려 24시간(around-the-clock) 작전 운용이 가능하도록 매진하고 있다.

위에서 제시한 것 이외에도 중국은 우주, 사이버, 북극 등 새로운 '공역'(commons)에서의 전력 제고와 영향력 확대에도 적극적으로 나서고 있다. 2003년 유인 우주선의 발사 성공에서 시작해, 2007년에는 창어(嫦娥) 1호의 달 궤도 진입, 그리고 2011년에는 실험용 우주정거장 톈궁(天宮) 1호의 발사에 성공했다. 2013년 12월에는 미국, 러시아에 이어 세 번째로 달 착륙에 성공했으며, 무인 탐사차량 위투(玉兎)를 성공적으로 분리했다. 2018년에는 인류 최초로 달의 이면에 착륙했으며, 2021년 5월에는 톈원(天問) 1호가 미국, 러시아에 이어 화성 착륙에 성공했다. 중국은 우주 부문에서의 성공에 힘입어 상대국의 핵전력을 무력화할 수 있는 항우주 무기 능력의 획득에도 매진하고 있다.

무엇보다도 무인화·지능화·스텔스화를 지향하며, AI를 통한 군의 현대화에 박차를 가하고 있다. 특히 '민군 융합'(軍民融合)을 통한 중국의 우세는 여타 국가에 비해 두드러지는 것으로 평가된다.[42] 미국이 세계 각국에 대해 화웨이 설비의 구매를 만류할 정도로 중국의 사이버 및 AI 능력은 일취월장하고 있으며, 특히 미래의 암호해독 능력이 걸린 양자 연산/통신(quantum computing & encryption)에서도 미국에 버금가는 능력을 갖춘 것으로 평가된다.[43]

2012년부터 중국은 자신을 '준북극 국가'(near-Arctic state)로 정의하고 북극위원회(Arctic Council) 가입을 준비해 왔다. 비록 미국은 이를 인정하지 않지만, 중국은 이미 〈극지방 항행규정〉(Polar Code)과 〈북극 중심해 금어협정〉(Central Arctic Fishing Moratorium)에도 서명했다. 또 두 척의 쇄빙선(雪龍) 배치를 통해 2018년 말까지 총 9차에 걸쳐 북극 항로를 경유했으며, 점진적으로 소위 '북극 이해 상관자'(Arctic stakeholder)로 발돋움하고 있다.

앞 절에서 미·중 경제력 비교와 관련해 이미 높은 수준의 불확실성을 지적한 바 있다. 즉, 국방력 증강을 위한 재원 확보에 있어 두 나라 중 어디가 더 유리할지에 대한 중장기적 예측이 상당히 어렵다는 의미이다. 여기서 한 가지 지적할 것은, 경제성장에서와 마찬가지로 중국의 국방력 역시 '빨리 따라잡기'(telescoping, 赶超)가 빈번했다는 점이다.[44] 앞서 언급한 미사일 전략과 지능화에 있어 중국의 진보가 당초 예상보다 훨씬 앞서갔기 때문이다. 더 나아가 중국식 위성항법 시스템인 '베이더우'(北斗)의 개발과 이의 제3국에의 빠른 확산 역시 중국의 기술 굴기와 함께 그것이 갖는 군사적 함의를 잘 보여준다.[45]

전쟁을 위한 하드웨어(hardware) 경쟁뿐 아니라 미·중 사이에는 서로 양보하기 어려운 '분쟁 가능 지역'(flash points) 또한 적지 않다. 특히 동아시아에서는 다음 네 곳을 상정할 수 있다. 첫째, 2017년 이후 존재감이 재부각된 대만에 대한 중국의 압박과 이에 대한 미국의 대응이 국지적 분쟁으로 비화할 가능성이 그것이다.[46] 둘째, 최근의 관계 개선 움직임에도 불구하고 중·일 간 민감한 현안으로 남아 있는 센카쿠/댜오위 섬을 둘러싼 긴장이나 우발적 사건이 — 미·일 안보조약이 이 지역에도 적용됨을 미국이 누차 밝힌 상황에서 — 미·중 군사 분쟁으로 비화할 개연성을 가리킨다. 셋째, 양국 간 기싸움이 만연한 남중국해에서 동아시아가 여전히 자국의 세력권임을 보여주고픈 중국과 건재함을 확인시켜야 하는 미국 사이에서 분쟁이 생길 수도 있다. 넷째, 그 가능성은 상대적으로 낮으나 일단 불이 붙으면 그 폭발력에 있어 앞의 세 지역과는 비교하기 어려운 곳이 한반도이며, 북핵 문제의 제대로 된 '정산'이 이뤄지지 않을 경우 갈등이 생길 개연성이 큰 지역이다.[47]

일부 전문가들은 중국이 1979년 이후 전쟁 경험이 없다는 평가를 제시하지만, 따져보면 미국 또한 1945년 이후 태평양에서의 대대적인 해양 전쟁의 경험은 없다. 실제로 이 지역에서 분쟁이 일어날 경우, 미국이 압도적 해공 우세를 점했던 중동이나 아프가니스탄과는 다른 양상이 나타날 수도 있다. 항모 위주의 미군을 겨냥한 지대함 미사일에 기반한 중국의 반접근 지역 거부(A2AD) 전략은 곧 동아시아 해역에 상당히 넓은 '금지 구역'(no-go zones)의 설정을 의미한다. 아직 실전에서 사용된 바 없기에 그 신뢰성은 미지수이며, 특히 전자전 및 사이버전 환경에서의 생존 가능성이 주목 대상이다. 관련해 중요한 것은, 혹시라도 반접근 지역

거부 전략에 의해 미 항모가 상실될 경우 그것이 초래할 미국 내 정치적 후폭풍이다.[48] 미 군사력의 상징인 항모의 격침이 가져올 심리적 충격과 함께 "왜 여기서 방어하지 거기서 죽게 두나"라는 여론의 비등은 결코 미국에 유리하게 작동하지 않을 것이기 때문이다.

또 일부 전문가는 중국이 동맹과 해외기지를 결여하고 있기 때문에 미국의 상대가 되기 어렵다고 평가한다.[49] 그러나 향후 발발 가능성이 상대적으로 높은 동아시아 근해 전투의 경우, 중국과 미국 사이 일대일의 함정 척수 비교는 큰 의미가 없을지도 모른다. 소위 '홈팀 우위'(home-team advantage: 즉, 중국 연안에 배치된 수많은 미사일, 장사포, 그리고 전투기의 근거리 지원)가 작동해 함정 척수의 열위를 극복할 수도 있기 때문이다.[50] 환언하면, 중국 영토 자체가 거대한 항공모함(海洋長城)으로 작용함을 의미하며, 바로 그 맥락에서 중국이 남중국해에서 '구단선'의 획정과 인공섬 구축에 그렇게 적극적으로 나섰던 것이다.

중장기적 관점에서 보면 해외기지 결여의 문제 역시 점진적으로 해결될 가능성이 높다. 수십 년 동안 미국과 소련 군대의 해외주둔을 반대해 온 중국이지만 — 마치 '우두머리 맡지 않기'의 원칙을 폐기했듯이 — 이 또한 바뀔 여지가 충분히 있다. 2015년 〈반테러법〉의 입법을 통해 유엔이 인정하지 않는 상황에서의 해외파병에 대한 국내법적 경로를 이미 확보했고, 2017년 아프리카 지부티(Djibouti)에 첫 해외기지(海外保障基地)를 건설함으로써 새로운 분수령을 만들었기 때문이다.[51] 2019년 현재 중국은 '일대일로'의 큰 틀 안에서 무려 34개국 소재 42개의 부두/항만 건설에 참여하고 있어 이 중에서 기지의 대여 또는 신설이 이뤄질 가능성이 높다.[52]

군사 굴기와 관련해 소결을 제시하자면, 중국의 군사력은 이미 세계 3위 그리고 머지않아 2위로 올라설 가능성이 높다.[53] 아직 장거리 투사능력이 부족해 중동, 아프리카 및 중남미에 대한 군사작전은 그다지 용이하지 않지만, 14개국과 국경을 접하고 있어 원거리 투사가 필요 없는 동아시아에서는 여러 측면에서 중국이 유리한 국면을 만들 수도 있다.[54] 이미 10여 년 전에 동아시아 맥락에서는 중국이 미국의 '지역적 동급 경쟁자'(regional peer competitor)가 되었다는 평가가 있었는데, 2020년 시점에서는 어쩌면 명실상부한 지역적 동급 경쟁자가 되고 있다고 해도 과언이 아니다.[55] 물론 이를 반박하는 견해 역시 적지 않다.

대외 적응력 및 소프트 파워

현상(status quo)과 안정의 유지를 바라는 패권국과 국제사회는 부상국에 대해 깊은 전략적 의구심과 함께 적극적 견제의 심리를 갖게 된다. 따라서 강대국화의 길을 걷는 부상국의 입장에서는, 가능한 한 패권국의 심기를 건드려 섣부른 대립을 초래하지 않고 국제사회의 견제를 덜 받기를 원하게 된다. 예컨대 19세기 말 미국이 국제사회와 영국에 대해 취했던 전략적 겸허 — 또는 소위 '제국성의 과소 발휘'(imperial under-stretch) — 는 잘 알려져 있다.[56] 그러한 전략이 상당 부분 주효했기에 미국의 GDP가 영국을 넘어 30년이 지난 시점에도 영국의 유명 정치가는 자국의 국력에 대해 다음과 같이 자화자찬을 하고 있다.

> 대영 제국의 힘은 미국보다 훨씬 막강하다. … 우리에게는 미국 인구 7천만에 대해 5천만의 인구가 있으며, 더 나아가 우리 문명의 통제하에 있는 3억 5천만의 사람들이 존재한다. 이들은 우리의 통치에 동조할 뿐 아니라, 또 그것이 주는 혜택에 감사하고 있다.[57]

이 같은 영국의 자만이야말로 한때 '해가 지지 않는 제국'으로 불렸던 대영 제국의 몰락을 가져온 가장 큰 요인이었다고 평가할 수 있다.[58]

부상국 중국이 국제사회에 대해 대외 적응력 강화를 위해 취해온 전략은 크게 세 가지로 볼 수 있다. 그중 첫째는 자국의 힘을 지나치게 내세우지 않는 전략적 겸허를 가리킨다. 개혁·개방이 본격화된 1980년대 초부터 소위 도광양회(韜光養晦)의 원칙을 강조하면서 중국이 이를 상당 부분 일관되게 지켜온 것을 의미한다. 또 2000년대부터는 화평굴기(和平崛起)를 내세워 중국의 부상이 결코 국제사회에 불안정을 가져오지 않는 평화로운 과정임을 강조해 왔다.[59] 그러나 2009년 이후 중국은 이 같은 담론과는 상당한 거리가 있는 행동들을 취했다. 소위 공세적 외교로 특징지어지는 중국 대외관계에서의 주된 변화가 왜 이 시점에 일어났는지는 명확치 않으나, 전반적으로 국제사회의 전략적 의구심과 우려를 줄이기보다 오히려 이를 더 키우는 쪽으로 작동하고 있음에 틀림없다.[60]

둘째, 중국은 선전 및 홍보의 영역에서 자국에 대한 긍정적 이미지를 널리 알리기 위해 노력하고 있다. 관련해 세 가지를 들 수 있는데, 하나는 언론매체를 통한 홍보이다. 보다 구체적으로는 일면 중국 위협론을 반박하고 또 일면 화평굴기를 널리 알리기 위해 전 세계를 대상으로 한 24시간 영어방송(CGTN)을 2016

년에 시작했으며, 전 세계 30여 개 유력 신문에 정기 또는 부정기적으로 유료 광고도 싣고 있다.[61] 또 하나는 중국의 문화 및 언어의 교육과 확산을 위한 공자학원(Confucius Institute)의 세계적 범위에서의 설립을 들 수 있다. 최근 들어 미국과 일부 서방국가에서 퇴출되는 공자학원의 수가 늘고 있음을 볼 때, 이 또한 긍정적 평가만 받은 것은 아니다.[62] 마지막 하나는 소위 '영향력 확대 작전'(influence operations)이라 불리는 것으로, 막대한 재원을 투입하여 제3국의 정계, 학계 및 정책결정 과정에 중국의 영향력을 심는 것을 의미한다.[63] 이와 관련해 이미 호주, 일본, 스웨덴, 싱가포르 등에서 문제가 불거진 바 있어 이 또한 그리 긍정적 평가를 받기는 어려워 보인다.[64]

셋째, 가장 중요한 영역으로 소프트 파워를 들 수 있다. 즉, 단순히 군사력이나 경제력과 같은 '경성 권력'(hard power)만이 아니라 연성 권력도 국력의 주요 부분을 구성한다는 전제에 기반한다.[65] 사실 중국만큼 소프트 파워의 제고에 지대한 관심을 기울인 국가도 별로 없는데,[66] 크게 두 가지로 나눠 평가할 수 있다. 하나는 '호감도'(favorability)에 대한 것으로, 제3국 국민들이 중국에 대해 얼마나 긍정적/우호적으로 인식하는지를 가리킨다. 이 영역에서 중국의 평가는 엇갈리게 나타난다.[67] 우선 2019년의 한 조사에서 중국을 '전 세계적 리더'(global leader)로 평가한 비율은 34퍼센트로 미국의 31퍼센트와 유사하게 나왔다.[68] 그러나 중국에 대한 전반적 호감도는 지역과 경제수준에 따라 매우 상이하게 나타났다. 2019년 퓨(Pew) 리서치가 행한 34개국 조사에 따르면, 40퍼센트는 중국에 대해 우호적이었지만, 41퍼센트는 비우호적으로 나왔기 때문이다. 또 미국, 캐나다, 동유럽 및 동아시아에서는 대중국 호감도가 감소한 반면, 러시아, 중동, 아프리카 및 중남미에

서는 호감도가 증가했다.[69]

소프트 파워의 또 다른 구성 요소는 대체 규범의 제시인데, 이는 패권국 미국의 그것을 대체할 수 있는 가치관과 규범을 중국이 내놓을 수 있는지의 문제를 가리킨다. 이미 2000년대에 소위 '베이징 컨센서스'(北京共識)라고 해서 중국 나름대로 미국의 '워싱턴 컨센서스'에 대응하는 규범 체계의 모색에 나선 바 있고, 2010년대에 와서는 '중국 방안'(中國方案) 혹은 '중국 모델'(中國模式)과 같이 다양한 문제에 대한 중국 특색의 해결 방법의 제시가 언급되었다.[70] 다양한 담론에도 불구하고 — 서방의 방식을 따르지 않는 '중국적'이라는 것 이외에 — 과연 넓은 공감대를 얻은 가치 체계와 규범이 구체적으로 배양되고 있는지에 대해서는 평가가 다른 듯하다.[71]

소프트 파워 경쟁이란 결국 경제력과 군사력에서 대등성이 이뤄졌을 때 누가 국제사회의 마음을 사로잡을 것인가의 문제이다. 2차 세계대전 직후와 달리 미국 역시 자국이 만든 규범에 이중 잣대를 종종 들이댔고, 특히 트럼프 행정부가 자국중심주의를 표방한 이후 미국식 또는 서방의 규범/가치 체계가 반드시 더 넓은 공감대를 확보했다고 장담하기 어렵다.[72] 예컨대 2017년 기준, 무려 60개국이 미국보다는 중국으로 더 많은 유학생을 파견하고 있었다. 태국의 경우 미국으로는 6,893명을 보낸 반면, 중국으로는 23,044명을 파견했다. 2017년 기준 재중국 유학생의 1/9이 중국 정부의 지원을 받았으며, 이는 2000년 대비 무려 11배나 증가한 수치였다.[73] 향후 미국과 중국이 갖게 될 소프트 파워에 대해 이러한 추세가 갖는 장기적 함의가 무엇인지에 대한 진지한 검토가 필요해 보인다.

중국의 내부 통제력 평가

국력 평가에서 종종 누락되는 것이 바로 내부 통제력에 대한 논의이다. 역사상 상당수의 강대국이 몰락했던 주 원인은 외부와의 전쟁보다는 내부로부터의 붕괴였다. 가장 가깝게 소련의 사례를 한번 보자. 비록 미국과 반세기 가까이 치열한 이념적·군사적 대립을 했던 것은 사실이나, 몰락의 실질적 계기는 바로 주변부(공화국들) 통제의 실패에 기인한 연방의 해체였기 때문이다.[74] 중국 역사에서도 당(唐)과 청(淸) 왕조의 멸망은 각각 왕선지(王仙芝)와 황소(黃巢)의 난, 그리고 태평천국의 난에 의한 내부 통제의 실패에 기인했다. 따라서 비교 체제적 측면에서 소련과 유사하게 거대한 영토와 막대한 인구를 지닌 사회주의 국가라는 점에서나, 1911년 이전 중국사의 44퍼센트(900여 년)가량이 분열의 역사였다는 면에서 보더라도 중국의 강대국화는 내부 통제라는 측면을 빼고는 제대로 된 평가를 하기가 어렵다.

내부 통제력과 관련해 네 가지 지표를 중심으로 논할 수 있다. 첫째는 국가 재원을 책임지는 중앙정부의 징세능력이다. 오르간스키(A. F. K. Organski)와 틸리(C. Tilley)가 제시했듯이, 근대국가의 골간은 징세 및 지방통제 능력에 있기 때문이다.[75] 영토 내 기층 단위에까지 국가권력이 효율적으로 침투해야 할 뿐 아니라, 그들로부터 통치를 위한 재원을 적절히 징수할 수 있는 능력의 확보를 가리킨다. 중국의 경우 개혁·개방 이후의 분권화로 인해 한때 중앙정부보다 지방정부의 재정능력이 더 강한 때가 있었다. 그로 인해 국방예산, 인프라 투자 등에 필요한 재원을 중앙정부가 확보하는 데에 어려움을 겪기도 했다. 그러나 중국 통치체제의 특성상 — 즉, 연방제가 아닌 권위주의적 단일제 국가에서 중앙정부가 규칙 제정 및 변경의 힘(rule-changing power)을 독점함 — 1994년 '분세제'(分稅制)의 채택을 통해 일거에 중앙정부의 세수능력이 지방을 압도하였다. 그로부터 26년이 지난 2020년 시점에도 중앙정부가 여전히 60퍼센트에 가까운 세수를 점하고 있으며, 지방정부에 대한 재정지원(轉移支付)이라는 강력한 레버리지를 행사하고 있다.[76]

둘째는 집단 시위의 통제이다. 중국 역사에서 왕조의 변혁이 일어날 때마다 만족되던 세 가지 조건이 있는데, 외세의 침략, 관병(官兵) 이외 무장세력의 등장, 그리고 농민의 봉기가 그것이었다. 2020년 시점에서 중국이 외세로부터의 직접적인 침략을 당할 개연성은 그다지 높지 않으며, 여타 무장세력의 형성 가능성과 관련해서는 뒤에서 상술하게 된다. 여기서는 농민 봉기와 유사한 개념인 군체성 사건(집단 시위)에 대한 평가를 제시한다. 많은 연구들이 1990년대 중반 이후 중국에서의 집단 시위 발생의 빈도가 급증했음을 밝히고 있다.[77] 그럼에도 불구하고 이들 시위는 대체로 지방정부의 부실 행정과 지방 간부의 부패를 대상으로 하며, 지역적 범위 역시 상대적으로 협소하고, 극소수 사례를 제외하면 단시간에 해산되거나 제압된 것으로 알려진다.[78] 메릴랜드 대학 소재의 국제개발 및 분쟁관리 센터(Center for International Development and Conflict Management)가 제시한 동아시아 32개국의 '평화 및 분쟁 불안정성 순위'(peace and conflict instability ranks)를 보더라도 중국

표 2-1. 아시아 국가 중 중국의 안정성 순위

연도	2005	2008	2010	2012	2014	2016
순위	13/29	25/31	25/32	26/32	26/32	27/32

주: 숫자가 높을수록 안정성이 높음을 의미함.

의 상황은 점차 양호해지는 것으로 나타났다(표 2-1 참조).[79]

셋째는 무장세력에 대한 통제를 가리키는데, 이는 곧 인민해방군 이외의 무력을 지닌 세력의 등장 가능성을 지칭한다. 2020년 시점에서 볼 때 그와 같은 가능성은 거의 제로에 가깝지만, 핵심 질문은 오히려 중국에서 군에 대한 통제가 '지역화'(localize)될 수 있는지에 초점이 맞춰져야 한다. 즉, 중국처럼 거대 영토를 지닌 국가에서 군에 대한 통제력을 중앙정부가 오롯이 독점할 수 있는지를 가리키는 것이다. 2015년 이후의 군 개혁을 통해 그럴 가능성은 점차 감소하는 것으로 보인다. 지역 색이 짙은 7대 군구로부터 해/공군을 포함하는 연합전력 중심의 5대 전구로 개편되면서 홍군(紅軍) 시기(1921~1949)의 유산인 지역성이 상당 부분 희석되었기 때문이다. 뿐만 아니라 1989년 이후 대대 이상 규모의 병력 이동은 — 비록 훈련 목적의 이동일지라도 — 중앙군사위원회의 문서 승인을 사전에 받도록 한 규정 역시 유효해 중앙에 의한 군의 확고한 통제를 벗어나기는 여전히 어려워 보인다.[80]

마지막은 중국의 민주화와 연관된 불확실성을 가리킨다. 1989년 천안문 사태가 있은 후 조직적이고 명시적인 민주화의 움직임은 크게 드러난 것이 별로 없다. 경제발전의 지속에도 불구하고 정치적 자유에 대한 목마름이 드러나지 않는 것은 '친공산당 자본가'(red capitalists)의 등장과 함께 문화대혁명 시기를 겪은 주류 세대들이 공유한 혼란에 대한 강한 거부감(中國不能亂)으로 주로 설명된다.[81] 문제는 이들 세대가 무대 뒤로 사라지고 신세대(1980년 그리고 1990년 이후에 태어난 세대 — 소위 八零後 및 九零後 세대)가 주류로 등장하는 10년 후에도 여전히 지금과 같은 상황이 유지될 것인가이다.

여기서 두 가지를 명기할 필요가 있다. 하나는 소련의 붕괴가 남긴 교훈들에 대해 중국정부가 지속적으로 큰 관심을 갖고 이를 새겨왔다는 점이다. 소수민족 지구에 대한 준엄한 통제, 지방의 일탈에 대한 지속적인 규제, 그리고 이념 교육의 강화를 통해 소련의 전철을 밟지 않으려는 노력을 지금도 매진하고 있기 때문이다.[82] 또 다른 하나는 이러한 내부 문제에 대한 관점은 중국뿐 아니라 미국에도 적용될 소지가 있다는 점이다. 2017년 갤럽연구소는 '미국이 직면한 가장 큰 문제'에 대한 조사에서 다음 네 가지 국내 문제를 중요도에 따라 적시했다. ① 정부에 대한 불만(dissatisfaction with government), ② 이민 정책(immigration), ③ 국가 통합(unifying the country), 그리고 ④ 인권과 인종 문제(civil rights and race relations)가 그것이다.[83] 이 네 가지 모두 국가의 균열 및 체제 정통성과 긴밀한 연계가 있기에 — 긴 역사를 지닌 민주주의 연방제의 채택에도 불구하고 — 미국 역시 까다로운 국내 문제로부터 자유롭다고 하기는 어렵다.

총체적 평가

이상의 논의를 종합할 때 어떤 결론을 도출할 수 있을까? 대략적인 국력 비교를 통해 〈표 2-2〉와 같은 평가를 할 수 있다. 경제력에 있어 미국은 여전히 압도적 우위를 점하고 있으나, 향후 양국의 성장률 편차에 따라 그것이 더 오래 지속되거나 혹은 역전의 시점이 결정될 것이다. 그러나 중국의 양적 규모(특히 인구)가 예외적으로 큰 상황에서 그 역전의 상황은 조만간 도래할 가능성이 크다. GDP가 경제력의 모든 것을 보여주는 지표는 아니지만 그 상징성이 매우 크기에, 일단 역전이 이뤄지면 그로 인해 파

표 2-2. 네 가지 지표에 대한 미·중 비교(2019)

지표	미국	중국
경제력	GDP 기준 세계 1위 1인당 소득 세계 13위 2% 내외의 경제성장률	GDP 기준 세계 2위 1인당 소득 세계 65위 6% 내외의 경제성장률
군사력	세계 1위 군사대국	3위의 군사대국 아시아 역내 동급 경쟁자
대외 적응력	소프트 파워가 예전 같지 않으며 대외 홍보에 소극적	소프트 파워가 늘고 있으며 대외 홍보에 매우 적극적, 개발도상국에서의 높은 선호
대내 통제력	국내통합의 문제가 갈수록 불거지고 있음	중기적으로 문제 없으나 장기적으로는 우려됨

생되는 국제정치적 파장은 적지 않을 것이다. 군사력에서도 미국이 여전히 압도적 우위를 지키고 있고, 설사 중국이 러시아를 넘어 세계 2위를 차지하더라도 단기간에 전 지구적 차원에서 대미국 우위를 얻기는 어려울 것이다. 다만, 앞서 언급했듯이 동아시아 맥락에서는 — 중국의 영토적 홈 어드밴티지로 인해 — 다른 평가가 가능할 수도 있다.

대외 적응력의 관점에서 볼 때, 미국은 적잖이 '제국의 자만'에 빠져 있는 것으로 보인다. 예전처럼 자국의 소프트 파워의 유지나 제고에 집착하는 것 같지 않고, 그렇다고 해서 부족한 부분의 보완을 위한 대외 홍보에 열을 올리지도 않기 때문이다. 특히 트럼프 행정부의 4년은 미국의 국익 우선과 일방주의 행태가 이전보다 훨씬 심해져 여러 분야에서 중국이 반사이익을 챙기는 기간이었다고 해도 과언이 아니다.[84] 그러나 중국 역시 강해진 자신의 힘을 빈번히 과시했으며, 대상국을 불문하고 소위 '점혈식 타격'(點穴式打擊: 급소만을 골라 보복하는 행위, 또는 sharp power)을 시행함에 따라 적잖은 비판을 받았다. 궁극적으로는 미국과 중국에 대한 단순한 호감도보다 어느 나라가 국제사회에 보다 합리적이고 일관된 원칙과 규범을 제시하고 또 이를 실제로 수행하는지가 향후 관건이 될 수밖에 없다.

대내 통제 및 체제 안정성과 관련해서는 그 복잡성으로 인해 미·중 비교가 상당한 난점을 내재하고 있다. 다만, 거시적으로 볼 때 1776년 건국 이후 이미 240여 년을 유지해 온 미국의 연방제 구조가 갑자기 불안정해질 가능성은 그리 높지 않다. 중국의 부상이나 따라잡기에만 초점을 맞추기보다 미국의 전략적 조정으로서의 '후퇴'(retrenchment)에도 관심을 가질 필요가 있다. 고립주의로의 회귀는 아니면서도 군비의 효율적 재정비, 경제의 재도약, 그리고 국가통합에의 노력 등이 병행되는 중간 수준의 후퇴가 이뤄질 수도 있기 때문이다. 다만, 서태평양의 확보에 매진하는 중국의 도전을 바로 앞에 두고 과연 미국이 그런 여유를 가질 수 있는지는 또 다른 문제이다.[85)]

건국 후 70년을 막 넘은 중국 역시 — 역대 중국 왕조의 평균 수명이 200년 남짓이었음을 감안하면(마치 30대 청년이 급사할 가능성이 그리 높지 않듯이) — 치명적인 체제 불안정의 논리는 과대 포장된 측면이 있어 보인다.[86)] 과거 역사가 하나의 중요한 길라잡이가 될 수 있다면, 향후 중국의 모습에서 공산주의적 요소가 희석되면 될수록 전통적(즉, 지방의 원심력이 점차 복원되는) 면모가 되살아날 가능성 역시 상대적으로 높아질 것으로 평가된다.[87)]

결론적으로 중국은 개혁·개방 이후 40년 동안 매우 적극적인 강대국화를 추진해 왔으며, 이미 강대국(국제체제를 관리하고 국제질서를 유지하는 나라) 중 하나가 되었다고 볼 여지가 충분하다. 중국을 G2 국가로 부르는 것에서 이를 알 수 있으며, 보다 중요한 것은 갈수록 중국이 '슈퍼파워'(超級大國, super-China)의 반열에 다가

가고 있다는 점이다. 즉, 미국과 중국이 각각 가진 힘과 그다음 순서에 있는 국가들이 지닌 국력 사이의 격차가 너무 커 전자를 호칭함에 있어 다른 분류의 범주가 사용되어야 할 필요성이 제기된다.[88] 따라서 '그들만의 리그'가 이미 만들어진 상황에서 미·중 사이의 국력 경합은 구조적으로 점차 패권 경쟁으로 귀결될 가능성이 높다고 평가할 수 있다.

주

1 Joseph S. Nye, *Bound to Lead: The Changing Nature of American Power* (New York: Basic Books, 1991), p. 261.

2 Martin Jacques, *When China Rules the World* (New York: Penguin Books, 2012), p. 433.

3 이에 대해서는 Jack S. Levy, *War in the Modern Great Powers System 1495–1975* (Lexington, KY: University Press of America, 1983), p. 76; James L. Richardson, *Crisis Diplomacy: The Great Powers Since the Mid-Nineteenth Century* (Cambridge: Cambridge University Press, 1994), p. 5; Hedley Bull, *The Anarchical Society: A Study of Order in World Politics* (London: MacMillan, 1995), 2nd ed., p. 6을 참조하라.

4 예컨대 Thomas G. Rawski, "The Political Economy of China's Declining Growth," in P. J. Lloyd and Xiaoguang Zhang (eds.), *China in the Global Economy* (Cheltenham: Edward Elgar, 2000), p. 29를 보라.

5 관련해 Arthur Waldron, "Warlordism versus Federalism: The Revival of a Debate," *The China Quarterly*, No. 121 (March 1990), pp. 116-128; Maria H. Chang, "China's Future: Regionalism, Federation, or Disintegration," *Studies in Comparative Communism*, Vol. 25, No. 3 (September 1992), pp. 211-227; Edward Friedman, "China's North-South Split and the Forces of Disintegration," *Current History*, No. 575 (1993), pp. 270-274; Jack Goldstone, "The Coming Chinese Collapse," *Foreign Policy*, No. 99 (Summer 1995), pp. 35-52; Gordon Chang, *The Coming Collapse of China* (New York: Knopf, 2001); 倪建中, 『大國諸侯』(北京: 中國社會出版社, 1996); 童中新, 『失衡的帝國』(貴陽: 貴州人民出版社, 2001)을 보라.

6 관련해 Yongshun Cai, *Collective Resistance in China: Why Popular Protests Succeed or Fail* (Stanford: Stanford University Press, 2010); Jae Ho Chung, "Managing Political Crises in China: The Case of Collective Protests," in Jae Ho Chung (ed.), *China's Crisis Management* (London: Routledge, 2011), pp. 25-42를 참조하라.

7 Jae Ho Chung, *Centrifugal Empire* (New York: Columbia University Press, 2016), Chs. 2, 7을 보라.

8 Christopher Chase-Dunn, *Global Formation: Structures of the World Economy* (Lanham: Rowman & Littlefield, 1998); Paul Kennedy, *The Rise and Fall of the Great Powers* (New York: Vintage, 1989), Ch. 3; Alexander Gerschenkron, *Economic Backwardness in Historical Perspective* (Cambridge, MA: Harvard University Press, 1962), pp. 12-20; Chalmers Johnson, "The Developmental State: Odyssey of a Concept," in Meredith Woo-Cumings (ed.), *The Developmental State* (Ithaca, NY: Cornell University Press, 1999), pp. 314-319.

9 중국의 '빈곤인구'(연소득 2,300위안 또는 340달러 이하)는 1980년 7억 7,500만 명에서 2018년에는 1,660만 명, 2019년에는 551만 명으로 줄었다. James Miles, "All Things in Moderation," *Economist*, November 15, 2019, p. 43; "2019年全國農村贫困人口减少1109萬人," 『光明日報』, 2020년 1월 24일, at http://www.gov.cn/xinwen/2020-01/24/content_5471927.htm을 참조하라.

10 UNCTAD, *World Investment Report 2019* (New York: United Nationsl Publications, 2019); 『중앙일보』, 2019년 10월 10일. 2019년 세계 1위 수출 품목에서 중국은 1,735개로 압도적 1위를, 미국은 511개로 3위를 차지했다. 『조선일보』, 2020년 4월 24일.

11 *South China Morning Post*, July 22, 2019. 2012년에 중국 기업은 73개에 불과했다.

12 『조선일보』, 2013년 2월 2일과 2013년 12월 16일; 『조선일보』, 2016년 10월 14일; Soumitra Dutta et. al. (eds.), *The Global Innovation Index 2019*, p. 8, at https://www.wipo.int/edocs/pubdocs/en/wipo_pub_gii_2019.pdf.

13 이 성과는 일본, 한국 그리고 인도의 성과를 모두 합친 것보다 많은 것이었다. Katrina Krämerl, "China Tops Chemistry Research Ranking, Leaving US in Second Place," *Chemistry World*, January 2, 2020, at https://www.chemistryworld.com/news/china-tops-chemistry-research-ranking-leaving-us-in-second-place/4010958.article.

14 『조선일보』, 2020년 4월 13일.

15 Pu Zhendong, "China Bytes back with Fastest Computer," *China Daily*, 2013년 6월 18일; https://www.popsci.com/read/fastest-supercomputer-in-the-world-2019를 보라.

16 2018년 말 기준, 30개 첨단기술 분야에서의 국가별 연구능력 평가에서 중국은 23개 분야에서 1위를, 미국은 7개 분야에서만 1위를 점했다. 『日本經濟新聞』, 2018년 12월 31일; Shellen Wu, "How Science Saved

China," *Nature*, No. 574 (October 3, 2019), pp. 25-28도 참조하라.

17 "An Understated Economy," *The Economist*, 2012년 12월 15일.

18 『조선일보』, 2013년 2월 2일.

19 『중앙일보』, 2016년 5월 13일.

20 Shi Jiangtao, "China's Carbon Pollution Could Match US on Per Capita Basis by 2017," *South China Morning Post*, 2012년 9월 23일; Timothy Beardson, *Stumbling Giant* (New Haven: Yale University Press, 2013); Mel Gurtov, *Will This Be China's Century?* (Boulder: Lynne Rienner, 2013); Jonathan Fenby, *Will China Dominate the 21st Century?* (Cambridge: Polity Press, 2014); Regina Abrami, William Kirby, and F. Warren McFarlan, *Can China Lead?* (Cambridge: Harvard Business Review Press, 2014); Dinny McMahon, *China's Great Wall of Debt* (New York: Houghton Mifflin Harcourt, 2018); Carl Minzner, *End of an Era* (Oxford: Oxford University Press, 2018); George Magnus, *China in the 2020s: A More Difficult Decade*? (LSE: September 2019).

21 Logan Wright and Daniel Rosen, "China's GDP: The Costs of Omerta," *China Macro* (by Rhodium Group), August 12, 2019; Cary Huang, "China's Miracle Economy Has a Secret Ingredient: Cooked GDP Books," *South China Morning Post*, December 1, 2019.

22 『매일경제신문』, 2016년 4월 26일.

23 『매일경제신문』, 2019년 5월 20일; "不得不防," 『環球時報』, 2020년 6월 29일.

24 https://www.thebalance.com/yuan-reserve-currency-to-global-currency-3970465; https://edition.cnn.com/2019/06/18/investing/dollar-reserve-currency-yuan-euro/index.html (검색일: 2020년 1월 10일).

25 Laura He, "China Wants to Weaponize Its Currency," *CNN Business*, December 5, 2020; James Kynge, "Virtual Control: The Agenda Behind China's New Digital Currency," *Financial Times*, February 17, 2021.

26 그 비율이 1990년 6.7%, 그리고 2005년에 12%에 불과했음을 감안하면 중국 경제의 성장이 매우 빠름을 알 수 있다.

27 IMF 통계를 사용하였다.

28 인용 부분은 John Measheimer, *The Tragedy of Great Power Politics* (NewYork: W. W. Norton, 2001), p. 5에서 가져왔다. 또 Karen A. Rasler and William R. Thompson, *The Great Powers and Global Struggle*,

1490-1990 (Lexington: University Press of Kentucky, 1994), p. 18; Paul A. Papayoanou, "Great Powers and Regional Orders: Possibilities and Prospects after the Cold War," in David A. Lake and Patrick M. Morgan (eds.), *Regional Orders: Building Security in a New World* (University Park: Penn State University Press, 1997), p. 64; Paul Kennedy, *The Rise and Fall of the Great Powers*, Ch. 3; Richard Harding, *Seapower and Naval Warfare, 1650-1830* (London: Routledge, 1999)을 참조하라.

29 黃碩風, 『綜合國力新論』(北京: 中國社會科學出版社, 1999), 6장; Orville Schell and John Delury, *Wealth and Power: China's Long March to the Twenty-First Century* (Boston: Little Brown, 2013); Michael Pillsbury, *The Hundred-Years Marathon: China's Secret Strategy to Replace America as the Global Superpower* (New York: Henry Holt and Company, 2016).

30 나머지 두 원칙—'패권 추구하지 않기'(不稱覇)와 '확장하지 않기'(不搞擴張)—은 여전히 언급되고 있다.

31 Jae Ho Chung (ed.), *Assessing China's Power* (New York: Palgrave, 2015)에 실린 Andrew Erickson과 Michael Chase의 글을 참조하라.

32 M. Taylor Fravel, *Active Defense: China's Military Strategy Since 1949* (Princeton: Princeton University Press, 2019)를 보라.

33 군구는 육군 위주의 편성이었던 반면, 전구는 연합전력 중심으로 복수 지역에서의 동시 작전의 수행을 목적으로 한다. Philip Saunders et al. (eds.), *Chairman Xi Remakes the PLA: Assessing Chinese Military Reforms* (Washington, D.C.: National Defense University Press, 2019), Ch. 1을 보라.

34 중국의 지리적 중심인 우한(武漢)에 전국 병참사령부가 설치되었고, 그 하부 구조로 우시(無錫), 구이린(貴林), 정저우(鄭州), 시닝(西寧), 선양(瀋陽)에 5개 전구별 병참사령부가 만들어졌다. US Government, US Senate and US-China Economic and Security Review Commission (eds.), *China's Military Reforms and Modernization: Implications for U.S.* (August 2019), pp. 28-36.

35 Ian McCaslin and Andrew Erickson, "The Impact of Xi-Era Reforms on the Chinese Navy," in Saunders et al. (eds.), *Chairman Xi Remakes the PLA*, Ch. 3을 보라. 중국은 2019년에만 총 9척의 구축함을 새로 진수한 것으로 알려진다.

36 미 해군은 현재 보유하고 있는 288척에서 2034년까지 총 355척으로 해군함 수를 늘릴 계획을 갖고 있다.

37 최근의 개혁을 통해 이전의 제2 포병을 로켓군(火箭軍)으로 개편해 정식 군종화했다.

38 예컨대 탄도미사일 하나의 가격은 1,000만 달러에 불과하지만, 항모 한 대는 무려 130억 달러에 달한다. 이는 곧 1:1,000 이상의 가성비 높은 전략을 의미하며, 향후 스텔스 드론(stealth drones)이 활용되면 그 위협은 훨씬 더 커질 것으로 보인다. Tsuyoshi Minami, "Do China's New Missiles Change the Game?" *East Asia Forum*, February 20, 2020을 참조하라.

39 2011~2015년 기간 동안 총 46회였던 항행 빈도가 2016~2019년 기간에는 24회로 줄어들었다.

40 *China's Military Reforms and Modernization*, pp. 157-159.

41 Vipin Narang, *Nuclear Strategy in the Modern Era: Regional powers and International Conflict* (Princeton: Princeton University Press, 2014), Ch. 5; Hu Xijin, "China Needs to Increase Nuclear Warheads to 1,000," *Global Times*, May 8, 2020을 보라.

42 예컨대 George Allen, *Understanding China's AI Strategy* (Washington, D.C.: Center for a New American Strategy, February 2019), pp. 8-9; Department of State, *Preventing U.S. Industry's Exploitation by China's "Military-Civil Fusion" Strategy* (April 2, 2020), at https://www.state.gov/preventing-us-industry-exploitation-by-chinas-military-civil-fusion-strategy를 보라.

43 2019년 기준, 양자 역학 관련한 특허 수는 중국이 492개로 세계 1위를 점했으며, 248개를 가진 미국을 압도했다. 『조선일보』, 2019년 11월 7일; Philip Orchard, *5G, China and the Race to Dominate High-Tech* (Geopolitical Futures, June 30, 2019).

44 예컨대 미국 전문가들은 중국의 스텔스기인 J-20이 처녀비행에서 배치까지 6년 소요된 것을 미국의 9년과 비교해 이를 부분적으로 인정하고 있다. Morgan Dwyer et al., *Cycle Times and Cycles of Acquisition Reform* (Washington, D.C.: CSIS, August 2020)을 보라.

45 2019년 기준, 중국은 120개국에 베이더우 시스템을 수출했다. 미국의 GPS 오차 범위가 30cm인 데 비해 베이더우는 10cm 이하로 알려졌다. 『조선일보』, 2019년 12월 31일; *South China Morning Post*, June 23, 2020.

46 홍콩 사태와 함께 2020년 대만 총통선거에서 민진당 차이잉원의 재선이 이뤄짐에 따라 그 개연성은 보다 커진 것으로 평가된다. 2021년 5월 첫 호에서 영국의 *Economist*지는 대만을 '세계에서 가장 위험한 지역'으로

규정했다.

47 Robert D. Kaplan, *Asia's Cauldron* (New York: Random House, 2014); Chung Min Lee, *Fault Lines in a Rising Asia* (Washington, D.C.: Carnegie Endowment for International Peace, 2016)를 보라.

48 이미 한 중국 학자(진찬룽 인민대 교수)가 그와 같은 시나리오를 제시한 바 있다. 金燦榮, "中國有三張王牌打贏貿易戰,"『觀察者』, 2019년 5월 12일, at https://www.guancha.cn/JinCanRong/2019_05_12_501232.shtml (검색일: 2019년 11월 23일).

49 동맹 부분에 대한 논의는 이 책의 3장에서 제시될 것이다.

50 미, 중 양국 공히 상대방에 대한 면밀한 '총괄 평가'(net assessment)와 함께 전쟁 대비에 만전을 기하고 있다. 예컨대 Eric Heginbotham et al., *The U.S.-China Military Scoreboard: Forces, Geography, and the Evolving Balance of Power, 1996-2017* (Santa Monica: RAND, 2015)을 참조하라.

51 Jean-Pierre Cabestan, "China's Military Base in Djibouti: A Microcosm of China's Growing Competition with the United States and New Bipolarity," *Journal of Contemporary China*, No. 125 (2020)를 참조하라.

52 역내에서는 파키스탄의 지와니(Jiwani), 스리랑카의 함반토바(Hambantoba), 그리고 캄보디아의 레암(Ream) 등이 후보지로 많이 거론되었다. *Securing the Belt and Road Initiative: China's Evolving Milary Engagement Along the Silk Roads*, NBR Speical Report, No. 80 (September 2019); 胡欣, "國家利益拓展與海外戰略支撑點建設,"『世界經濟與政治論壇』, 1期 (2019), pp. 21-35를 보라.

53 스톡홀름 평화연구소(SIPRI)에 의하면, 2019년 기준 중국의 무기 생산은 이미 러시아를 제치고 세계 2위로 올라섰다.『조선일보』, 2020년 1월 28일. Tara Copp and Aaron Mehta, "New Defense Intelligence Assessment Warns China Nears Critical Military Milestone," *South China Morning Post*, January 15, 2019도 참조하라.

54 아시아 이외 지역들에 대한 중국의 경제적·규범적 영향력의 확산에 대한 학술적 논의는 많으나, 군사력 투사의 확대에 대한 논의는 별로 없다.

55 예컨대 Michael A. McDevitt, "The China Factor in Future US Defense Planning," in Jonathan D. Pollack (ed.), *Strategic Surprise* (New Port: Naval War College Press, 2003), p. 153; Andrew Erickson, "Evaluating China's Conventional Military Power," in Chung (ed.), *Assessing China's Power*, p. 87을 보라.

56 Fareed Zakaria, *From Wealth to Power: The Unusual Origins of America's*

World Role (Princeton, NJ: Princeton University Press, 1998), Ch. 3.

57 Joseph Chamberlain, "Retaliation" (The Town Hall, Greenock, October 7, 1903), in Charles W. Boyd (ed.), *Mr. Chamberlain's Speeches* (London: Constable, 1914), Vol. 2, pp. 178-179.

58 Aaron Friedberg, *The Weary Titan and the Experience of Relative Decline, 1985-1905* (Princeton: Princeton University Press, 1988), Ch. 7을 보라.

59 Zheng Bijian, "China's Peaceful Rise to Great-Power Status," *Foreign Affairs*, Vol. 84, No. 5 (September – October, 2005), pp.18-24; Robert L. Suettinger, "The Rise and Descent of 'Peaceful Rise,'" *China Leadership Monitor*, No. 12 (Fall 2004), at http://www.chinaleadershipmonitor.org; 夏立平, 『中國和平崛起』(北京: 中國社會科學出版社, 2004); 彭澎(主編), 『和平崛起論』(廣州: 廣州人民出版社, 2005), pp. 13-26.

60 2009년 이후 중국의 공세적 외교에 대하여는 이 책의 3장을 참조하라.

61 이에는 『워싱턴 포스트』가 포함되며, 한국에서는 『중앙일보』가 들어 있다.

62 Luwei Rose Luqiu and John D. McCarthy, "Confucius Institutes: The Successful Stealth 'Soft Power' Penetration of American Universities," *Journal of Higher Education*, Vol. 90, No. 4 (2019), pp. 620-643을 보라.

63 다수의 서방 학자들이 중국에 대해 우호적 홍보를 목적으로 하는 저술을 하고 있는데, 한 예로 Peter Nolan, *China and the West: Crossroads of Civilisation* (New York: Routledge, 2019)을 보라.

64 예컨대 "A Preliminary Survey of CCP Influence Operations in Japan," *China Brief*, Vol. 19, Issue 12 (June 26, 2019), at https://jamestown.org/program/a-preliminary-survey-of-ccp-influence-operations-in-japan/을 보라.

65 Susan Strange, "The Persistent Myth of Lost Hegemony," *International Organization*, Vol. 41, No. 4 (Autumn 1987), pp. 551-574; Joseph S. Nye, *Soft Power: The Means to Success in World Politics* (Washington, DC: Public Affairs, 2004), Ch. 1.

66 관련해 門洪華, 『中國軟實力方略』(杭州: 浙江人民出版社, 2007); Joshua Kurlantzick, *Charm Offensive: How China's Soft Power Is Transforming the World* (New Haven, CT: Yale University Press, 2007); David M. Lampton, *The Three Faces of Chinese Power: Might, Money and Minds* (Berkeley: University of California Press, 2008), Ch. 4; Li Mingjiang, *Soft Power: China's Emerging Strategy in International Politics* (Lamham, MD: Rowman

& Littlefield, 2009); 郭書勇, 『中國軟實力戰略』(北京: 時事出版社, 2012)을 보라.

67 2019년의 한 조사에 따르면, 각국에서 이민을 고려하는 7억 5,000만 명 중 단 1%만이 중국을 대상지로 희망했다. Robert Guest, "Anglosphere vs. Sinosphere," *Economist*, November 15, 2019, p. 19를 보라.

68 *Rating World Leaders 2019*, at https://www.gallup.com/analytics/247040/rating-world-leaders-2019.aspx (검색일: 2020년 1월 12일).

69 "People Around the Globe Are Divided in Their Opinions of China," Pew Global Research (September 30, 2019), at https://www.pewresearch.org/fact-tank/2019/09/30/people-around-the-globe-are-divided-in-their-opinions-of-china/; "China's Economic Growth Mostly Welcomed in Emerging Markets, but Neighbors Wary of Its Influence"(December 5, 2019), at https://www.pewresearch.org/global/2019/12/05/chinas-economic-growth-mostly-welcomed-in-emerging-markets-but-neighbors-wary-of-its-influence/(검색일: 2020년 1월 13일). 추가적으로 Evan Ellis, *China in Latin America: The Whats and Wherefores* (Boulder: Lynne Rienner, 2009); Deborah Brautigam, *The Dragon's Gift: The Real Story of China in Africa* (Oxford: Oxford University Press, 2009); Antonio Fiori and Stanley Rosen, "The Sino-African Relationship," in Kingsley Edney et al. (eds.), *Soft Power with Chinese Characteristics: China's Campaigns for Hearts and Minds* (London: Routledge, 2020), pp. 188-206도 참조하라.

70 史芳, 『中國模式』(南寧: 廣西人民出版社, 2004); 高全喜(主編), 『大國策 — 全球視野中的中國大戰略』(北京: 人民出版社, 2009), pp. 72-125; 巴殿君·王勝男, "論中國全球化認識觀與全球治理的中國方案," 『東北亞論壇』, 3期(2019); 姜志達, 『中美規範競合與國際秩序演變』(北京: 世界知識出版社, 2019), 3-6장.

71 예컨대 중국이 오래 전부터 제기한 '핵 선제 불사용'(no first use)의 원칙 — 즉, 중국은 핵무기로 타국을 선제 공격하지 않으며, 비핵 국가에 대해 사용하지 않음 — 이 상당히 긍정적인 평가를 얻었다. 그러나 이와 같은 미시 또는 중간 범위의 규범보다 넓은 — 예를 들어 민주, 시장 경제, 인권을 대체하는 — 거시 규범을 아직은 만들어내지 못한 것으로 평가된다. 관련해서 Chung (ed.), *Assessing China's Power*에 실린 Kent의 글을 참조하라.

72 코로나 사태 초기에 자국 중심인 미국과 소위 '건강 실크로드'를 표방한

중국은 상당히 대조적이었다. James Kynge, "From Cover-up to Global Donor: China's Soft Power Play," *Financial Times*, March 23, 2020.

73 Cheng Li and Charlotte Yang, "Forget Stanford, Tsinghua Beckons," (Brookings Institution), October 3, 2018, at https://www.brookings.edu/blog/order-from-chaos/2018/10/03/forget-stanford-tsinghua-beckons/를 보라.

74 Gail Lapidus and Edward Walker, "Nationalism, Regionalism and Federalism: Centre-Periphery Relations in Post-Communist Russia," in Gail Lapidus (ed.), *The New Russia: Troubled Transformation* (Boulder: Westview, 1995), pp. 79-114.

75 A. F. K. Organski, *World Politics* (New York: Alfred K. Knopf, 1968), 2nd ed.; Charles Tilley, *The Formation of National States in Western Europe* (Princeton: Princeton University Press, 1975).

76 Jae Ho Chung, "Beijing Confronting the Provinces: The 1994 Tax-Sharing Reform and Its Implications for Central-Provincial Relations in China," *China Information*, Vol. 9, No. 2/3 (1994), pp. 1-23; Philip Hsu, "Central-Provincial Power Relations in the Fiscal Realm of China," in John Donaldson (ed.), *Assessing the Balance of Central-Local Relations in China* (London: Routledge, 2017), Ch. 2를 보라.

77 Jae Ho Chung, "Assessing the Odds against the Mandate of Heaven: Do Numbers on Popular Protest Really Matter?" in Jae Ho Chung (ed.), *Charting China's Future* (Lanham, MD: Rowman & Littlefield, 2006), Ch. 5; Cai, *Collective Resistance in China*; Charles Parton, "The Challenges Facing China," *Foresight 2020* (February 2020), pp. 1-6을 참조하라.

78 Chung, "Managing Political Crises in China"를 참조하라.

79 余艷红, "群體性事件與政治稳定: 一项基于風險模型的新解释," 『愛思想』, 2019년 3월 28일, at http://www.aisixiang.com/data/115692.html (검색일: 2019년 11월 23일). *The Peace and Conflict Instability Ledger: Ranking States on Future Risks* 자료 원문은 https://books.google.com/books?hl=en&lr=lang_en&id=t7FTDAAAQBAJ&oi=fnd&pg=PA128&dq=%22Ted+Robert+Gurr%22&ots=P3_KmmWn1w&sig=cC1s_h2BRZafzPMveQ0HoSFFi44#v=onepage&q=%22Ted%20Robert%20Gurr%22&f=false에서 볼 수 있다.

80 Jae Ho Chung, "China's Local Governance in Perspective: Instruments of Central Government Control," *China Journal*, No. 75 (January 2016), pp.

57-59를 보라.

81 Bruce Dickson, *Red Capitalists in China* (Oxford: Oxford University Press, 2003); Jie Chen, *A Middle Class without Democracy* (Oxford: Oxford University Press, 2013), Ch. 4를 참조하라.

82 丁维陵 等,『蘇聯東歐劇變啓示錄』(長春: 吉林人民出版社, 1992); 魏澤煥,『蘇共興衰透視』(廣州: 廣東人民出版社, 1998); 陸南泉 等,『蘇聯興亡史論』(北京: 人民出版社, 2002); 馮紹雷 劉軍(主編),『蘇聯解體原因及思考』(北京: 時事出版社, 2013)를 보라.

83 Gregor Aisch and Alicia Parlapiano, "What Do You Think Is the Most Important Problem Facing This Country Today?" *New York Times*, February 27, 2017, at https://www.nytimes.com/interactive/2017/02/27/us/politics/most-important-problem-gallup-polling-question.html (검색일: 2020년 1월 14일).

84 Martin Wolf, "The World Falls Apart as the U.S. Withdraws," *Financial Times*, July 8, 2020.

85 이러한 '후퇴'에 대한 연구로 Paul K. MacDonald and Josehp M. Parent, *Twilight of the Titans: Great Power Decline and Retrenchment* (Ithaca: Cornell University Press, 2018), Ch. 9를 보라. 중국 역시 미국의 '부활'(更生)과 그 잠재력에 대해 인식하고 있다. 예컨대 金燦榮·王浩, "衰落, 變革, 更生: 美國霸權的內在韌性與未來走向,"『當代亞太』, 6期(2015), pp. 4-36을 보라.

86 중국 역시 역대 강대국의 사례와 역사에 대해 많은 연구를 하고 함의를 얻으려 하고 있다. 任東來, "大國崛起的制度框架和思想傳統,"『大國』, 1期(2004), pp. 75-86; 丁新, "和平保國與武力崛起的對結,"『大國』, 2期(2005), pp. 124-134; 彭膨,『和平崛起論』, 2장.

87 Chung, *Centrifugal Empire*, Ch. 8을 참조하라.

88 '슈퍼파워'(superpower) 개념은 1944년 컬럼비아대학의 폭스(William Fox) 교수가 고안했으며, 당시 미국, 소련 그리고 영국을 이 범주에 포함시켰다. 그러나 몰겐소(Hans Morgenthau)는 *Politics among Nations*의 2판(1954)에서 미국과 소련만이 슈퍼파워라고 적시하며, 그 이유로 이들과 그다음 순위 국가군인 영국이나 프랑스가 가진 힘 사이의 격차가 매우 큼을 들었다.

제3장

개혁기 중국의 대외관계: 도광양회에서 분발유위로

"미국이 세계를 자기 마음대로 하게 놔둘 순 없다."[1)]

"만약 우리가 '도광양회'의 사고에 갇혀 과감히 혁신하고 보다 적극적으로 나서지 않는다면, 실제 할 수 있는 일도 하기가 어려워진다."[2)]

중국의 부상(즉, 강대국 반열로의 진입)은 이미 상당 부분 현실이 되었고, 일부 시각차에도 불구하고 G2라고 불릴 정도의 위상을 갖게 되었다. 2010년대에 들어 중국이 점차 강대국의 행태를 보이면서 국제사회는 베이징의 행보 하나하나에 주목하게 되었다. 1991년 소련의 갑작스런 해체로 생겨난 국제정치의 빈 공간을 미국이 온전히 채우지 못한 상태에서 중국이 이를 조금씩 매우는 모습을 보이고 있다. 현 시점에서 경제력이나 군사력에 있어 중국은 여전히 미국에 미치지 못하지만(2장 참조), 그럼에도 기후 변화, 사이버 안보, 천연자원, 북극 개발, 에너지, 인프라 건설, 국제금융 등 다양한 영역에서 영향력을 키우고 있음을 부정하기는 어렵다.

2009년 이후 예전과 다르게 중국이 공세적 행태를 보였으며, 특히 2012년 말 시진핑(習近平) 집권 이후 '주동진취'(主動進取)와 '주장외교'(主場外交)의 방침하에 보다 적극적인 외교를 수행함에 주목해야 한다. 무엇보다도 '중화민족의 위대한 부흥'을 내세우는 시 주석의 '중국몽'(中國夢)이라는 국가목표의 지향점이 실제로 어디일지에 대해 국제사회는 호기심과 우려를 함께 보이고 있다.

개혁·개방기의 중국 대외관계가 드러낸 계속성과 변화를 추적하는 이 장은 다음의 네 부분으로 구성된다. 첫째, 개혁·개방 시기 중국 대외관계의 계속성과 변화를 제대로 포착하려면 그 이전 시기(1949~1970년대 말)와의 체계적 비교가 필요하다는 전제하에 건국 이후의 시기 구분과 대조에 초점을 둔 논의를 제시한다. 둘째, 개혁기 중국의 대외관계에서 드러난 핵심 변화를 주제별·영역별로 정리해 제시한다. 셋째, 중국의 대외관계가 주요한 전환점을 맞은 것으로 평가되는 2009년 이후의 시기에 대해 '공세성'의 관점에서 분석한다. 넷째, 2020년 현 시점에서 중국 외교에 대한 불확실성과 전략적 우려에 대해 조망해 본다.

중국 대외관계의 시기별 개관: 계속성의 포착

사회과학 연구에서 분수령 또는 분기점을 규정하는 것은 쉽지 않다. 분석을 위해 인위적으로 구분하는 시점들이 현실에서 그리 쉽게 실증적으로 분리되는 것이 아니기 때문이다. 그럼에도 불구하고 중국의 대외관계는 크게 세 시기로 구분할 수 있다. 첫째는 마오쩌둥(毛澤東) 시기 또는 개혁 이전 시기로 불리며, 1949년 중화인민공화국 건국으로부터 1981년까지를 가리킨다. 마오는 1976년에 사망했지만, 국내의 체제 개혁이 — 정부의 공식 담론과 달리 — 꼭 1978년 말에 모두 시작된 것으로 보기는 어렵기 때문이다.[3] 이는 대외관계에서도 4년 남짓의 과도기를 거쳐 1981년까지는 마오 시기의 특징들이 상당 부분 지속된 것을 의미한다. 둘째 시기는 1982년부터 2008년까지를 지칭하는데, '독립자주 외교'의 천명을 기점으로 소위 도광양회(韜光養晦 — 여기서는 계산된 전략적 겸허를 의미) 전략이 대체로 견지되었던 시기를 가리킨다. 셋째 시기는 확정이 어려운 부분도 있지만, 2009년 중국이 보다 주동적이고 공세적인 외교를 시작한 때로부터 지금까지, 즉 전략적 겸허에서 벗어나 '분발유위'(奮發有爲)를 추구하며 강대국 행태와 지향성이 두드러진 시기를 지칭한다.

우선 첫째와 둘째 시기의 가장 큰 차이라고 하면, 전자는 상호 배타적 전략의 시기였고, 후자는 점진적 누적 전략의 시기라는 것이다. 여기서 상호 배타적 전략이란, 1950년대 중국이 견지했던 "소련과의 동맹을 통해 미국에 대항"(一邊倒)하는 전략이 1960년대에 와서 "소련의 수정주의와 미국의 제국주의를 모두 반대"(反對帝修反)하는 전략으로 대체되고, 또 이는 1970년대에 "미국과의 협력을 통해 소련을 견제"(一條線)하는 전략으로 바뀐 것을 의미한다. 즉, 마오 시기 중국 대외관계의 가장 큰 특징은 전략의 시기별 배타성에 있으며, 그 배타성의 중심에 미국과 소련이라는 강대국에 대한 좌표 설정이 위치해 있었다.

반면에 점진적 누적 전략은 개혁·개방 시기 대외관계의 주된 특성으로, 마오 시기처럼 앞선 시기의 대외전략이 뒷 시기의 대외전략에 의해 완전히 부정되거나 대체되지 않음을 의미한다. 오히려 앞선 시기의 핵심 전략이 계속 인정되는 상황에서 그 위에 새로운 전략이 추가적으로 심어지고, 또 이를 통해 점진적으로 진화하는 모습을 지칭한다. 예컨대 1982년에 채택된 '독립성을 지닌 자주외교'(獨立自主外交)가 1990년대의 '선린외교'(睦隣外交) 전략으로 대체되기보다는 둘이 합쳐지는 모습을 보였고, 이는 또 2000년대의 '평화로운 발전'(和平發展) 노선과 '조화로운 세계'(和諧世界) 전략으로 진화했기 때문이다.

둘째와 셋째 시기 간에는 아직 첫째와 둘째 시기 사이의 차이만큼 큰 편차가 드러나지는 않는다. 그럼에도 불구하고, 셋째 시기에 들어 중국의 대외관계는 포착 가능한 변화를 내재한 것으로 평가된다. 즉, 이 시기에 들어 중국의 대외관계에서 예의 수동적

반응과 전략적 겸허의 모습이 대폭 줄어든 반면, 주동성과 대국 지향적 행태가 증가했기 때문이다.[4)]

이 같은 차이에도 불구하고 1949~2020년 시기 중국의 대외관계를 관통하는 하나의 핵심 주제는 바로 주권 수호와 안보의 확보이다. 물론 마오 시기만을 놓고 볼 경우 이념 또는 이데올로기의 비중이 농후했던 것이 사실이다. 세계혁명에 대한 열정적 지지, 아시아 사회주의 국가들에 대한 지속적인 지원, '마오주의'(Maoism) 확산에 대한 노력을 이 시기 내내 쉽게 찾아볼 수 있다. 그럼에도 불구하고, 주권의 수호와 안보 확보라는 지상 최대의 명제 앞에서는 이념/이데올로기에 대한 집착도 유연해질 수밖에 없었음을 여러 사례가 보여준다. 예컨대 1950년대 말 중·소 관계에 회복 불가능한 균열이 발생한 것도 소련의 압박으로부터 주권과 자율성을 확보하려던 중국의 몸부림과 무관하지 않다. 또 1970년대 초 자본주의/민주주의 진영을 이끌던 미국과 예상을 뛰어넘는 전략적 협력을 하게 된 것 역시 증대하던 소련의 위협으로부터 중국의 안보를 확보하기 위함이었기 때문이다.[5)]

중국의 대외관계에서 무엇보다 우선시되는 부분이 주권과 안보라고 할 때, 이는 아편전쟁 이후 겪은 국치(國恥)의 기억을 중국이 쉽게 떨쳐내지 못함을 보여준다. 어찌 보면 1949년 중화인민공화국 건립 이후에도 중국 지도부가 이러한 기억과 인식으로부터 자유롭지 못했던 것이다.[6)] 시기적으로 차이는 있지만, 중국의 대외관계가 대체로 반외세, 반서구, 그리고 반패권의 기조를 유지하는 것 역시 이러한 배경에 기인한다. 〈그림 3-1〉에서 보듯이, 중국의 대외인식의 가장 넓은 기저에 반외세가 자리 잡고 있고, 그다음으로 아편전쟁 이래 중국을 침탈했던 서구에 대한 강한 반감이 위치해 있으며, 가장 중심부에는 자신이 오랫동안 점했던 정

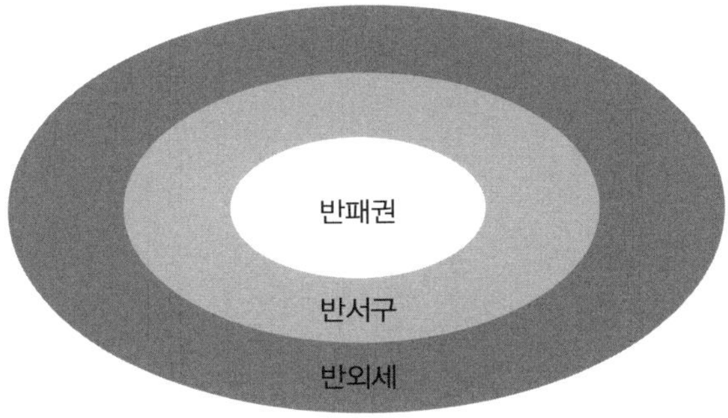

그림 3-1. 중국 대외인식의 기반 구조

상(頂上)에 대한 그리움과 함께 그 자리를 지금 차지한 열강에 대한 저항감이 있는 것이다.[7)]

그동안 중국 학계에서 나온 국제관계 관련 저작들을 보면, 이들이 대체로 현실주의 패러다임 안에서 사고하고 또 끊임없이 현실에의 대응에 관심을 갖고 있음이 드러난다. 즉, 국제정치를 전반적으로 무질서(anarchy)로 간주하고, 그러한 구조 속에서 주권과 안보의 확보를 위해 자조적(自助的: self-help) 힘의 강화가 절대적이라고 보는 것이다. 자유주의나 구성주의 논의도 없지는 않지만 — '100년의 국치'라는 기억에서 쉽게 벗어나지 못하는 상황에서(또는 그 같은 기억을 국가가 지속적으로 재생산해 내는 상태에서) — 중국인들은 주권 수호가 절체절명의 명제라는 강박에 빠져 있다. 따라서 끊임없는 국력 강화를 통해서만 중국의 안보를 지킬 수 있고, 또 존엄을 회복할 수 있다고 믿는 것이다.[8)]

무엇보다도 영토 주권과 연관된 문제에 있어 중국이 극도로 민감하게 반응하는 것 역시 이러한 인식과 무관하지 않다. 이미 국제학계에서는 중국이 개입된 대규모 무력분쟁의 사례들에서, 영토 분규와 관련이 있을 때가 그렇지 않은 경우보다 군사적 개

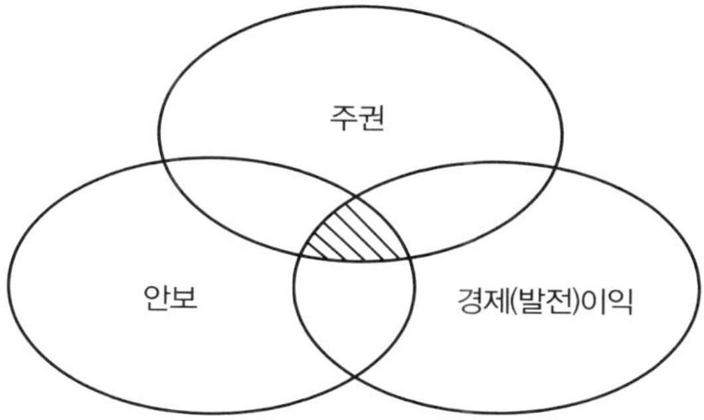

그림 3-2. 중국의 핵심 이익

입의 수준이 훨씬 높았음을 규명한 바 있다.[9] 마오 시기에 비해 개혁·개방기에 들어 영토 분쟁에 대한 중국의 행태가 상대적으로 유연해진 것으로 비춰진 부분도 있지만, 2009년 이후 남중국해 및 동중국해에서의 상황을 감안할 때 중국이 지금보다 더 큰 힘을 갖게 되면 이 또한 바뀔 것이 아닌가 하는 의문의 여지를 충분히 남겨두고 있다.[10]

이 같은 관점에서 볼 때 현재 중국의 대외관계를 지탱하는 인식의 중추는 2009년 이후 중국이 주창해 온 핵심 이익과 논리적 연장선상에 있는 것으로 판단된다. 이는 〈그림 3-2〉에서처럼 주권, 안보, 경제이익(主權 安全 發展利益)이라는 맞물린 세 개의 원의 모습으로 드러난다. 따라서 세 개의 원이 모두 중첩된 영역(빗금 친 부분)에 속하는 현안에 대해서는 중국이 가장 강력한 수단을 사용해 자국의 이익을 수호할 것이라는 추론이 가능하다.

주권 수호와 안보의 확보, 그리고 영토 보전에 대한 집착이 중국의 대외인식이라는 동전의 한쪽 면이라고 할 때, 그 반대쪽에는 오랫동안 중국이 누렸던 세계의 중심이라는 지위에 복귀하려는 염원이 위치해 있다. 사실 중국이 반패권을 강력히 천명해 온 이면에는 바로 자신이 그 자리에 있어야 한다는 의식이 있기 때문이다. 미국의 일방주의와 소련의 패권주의가 초래한 폐해를 줄이는 방안으로 중국은 오랫동안 '다극화'(多極化) 또는 '국제관계의 민주화'를 주창해 왔다. 그러나 이 같은 주장에도 불구하고 1980년대 초 덩샤오핑(鄧小平)의 언급처럼, "극(極)의 개수와 상관없이 어떻게 보더라도 중국은 하나의 극일 수밖에 없다"(四極也好 五極也好 所謂多極 中國算一極)는 인식을 중국 지도부는 갖고 있다.[11] 중국의 관점에서는 어떻게 평가하더라도 그 극들 중 하나는 반드시 중국이어야만 하고, 이를 통해 중국이 강대국의 지위로 복귀하고 싶음이 절절히 드러난다.

중국사회과학원이 2006년에 수행한 조사에 따르면, 서베이에 참여한 총 7,061명의 응답자 중 무려 89퍼센트가 당시 중국이 국제사회에서 누리던 지위에 대해 자랑스러워 한 것으로 나타났다.[12] 흥미로운 것은 국제적 지위의 상승을 중국정부가 일면 좋아하면서도, 이것이 지나치게 부각되거나 마치 이를 과시하는 것처럼 보이는 것에 대해 상당히 조심스러워 했다는 점이다. 중국이 아직은 압도적 강대국이 아님을 강조하기 위해 총량 GDP보다는 1인당 평균소득의 지표를 사용했다든지, 혹은 중국이 여전히 개발도상국(發展中國家)에 속함을 역설했던 것이 이를 증명한다. 게다가 수차례의 초청에도 불구하고 중국이 G7에는 참여하지 않고 개도국이 포함된 G20 활동에 보다 적극적인 점도 흥미롭다. 중국이 내심 국제적 지위와 영향력의 상승을 반기더라도, 외면상으로는 대체로 전략적 겸허를 보인 것도 바로 이러한 맥락이다. 물론 이 같은 평가도 2009년 이후와 관련해서는 — 3절에서 논하겠지만 — 많은 쟁점을 드러내고 있다.

개혁기 중국의 대외관계: 실용적 변화를 중심으로

개혁·개방기의 시작을 언제로 봐야 합당한가에 대해 여러 답이 있을 수 있다. 1978년의 3중전회(三中全會) 혹은 1979년 초를 분수령으로 삼는 것은 어쩌면 관방의 수사를 액면 그대로 받아들이는 것일 수도 있다. 보다 근본적이며 가시적인 변화는 1982년 중국정부가 미국과 소련에 대해 독립자주 노선을 표방하면서 시작했다고 보는 것이 타당하다. 건국 이후 30여 년 가까이 미국 그리고 소련과의 관계 설정을 대외관계의 핵심으로 삼았던 중국이 더 이상 이에 매달리지 않고 자신만의 외교 전략을 수행한다는 지대한 변화의 시작을 알린 것이기 때문이다. 1982년 제12차 당대회에서 후야오방(胡耀邦) 공산당 총서기는 "미국과 소련 두 강대국이 말이 아닌 행동으로 중국에 이익을 가져다주면 중국 역시 그 누구와도 협력할 용의가 있다"며 독립자주 노선을 천명했다. 그 이후 대미국 전략과 대소련 전략이 연계되어 중국 외교의 반경을 제약하던 추세는 약해지고, 그 대신 국익에 기반한 보다 다원적인 외교 전략이 시행되었다.

개혁기의 대외관계에서 드러난 변화는 우선 첫째로 이념적 교조주의의 종언, 국익 증대를 중심으로 한 실용주의의 부상, 그리고 다층/다면적 외교의 확대로 요약될 수 있다. 물론 주권 수호, 영토의 보전, 그리고 군사 현대화가 여전히 중요한 목표임을 부정할 수 없지만, 마오 시기와 비교할 때 경제발전, 상호성 증대, 국제화 및 세계화의 제고된 역할, 그리고 지속 가능한 성장의 모색이 핵심 내용으로 부상했음에 주목할 필요가 있다. 이 중 실용주의의 채택은 중국정부로 하여금 외부 세계와의 — 특히 경제 영역에서의 — 상호작용을 극대화하는 데에 큰 기여를 했다. 마오 시기의 경제적 자립(自力更生) 원칙의 폐기를 의미하는 이 변화는 현재 중국이 세계 1위 무역대국이라는 사실과 함께, 2018년 말 기준 외국인 투자 누적 총액이 3조 6,542억 달러였음을 통해 확인할 수 있다.[13] 개혁·개방 초기인 1978년 9.8퍼센트에 불과했던 GDP 총액 중 대외무역의 비중 역시 2008년에는 60퍼센트, 2015년에 41퍼센트, 그리고 2019년에는 32퍼센트에 달했다.[14]

둘째, 중국 대외관계의 외연도 대폭 확대되었는데, 마오 시기의 주된 파트너가 사회주의권과 일부 유럽권 국가들로 국한된 반면, 개혁·개방 시기에는 전 방위 개방을 통해 다층차·다면적 대외관계가 형성되었다. 예컨대 건국 이후 1978년까지 중국과 수교를 맺은 국가의 총수는 99개국에 불과했지만, 2019년 기준 이 수는 179개국으로 증가했다. 이로써 중국과 국교를 맺은 국가들은 유엔에 가입된 국가 총수의 92.7퍼센트에 달하며, 이 중에는 미국, 한국, 남아프리카공화국, 사우디아라비아, 싱가포르, 이스라엘 등 마오 시기 중국과 껄끄러운 관계를 유지했던 다수 국가가 포함된다.[15]

셋째, 합리적 실용주의의 부상은 곧 중국에 상호성(reciprocity)이 중요해졌음을 의미한다. 중국과 제3세계의 관계가 이 같은 변화를 가장 잘 보여준다. 이미 알려진 것처럼, 마오 시기의 중국은 아프리카 국가들에 엄청난 규모의 대외원조를 제공했다. 이는 세계혁명 지원의 일환이기도 했지만, 또 한편으로는 제3세계에서 중국의 영향력을 제고하기 위한 것이었다. 예컨대 탄자니아와 잠비아 간의 철도 건설이 중국의 대대적인 지원으로 이뤄진 것을 들 수 있다. 그러나 개혁기 들어 중국의 대외관계는 — 2000년대 중반까지는 — 호혜의 원칙을 중심으로 이뤄졌고, 그 결과 중국의 제3세계 지원은 지속적으로 감소했다.[16] 중국의 정부예산에서 제3세계에 대한 원조가 차지한 비중이 1973년의 7.2퍼센트에서 1983년에는 0.5퍼센트로 준 것에서 이를 확인할 수 있다. 1999년 기준으로 중국 대외무역의 57퍼센트가 아시아 국가들과 이뤄졌지만, 주요 무역 상대국 10위권에 제3세계 국가는 단 하나도 없었다. 2015년에도 그 비중은 52퍼센트에 달했지만, 여전히 10위권에 제3세계 국가는 없었다. 물론 2010년대 들어 대외원조 역시 미·중 경쟁의 영역이 되면서 안보적 함의를 내재하게 되었다.[17]

넷째, 개혁·개방의 시행에 힘입은 중국의 경제력과 군사력의 향상에 대해서는 이론의 여지가 없다. 그럼에도 불구하고 — 최소한 2009년까지는 — 중국은 공세적 전략을 채택하지 않았다. "공세야말로 최고의 방어"(aggression is the best defense)라는 신념에 충실했던 마오 시기에 비하면 개혁기 들어 훨씬 강한 경제력과 군사력을 가졌음에도 중국이 군사 분쟁에 개입하거나 무력 시위를 한 빈도는 현저히 줄어든 것을 알 수 있다. 1979년 베트남과의 전쟁이 마오 사망 이후 중국이 치른 마지막 전쟁이었으며, 그 외의 사례들은 단편적 무력 시위 — 예컨대 1995년 대만해협에 대한 미사일 발사와 2012년 이래 센카쿠/댜오위에 대한 함정의 진입 — 였거나, 소규모 실랑이(2001년의 EP-3 충돌 사건, 2009년의 임페카블호 사건, 2017년과 2020년 인도와의 영토 분규) 정도였기 때문이다.[18]

중국이 보다 공세적으로 나선 2009년 이후에도 대규모 분쟁에 중국이 개입된 것은 아직 없다. 군사력이 미약했던 마오 시기에 훨씬 더 공세적이고 무력 의존적이었지만, 막강한 군사력을 가진 후 오히려 무력 의존성이 낮아졌다는 것에 대해서는 두 가지 해석이 가능하다. 하나는 학습을 통해 중국이 보편적인 국제규범에 점차 익숙해지고 있다는 것이며, 다른 하나는 중국의 강대국화가 완성되기까지는 중국 위협론 같은 국제사회의 우려를 불식시키기 위해 중국정부가 고도로 계산된 전략을 취하고 있다는 것이다.

이와 관련해 중국의 핵전략을 살펴볼 필요가 있다. 중국의 핵전략은 개혁기에 와서도 여전히 최소 억지 전략을 견지했지만, 최근 들어 제한 억지 전략으로 일부분 변환되고 있다는 평가가 있다.[19] 중국이 견지해 온 핵무기 선제 사용의 포기(先制不用), 그리고 비핵 국가에 대한 핵무기 불사용과 비위협이 여전히 강조되는 것은 사실이다. 중국이 보유한 핵탄두의 총수 역시 1993년 455개로부터 2019년에는 280개 정도로 감소한 것으로 알려진다.[20] 최소 억지 전략의 견지에도 불구하고 최근 들어 단거리 및 중거리 탄도미사일의 수가 대륙 간 및 장거리 탄도미사일에 비해 상대적으로 급증하는 추세를 보인다. 게다가 지상 방공시스템의 발전만큼이나 다핵탄두 미사일(MIRVs)과 유인용 탄두(decoys) 기술의 진보가 빠른 것에도 주목할 필요가 있다.[21]

다섯째, 개혁기 들어 중국의 국제기구 가입이 빠르게 확대되었다. 물론 이를 통해 양자 관계에 대한 중국의 관심이 줄었다고 할 수는 없다. '국제기구는 미국의 꼭두각시'라는 마오 시기의 인식에서 중국이 벗어나면서 자신의 호흡 공간을 다자 영역에서도 적극적으로 확대해 간다는 의미이다. 개혁기 중국의 국제기구에 대한 참여는 예상보다 그 범위가 훨씬 넓었는데, 유엔개발계획(UNDP, 1978), 국제통화기금(IMF, 1980), 세계은행(1980), 세계지적재산권기구(WIPO, 1980), 아시아개발은행(ABD, 1986), 유엔환경계획(UNEP, 1992), 경제·사회·문화적 권리에 대한 국제조약(1997), 세계무역기구(2001), 바젤위원회(2009) 등이 대표적인 예이다. 미 중앙정보국(CIA)에 따르면, 2018년 말 기준 중국이 가입한 국제·다자 기구의 총수는 64개이며, 옵서버 지위를 포함하면 73개에 이른다. 이는 일본과 한국이 참여한 국제기구 총수(81, 76개)에 근접한 수준임을 보여준다.

중국이 개혁 초기에 가입한 국제기구들은 대체로 경제/통상/금융 영역에 집중되었지만, 시기가 지나면서 이 또한 바뀌었다. 즉, 군비 축소나 무기 통제, 비확산에 대한 국제적 규제에 부정적이거나 유보적이던 중국이 1992년 이후 일정한 변화를 보였기 때문이다. 핵확산 금지조약(NPT, 1992), 포괄적 핵실험 금지조약(CTBT, 1996), 그리고 화학무기 금지협약(CWC, 1997)의 세 조약에 참여했고, 해저용 무기 억제조약(1991), 쟁거위원회((1998), 원자력 공급국(NSG, 2004)에도 이미 가입했다.[22] 중국은 마오 시기에 도합 34건의 국제조약에 가입했지만, 개혁기에 그 수는 200건을 훌쩍 넘겼다.

주목할 것은 이제 중국의 활동이 국제기구와 다자 영역에서의 단순 참여에 그치지 않는다는 점이다. 이제는 기존의 국제기구와 조직에 대한 개혁 요구는 물론이고, 다자 협력체와 국제기구를 직접 창설 및 운용하는 데에 적극적이기 때문이다. 그 대표적 예로 상하이협력기구(SCO), 중국-아프리카 포럼(中非論壇), 6자회담 등 다양한 기능을 지닌 지역협력체의 주도적 설립을 들 수 있다. 이는 제고된 경제력을 바탕으로 자국의 발언권 및 의제 설정 권한을 확대하려는 공세적 외교의 일환이며, 2010년대 들어 이뤄진 아시아인프라투자은행(AIIB), 신개발은행(NDB)의 설립 역시 이 같은 맥락에서 이해할 수 있다.[23]

여섯째, 국제기구와 다자협력에 대해 적극적 입장을 보인다고 해서 중국이 전통적으로 강조해 온 양자 외교의 중요성이 격하된 것은 아니다. 유럽에 비해 지역 정체성이 상대적으로 약한 동아시아에서는 양자 관계의 중요성이 부각될 수밖에 없다. 뿐만 아니라 미국의 동아시아 전략 자체가 양자 동맹을 통해 구현되기 때문에, 중국 역시 이러한 구도를 떠나 대외관계의 틀을 짜기는 어렵다. 중국 외교부의 정책규획사(政策規劃司: 우리의 정책기획실과 유사한 부서)가 매년 공간하는 『중국외교』를 보면, 중국정부와 수교 관계에 있는 국가들과의 양자 관계에 대한 설명이 가장 많은 부분을 차지한다. 예컨대 2019년판의 경우 총 442쪽 중 가장 많은 156쪽(35.3퍼센트)이 양자 관계에 대한 기술에 할애되었다.[24)]

일곱째, 중국의 소프트 파워(soft power)에 대한 평가도 필요하다.[25)] 한때 아프리카와 중남미에서 주목받았던 마오 사상과 같은 이념적 소프트 파워가 거의 소멸된 상태에서 개혁기에 중국이 전력을 경주해 온 소프트 파워는 크게 세 영역으로 볼 수 있다(보다 상세한 논의는 이 책의 2장 참조). 첫째는 긍정적이며 호감도를 제고하는 국가 이미지를 위해 중국이 많은 재원을 쓴다는 점이다. 이는 해외 유력 매체에 유료 광고를 게재하거나 해외 언론에 보도되는 중국에 대한 부정적 기사에 대해 반박 자료를 내는 식으로 이뤄지며, 보다 적극적 측면에서는 국제 구호나 재난 구조에 노력을 기울이는 것으로 드러난다.[26)] 무엇보다도 지속적으로 제기되는 중국 위협론(즉, 중국의 부상이 국제질서에 불안정을 초래한다는 시각)에 대응하기 위해 적극적인 노력을 기울이는 것도 이에 포함된다.

둘째로는 중국의 전통 문화 및 가치/규범을 해외에 전파, 확산하는 노력을 가리킨다. 대표적으로 중국정부가 지원하는 공자학원(孔子學院: Confucius Institute)을 들 수 있는데, 공자학원이 당초의 목적 — 중국 소프트 파워의 신장 — 을 얼마나 달성했는지는 일정 부분 논란이 있을 수 있다. 이미 전 세계 154개 국가 및 지역에 총 548개소의 공자학원이 설립되었지만, 재정 지원을 매개로 한 중국정부의 지나친 간섭과 학문 자유의 침해, 투명성 부재 등의 이유로 여러 나라에서 논란을 일으킨 바 있기 때문이다.[27] 또 중국정부는 영어를 사용하는 국제매체(CGTN)를 설립해 자국의 고유 가치와 관점을 설파하는 데에도 많은 노력을 기울여 왔다. 이 또한 공자학원과 유사한 맥락에서 그 실질적 효용에 대한 평가가 필요할 것으로 보인다.[28]

셋째는 앞서 언급한 두 가지보다 더 넓은 함의를 갖는 것으로, 중국의 정치체제를 억압적인 것으로 인식하는 국제사회에 대한 교정적 노력을 지칭한다. 이 같은 부정적 이미지를 바꾸려는 노력의 일환으로 중국정부는 개혁기 내내 인권과 연관된 다양한 국제협약에 가입했다. 이에는 〈여성차별 철폐조약〉(1980년 비준), 〈난민 지위에 관한 협약〉(1982), 〈인종차별 철폐에 관한 협약〉(1982), 〈집단 학살의 방지 및 처벌에 관한 조약〉(1983), 〈아파르트헤이트(Apartheid) 범죄의 진압 및 처벌에 관한 국제협약〉(1983), 〈고문 방지 협약〉(1988), 〈남녀 고용 평등에 관한 협약〉(1990), 〈아동 권리에 관한 협약〉(1991)이 포함된다. 이와 함께 중국정부가 공간하는 백서(白皮書)도 주목할 필요가 있는데, 이를 통해 인권과 여성, 타이완, 티베트, 신장(新疆), 종교의 자유, 우주 개발, 지적재산권, 가족계획 등 민감한 주제들에 대한 정부의 입장을 국제사회에 설명하는 노력을 기울이기 때문이다.[29]

중국정부는 인권이 모든 사회에서 보편적으로 작동하는 표준화된 덕목(普世價值)이 아니고 각국이 처한 상황에 따라 다르게 적용될 수 있다는 상대주의적 입장(中國特色)을 견지해 왔다. 1998년에 서명 완료한 〈시민적·정치적 권리에 관한 국제규약〉이 아직도 비준되지 않은 것 역시 이러한 인식에 기인한 것이다. 마오 시기와 비교할 때, 현재의 중국 정치체제는 생각까지 통제하려는 전체주의(totalitarianism)보다는 대체로 행위를 규제하는 권위주의

(authoritarianism)에 가깝다. 일상생활에서의 자유화 수준은 이미 상당 부분 제고되었지만 정치·사회적 권리에서는 여전히 국제사회의 기대에 못 미치며, 이것이 중국의 소프트 파워 외교에서도 일정 부분 드러나는 것이다.[30)]

여덟째, 개혁기 들어 급속한 국력 증대에도 불구하고 해외에서의 군사력 사용에 대해 중국은 상당한 자제력을 발휘한 것으로 평가된다. 다만, 유엔(UN)이 승인하고 지지하는 평화유지 활동에서만큼은 중국정부의 입장에 상당한 변화가 있었다. 이 같은 변화는 1980년대 후반에 시작되었는데, 이전 시기의 전적인 반대나 불관여 입장에서 벗어나 재정 지원과 함께 현안에 대한 투표 참여로 입장 선회가 이뤄졌다. 또 1990년대에는 유엔의 평화유지 활동에 비록 소수지만 중국정부의 인력이 파견되었고, 2000년대 들어서 적게는 연 200명, 많게는 3,000여 명의 병력도 제공되었다. 특히 종족 학살(genocide)이나 해적 퇴치와 같은 비전통 안보 위협에 대한 평화유지 활동에서의 중국의 참여는 보다 적극적 방향으로 바뀌고 있다. 1989~2016년 기간 중국은 총 24건의 평화유지 활동에 참여했으며, 유엔의 평화유지 비용에 대한 분담 비율도 2003년의 1.9퍼센트에서 2018년에는 10.2퍼센트로 크게 늘었다.[31)]

개혁기 중국의 대외관계에서 드러난 특징들을 요약해 보면, 이전보다 훨씬 개방적이며 실용적으로 변했다고 할 수 있다. 또 중국의 영향력이 실질적으로 미칠 수 있는 범위가 넓어졌고, 관여의 기능과 대상 역시 다양해졌다. 대체로 이전보다는 국제규범을 준수하면서 국제사회와의 관계에서도 비교적 합리적이고 세련된 행태를 보였다. 그러나 여기서 제기되는 핵심적인 질문이 하나 있다. 이는 바로 이 같은 변화가 아직 세계 최강대국이 되지 못한 중국이 필연적으로 노정할 수밖에 없는 전략적 겸허인지, 아니면 향후에도 지속될 하나의 장기적 추세인지 단언하기 어렵다는 점이다.

대외관계의 조정과 '공세적 중국'의 등장

오늘날의 중국이 이미 강대국의 위상을 가졌다는 데에 반론을 제기하기는 어렵다. 강대국 지위와 관련해 중국 내에서도 일정한 변화가 감지되고 있다. 1990년대 중반만 해도 중국 학계와 정책 서클에서는 전략적 겸허에 기반해 자신을 강대국으로 칭하는 것을 꺼려했다. 또 대국(大國)과 강국(强國) 개념을 구분함으로써 중국이 규모가 큰 대국인 것은 맞지만 아직 강국은 아니라는 입장을 오랫동안 견지했다. 그러다 1998년 동아시아 금융위기가 증폭되던 시점에 대중국 무역에 의존해 온 역내 국가들의 환율 문제와 인민폐 절하 여부가 긴밀히 연계되면서 중국이 처음으로 자신의 힘 — 최소한 지역적 범주에서의 — 에 대한 인식을 하게 되었다. 이때만 해도 중국의 종합 국력이 일천했고 또 국제사회에서의 지위도 미약했기 때문에 전 지구적 파장을 만들어내지는 못했다.

하지만 2000년대 들어 예상치 못한 상황들이 결합되면서 중국을 세계적 수준의 강대국으로 인식하게 만드는 계기가 조성되었다. 첫째로는 미국의 상대적 쇠퇴와 세계 금융위기의 발발을 들 수 있다. 투자회사 리먼 브라더스(Lehman Brothers)의 파산을 계기로 시작된 미국발 금융위기는 당시의 핵심 화두였던 중국의 부상과 선명히 대조되는 미국의 쇠퇴라는 이미지를 부각시켰고, 국제질서의 구축과 유지에 있어 중국의 영향력을 실제보다 조금 더

부풀리는 결과를 낳았다.[32)]

둘째, 2000년대 들어 가속화된 중국 국력의 강화 역시 이러한 인식의 확산에 큰 역할을 했다. 개혁·개방 이후 저렴한 임금과 풍부한 노동력에 힘입어 '세계의 공장'으로 인식되던 중국이 어느새 막강한 구매력을 지닌 '세계의 시장'으로 등장했을 뿐 아니라, 2000년대 초 GDP 기준 세계 7위에 불과했던 중국이 이탈리아, 프랑스, 영국, 독일을 1~2년에 하나씩 추월한 후 2010년에는 일본을 제치고 세계 2위가 되었다.[33)] 따라서 예상보다 훨씬 빠른 속도로 G2 자리에 오른 중국을 보는 국제사회의 인식이 바뀐 것은 어찌 보면 당연했다. 심지어 2008년 이후 중국도 스스로를 강대국이라 대놓고 치부하는 상황이 되었다.[34)]

셋째, 중국의 급속한 국력 증대와 미국의 상대적 쇠퇴에 기인한 것으로, 좁게는 동아시아의 현안들에서 넓게는 전 지구적 이슈까지 미·중 협력의 필요성과 함께 대립 가능성이 대두되면서 중국의 지위를 가일층 제고시키는 효과를 가져왔다.[35)] 국제정치·경제 영역에서 역동적인 동아시아의 비중이 다른 지역보다 확연히 크다 보니 중국의 역할 역시 따라서 부각될 수밖에 없었던 것이다. 예컨대 북핵 문제나 동아시아 통상질서의 재구축에서 미·중 간 협력이 다른 어떤 요인보다 중요하게 인식될 수밖에 없다는 의미이다.

2000년대 말에 오면 이러한 상황, 맥락 및 인식의 결합 속에서 중국이 예전과는 다른 대외관계의 모습을 드러낸다.[36)] 2009년 이후 — 중간의 짧은 조정기(2010~2011)를 제외하면 — 지금까지 중국은 공세적(assertive) 외교의 양태를 지속해 왔다. 이와 관련해 두 가지 중요한 논쟁이 존재한다. 하나는 2009년 이후 중국의 대외관계에서의 변화를 공세적이라고 특정할 만큼 그 이전 시기와 극명한 차이가 있었는지의 문제이다. 2020년 시점에서 보면 2009년 이후 중국의 대외관계가 1979~2008년의 30년과는 뭔가 다른 것으로 해석하는 것이 타당해 보인다. 특히 2012년 이후 예의 전략적 겸허를 구태여 보이지 않고, 군사력 강화와 영향력 행사에서도 예전보다 훨씬 명시적이고 당당해졌다. 또 중국의 핵심 이익을 구체적으로 적시해 이를 국제사회가 존중해 줄 것을 요구하며, 더 나아가 대놓고 중국이 세계 중심에 진입했다거나 '중화민족의 위대한 부흥'을 내세우는 것에서 과거와의 차이가 확연히 느껴진다.[37]

중국의 공세적 외교와 관련한 또 하나의 논쟁은 왜 꼭 그때였는가에 대한 것이다. 이와 관련해 세 가지 가설이 있는데, 첫째는 당시 중국의 부풀려진 자신감의 발로였다는 시각이다. 앞서 기술한 대로, 2000년대 내내 서구 강국들을 차례로 제치며 지위의 부상을 만끽하던 중국이 2008년 세계 금융위기의 확산을 통해 미국의 상대적 쇠퇴를 목도했고, 또 2010년에는 일본을 추월하면서 이제 드디어 때가 왔다라고 섣부른 판단을 했음을 의미하는 것이다.[38]

둘째는 역내 독점적 영향력의 확보 없이는 전 지구적 패권의 달성이 어렵다는 판단을 중국이 내리고 소위 '중국판 먼로 독트린'을 짠 것이라는 해석이다.[39] 이는 대륙 본토에서의 경쟁을 택하기보다 해외 식민지 쟁탈에 나섰던 유럽 방식 대신 아메리카 대륙에서의 배타적 영향력의 우선 달성을 추구했던 미국식 강대국화의 모델을 중국이 따른 결과라는 시각이다. 미국의 영향력이 압도적인 동북아를 제외하고 중앙아시아와는 상하이협력기구(SCO)로, 동남아와는 아세안정상회의로, 그리고 남아시아 및 태평양제도 국가들에는 경제지원을 통해 영향력 제고를 모색하고

있다.[40)]

마지막으로는, 2000년대 말부터 중국이 미국과의 일정한 갈등을 감수하고라도 역내 존재감의 확립을 모색했다는 해석도 가능하다. 전략적 겸허의 원칙을 던지고 남중국해의 영유권 분쟁 및 동중국해 비행정보구역 선언, '일대일로(一帶一路)' 시행, 아시아인프라투자은행 설립, 중국적 규범의 확산, 그리고 중국의 정책 선호 반대편에 서는 국가들에 대한 무관용 제재 등이 바로 중국의 공세적 외교를 잘 보여주는 주요 지표이다.[41)]

불확실성과 전략적 우려

개혁·개방 이래 40년이 넘은 시점에 여전히 많은 불확실성이 남아 있다. 앞으로도 다양한 요인들(예컨대 2020년의 COVID-19 위기)에 의해 중국의 강대국화 과정이 부정적 영향을 받을 수도 있겠지만, 중국의 부상 — 즉, 중국의 능력과 영향력이 더 커지고 또 그에 따른 여러 긍정적 상승효과가 나타나는 것 — 이라는 추세 그 자체가 역전되지는 않을 것으로 보인다.

이같이 보는 것이 타당하다면 우리의 핵심 질문은 바로 강대국으로서의 중국의 재등장이 던지는 함의가 무엇인가이다. 이와 관련해 세 개의 소질문이 있겠는데, 첫째는 세력전이에 대한 것이다. 인류 역사가 곧 패권국과 부상국/도전국 간 전쟁의 역사라고 한다면, 현재의 패권국 미국과 부상국 중국 사이에 힘의 교점(交點)이 언젠가는 생길 것이고, 일반적으로 그 교점의 전후 — 실증적으로는 직전의 개연성이 더 높지만 — 에 분쟁 가능성이 높아진다.[42)] 중국은 아직 미국의 GDP를 넘지 못했고 인식이 실제

보다 앞서 나가는 상황임에도 불구하고 국제학계에서는 이미 세력전이에 대한 다양한 논의가 이뤄지고 있다. 중국은 '신형대국관계'를 주창하며 패권 전쟁을 피할 수 있다고 하지만, 현실은 그와는 상반된 '구형대국관계'로 가는 듯하다.[43]

미·중 간 세력전이와 관련해 유의미한 질문이 하나 더 있는데, 그러한 상황이 실제 일어날 경우 구체적으로 어떠한 양태(樣態)를 띨 것인가이다. 그것이 패권국-부상국 간의 치열한 전쟁으로 나타날지, 아니면 19~20세기 사이에 일어난 — 비록 드물기는 하지만 — 영·미 간 평화적 세력전이의 모습을 띨지의 질문이다.[44] 아직 핵무기를 통한 공포의 균형이 유지되고 있는 양국 간에 전면전이 일어날 가능성은 낮다고 얘기하지만, 고도의 기술력을 바탕으로 한 미사일 방어의 균형이 한쪽으로 치우칠 경우 이 또한 장담하기 어려운 일이다. 더구나 거의 동일한 인종, 역사, 문화, 종교를 가졌던 영·미와는 달리, 모든 부분에서 너무도 상이한 미·중 사이에서 어떤 상황이 벌어질지에 대해서는 매우 큰 불확실성이 존재한다.

둘째, 중국의 강대국화와 세력전이가 동아시아에 던지는 함의에 대한 것이다. 2020년 시점에서 볼 때, 아시아라는 지역적 범주를 넘어서면 중국은 미국의 상대가 안 되는 것으로 평가된다. 그러나 동아시아로 범위를 국한하면 미·중 간의 전략적 경쟁이 이미 치열하게 일어나고 있음을 보게 된다. 만약 세력전이가 실제 일어나고 또 그 결과가 중국에게 유리하게 펼쳐진다면, 그것이 동아시아에 주는 함의에 대해 일견이 필요해 보인다. 이미 국제학계에서는 그 같은 상황에서 동아시아는 소위 '신중화질서'에 편입될 것이라는 관측이 나왔다. 현 시점에서 볼 때, 동아시아의 많은 국가들 — 예컨대 캄보디아, 라오스, 북한 등을 제외하면 — 은 대체로 이러한 구도로의 편입에 대한 우려와 반감이 큰 것으로 보인다. 그 대표적인 이유는 강대국 중국이 보일 외교 행태에 대해 역내 국가들이 강한 확신을 갖고 있지 않기 때문이다. 즉, 일단 중국이 지역질서의 정점에 오르면, 과거에 보였던 지배적이고 강압적 태도를 다시 드러낼 것이라는 우려가 많은 것이다.

이러한 우려는 특히 중국과 국경을 접한 국가들 사이에서 많이 드러난다. 소위 '근접성의 저주'(perils of proximity)라는 문제로, 어차피 안보의 딜레마는 가까이 있는 나라들 사이에서 더 부각될 수밖에 없기 때문이다.[45] 뿐만 아니라 1949년 이래 중국은 다른 어떤 이슈보다 영토 주권과 연관해 군사력 투사를 더 많이 했던 것으로 나타난다. 따라서 중국이 아무리 선린우호를 강조하더라도, 역사와 기록을 통해 중국을 기억하는 주변 국가들의 우려를 완전히 불식시키기는 쉽지 않을 것이다.[46] 2013년 중국이 제창한 '친성혜용'(親誠惠容: 이웃과 친하고, 정성을 다하며, 호혜적이고 또 서로 포용하는) 전략에 대한 평가 역시 앞의 세 가지보다 마지막 네 번째(容)에 대한 점수가 상대적으로 박하다는 점에 유의할 필요가 있다.[47]

중국이 지역질서를 주도하게 될 때, 중국은 과연 어떤 지도력(leadership)을 택할 것인가? 혹자는 중국이 이미 세계의 정점에 오른 경험이 여러 번 있어 — 즉, 경험이 일천한 미국과 달리 — 일단 패권을 쥐면 그 지배가 훨씬 오래갈 것이라고 얘기한다. 막강한 힘을 갖게 된 그날, 중국은 과연 교만과 독선을 포기하고 온화한 거인의 모습을 보일 것인가? 지금까지 중국정부가 주창해 온 '화이부동'(和而不同)의 원칙은 실제로 지켜질 수 있을까? 중국이 수십 년간 견지해 온 "누군가 중국을 먼저 범하지 않으면 중국도 그를 범하는 일은 없다. 다만 누군가 중국을 먼저 건드리면 중국 역시 이에 반드시 대응한다"는 소위 '후발제인'(後發制人)의 원칙 역시 유지될 수 있을지 국제사회는 주시하고 있다. 오랫동안 중국은 "우두머리를 맡지 않으며 패권도 추구하지 않는다"(不當頭 不稱霸)는 방침을 주창해 왔지만, 언제부터인가 전자는 빠지고 그 대신 "확장을 추구하지 않는다"(不擴張)가 새로 추가되었다. 과연 패권 불추구의 원칙은 견지될 것인가?

마지막으로 우리에게 던져지는 질문은 우리가 살고 있는 여기, 한국과 연관된 것이다. 중국이 보는 한국은 과연 무엇일까? 오랜 역사를 통해 기록된 한반도, 그리고 1949년 이후 중국이 인식해 온 한반도와 한국은 과연 어떤 존재일까? 동아시아를 자신의 전통적 세력권으로 간주해 온 중국이 바라보는 미래 한국의 자리는 어디일까? 미·중 관계가 치열한 전략적 경쟁관계가 되더라도 협력의 여지는 일부 남겠지만, 그 구체적인 영역이 한반도일 가능성은 낮아 보인다. 지정학적 요인뿐 아니라 경성 안보(hard security) 이슈로 똘똘 뭉쳐진 한반도 문제에서 양국 간 높은 수준의 협력이 이뤄질 개연성은 적어 보이기 때문이다. 편들기의 딜레마에 더 빈번히 빠지게 된 한국에게 미래는 몹시도 힘들어 보인다. 지금 우리는 중국을 얼마나 잘 이해하고 있는가? 우리는 그 이해를 바탕으로 우리만의 전략을 짜고 이를 시행할 용기와 의지가 있는가?

주

1 宋曉軍 等, 『中國不高興』(蘇州: 江蘇人民出版社, 2009), p. 122.

2 閻學通, 『超越韜光養晦』(天津: 天津人民出版社, 2016). p. 3.

3 이에 대해서는 정재호, "중국의 개혁·개방 20년: 그 성공과 위기에 대한 평가," 정재호(편), 『중국 개혁·개방의 정치경제, 1980-2000』(까치글방, 2002), pp. 3-4를 보라.

4 미국의 압박으로 인해 중국의 도광양회 전략의 견지가 어려워졌다는 관점으로 周方銀, "韜光養晦與兩面下注," 『當代亞太』, 5期(2011), pp. 6-26을 보라.

5 John Garver, *China's Quest: The History of the Foreign Relations of the People's Republic of China* (Oxford: Oxford University Press, 2016), Chs. 5, 11을 참조하라.

6 Zheng Wang, *Never Forget National Humiliation: Historical Memory in Chinese Politics and Foreign Relations* (New York: Columbia University Press, 2012), Ch. 3; 鄭在浩, "第3者看中國崛起: 中國一直有一種受困心態," 『人民論壇』, 399期(2013年 4月), pp. 46-48을 보라.

7 이러한 인식에 더해 강대국화로 인한 '나 이외는 다 적'(我外皆敵)이라는 인식을 가질 수도 있다는 우려에 대해 張一飛, "高速崛起大國的'蜀漢困境'與自我身分重構," 『當代亞太』, 1期(2018), pp. 30-66을 보라. 관련해 William A. Callahan, *China: The Pessoptimist Nation* (Oxford: Oxford University Press, 2010)도 참조하라.

8 Hunjoon Kim and Yongjin Zhang, "Conclusion: The Chinese School of International Relations as an Intellectual Project—A Critical Assessment," in Yongjin Zhang and Teng-chi Chang (eds.), *Constructing a Chinese School of IR* (London: Routledge, 2016), pp. 210-233; 李志永, 『自主性外交理論』(北京: 中國社會科學出版社, 2016), 5-7장.

9 Alastair Iain Johnston, "China's Militarized Interstate Dispute Behavior, 1949-1992: A First Cut at the Data," *China Quarterly*, No. 153 (March 1998), pp. 1-30.

10 관련해서 전략국제문제연구소(CSIS)가 운용하는 Asia Maritime Transparency Initiative(AMTI)의 자료(https://amti.csis.org)를 참조하라.

11 『鄧小平文選·第五卷』(北京: 人民出版社, 1993), pp. 354-355.

12 李培林 等,『中國社會和諧穩定報告』(北京: 社會科學文獻出版社, 2008), p. 61.

13 유엔무역개발회의(UNCTAD) 통계의 Foreign Direct Investment Stock Data, at https://unctadstat.unctad.org/wds/TableViewer/tableView.aspx (검색일: 2020년 4월 13일) 참조.

14 2000년대 후반부터 중국정부가 대외의존도를 대폭 줄이고 내수를 진작하기 시작하면서 GDP 총량 대비 대외무역이 점하는 비율은 하강 곡선을 그렸지만 대외무역 총량은 지속적으로 증가하고 있다.

15 中華人民共和國 外交部, at https://www.fmprc.gov.cn/mfa_eng/zxxx_662805/t1700930.shtml(검색일: 2020년 4월 13일).

16 王玉萍, "對新時代中國對外援助政策調整的思考,"『現代國際關係』, 8期(2018), pp. 11-16.

17 馬雪, "中美國際發展援助模式的差異分析,"『現代國際關係』, 3期(2020), pp. 31-34를 보라.

18 "국가 간 무력분쟁"(militarized interstate disputes: MIDs) 자료에 따르면, 1949~1978년 기간 중국의 무력분쟁 개입 빈도는 연 평균 3.29건이었던 반면 1979~2001년과 2002~2010년의 기간에는 그 빈도가 각각 2.26과 3.25건으로 나타났다.

19 '최소 억지 전략'(minimum deterrence strategy)이란 서로의 2차 공격 능력—즉, 적국의 선공을 겪은 후에도 여전히 핵무기로 보복할 수 있는 능력—을 인정해주는 전제하에 최소한의 전략 핵무기 보유를 통해 '공포의 균형'을 유지함을 의미한다. 반면에 '제한 억지 전략'(limited deterrence strategy)은 전략 핵무기에 기반한 공포의 균형하에서 전술 핵무기의 보유를 통해 국지적 대응능력도 함께 갖추는 것을 의미한다.

20 Hans Kristensen and Matt Korda, "Chinese Nuclear Forces, 2019," *Bulletin of the Atomic Scientists*, Vol. 75, no. 4 (2019), p. 171; Stockholm International Peace Research Institute, *SIPRI Yearbook 2019: Armaments, Disarmament and International Security* (Summary), p. 10을 보라.

21 Michael Chase, "Assessing China's Evolving Neclear Capabilities," in Jae Ho Chung (ed.), *Assessing China's Power* (New York: Palgrave, 2015), Ch. 5; US Government, US Senate and US-China Economic and Security Review Commission (eds.), *China's Military Reforms and Modernization* (Washington, D.C.: USCESR, 2018), pp. 159-168; *New York Times*, July 27, 2021; *Financial Times*, August 5, 2021.

22 Nicola Horsburgh, *China and Global Nuclear Order* (Oxford: Oxford

University Press, 2015), pp. 145-146을 보라.

23 劉瑋, "崛起國創建國際制度的策略,"『世界經濟與政治』, 9期(2017), pp. 84-106; 朱杰進, "崛起國改革國際制度的路徑選擇,"『世界經濟與政治』, 6期(2020); Katherine Morton, "China's Global Governance Interactions," in David Shambaugh (ed.), *China and the World* (Oxford: Oxford University Press, 2020), pp. 156-180.

24 반면 다자/국제기구에 대한 기술은 총 52쪽(11.8%)에 그친다. 中華人民共和國 外交部 政策規劃司(主編),『中國外交 2019年版』(北京: 時事出版社, 2019)을 보라.

25 흔히 소프트 파워를 '매력'으로 번역하는데, 이는 상당한 오류를 동반하는 것으로 보인다. 소프트 파워가 강제성을 배제한 자율적 순응(voluntary compliance)을 유도하는 능력이기는 하나, 단순히 정서적인 것만이 아니라 규범이나 표준 같은 합리성의 측면도 함께 갖고 있음에 유의해야 한다.

26 何章銀,『中國救災外交 1949-2016』(北京: 中國社會科學出版社. 2016), 4-5장; 孫吉勝, "中國國際話語權的塑造與提升路徑,"『世界經濟與政治』, 3期(2019), pp. 19-43.

27 예컨대 Ching-Tse Cheng, "Sweden Shutters All China-Sponsored Confucius Institutes," *Taiwan News*, April 23, 2020을 보라. 공자학원 통계는 漢辦,『孔子學院年度發展報告』(2018), at http://www.hanban.org/report/2018/pdf, pp. 61-68을 보라.

28 Center for Advanced China Research, *Telling China's Story Well: An Investigation into Chinese Influence Operations Targeting American Chinese-Language Media Outlets* (June 15, 2020); Shaun Breslin, "China's Global Cultural Interactions," in Shambaugh (ed.), *China and the World*, pp. 143-151.

29 Gudrun Wacker, "Norms without Borders? Human Rights in China," Rosemary Foot (ed.), *China Across the Divide* (Oxford: Oxford University Press, 2013), Ch. 7.

30 소프트 파워에서의 불리한 국면에 대한 중국 측 반론으로 游國龍, "軟實力的評估路徑與中國軟實力的吸引力,"『現代國際關係』, 9期(2017), pp. 18-26을 보라.

31 Andrew Erickson and Ausiin M. Strange, *No Substitute for Experience: Chinese Antipiracy Operations in the Gulf of Aden* (Newport: Center for Naval Warfare Studies, 2013); United Nations, General Assembly,

Implementation of General Assembly Resolutions 55/235 and 55/236, A/73/350/Add.1 (December 24, 2018), at https://undocs.org/A/73/350/Add.1.

32 실제로 중국이 '대국외교' 담론을 사용할 즈음 이에 대한 경계를 드러낸 저술로 劉勝湘, "中國實行大國外交戰略爲時尙早,"『世界經濟與政治』, 7期(2000)를 보라.

33 논쟁의 여지가 있긴 하나, 구매력 환산지수(PPP) 기준으로는 2014년 중국의 GDP가 이미 미국을 앞지른 것으로 나타났다.

34 劉雪蓮·李曉霞, "中國特色大國外交及其在東亞地區推進特點,"『東北亞論壇』, 6期(2015), pp. 105-113; Chen Zhimin, "China's Power from a Chinese Perspective (II)," in Chung (ed.), *Assessing China's Power*, pp. 280-286.

35 국력의 제고에도 불구하고 중국이 도광양회를 견지해야 한다는 중국 측 관점도 있다. 吳建民, "未來10年的中國國際戰略,"『國際關係研究』, 1期(2013), pp. 8-11을 보라.

36 한 학자는 2008~2018년의 기간을 '관건의 10년'(critical decade)이라고 평가한다. Zhiqun Zhu, *A Critical Decade: China's Foreign Policy (2009-2018)* (Singapore: World Scientific, 2020)를 참조하라.

37 Feng Zhang, "The Xi Jinping Doctrine of China's Internaitonal Relations," *Asia Policy*, Vol. 14, No. 3 (July 2019), pp. 7-23을 보라. 중국은 2014년 이후 대외관계의 3원칙 중 '우두머리 맡지 않기'(不當頭) 항목을 더 이상 언급하지 않는다. 또 아프리카 지부티(Djibouti)에 최초의 군사기지를 개설했다. 관련해서 金燦榮,『大國來了』(北京: 華文出版社, 2017); 胡鞍鋼,『中國進入世界舞臺中心』(蘇州: 江蘇人民出版社, 2017); 于洪君,『中國一走向世界舞臺的中心』(北京: 黨建讀物出版社. 2017)을 참조하라.

38 실제로 2012년 이후 이뤄진 외교안보 정책결정 구조의 변화 역시 공세적 외교를 뒷받침한 것으로 평가받는다. Jean-Pierre Cabestan, "China's Institutional Changes in the Foreign and Security Policy Realm under Xi Jinping," *East Asia*, Vol. 34 (2017), pp. 113-131; Elizabeth Economy, *The Third Revolution: Xi Jinping and the New Chinese State* (Oxford: Oxford University Press, 2019), Ch. 7을 참조하라. 또 중국의 과도한 자신감에 대한 보기 드문 성찰로는 袁鵬, "把握新階段中美關係的特點和規律,"『現代國際關係』, 6期(2018), p. 2를 보라.

39 Jia Qingguo, "The Almaty Spirit — Pathway to a Chinese Monroe Doctrine?" *Asia Global Online*, November 14, 2019, at https://www.

asiaglobalonline.hku.hk/the-almaty-spirit-pathway-to-a-chinese-monroe-doctrine. 중국이 선 지역 패권의 확보, 후 세계 패권의 달성이라는 순차 전략을 여전히 쓰고 있는지, 아니면 동시 달성을 목표로 하는지에 대해서는 여전히 불확실하다.

40 孫德剛, "合而治之: 論新時代中國的整體外交," 『世界經濟與政治』, 4期(2020), pp. 53-57.

41 예컨대 張小明, 『從文明標準到新文明標準 — 中國與國際規範變遷』(北京: 九州出版社, 2018), 6장; 蔡昉(主編), 『一帶一路手册』(北京: 中國社會科學出版社. 2018); Sophia Kalantzakos, *China and the Geopolitics of Rare Earths* (Oxford: Oxford University Press, 2018); "Securing the Belt and Road Initiative: China's Evolving Military Engagement Along the Silk Road," *NBR Special Report*, No. 80 (September 2019)을 참조하라.

42 직전의 시점에 도전국은 "이제야말로 패권국과 한번 붙어볼 만하다"는 자신감을 처음 갖게 되고, 또 패권국의 입장에서는 "지금이 아니면 도전국을 누를 기회가 다시는 없겠다"는 인식을 갖게 되어, 그 교집합으로서 분쟁의 개연성이 높아진다는 의미이다.

43 鍾百騰, 『跨越修昔底德陷穽 — 新型大國關係與國際秩序構建』(北京: 中國社會科學出版社, 2017)을 참조하라.

44 정재호(편), 『평화적 세력전이의 국제정치』(서울대학교출판문화원, 2016)를 보라.

45 보다 자세한 논의는 이 책의 7장을 참조하라.

46 중국이 역사적으로 '비확장'의 유전자를 갖고 있다는 주장은 朱中博, "中國古代對外戰略傳統的非擴張性基因," 『國際觀察』, 4期(2017)를 보라.

47 호혜를 강조한 일대일로 프로젝트가 '부채 함정'(debt trap)이라는 서구의 시각에 대한 중국의 반론으로는 宋潁慧 等, "中國債務陷穽論剖析," 『現代國際關係』, 6期(2019), pp. 1-5를 보라.

제4장

미·중 상호 인식의 진화

"미국인들은 얼마나 자신들을 닮으려는 하는지에 따라 남을 판단하는 경향이 있다."[1)]

"하늘 아래(天下) 모든 지역은 다 '국내적'이며, 그들 간의 모든 관계는 [중국에 의해] 달리 규정된다."[2)]

종합국력과 같은 구조적 요인을 빠뜨릴 순 없지만, 외교·안보에 있어 인식의 중요성 또한 간과할 수 없다. 이미 오래전부터 국제정치학 연구에서 인식의 중요성은 널리 알려져 있다.[3)] 특히 21세기 소셜 네트워크 서비스(SNS)와 오픈 소스(open sources)의 시대를 맞아 이제 대중의 인지로부터 완전히 벗어난 영역은 존재하지 않으며, 외교·안보 역시 이에 예외가 아니다. 정도의 차이는 있지만 이러한 변화는 민주국가로부터 중국을 포함한 권위주의 국가에 이르기까지 외교·안보 정책의 수립과 집행에 영향을 미칠 수밖에 없다.[4)]

미·중 관계의 분석에 널리 활용되는 틀 중 세력전이 이론이 있다. 이미 반세기 넘는 역사를 지닌 이 이론은 크게 세 부분으로 구성되어 있는데, 첫째 힘이란 본원적으로 국내적(인구, 자원, 징세능력, 군사 현대화 등) 성격을 갖지만, 종종 '동맹의 전이'(alliance transition)라는 외부적 요인도 중요하다는 것이다. 둘째, 힘의 축적은 부상국으로 하여금 그동안 패권국이 유지해 온 국제질서 및 규범에 대해 불만을 갖게 만들어 불안정의 요인이 생긴다는 것이다. 셋째, 패권국과 부상국 사이의 국력 차가 줄어들수록 전쟁의 가능성 역시 높아진다는 것이다.[5)]

일부 비판론자들은 세력전이 이론이 지나치게 국력 지표를 중시하는 구조론에 경도되었으며, 따라서 과도한 결정론이라고 본다. 뿐만 아니라 세력전이를 초래하는 계기로서의 패권 전쟁은 패권국과 부상국 사이에서 일어남에도 불구하고 이 양자의 상호 인식에 대해서는 거의 다루지 않음을 비판한다.[6] 세력전이 이론가들은 세력전이 이론이 인식을 다루지 않는다는 비판은 잘못된 것이라며, 부상국이 기존 질서에 대해 갖는 불만과 패권국-부상국 사이의 핵 균형에 대한 인식이 이론 안에 내재되어 있다고 반박한다.[7] 그러나 실제로 세력전이 이론에서 패권국과 부상국의 양자 간 인식에 대한 언급을 찾아보기는 어렵다.[8] 오히려 다음과 같은 반박이 보다 설득력이 있는 것으로 평가된다.

> "세력전이 이론은 왜 영국이 부상하던 미국보다 독일을 더 큰 위협으로 여겼는지에 대해 충분한 설명을 제시하지 못한다."[9]

> "세력의 전이가 분쟁을 초래하는 인식 변화를 만들 수도 있지만, 그보다 더 큰 위험은 이미 오랫동안 경쟁적이었고 또 부정적 인식을 지닌 두 강대국 사이에서의 힘의 변화이다."[10]

중국 국력의 급속한 성장과 미·중 간 국력 차의 감소(2장), 그리고 힘의 증강에 기반한 중국 대외관계의 공세적 전환(3장)과 함께, 미·중 상호 인식의 변화도 매우 중요하다는 전제하에 이 장에서는 이에 초점을 두고 들여다본다. 시기적으로는 1991년 소련 붕괴 이후를 중점적으로 살펴보는데, 그 가장 핵심 이유는 바로 이 시기에 소위 중국의 부상이나 중국 위협론과 같은 담론들이 생겨남에 따라 미·중 관계가 이전보다 훨씬 중요해졌기 때문이다.

상호 인식의 실증적 지표로는 다음 두 가지를 활용하는데, 하나는 '국민 인식'(national perceptions)으로 양국의 대중들이 서로에 대해 어떻게 인지하는지를 가리킨다. 민주국가에서는 대중의 인식이 외교정책에 일정한 영향력을 미쳐온 까닭에 이에 대한 검토가 반드시 필요하다.[11] 비민주국가인 중국에서도 대미국, 대일본 정책 수립에 있어 대중의 인식과 민족주의 정서는 꽤나 중요한 것으로 알려져 있다.[12] 국민 인식은 서베이 자료를 중심으로 보겠는데, 시카고 국제관계협회(Chicago Council on Global Affairs), 퓨 글로벌(Pew Global Research), 갤럽(Gallup Research), 해리스 폴(Harris Interactive) 등의 공간 자료를 활용했다. 문제는 중국 측 자료인데, 빈도와 계속성을 감안해 『환구시보』(環球時報)에 실린 서베이 자료를 주로 사용했다. 관영 매체인 까닭에 공정성이 문제될 수도 있으나, 딱히 대체할 자료가 없어 대략적 추세를 보는 정도로 활용하였다.

또 다른 하나는 '공적 인식'(official views)으로, 정부 문서나 공식 간행물에서 드러나는 정부 간 상호 인식을 지칭한다. 앞서 언급한 국민 인식만으로 해결되지 않는 부분이 있는데, 그것은 바로 엘리트 집단이나 관료들의 대외 인식이 반드시 대중의 인식과 일치하지 않는 경우가 있기 때문이다. 예컨대 미·중 관계에서도 그러한 불일치(mismatch)가 정책 논쟁뿐 아니라 정책결정 과정에서 마찰을 일으킨 경우들이 있다.[13] 공적 인식의 도출을 위한 핵심 자료는 정부 문서 및 공식 입장이지만, 외교적 수사가 많이 사용되는 자료로부터 구체적인 인식을 끄집어내기란 그리 쉽지 않다.[14] 미국의 중국에 대한 공적 인식을 재구성하는 자료로는 『국가안보전략』(*National Security Strategy*), 『4개년 국방평가』(*Quadrennial Defense Review*)의 두 가지 문건을 활용했으며, 중국의 미국에 대한 공적 인식을 도출하는 자료로는 『국방백서』(國防白皮書)를 검토하

였다.[15)]

미·중 간 국민 인식의 변화

일반적으로 대중의 인식은 변덕스럽고 수시로 변하지만, 그럼에도 대외정책의 결정에 적잖은 영향력을 발휘할 수 있다. 이 절에서는 탈냉전 시기 다음 세 영역에 대한 양국의 인식을 비교하는데, ① 서로에 대한 긍정적/부정적 인식의 변화 추이, ② 핵심 규범 및 가치와 연관된 상호 인식의 수렴 정도, 그리고 ③ 세력전이와 미·중 관계의 미래에 대한 인식이 그것이다.

상호 인식의 변화 추세

상호 인식을 살피는 데 유용한 서베이 자료가 있는데, 하나는 갤럽 조사이며 다른 하나는 퓨 글로벌의 조사이다. 우선 갤럽의 조사 결과에 기반한 〈그림 4-1〉은 1985~2020년 기간 미·중 상호 인식의 추이를 보여준다. 두 가지가 눈에 띄는데, 하나는 1989년의 천안문 사건이 미국인들의 중국 인식이 크게 악화된 주요 분수령이었으며, 2020년까지도 그로부터 크게 벗어나지 않았다는 점이다. 다른 하나는 1989년 이후 31년 동안 중국을 부정적으로 인식한 미국인의 비율이 긍정적으로 본 이들보다 일관되게 높게 나타났다는 것이다.

퓨 글로벌의 조사를 바탕으로 만든 〈그림 4-2〉를 〈그림 4-1〉과 비교할 때, 2009~2011년 기간 미국인의 대중국 긍정적 인식이 부정적 인식보다 높다는 점에서 조금은 다른 추이를 보여준다. 그럼에도 두 그림 모두 2013~2020년 기간에 미국인의 대중국 인

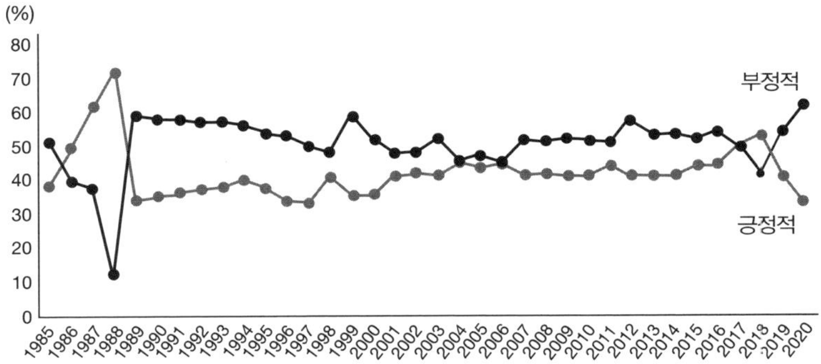

그림 4-1. 미국인의 대중국 인식(1985–2020)

출처: https://news.gallup.com/poll/287108/fewer-regard-china-favorably-leading-economy.aspx(검색일: 2020년 4월 28일)

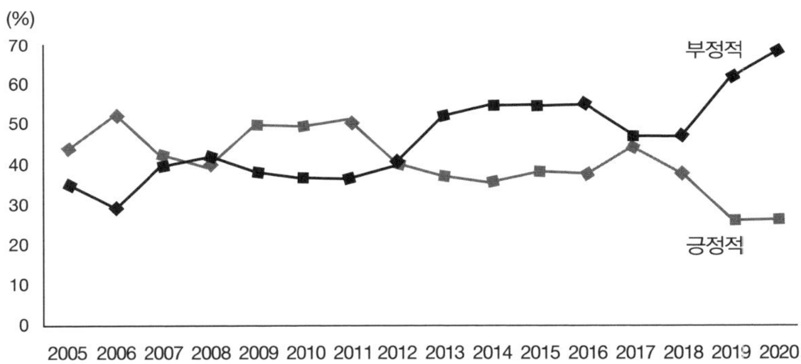

그림 4-2. 미국인의 대중국 인식(2005–2020)

출처: https://www.pewresearch.org/global/2020/04/21/u-s-views-of-china-increasingly-negative-amid-coronavirus-outbreak/(검색일: 2020년 4월 28일)

식이 훨씬 부정적으로 변했음을 유사하게 보여준다. 서베이 자료만으로 이유를 확정하기는 어려우나, 중국의 부상에 대한 미국인의 우려가 커졌다는 해석이 가능하다. 같은 시기 중국인의 미국 인식은 변화가 훨씬 빈번했다(그림 4-3 참조). 그럼에도 평균적으로는 중국인의 대미국 부정적 인식(평균 = 47.2%)이 긍정적 인식(평균

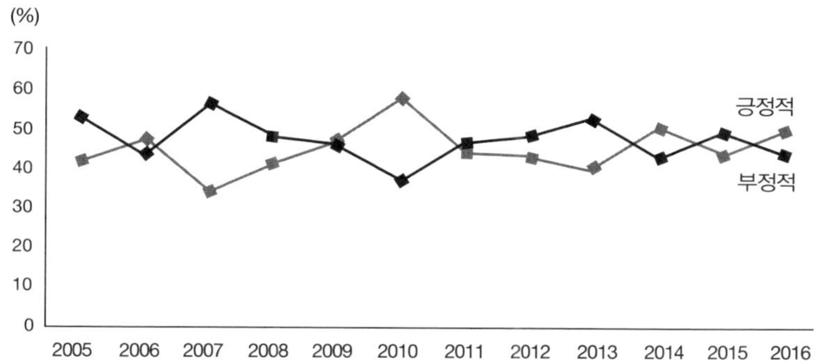

그림 4-3. 중국인의 대미국 인식(2005–2016)

출처: http://www.pewglobal.org/database/indicator/24/country/233/; and http://www.pewglobal.org/database/indicator/1/country/45

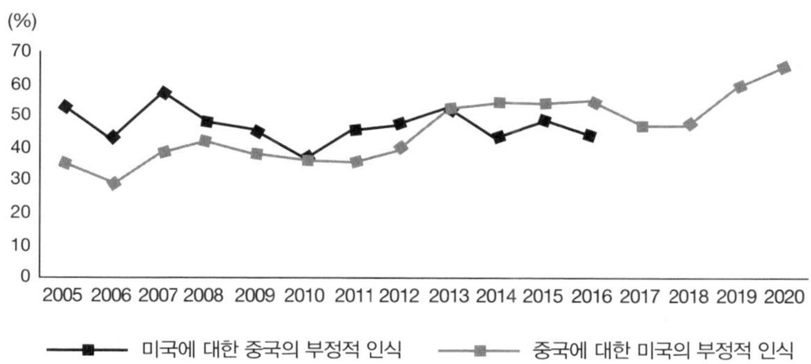

그림 4-4. 미국인과 중국인의 상대국에 대한 부정적 인식(2005–2020)

출처: 2005-2016년 자료는 http://www.pewresearch.org/fact-tank/2017/02/10/americans-have-grown-more-negative-toward-china-over-past-decade; 2017-2019년 자료는 https://www.pewresearch.org/global/2019/08/13/u-s-views-of-china-turn-sharply-negative-amid-trade-tensions; 2020년 자료는 Pew Research Center Spring 2020 Survey, at https://www.pewresearch.org/global/wp-content/uploads/sites/2/2020/04/PG_2020.04.21_U.S.-Views-China_TOPLINE.pdf.

= 45%)보다는 높게 나타남에 주목해야 한다.

앞서 언급했듯이, 서베이만으로 추이의 변화를 다 설명할 수는 없다. 다만 〈그림 4-4〉에서도 보듯이, 시진핑 집권 이후인 —

즉, 공세적 대외관계를 펼치게 된 — 2013년부터 미국인의 대중국 부정적 인식이 늘었음에 주목해야 한다. 반면 중국인의 대미국 부정적 시각이 따라 늘지 않은 것은 흥미로운데, 이를 "시간은 중국 편이다"라는 인식 때문으로 해석할 수도 있고, 또 한편으로는 대중들이 미국을 일부 선망했기 때문이라는 해석도 가능하다.

핵심 가치와 규범에 대한 인식

단순히 우호/비우호, 긍정적/부정적 인식을 넘어 특정 가치와 규범을 바라보는 시각에 대한 비교도 필요하다. 양자 분쟁에서만 아니라 패권 경쟁에서 가치/규범이 갖는 중요성이 점차 커짐을 감안할 때, 이는 간과할 수 없는 부분이기 때문이다. 네 가지를 중점적으로 살펴봤는데, 이에는 ① 미국의 아프가니스탄 개입에 대한 중국인의 인식, ② 중국의 무역 행태에 대한 미국인의 인식, ③ 중국의 국제사회에의 책임 수행에 대한 미국인의 인식, 그리고

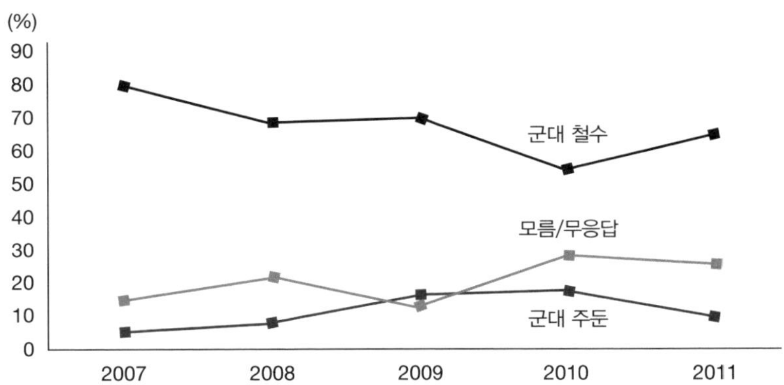

그림 4-5. 미국의 아프가니스탄 개입에 대한 중국인의 인식(2007–2011)

주: (질문) "당신은 상황이 안정될 때까지 미국과 나토가 아프가니스탄에 군대를 주둔시켜야 한다고 생각합니까, 아니면 가능한 조속히 철수해야 한다고 생각합니까?"

출처: http://www.pewglobal.org/question-search/?keyword=afghanistan&x=0&y=0

④ 티베트 문제에 대한 미국인의 인식이 포함된다.

〈그림 4-5〉는 2007~2011년 기간 퓨 글로벌의 조사를 토대로 중국인이 미국의 아프가니스탄 개입에 대해 어떻게 생각하는지를 담고 있다. 이에 대한 중국인의 부정적 인식의 연평균은 67.6퍼센트인 데 반해, 긍정적 인식은 11.2퍼센트에 불과했다. 2014년 『환구시보』가 수행한 서베이 역시 매우 유사한 결과를 보였다. "2001년 이후 13년간 미국이 수행한 '테러와의 전쟁'에 대해 어떻게 생각합니까"라는 질문에 무려 96퍼센트가 "그리 이상적이지 않다"고 답했기 때문이다. "당신은 시리아 영토 내에서 미국의 이슬람국가(ISIS)에 대한 폭격을 지지합니까"라는 또 다른 질문에는 79퍼센트의 응답자가 "아니요"를 선택했다.[16]

〈그림 4-6〉은 2002~2020년 기간 중국의 무역 행태에 대한 미국인의 인식을 담고 있다. 두 가지 서베이 결과의 재구성이지만, 중국의 무역 행태에 대한 긍정적 인식(공정함)의 연평균은 30.5퍼센트에 불과한 반면, 부정적 인식(불공정함)의 평균은 59.8퍼센트에 달한다. 트럼프 행정부의 공격적인 무역제재 역시 이러한 민의에 상당 부분 기초했음을 알 수 있다. 흥미로운 것은 중국인 역시 미국의 무역 행태를 그다지 공정하다고 인식하지 않는다는 점이다. 『환구시보』의 2012년 조사에서 "미국은 보호무역주의 관점에서 중국을 압박합니까"라는 질문에 대해 무려 98퍼센트가 "그렇다"고 답했기 때문이다.[17]

국제사회에 대한 중국의 책임 수행과 관련한 미국인의 인식은 어떠한가? 2010년에 수행된 "중국에 대한 미국인의 태도 조사"(American Attitudes toward China Survey)에 따르면, 미국인 응답자의 67.7퍼센트가 중국은 전면적으로 또는 부분적으로 져야 할 국제사회에 대한 책임을 회피한다고 생각하고 있었다.[18] 또 티베트

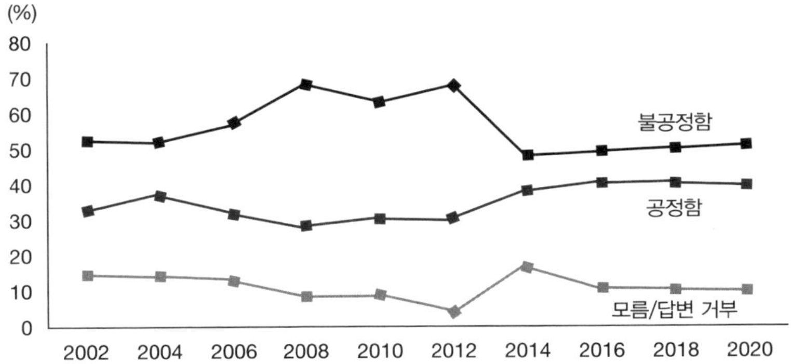

그림 4-6. 중국의 무역 행태에 대한 미국인의 인식(2002–2020)

출처: 2002-2012년 자료는 The Chicago Council on Global Affairs, *Global Views 2012* (Topline Data from US Public Survey); 2015년 자료는 Pew Global Research, *2015 U.S.-Japan Relations Survey* (Topline Data from US Public Survey); 2018년 자료는 Pew Global Research (Topline Data from US Public Survey), at http://www.pewresearch.org/fact-tank/2018/07/19/as-new-tariffs-take-hold-more-see-negative-than-positive-impact-for-the-u-s/; 2019년과 2020년 자료는 Pew Global Research, at https://www.pewresearch.org/global/2020/04/21/u-s-views-of-china-increasingly-negative-amid-coronavirus-outbreak/pg_2020-04-21_u-s-views-china_0-09/(검색일: 2020년 4월 28일).

문제와 관련해 2002년의 한 조사에 따르면, 68퍼센트의 미국인 응답자가 미국정부는 티베트에 대한 중국의 억압적 정책을 지지하지 말아야 한다고 답했다. 또 2008년의 조사에 포함된 "티베트가 중국의 통치하에 있어야 합니까"라는 질문에 대해 59퍼센트의 미국인이 "아니요"라고 답해, 중국의 핵심 이익에 대해 미국인은 상당히 다른 생각을 갖고 있음이 드러났다.[19)]

미래에 대한 인식

2011년에 흥미로운 조사가 하나 있었는데, 미국인과 중국인을 대상으로 "2011년 현재, 2020년, 그리고 2050년에 어느 나라가 초강대국일 것이라고 봅니까"라는 질문을 던졌다. 〈표 4-1〉에서 보듯이, 미국인은 그것이 미국일 가능성을 낮게 본(77 → 47 → 41

표 4-1. 미래에 대한 미국인과 중국인의 전망(2011)

전망 시점	응답자	미국 선택(%)	중국 선택(%)
현재(2011년)	미국인	77	14
	중국인	79	4
2020년	미국인	47	35
	중국인	7	32
2050년	미국인	41	32
	중국인	2	53

출처: The Harris Poll #29, 2011년 3월 3일, Tables 7~9.

퍼센트) 반면, 중국일 가능성에 대해서는 상대적으로 높게 평가했다. 중국인 역시 그것이 미국일 가능성을 매우 낮게 본(79 → 7 → 2퍼센트) 반면, 중국이 초강대국이 될 가능성을 높게 평가했다. 이는 2014년 중국의 한 서베이와도 맥락을 같이한다. "100년 후 미국이 여전히 세계의 선도국일 것이라는 오바마의 언급에 동의합니까"라는 질문에, 92퍼센트가 "아니요"라고 답했기 때문이다.[20]

〈표 4-2〉는 2008~2015년 기간의 조사를 기반으로 세력전이에 대한 미국인과 중국인의 인식을 보여준다. 핵심은 시간이 갈수록 많은 미국인이 중국은 미국을 앞지를 것으로 봤다는 점인데, 응답자 평균은 33.7퍼센트에 달했다. 중국이 미국을 추월할 것으로 보는 중국인 응답자 평균은 훨씬 높은 55.4퍼센트였다. 반면 중국이 미국을 앞지르지 못한다는 미국인 응답자 평균은 49.3퍼센트였으나, 중국인 평균은 18.2퍼센트에 불과했다. 보다 흥미로운 점은 중국이 이미 미국을 추월했다고 보는 미국인이 10퍼센트나 되었다는 것인데, 이는 인식이 현실을 앞서 가는 측면이 있음을 보여준다.

표 4-2. 세력전이에 대한 미국인과 중국인의 인식(%)

연도	중국이 미국을 추월	중국이 이미 미국을 추월	중국의 미국 추월은 불가능	모름
2008	미: 31 중: 53	5 5	54 23	10 19
2009	미: 26 중: 59	7 8	57 20	10 14
2011	미: 34 중: 57	12 6	45 17	9 20
2013	미: 36 중: 58	11 8	47 13	6 21
2014	미: 39 중: 50	10 9	45 20	6 21
2015	미: 36 중: 54	10 13	48 16	7 17

주: '미'는 미국인 응답자를, '중'은 중국인 응답자를 말함.

출처: http://www.pewglobal.org/database/indicator/33/country/233; http://www.pewglobal.org/database/indicator/33/country/45

중국의 부상에 대한 미국인들의 우려는 시카고 국제관계협회가 수행한 여러 조사에서도 드러난다. 네 번에 걸쳐 짝수년(2006, 2008, 2010, 2012)에 시행된 조사에 따르면, 중국의 경제적 부상에 대해 긍정적 인식을 보인 응답자 비율은 9, 6, 8, 9퍼센트에 불과한 반면, 부정적 인식의 비율은 33, 42, 38, 40퍼센트에 달했다.[21] 이는 해리스 인터액티브에서 2011년에 수행한 조사 결과와도 상당 부분 합치되는데, 중국의 경제적 부상에 대한 미국인 응답자들의 긍정적·부정적 인식 비율이 각각 22, 39퍼센트로 나왔기 때문이다.[22]

중국의 군사적 부상에 대한 미국인의 인식은 훨씬 더 부정적으로 나타난다. 퓨 글로벌에서 2005년부터 14년간 조사한 내용으로 구성한 〈표 4-3〉을 보면, 긍정적 응답의 평균은 12.3퍼센트

표 4-3. 중국의 군사력 강화에 대한 미국인의 인식(%)

연도	긍정적	부정적	모름/무응답
2005	13	78	9
2007	15	68	17
2008	8	82	10
2010	12	79	10
2011	11	79	10
2012	15	82	4
2015	16	82	2
2016	8	91	1
2017	11	86	3
2018	10	86	4
2019	11	81	8
2020	14	84	2

주: 긍정적 인식 수치는 "그리 심각하지 않음"(not too serious)과 "전혀 문제 아님"(not a problem at all)을 더한 것이며, 부정적 인식 수치는 "매우 심각한 문제임"(very serious problem)과 "일정 부분 심각한 문제임"(somewhat serious)을 더한 것임.

출처: Pew Research Global Attitudes Project (respective years), at http://www.pewglobal.org/database); 2020년 자료는 Pew Research Center Spring 2020 Survey, at https://www.pewresearch.org/global/wp-content/uploads/sites/2/2020/04/PG_2020.04.21_U.S.-Views-China_TOPLINE.pdf.

에 불과했지만 부정적 응답의 평균은 80.1퍼센트에 달했다. 이렇게 압도적으로 부정적인 인식이 팽배한 것은 미국 내에서 중국을 '가상 적/적국'이라고 인식하는 데에 일조했다. 갤럽의 한 조사에 따르면, 2001년 이후 중국은 이란, 이라크, 북한 등에 가려 미국의 적국 리스트의 상단부에 오르지 않았지만, 2014년 처음으로 미국의 '제1의 적'으로 부상했다.[23)]

이 같은 조사가 중국에서는 이뤄지지 않았거나 설사 있었더라도 그 결과가 알려지지 않았다. 2000~2010년 기간 공산당 기관지인 『인민일보』에 실린 기사를 기반으로 미국에 대한 인식을 들여다본 한 연구에 따르면, 중국인의 미국에 대한 부정적 인식은 이슈 영역에 따라 달리 나타났다. 즉, 정치·이념적 측면(가치/규범의 영역)에 대한 부정적 인식이 63.7퍼센트로 가장 높았고, 국제사회에서의 미국의 역할(46.2%)과 군사·전략적 측면(44.9%)이 그 뒤를 이었다. 경제·통상 영역에 대한 부정적 인식은 18.4퍼센트에 불과했다.[24)]

『환구시보』가 2014년 수행한 서베이에 의하면, 98퍼센트의 중국인 응답자가 미·중 관계는 신뢰에 기반하기보다는 분쟁으로 점철된(conflict-ridden) 것으로 인식했다. 또 다른 조사에 따르면, 1979년의 수교 이후 35년간의 미·중 관계에 대해 무려 93퍼센트의 응답자가 "그리 이상적이지 않다"고 답했고, 7퍼센트만이 "대체로 만족스럽다"고 회신했다.[25)] 2013년 뉴욕과 상하이 소재 대학생들을 대상으로 한 조사에 따르면, 52퍼센트의 미국 학생과 48퍼센트의 중국 학생만이 미·중 관계를 진정한 협력 관계로 보았을 뿐, 나머지는 자국 위주의 관계로 간주했다.[26)]

결론적으로 미국인과 중국인의 상호 인식은 다음 세 가지 특징을 가진다. 첫째, 중국인의 미국 인식에 비해 미국인의 중국 인식이 최근 들어 훨씬 부정적으로 바뀌고 있다. 둘째, 양국 국민의 가치·규범 인식에 있어 공통 부분을 찾기가 쉽지 않은데, 이는 양국의 국력 차가 현저히 줄어들 때 현상 유지에 대한 중국의 동의 및 존중의 수준이 매우 낮을 것임을 예고한다. 셋째, 대중의 인식이 현실 상황보다 일정 부분 앞서 가는 경향이 있어 "세력전이가 실제로 가능할 수도 있다"는 인식이 조기에 만연되는 효과를 내고 있다. 결국 양국의 국민 인식은 패권 경쟁을 완화하기보다 오히려 촉발시키는 작용을 하는 것으로 평가할 수 있다.

미·중 간 공적 인식의 분석

미국의 대중국 공적 인식

미국의 두 가지 정부 문서 — 『국가안보전략』(이후 *NSS*로 표기)과 『4개년 국방평가』(이후 *QDR*로 표기) — 에 대해 특정 단어의 출현 빈도를 중심으로 한 내용 분석과 함께 해석적 방법을 통해 미국정부의 대중국 공적 인식을 도출했다. 즉, 이들 문서에서 '중국'(China)이라는 단어가 얼마나 자주 언급되는지를 봤다는 의미이다. 보다 구체적으로 두 개의 지표가 사용되었는데, 하나는 단순 언급 빈도이고 다른 하나는 중국이라는 단어가 포함된 단락이 총 단락 수에서 점하는 비율을 가리킨다. 분석 과정에서 동중국해나 남중국해와 같이 중국이라는 단어가 들어가지만 다른 의미를 갖는 어휘의 빈도는 제외했다.

〈표 4-4〉는 중국이라는 단어의 단순 빈도를 보여준다. *NSS*의 경우 그 빈도가 1994~2000년의 기간에 지속적으로 증가하다 2000년대에 급격히 줄어들었고, 그 추세는 2015년까지 계속되었다. 그 자세한 이유를 설명하기는 어려우나, 최소한 2017년판 — 트럼프 행정부의 첫 *NSS* — 에서 중국 언급 빈도가 역대 세 번째로 높았던 것을 볼 때, 최근 들어 중국에 대한 우려가 확실히 커졌

표 4-4. *NSS*와 *QDR*에서 '중국' 단어의 언급 빈도(회)

	'94	'95	'96	'97	'98	'99	'00	'01	'02	'06	'10	'14	'15	'17	'18
NSS	10	16	24	23	47	31	53	–	18	28	10	–	10	36	–
QDR *NDS*	–	–	–	5	–	–	–	0	–	11	10	8	–	–	7

주: *NSS*의 경우 2018년 이후 후속 보고서가 출간되지 않았다. *QDR*은 2018년에 *NDS*(National Defense Strategy)로 대체되었으나, 전문은 공개되지 않고 요약본만 알려졌다.

표 4-5. *QDR/NDS* 요약문에서 '중국' 단어의 언급 빈도(회)

연도	1997	2001	2006	2010	2014	2018
빈도	0	0	0	1	0	7

음을 알 수 있다. 반면 *QDR*의 경우 중국 언급 빈도가 1990년대에 비해 2000년대와 2010년대에 증가했음을 볼 수 있다. *QDR*의 후신인 *NDS*(2018년 2월)는 그 전문이 공개되지 않았고, 열한 쪽 분량의 요약문(executive summary)만 알려져 있다. 그래서 앞선 다섯 건의 *QDR*에 수록된 요약문/서문에서의 중국 단어의 언급 빈도와 비교해 보았다. 〈표 4-5〉에서와 같이, *QDR* 요약문/서문에서도 — 2010년판을 제외하면 — 중국에 대한 우려가 거의 나타나지 않지만, 2018년의 *NDS*에서는 무려 7회로 높아짐을 볼 수 있다.

흥미로운 것은 두 번째 지표 — 단락의 총수 대비 중국 단어가 포함된 단락 수의 비중 — 로 그 자세한 사항은 〈표 4-6〉과 〈그림 4-7〉이 정리해 보여준다. 이에 따르면, *NSS* 관련 비율은 시기에 따라 변하지만 1994~1999년 기간과 2000~2010년 기간의 평균 수치가 4.2와 4.9인 데 비해 2010년대의 수치는 5.9로 나타났다. 최근 들어 이들 문서에서 총 단락 수 대비 중국을 언급하는 단락 수의 비율이 높아졌음을 보여준다.

2010년 이후 미국정부의 중국 인식이 급속도로 바뀌었다는 결론은 조금 신중을 기할 필요가 있어 실험을 하나 해보았다. 그

표 4-6. 전체 단락 대비 '중국' 단어를 포함한 단락의 비중(%)

	'94	'95	'96	'97	'98	'99	'00	'01	'02	'06	'10	'14	'15	'17	'18
NSS	2.6	4.2	5.4	4.1	5.5	3.2	5.3	–	5.2	5.2	1.92	–	5.0	6.73	–
QDR *NDS*	–	–	–	0.5	–	–	–	0	–	1.3	0.9	3.3	–	–	9.8

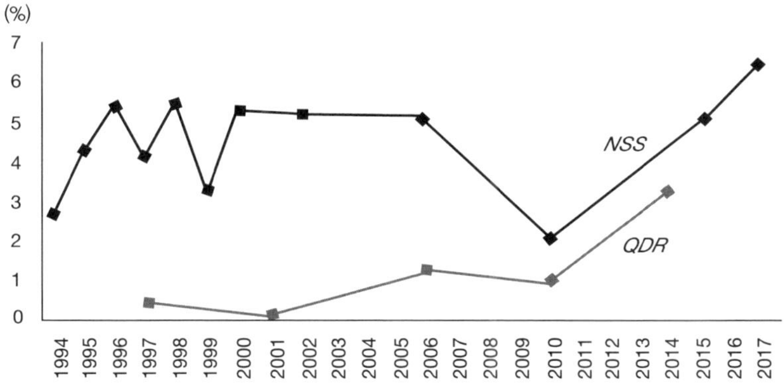

그림 4-7. 전체 단락 대비 '중국' 단어를 포함한 단락의 비중(%)

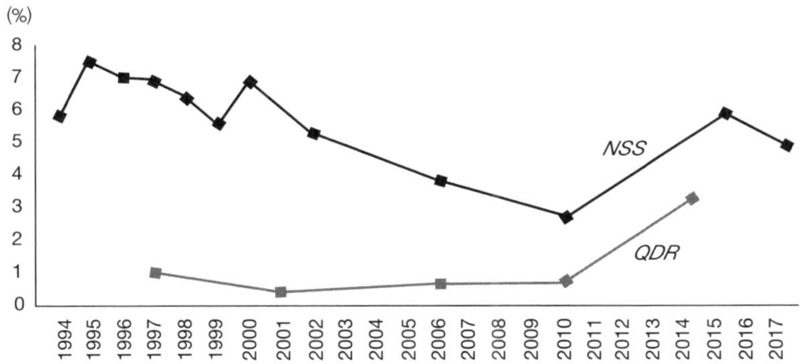

그림 4-8. 전체 단락 대비 '러시아' 단어를 포함한 단락의 비중(%)

것은 중국 대신에 '러시아'(Russia)라는 단어가 이들 문서에서 언급되는 빈도를 측정하는 것이다. 그 결과로 〈그림 4-8〉이 나왔는데, 이는 〈그림 4-7〉과 매우 유사한 모습을 보이고 있다. 유일한 차이가 있다면 그것은 2017년에 대한 것으로, 이를 보면 트럼프 행정부가 2017년 이후 확실히 중국에 대해 부정적 인식을 가졌음을 확인할 수 있다.

단순 빈도 측정에 더해, 내용적으로 이들 문서는 중국과 중국의 부상에 대해 어떻게 보고 있는가? 1990년대의 *NSS*를 읽어보면, 미국정부는 중국을 안보의 위협으로 인식하기보다는 지역의 안보 관련 "파트너"로 칭하고 있다.[27] 오히려 이 시기에 미국정부는 중국의 권위주의 정치체제, 종교적 자유의 탄압, 그리고 핵 비확산과 미사일 기술 통제 규범에 대한 중국의 수용 여부에 더 큰 관심을 갖고 있었다.[28]

중국에 대한 미국의 공적 인식은 전자의 부상이 점차 체감되던 2000년대에 들어 조금씩 변하게 된다. 예컨대 *NSS* 2000년판에서 중국을 처음으로 "핵심 강국"(major power)으로 적시하고, 주변국들에 대한 잠재적 위협으로까지 간주하고 있다. 또 2002년판에서 중국의 부상과 관련해 "강대국 간 경쟁이라는 오래된 패턴"이라는 언급도 나온다.[29] 1990년대와는 다르게 2000년대에 와서 미국정부의 공식 문서는 중국을 "세계 경제의 엔진," "전 지구적 행위자," "책임있는 상관자"(responsible stakeholder), "영향력의 핵심 근원지" 등으로 표현했다.[30]

*NSS*에서 미국정부는 "개방적이고 평화 지향적이며 안정적이고 번영을 구가하는 중국이 미국의 이익에도 부합한다"고 언급했다. 그러나 2002년 이후 단 한 번의 예외도 없이 모든 문서에서 중국의 군 현대화와 그것이 주변국에 미칠 부정적 영향에 대한 우려를 적시했다. 특히 중국의 군 현대화가 투명성을 결여했기에 미국정부가 이를 주시하고 있음도 밝혔다.[31] 2015년판에서 따온 다음 인용문은 트럼프 행정부 출범 이전까지 미국정부의 중국 인식을 잘 보여준다.

> 미국은 안정적이고, 평화 지향적이며, 번영을 추구하는 중국의 부상을 환영한다. 경쟁이 있을 수 있음에도 우리는 대립의 불가

> 피성을 받아들이지는 않는다. 우리는 중국과의 경쟁을 '힘의 우위'(position of strength)에서 관리할 것이며, 동시에 해양안보, 무역 및 인권에 있어 중국이 국제적 규칙과 규범을 준수할 것을 요구할 것이다. 미국정부는 중국의 군사 현대화와 아시아에서의 영향력 확대를 면밀히 주시할 것이며, 상호 오해와 오판을 줄이기 위한 방안을 모색할 것이다.[32]

트럼프 행정부 출범 이후 나온 *NSS* 2017년판은 미국정부의 대중국 인식을 보다 직설적인 방식으로 기술했다. 크게 세 가지 특징으로 요약되는데, 첫째, 중국을 러시아와 같은 범주에 넣음과 동시에 "수정주의 세력"(revisionist forces)이자 미국의 안보에 도전하는 대상으로 적시했다는 점이다.[33] 둘째, 미국정부는 중국을 "전 지구적 행위자"로 간주하며, 아시아를 넘어 유럽, 아프리카 및 서구 전반에서 영향력을 확대하려는 경쟁자로 인식한다.[34] 셋째, 과거의 교류/관여 정책이 잘못되었다는 전제하에 미국정부는 힘을 지렛대로 하는 새 접근을 취하려 한다는 점이다.[35]

힘을 언급하려면 *QDR*에 드러난 인식을 빠뜨릴 수 없다. 1997년과 2001년판에서는 중국에 할애된 지면이 매우 적었고, 당시 중국은 단지 "잠재적 지역강국"(potential regional power) 정도로만 다뤄졌다. 2006년판부터 가시적인 변화가 감지되었는데, 중국을 "미국과 군사적으로 경쟁하게 될 최대 잠재력을 지닌 국가"로 묘사했기 때문이다.[36] 2010년판에서는 "중국의 부상이 국제체제를 지속적으로 재구성한다"고 평가했으며, 더 나아가 중국의 불투명한 군사 현대화에 대한 우려도 표명했다.[37] 또 2015년판에서는 중국이 "반접근 지역 거부 전략과 사이버 및 우주 무기를 통해 미국을 상쇄하려 한다"고 평가했다.[38] 전문이 공개되지 않았고 명칭까지 바꾼 *NDS*(2018)에서는 중국을 7회나 언급하며 미국의 군사 경쟁력을 보다 예리하게 다듬을 것을 다짐하고 있다.

미국정부의 중국에 대한 공적 인식을 제대로 보여주는 궁극의 문서는 2020년 5월 20일 백악관이 공개한 『중화인민공화국에 대한 미국의 전략적 접근』(*United States Strategic Approach to the People's Republic of China*)이다. '일대일로'의 번역에까지 중국 측 어휘(BRI)를 쓰지 않고 대신 'One Belt One Road'(OBOR: p. 3)를 쓸 정도로 각을 세운 이 문건에서 지난 20년간의 중국 정책에 대한 비판적 성찰을 기반으로 중국에 대해 "더 이상 말이 아닌 행동으로 보여주는" 원칙론적 현실주의의 채택을 선언했기 때문이다. 무엇보다도 중국의 도전에 대해 우세를 유지하고, 동맹과 파트너들에 대한 중국의 위협을 막는 것에 중점을 두었다.[39)]

중국의 대미국 공적 인식

미국에 대한 중국의 공적 인식을 도출하기 위해 총 10건의 『국방백서』에 언급된 '미국'(美國)이라는 단어의 빈도를 측정하였다. 이를 정리한 〈표 4-7〉을 통해 네 가지 정도의 특징을 생각할 수 있다. 첫째, 1998~2010년 기간에 발간된 7건에서는 2000년판을 제외하면 미국이라는 단어가 비교적 고르게(평균 15.6회 정도) 언급되었다. 둘째, 2010년대 — 특히 2013년과 2015년판에서는 — 그 빈도가 각 5회와 2회로 급감했다. 앞서 언급했듯이, 이 두 문서는 그 이전의 문서들과 달리 제목이 『國防白皮書』가 아닌 별도의 제목을 달고 있다. 셋째, 2010년대 미국의 *NSS*에서도 중국에 대한 언급이 줄었음을 감안할 때, 양국 공히 상대방에 대해 보다 신중한 모습을 보인 것이란 추측도 가능하다. 넷째, 2019년판에서는 미국에 대한 언급이 늘었지만, 1998~2017년 기간의 평균 수치(14.1회)

표 4-7. 중국 『국방백서』에서 '미국' 단어의 빈도와 비중(회, %)

	1998	2000	2002	2004	2006	2008	2010	2013	2015	2019
빈도 (A)	12	23	13	14	18	14	15	5	2	10
전체 글자 수 (B)	21,828	24,654	27,996	30,554	25,245	30,252	28,611	15,830	8,992	20,394
(A)/(B)× 100(%)	0.05	0.09	0.05	0.05	0.06	0.05	0.05	0.03	0.02	0.05

에 못 미치는 수준이었다. 중국이 유난히 부각된 미국의 공적 인식과 달리 중국의 미국 인식은 그리 큰 변화를 노정하지 않았다.

미국정부 문서에 대해 했던 것처럼, 『국방백서』에서 미국이 언급된 단락의 수와 총 단락 수를 대비해 보았다. 〈표 4-8〉에서와 같이, 1998~2008년 기간의 평균 비중은 6.7퍼센트인 데 비해, 2010~2019년 기간의 평균 수치는 5.7퍼센트로 감소했다. 그 원인을 밝히기는 어려우나, 추측컨대 한껏 성장한 국력과 자존감을 갖게 된 중국이 이제는 미국과 자신을 명시적으로 비교하는 것을 꺼린 것일 수도 있다.

표 4-8. '미국' 단어를 포함한 단락 대비 전체 단락 수와 비중(개, %)

	1998	2000	2002	2004	2006	2008	2010	2013	2015	2019
'미국' 단어 포함 단락 수(A)	9	14	9	9	8	8	9	5	2	6
전체 단락 수(B)	124	125	140	187	134	176	179	76	50	125
(A)/(B)× 100(%)	7.3	11.2	6.4	4.8	5.9	4.5	5.0	6.6	4.0	4.8

도합 열 건의 『국방백서』를 열독한 결과, 몇 가지 이슈들이 반복적으로 언급됨을 알 수 있었다. 두 건 혹은 세 건의 문서에서 언급된 이슈로는 미국의 대대만 무기 판매, 미국이 보유한 대규모 핵무기, 비확산을 위한 미국과의 협력 필요성이 있다.[40] 1998년부터 2008년까지 여섯 건의 문건에 거론된 이슈는 GDP 대비 국방예산 비중에 있어서 미국과의 비교였다.[41] 흥미롭게도 이 같은 비교는 2010년판 이후 실리지 않다가 2019년판에 다시 등장한다.[42] 일곱 건 이상의 문건에서 반복적으로 언급된 이슈는 세 가지인데, 그중 두 개는 협력 지향적 내용이며 다른 하나는 전략적 우려에 대한 것이다. 전자는 ① 다양한 층차와 영역에서의 중·미 간 군사협력의 확대 필요성과, ② 위기 예방 및 상호 신뢰 구축의 필요성을 지칭한다.[43] 후자는 아·태 지역에서 미국의 지속적인 동맹 강화에 대한 전략적 우려를 가리킨다.[44] 2019년판에서 후자는 여전히 언급되지만(p. 2), 전자에 대한 언급은 없다.

이상에서 본 것처럼, 공식 문서는 상대국에 대한 인식을 충분히 드러내지 않는 것으로 평가된다. 아마도 외교적 예의와 함께 전략적 자의식이 상당 부분 작동하기 때문일 것이다. 그럼에도 불구하고 미국의 정부 문서를 본 결과, 이제는 중국을 단순히 지역적 행위자가 아닌 전 지구적 존재감을 가진 상대로 보는 인식의 변화가 있었음이 드러났다. 더 나아가 커지는 전략적 우려와 함께 중국을 힘의 우위에서 관리하려는 미국의 의지도 읽을 수 있었다. 한편 중국의 정부 문서로부터는 '열등의 표식'(signs of inferiority)이 긴 기간에 걸쳐 점차 사라지는 모습을 볼 수 있었으며, 어떻게든 강력한 군대를 건설하려는 강한 의지를 확인할 수 있었다.

인식의 진화와 전략적 불확실성

대중의 인식이 변덕스럽고 쉽게 변한다는 것에는 재론의 여지가 없다. 그럼에도 지금까지 살펴본 미·중 간 인식 변화의 장기적 추이는 다음의 몇 가지 추론을 가능케 한다. 첫째, 미국의 대중국 인식(국민 인식과 공적 인식 공히)은 중국의 대미국 인식보다 더 부정적으로 바뀌고 있다. 이는 아마도 쫓기는 자의 마음상태와 깊은 연관이 있는 것으로 추정된다. 둘째, 향후 그러한 인식은 보다 악화될 것으로 보이는데, 중국이 하는 여러 행동들을 자국의 상대적 쇠퇴를 활용한 것으로 미국이 인식할 가능성이 높기 때문이다.[45] 셋째, 중국에 대한 미국의 공적 인식과 국민 인식이 점차 수렴되는 것과는 대조적으로, 중국의 대미국 인식과 미국의 대중국 인식은 보다 멀어지는 것으로 보인다. "미국을 다시 한번 위대하게 만들기"(making America great again)가 "중화민족의 위대한 부흥"(revival of the great Chinese nation)과 잘 어울리지 않는 것 역시 이러한 맥락에서이다. 따라서 '신형대국관계'보다는 '구형대국관계'로의 복귀 가능성이 더 커 보이는 것이다.

서로에 대한 심도 있는 이해와 공감의 결여는 향후 미·중 간 인식을 보다 악화시킬 것이다. 20세기 전반 영국(패권국)과 미국(부상국) 사이에서도 전략적 의구심과 우려가 팽배했지만, 힘의 균형추가 미국으로 기운 후에 영국은 영어 사용국인 미국에 싸우지 않고 패권을 넘겨줄 용의를 갖게 되었다. 소위 '공유성'(commonalities)이라 부를 수 있는 역사, 인종, 종교, 언어, 문화, 세계관 등에서 많은 것을 공유한 그 자체가 양국 간 평화적 세력전이를 가능케 했던 것이다.[46] 그러나 미국과 중국은 거의 전 영역에서 이 같은 공유성을 결여하고 있음에 주목해야 한다.

주

1 George Kennan, *American Diplomacy, 1900-1950* (Chicago: University of Chicago Press, 1951), p. 127.

2 趙汀陽,『天下體系』(南京: 江蘇教育出版社, 2005), p. 51.

3 G. Fisher, *Mindsets: The Role of Culture and Perception in International Relations* (New York: Brealey, 1997); J. W. Davis, *Psychology, Strategy and Conflict: Perceptions of Insecurity in International Relations* (London: Routledge, 2013); Robert Jervis, *Perceptions and Misperceptions in International Politics*, new ed. (Princeton: Princeton University Press, 2017).

4 齊建華,『影響中國外交決策的五大因素』(北京: 中央編譯出版社, 2010); 袁征, "美國民衆對中國崛起的認知,"『美國研究』, 4期(2013), pp. 9-33; 袁征, "當前中美相互認知與戰略誤判可能性,"『人民論壇』, 2016年 5月 15-19日; 凌勝利, "中美亞太主導權競爭 — 認知差異及和解之道,"『社會科學』, 3期(2017), pp. 12-23.

5 A. F. K. Organski, *World Politics* (New York: Alfred A. Knopf, 1958); A. F. K. Organski and Jacek Kuglar, *The War Ledger* (New York: Alfred A. Knopf, 1980); Woosang Kim, "Power Transitions and Great Power War from Westphalia to Waterloo," *World Politics*, Vol. 45, No. 1 (1992), pp. 153-171; R. L. Tammen et al., *Power Transitions: Strategies for the 21st Century* (Washington, D.C.: The CQ Press, 2000).

6 Stephen Walt, *The Origins of Alliance* (Ithaca: Cornell University Press, 1990); Charles Kupchan et al., *Power in Transition* (Tokyo: United Nations University Press, 2001); David Rapkin and W. R. Thompson, *Transition Scenarios: China and the United States in the Twenty-First Century* (Chicago: University of Chicago Press, 2013).

7 R. L. Tammen, "The Organski Legacy: A Fifty-Year Research Program," *International Interactions*, Vol. 34, No. 4 (2008), pp. 314-332.

8 예외적으로 Organski and Kuglar, *The War Ledger*, p. 111을 보라.

9 John Vasquez, "When Are Power Transitions Dangerous?" in Jacek Kuglar et al. (eds.), *Parity and War: Evaluations and Extensions of War Ledger* (Ann Arbor: University of Michigan Press, 1996), p. 42.

10 Frank Wayman, "Power Shifts and the Onset of War," in Kuglar et al. (eds.), *Parity and War*, p. 154.

11 Richard Herrmann, "The Power of Perceptions in Foreign-Policy Decision Making: Do Views of the Soviet Union Determine the Policy Choices of American Leaders?" *American Journal of Political Science*, Vol. 30, No. 4 (1986), pp. 841-875; Richard Sobel, *The Impact of Public Opinion on U.S. Foreign Policy Since Vietnam* (Oxford: Oxford University Press, 2001); Lana Wylie, "Perceptions and Foreign Policy: A Comparative Study of Canadian and American Policy toward Cuba," *Canadian Foreign Policy Journal*, Vol. 11, No. 3 (2004), pp. 39-63.

12 Peter H. Gries, *China's New Nationalism: Pride, Politics, and Diplomacy* (Berkeley: University of California, 2004); Jessica Chen Weiss, *Powerful Patriots: Nationalist Protest in China's Foreign Relations* (Oxford: Oxford University Press, 2014).

13 Douglas Foyle, "Public Opinion and Foreign Policy: Elite Beliefs as a Mediating Variable," *International Studies Quarterly*, Vol. 41, No. 1 (1997), pp. 141-170; Benjamin Page and Xie Tao, *Living with the Dragon: How the American Public Views the Rise of China* (New York: Columbia University Press, 2010), pp. 113-114; Kenneth Lieberthal and Wang Jisi, "An Overview of the U.S.-China Relationship," in Nina Hachigan (ed.), *Debating China: The U.S.-China Relationship in Ten Conversations* (Oxford: Oxford University Press, 2014); Richard Fontaine, "Great Power Competition Is Washington's Top Priority—But Not the Public," *Foreign Affairs*, Vol. 98, No. 5 (September-October 2019).

14 현직에 있는 정부 관계자들에 대해 체계적이고도 면밀한(즉, 속내를 끄집어내는) 인터뷰가 불가능한 상태에서의 차선이라고 할 수 있다.

15 『국가안보전략』은 1994년부터 백악관에서 발간하는 것으로 1990년대에는 매년, 2000년대에는 2년마다, 그리고 현재는 매 4~5년마다 공간되고 있다. 현재까지 총 12건이 출간되었다. 『4개년 국방평가』는 국방성이 4년마다 출간하는 보고서로 도합 5건, 2018년의 『국가방위전략』을 포함하면 6건이 공간되었다. 반면에 『국방백서』(國防白皮書)는 2년마다(2017년은 예외) 중국 국무원 신문판공실에서 발간하며, 2013년 이전에는 『국방백서』라는 동일 제목으로 나왔으나 그 이후에는 '군사전략', '신시대의 중국 국방' 등 특정 제목을 달고 있다. 2019년까지 총 10건이 출간되었다.

16 전자는 2014년 9월 11일, 후자는 2014년 9월 24일.

17 2012년 10월 24일.

18 Shoushi Li and Luofu Ye, "How Do Americans Evaluate China's International Responsibility? An Empirical Assessment," *Journal of Contemporary China*, No. 92 (2015), pp. 222-239.

19 전자는 The Harris Poll #7, 2002년 2월 6일; 후자는 The Harris Poll #55, 2008년 5월 21일.

20 『環球時報』, 2014년 5월 29일.

21 Global Views 2012.

22 The Harris Poll #29, 2011년 3월 3일.

23 2015~2018년 기간에는 중국을 누르고 러시아와 북한이 제1의 적으로 다시 부상했다. 2019년의 한 조사(CCGA)에서 63%의 미국인 응답자는 미국과 중국이 '경쟁자'(rivals)라고 답했는데, 이 질문이 설문에 포함된 이래 최다 비율이었다. Ankit Panda, "Poll: Majority of Americans See US and China as Rivals," *The Diplomat*, June 28, 2019.

24 Xinsheng Liu and Edward Yi Yang, "Examining China's Official Media Perception of the United States: A Content Analysis of *People's Daily* Coverage," *Journal of Chinese Political Science*, Vol. 20, No. 4 (2015), pp. 385-408.

25 『環球時報』, 2014년 7월 8일과 9월 5일.

26 Anna Shostya and Joseph C. Morreale, "US-China Economic and Political Relations: Youths' Perceptions," *International Advanced Economic Research*, Vol. 20, No. 2 (May 2014), pp. 189-202.

27 1994년판, p. 24; 1995년판, p. 29; 1996년판, p. 41; 1998년판, pp. 44, 48을 보라.

28 1994년판, pp. 11, 13; 1995년판, pp. 4, 14, 16; 1996년판, pp. 6, 20, 22, 40-41; 1997년판, p. 7.

29 전자는 p. 62, 후자는 p. 26을 보라.

30 2006년판, pp. 11, 13, 26, 41; 2010년판, pp. 3, 11.

31 2002년판, p. 28; 2006년판, p. 42; 2010년판, p. 43; 2015년판, pp. i, 24.

32 p. 24.

33 pp. 2, 25, 27, 38, 45를 보라.

34 pp. 47, 51, 52.

35 pp. 25, 46, 47, 55. 중국 측의 유사한 평가에 대해서는 王新影, "美國對中國戰略角色認知的演變 — 簽于對17分美國國家安全戰略報告的比較分析," 『東北亞論壇』, 5期(2020)를 보라.

36 pp. 28-29를 보라.

37 pp. 7, 60.

38 pp. 13, 20.

39 https://www.whitehouse.gov/wp-content/uploads/2020/05/U.S.-Strategic-Approach-to-The-Peoples-Republic-of-China-Report-5.2020.pdf, pp. 1, 7, 13을 보라.

40 1998년판, pp. 18, 20; 2000년판, pp. 2, 24; 2004년판, p. 3; 2006년판, p. 3; 2010년판, pp. 26, 31.

41 1998년판, pp. 10-11; 2000년판, p. 9; 2004년판, pp. 12, 14, 15; 2006년판, pp. 26-28; 2008년판, p. 28.

42 『新時代的中國國防』, pp. 25, 26을 보라.

43 1998년판, pp. 15-17; 2000년판, pp. 18-20; 2002년판, pp. 25-28; 2004년판, pp. 29, 31, 32; 2006년판, pp. 29, 30; 2008년판, pp. 30, 33; 2010년판, pp. 15, 16, 23, 27, 29; 2013년판, pp. 4, 15-17; 2015년판, p. 10; 2017년판, p. 9.

44 2000년판, pp. 2, 24; 2004년판, p. 3; 2006년판, p. 3; 2008년판, p. 3; 2010년판, p. 13; 2013년판, p. 2; 2015년판, p. 2; 2017년판, p. 2.

45 James Johnson, "Washington's Perceptions and Misperceptions of Beijing's Anti-Access Area-Denial (A2AD) Strategy: Implications for Military Escalation Control and Strategic Stability," *Pacific Review*, Vol. 30, No. 3 (2017), pp. 271-288을 보라.

46 Duncan A. Campbell, *Unlikely Allies: Britain, America and the Victorian Origins of the Special Relationship* (London: Hembledon, 2007); Charles A. Kupchan, *How Enemies Become Friends: The Sources of Stable Peace* (Princeton: Princeton University Press, 2010), pp. 14-15, 53-54, 109-111; Graham Allison, *Destined for War: Can America and China Escape Thucydides' Trap?* (New York: Houghton Mifflin, 2017).

제5장

미·중 간 전략적 불신: 오바마 시기의 '동상이몽'

> "중국 주석의 업무가 [미국 대통령보다] 훨씬 더 수월할 것이다(리비아에 대한 중국 입장을 누구도 그리 면밀히 살피지 않기에…).[1]

> "새로운 상황하에서도 중·미 양국의 공통 이익과 협력의 영역은 커지고 있다."[2]

이 장은 오바마 행정부 시기(2009~2016: 중국은 후진타오 2기와 시진핑 1기에 해당)의 미·중 관계에 초점을 맞추며, 다음의 네 절로 구성된다. 1절에서는 2009년에 모습을 드러낸 중국의 공세성에 대한 논의를 제공하며, 2절에서는 그에 대한 미국의 대응인 재균형(rebalance)을 통해 동아시아 전략 환경이 미·중 대립으로 구조화되는 과정을 들여다본다. 3절에서는 그런 변화 속에서도 양국이 대립과 충돌을 피하려 한 노력 — 오바마·시진핑의 정상회담, '신형대국관계'(新型大國關係) 논쟁, 그리고 미·중 전략 및 경제대화(S & ED) — 에 대한 평가를 제시한다. 그리고 4절에서는 — 그러한 노력에도 불구하고 — 전략적 불신과 기싸움이 지속되면서 보다 대립적인 시기로 넘어갈 수밖에 없었던 배경을 다룬다.

중국의 공세적 변신

앞서 3장에서 논한 것처럼, 1980년대 이후 도광양회(전략적 겸허)를 견지했던 중국이 2000년대 말 변화된 모습을 보였다. 세계 금융위기의 발발을 통해 부각된 미국의 쇠퇴, 그리고 2000년대 들어 중국이 서구 강국들을 추월하면서 넘치는 자신감을 갖게 되었기 때문이다. 더 나아가 2010년에는 일본을 넘어 세계 2위의 경제대국이 되면서 섣부른 판단을 했을 수도 있다. 추가적으로 국제 정치·경제를 포함한 여러 영역에서 동아시아의 비중이 커지다보니 중국의 역할도 따라서 제고될 수밖에 없었다. 이 같은 맥락에서 중국이 예전과는 사뭇 다른 모습을 드러낸 것이었다.

중국의 공세적 외교와 관련해 세 가지 특징을 들 수 있는데 첫째, 중국이 전략적 겸허를 접고 핵심 이익을 구체적으로 적시하며 이를 국제사회가 존중해 줄 것을 명시적으로 요구했다. 더 나아가 중화민족의 위대한 부흥을 '중국의 꿈'이라는 국가 목표로 내세웠다. 둘째, 이전과 달리 보다 주동적이며 확대된 지역적, 전 지구적 역할을 자임하고 있다. '일대일로'(一帶一路) 전략의 시행, 아시아인프라투자은행(AIIB) 설립, 해외기지 건설, 그리고 인류 운명공동체의 지향이 좋은 예이다. 셋째, 자국의 이익이나 선호에 반할 경우, 미국을 제외하면 사실 국가를 가리지 않고 제재를 가하고 있다. 달라이 라마, 대만, 해상영토 분쟁, 미사일 방어, 인권, 홍콩/신장 등 다양한 문제를 놓고 영국, 프랑스, 일본, 베트남, 필리핀, 한국, 캐나다. 노르웨이, 스웨덴, 팔라우, 몽골, 호주 등에 제재를 가하는 데 주저함이 없다.

오랫동안 자신의 전통적 세력권(traditional sphere of influence)으로 간주해 온 동아시아에서의 독점적 영향력을 우선 확보하지 않고는 전 지구적 패권의 달성이 어렵다고 본 중국이 중국판 '먼로 독트린'을 시행한다고 볼 여지도 있다. 그 경우가 아니라면 30년간 견지해 온 전략적 겸허를 폐기하고 동중국해와 남중국해에서의 영유권 분쟁 및 비행정보구역(CADIZ)의 선언과 같은 공세성을 이해하기는 쉽지 않다. 시진핑 주석이 집권한 2012년 말부터 중국 관용선의 센가쿠/댜오위 해역에의 진입 빈도의 가파른 증가세를 나타내는 〈그림 5-1〉은 그와 같은 변화를 여실히 보여준다.

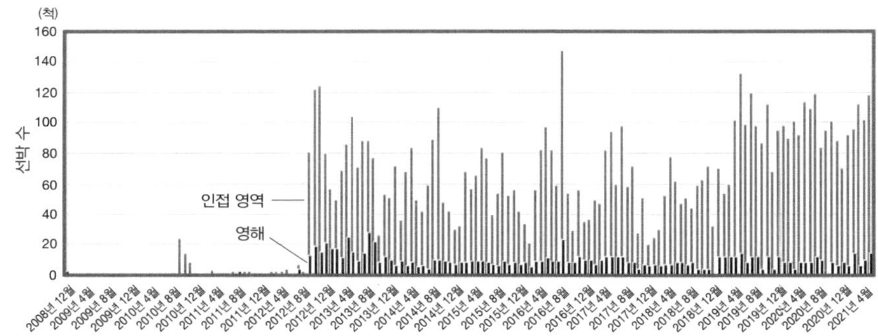

그림 5-1. 중국 관용함의 센가쿠/댜오위 해역 진입 빈도(2008–2021)

출처: CSIS/Asia Maritime Transparency Initiative (and MAXAR), "Over the Line: Tracking Energy Competition in the East China Sea," at https://amti.csis.org/energy-competition-east-china-sea/(검색일: 2021년 7월 12일).

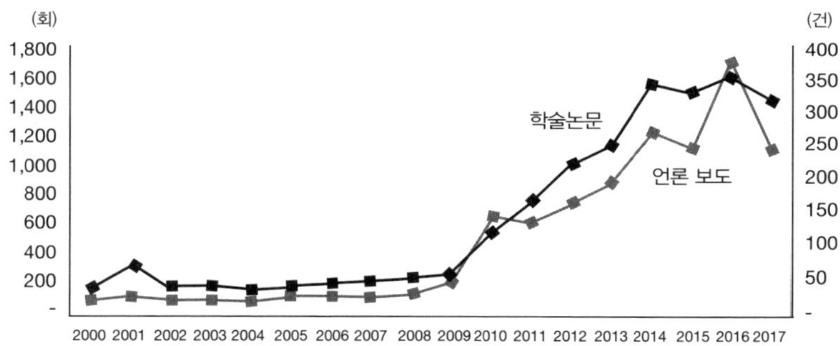

그림 5-2. '공세적 중국'에 대한 학술논문 및 언론 보도 추이(2000–2017)

주: 좌측과 우측 변의 수치는 각각 '공세적 중국'(assertive China)이라는 단어(전자와 후자 사이의 간격을 최대 5단어로 책정)를 포함한 언론 보도의 빈도(회) 및 학술논문의 총수(건)를 나타냄.

출처: LexisNexis®Academic, at http://www.lexisnexis.com/hottopics/lnacademic/과 Google Scholar를 통한 검색.

국제사회는 중국의 이와 같은 변화에 대해 어떻게 인식했는가? 학계와 언론을 이와 관련이 깊은 영역이라고 할 때, 전자의 평가에 대해서는 '구글 스칼러'(Google Scholar)를 통해 검색하고, 후자에 대해서는 '렉시스/넥시스'(Lexis/Nexis)를 이용해 〈그림

5-2〉를 구성했다. 흥미롭게도 2009년 이후 전 세계적으로 학계와 언론계에서 모두 중국의 공세성이 급격히 증가했다고 평가했음을 볼 수 있다.

미국의 '재균형'과 중국의 대응

중국의 공세적 외교에 대응해 미국은 재균형 전략(미국 대외정책의 우선순위를 유럽, 중동으로부터 아시아로 전환)을 채택해 동아시아에서의 국익 수호를 천명했다. 역사적, 지정학적, 또 경제적으로도 동아시아에 대한 중국의 우선순위 역시 바뀔 리 없는 상황에서 동아시아는 미·중 전략 경쟁의 최전방이자 주 무대일 수밖에 없다. 중국의 핵심 이익 — 주권, 안전, 발전이익 — 대부분이 동아시아에 걸려 있기에 역내 경쟁의 심화는 불가피했고, 동아시아 안보에 부정적 영향을 끼칠 수밖에 없었다. 특히 이는 전략적 경쟁의 지속이 '자기 실현적 예언의 충족'(self-fulfilling prophesy)을 통해 적대감의 증대와 함께 분쟁 가능성을 제고시킴을 의미한다.[3]

장기적 관점에서 볼 때, 재균형 전략의 채택은 아시아가 미국에 보다 중요해졌음을 공식 확인한 것이었다. 재균형이 상당 부분 중국 요인에 의한 것도 사실이지만, 동시에 미국이 힘의 '압도적 우위'(pre-eminence)를 유지하는 동안 미래의 세계질서를 구축하려는 의도라는 해석도 타당하다.[4]

2010년대 전반부 동아시아에서 미·중의 전략적 경쟁은 다섯 영역에서 구조화되었다. 첫째, 외교담론의 영역에서 중국은 기존의 평화로운 부상 노선을 견지해 자국의 부상이 역내 안정과 평화에 부정적이지 않음을 강조함으로써 미국의 재균형이 불필요함을 역설했다. 반면에 미국은 2009년 이후 역내 국가들의 중국에 대해 증대된 전략적 우려를 기반으로 아시아로의 귀환이 동아시아의 안정과 평화를 위해 필요함을 강조했다.[5)]

둘째, 재균형 전략의 핵심은 기존의 역내 동맹 관계를 강화하는 동시에 여타 국가들과 새로운 군사협력의 확대라는 내용을 포함한다. 이를 위해 한·미, 미·일, 미·호주 동맹의 업그레이드는 물론이고, 필리핀, 태국, 말레이시아, 싱가포르와의 협력 증대뿐 아니라 베트남과의 군사협력까지 모색했다.[6)] 반면 중국은 '동맹 불체결'(不結盟) 원칙을 견지하면서 다양한 파트너십의 구축을 통해 소위 '삼린'(睦隣, 富隣, 安隣: 주변 국가들과 화목하고, 이들을 부유하게 만들며, 또 이들을 안심시키는) 정책을 추구했다. 이를 통해 미국이야말로 반중국 동맹의 결성으로 역내 안정을 흔들고 있다고 역설했다.[7)]

셋째, 미·중 경쟁은 경제 영역에서도 두드러졌는데, 예컨대 미국은 TPP(Trans-Pacific Partnership Agreement) 구조를 통해 중국을 배제한 상황에서 심도 있는 역내 경제협력을 구상했으며, 이에는 일본, 싱가포르, 베트남이 적극적이었다.[8)] 한편 중국은 역내 국가들과의 양자 FTA를 함께 묶어 대체로 미국을 배제한 다자 FTA 네트워크 — RCEP(Regional Cooperative Economic Partnership) — 의 설립을 모색했다.

넷째, 미·중 경쟁은 군사 부문에서도 그 면모를 서서히 드러냈다. 당시 동아시아 맥락에서 중국이 미국의 '지역적 동급 경쟁자'(regional peer competitor)로 부상하고 있었고, 중국의 '반접근, 지역 거부'(A2AD) 능력의 제고와 이의 타파를 위한 미국의 '공해전투'(AirSea Battle) 전략의 경합으로 드러났다.[9)] 특히 이러한 군사전략적 경쟁의 중심에 미사일 방어와 핵전력의 증강이 들어 있어,

역내 군비경쟁의 심화라는 부정적 추세를 파생시켰다.[10]

마지막으로, 규범, 가치, 표준을 둘러싼 발언권/담론권(話語權)의 경쟁을 들 수 있다. 한때 세계를 떠들썩하게 했던 워싱턴 컨센서스와 베이징 컨센서스의 치열했던 논쟁처럼, 이 영역에서의 미·중 경쟁은 향후에도 — 서로에 대한 이념적 인식이 획기적으로 바뀌지 않는 한 — 쉽게 그치지 않을 것이다.[11] 양국은 인권, 기후변화, 환경, 비확산, 에너지, 발전모델, 보호책임(R2P) 등 다양한 영역에서 상이한 입장과 정책을 표방해 왔으며, 이는 향후의 전략적 경쟁에서도 매우 중요한 장(場)이 될 수밖에 없다.[12]

미국의 재균형에 맞서 중국은 다음 세 가지 대응전략을 구사한 것으로 평가된다. 첫째, 신형대국관계 개념을 도입해 미국과의 양자 관계에서 긴장과 대립보다 상호 협력과 '윈-윈 상황'을 유도하는 노력을 지칭한다. 둘째, 2009년 이후 중국의 공세성에 대한 우려가 확산되는 가운데 주변국과의 외교를 강화해 중국의 친화력, 호소력을 제고하는 동시에 미국의 재균형 전략의 기반을 약화시킴을 가리킨다. 셋째, 소위 '서진'(西進)이라 일컫는 정책의 채택인데, 재균형을 통해 미국이 떠나는 지역들(유럽, 중동)이나 미국의 영향력이 점차 약화되는 서아시아에 대해 중국이 보다 적극적인 외교공세(대표적으로 '일대일로')를 펴는 것을 의미한다.

신형대국관계 개념과 논쟁

시진핑(習近平) 국가부주석이 방미했던 2012년에 처음 언급된 이 개념을 중국은 2013년에 미·중 관계의 미래 비전으로 제시했다. 중국은 신형대국관계 개념이 '신흥대국 무리'(新興大國群體)에 모두 적용되고, 그 내용으로는 "냉전적 사고를 버리고 상호 협력을 강화하며, 공동발전을 도모하고, 이견을 통제하는"(拋棄冷戰思

惟 加强合作 共同發展 管控分岐) 노력을 의미한다고 했다.[13] 이와 관련해 시는 미·중 관계 맥락에서 별도의 주석을 달았는데, 미국과 "충돌하지 않고 적대하지 않으며, 핵심 이익을 서로 존중해 주는 기반 위에서 '윈-윈'을 위한 협력을 극대화하는 관계"(不衝突 不對抗 相互尊重 合作共贏: 14자 방침)라는 것이다.[14]

미래 비전으로 제시된 신형대국관계와 관련해, 양국 간 상당한 입장 차가 드러났다. 신형대국관계의 14자 방침 중 세 가지에 대해서는 미국도 큰 이견이 없었다.[15] 그러나 셋째 항인 "핵심 이익을 서로 존중한다"는 부분에서 양국 입장이 엇갈렸다.[16] 즉, 미국 입장에서는 중국의 핵심 이익이 구체적으로 어디까지를 포괄하는지 명확치 않고, 왜 미국이 중국의 핵심 이익을 반드시 존중해야 하는지에 대해서도 이견이 있었기 때문이다. 뿐만 아니라 일본과 동남아에서는 중국의 핵심 이익에 대한 미국의 수용이 곧 자신들의 국익에 부정적인 것으로 이해해 반대를 표명한 것으로 알려졌다.

실제로 이를 해석하는 과정에서 어떤 이는 새로운 관계의 정립을 통해 미국이 중국을 동등하게 대할 필요가 있다는 의미를 부여한 반면, 다른 이는 어떻게든 충돌은 피해야 한다는 합의에도 불구하고 신형대국관계의 내용에 대해서는 여전히 이견이 있다고 해석한다.[17] 필자가 만난 중국의 한 전문가는 "미국은 내키지 않아 하고, 적잖은 의심과 함께 조건을 달려 한다"(reluctant, suspicious, and conditional)는 평가를 제시했다.[18] 실제로 필자가 베이징에서 만난 한 고위 인사는 향후 미·중 관계가 기대와 달리 '구형(舊型) 대국관계'로 회귀할 가능성이 높다는 의견을 개진했다.[19]

2013년의 정상회담에서 시진핑 주석은 신형대국관계와 관련해 진솔한 대화와 상호 신뢰의 제고, 군사적 교류를 포함한 협력 확대를 통해 새로운 접근을 강조했다. 오바마 대통령 역시 역사상 반복된 강대국 간의 비극적 충돌(일명 투키디데스의 함정)을 피해야 하며, 신형대국관계의 정립을 위해 중국이 기존의 국제규범을 준수해야 함을 강조했다. 당시 오바마는 미·중 관계를 '비영합적 게임'(non-zero-sum game)으로, 그리고 시진핑은 '윈-윈 게임'으로 표현한 것에서 일정한 인식의 공유를 감지할 수 있다.[20)]

시 주석이 제시한 의견은 신형대국관계만이 아니었다. 2015년 케리 국무장관에게 했던 "태평양은 넓어서 중·미 양국을 모두 포용할 수 있다"는 언급도 있었다.[21)] 1945년 종전 이후 미국에 이런 얘기를 한 국가가 없었다는 점에서 이는 매우 중요한 언급이었다. 시의 입장에서는 "산 하나에 두 마리 호랑이가 같이 살 수 없다"(一山不容二虎)는 전통적인 중국식 사고를 뒤집는 — 즉, 협력을 강조하는 — 맥락에서 한 얘기였지만, 그 와중에 중국의 의도를 일부 드러낸 것으로 볼 수 있다. 양국 간 전략적 신뢰와 협력 수준에 따라 태평양이 얼마만큼 태평할지가 결정된다는 얘기지만, 바꿔 말하면 구형대국관계의 개연성도 상당하다는 의미이다.[22)]

2014년 이후 미국의 학계 및 정책 서클에서는 신형대국관계 개념이 별로 회자되지 않고 있다. 미국의 입장에서 볼 때, 이는 이미 사라졌거나 더 이상 유의미한 개념이 아니다. 보다 주동적 입장을 취했던 중국에서는 이 개념의 유통기한이 조금은 더 길었다.[23)] 그러나 '중국지망'(中國智網: CNKI)을 통해 보면, 이 어휘의 중국 내 사용빈도(用戶關注度) 역시 2015년 이후 급격한 감소 추세를 보였으며, 2017년 이후에는 신형대국관계보다 신형국제관계라는 개념이 더 빈번히 사용되었고, 그마저도 트럼프 행정부의 등장 이후 급격한 감소 추세를 보였다(그림 5-3 참조).

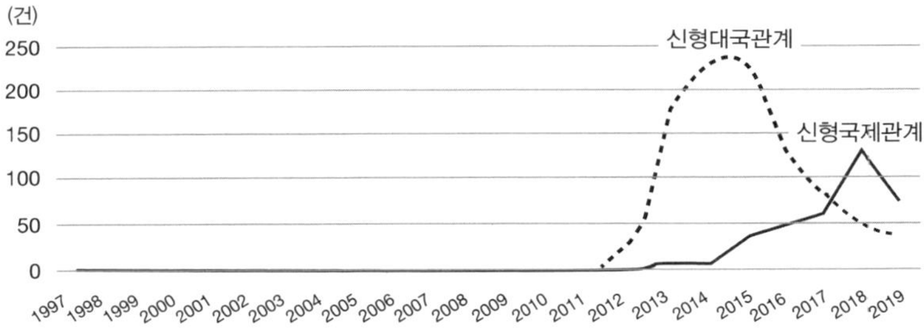

그림 5-3. '신형대국관계'와 '신형국제관계'에 대한 출간 추이(1997–2019)

출처: 知網學術趨勢, '新型大國關係'에 관해서는 https://trend.cnki.net/TrendSearch/trendshow.htm?searchword=%u65B0%u578B%u5927%u56FD%u5173%u7CFB; '新型國際關係'에 관해서는 https://trend.cnki.net/TrendSearch/trendshow.htm?searchword=%u65B0%u578B%u56FD%u9645%u5173%u7CFB 참조.

일대일로 전략의 확대[24)]

일대일로(BRI)의 기원은 크게 세 가지로 함축된다. 하나는 경제학자 린이푸(林毅夫)가 2012년에 '마셜 플랜'(Marshall Plan)과 같은 지경학적 전략을 중국도 채택해야 한다는 의견을 낸 것이 시초라는 것이다. 다른 하나는 베이징대의 왕지쓰(王緝思) 교수가 제기한, 중국 대외관계의 확장책으로서의 서진(西進)이라는 관점이다. 마지막으로는 당시 싱가포르 국립대의 정융녠(鄭永年) 교수가 중앙아시아와의 연계 강화 필요성을 제시한 것을 그 발단으로 보는 시각도 있다. 어찌되었든 이러한 일련의 구상을 당 중앙이 수용해 시작되었음은 분명하다.[25)] 그 결과, 2013년 9월 시 주석이 카자흐스탄에서의 회의에서 '실크로드 경제벨트'(絅絲經濟帶) 개념을 썼고, 같은 해 10월 인도네시아의 회의에서 '해상 실크로드'라는 어휘를 사용했다. 2014년 5월 상하이에서 개최된 CICA 회의에서는 일대일로 명칭이 사용되었다.

시작부터 이미 일대일로에 중국의 지전략적 의도가 담겼는지에 대해서는 이견이 존재한다. 그러나 설사 그랬다 치더라도 일대일로의 상당 부분이 경제적 이니셔티브임에는 틀림없다. '일대일로 영도소조'가 국가발전개혁위원회(發改委: NDRC)에 설치되었고, 당시 중국 경제의 최대 문제였던 과다생산(over-capacity)의 해소를 위해 주변국과의 밀접한 연계가 필요했기 때문이다. 이는 2009년 이래 시행되어 온 서부대개발과 '밖으로 나가기'(走出去) 전략의 연장선상에 있으며, 대륙 쪽으로는 중앙아시아, 러시아, 유럽과 이어지고, 해상으로는 동남아, 남아시아, 중동 및 동아프리카를 잇는 협력의 축 건설을 의미했다. 개혁·개방 30년이 지난 상황에서 새로운 성장동력을 발굴함과 동시에 발전의 공간적·시간적 축을 확장하는 노력이었다.[26)]

그럼에도 불구하고 일대일로에 경제적 목적만 있다고 보는 것은 지나치게 단순한 해석일 것이다. 일대일로는 미국의 재균형에 대한 중국의 면밀히 계산된 장기적이고 전략적인 대응이기 때문이다. 한 중국인 전문가에 따르면, 손자(孫子)의 언급처럼, "적이 들어올 때 후퇴하고, 적이 퇴각하면 쫓아가는 것"(敵進我退 敵退我追)과 같다. 즉, 미국이 동아시아에 집중할 때, 중국은 미국이 물러나는 중동, 중앙아시아에 초점을 맞춘다는 것이다. 이미 상하이협력기구를 통해 기반을 다진 중국이 일대일로를 통해 영향력을 전 지구적으로 확대하려는 의도가 담겨 있는 것이다. 이미 1990년대 초 '유라시아 교량'(亞歐大陸橋)의 개념을 제시한 중국으로서는 막강한 경제력을 바탕으로 이의 실행에 나선 것이다.[27)]

2015년 3월 발개위가 외교부 및 상무부와 함께 반포한 지시를 보면, 일대일로가 경제협력 이상을 내포함을 알 수 있다. 일대일로가 지향하는 '다섯 가지 연계'(五通) 중 세 가지만 경제(인프라, 무역 및 재정) 관련이고, 나머지 둘 — 정책 소통(政策溝通)과 민심 소통(民心相通) — 은 외교안보적 함의를 더 많이 지녔기 때문이다.[28)]

특히 시진핑의 중국몽은 바로 당조(唐朝)와 정허(鄭和)의 해상 원정으로 유명한 명조의 영화를 되찾으려 한다는 점에서 일대일로의 또 다른 의미를 찾을 수 있다.

일대일로는 중국에 '제3의 개방'(1979년이 제1의 개방, 그리고 1992년의 남순강화가 제2의 개방) 물꼬를 튼 것이자, 상대적으로 약화된 서구를 대신해 막강한 경제력을 지닌 중국이 전 세계에 공공재(public goods)를 제공하려는 노력으로 해석할 수 있다. 그러나 동시에 일대일로가 갖는 외교안보적 측면을 간과해서는 안 될 것이다. 첫째, 미국의 포위망을 타개하려는 중국의 복합전략으로, 스리랑카-파키스탄-케냐-탄자니아를 잇는 '진주목걸이'의 구축을 통해 전략 및 경제적 이익을 수호하고, 메콩강 유역 개발사업(GMS)을 통해 동남아 국가들과의 연대를 강화하는 복안인 것이다. 둘째, 일대일로를 통해 다양한 국가와의 경제적·전략적 유대를 강화하는 동시에, 이들 나라에 기지를 설립하는 것도 중요한 어젠다일 수 있다.[29] 셋째, 중국의 활동무대가 이와 같이 넓어진다는 것은 곧 중국의 해군력 강화와 같은 투사력의 증강이 따른다는 점에서 일대일로가 갖는 군사안보적 함의 역시 적지 않다.

미·중의 갈등 회피 노력

2010년대 들어 미·중의 국력 격차가 줄면서 양국 간 갈등 역시 그 수준이 점차 높아졌다. 그럼에도 6장에서 다루는 트럼프 행정부 시기(2017~2020) 이전은 그래도 양국이 갈등의 영역과 수준을 최소화하려는 노력을 하던 시기였다. 그런 맥락에서 오바마·시진핑 정상회담과 수차례에 걸친 미·중 전략경제대화를 평가할 필요가 있다.

오바마·시진핑 정상회담: 아넨버그의 파격(破格)

시진핑의 공산당 총서기 및 국가주석직 승계, 그리고 오바마 행정부 2기의 출범 이후인 2013년 6월 7~8일 오바마와 시진핑이 정상회담을 가졌다. 캘리포니아 서니랜즈에서 평상복을 입고 8시간에 걸쳐 회의, 식사, 산책(50분간의 단독 회동)을 하면서 새로 출범한 두 정부의 비전과 주요 현안을 논의하는 자리였다.[30] 회담의 형식과 결과에 대한 평가는 "드디어 중국이 미국과 '양강 체제'(G2)를 형성하고 국제정치 및 경제의 구조를 공동 관리하게 되었다"는 것이었다. 더 나아가 양국이 갈등 관계에서 벗어나려는 인식을 적잖이 보였으며, 중장기적으로 협력에 기초한 새로운 관계를 만들 가능성도 제시했다.[31]

정상회담에서 중국 측은 신형대국관계 개념의 제시를 포함해 양자 관계의 재설정에 무게를 둔 반면, 미국은 협력기조의 유지와 함께 주요 현안 — 북핵, 사이버 안보, 기후변화 — 에 대한 논의에 초점을 맞췄다. 비록 스노든(E. Snowden) 폭로 사태로 인해 사이버 안보 협의에 김이 빠지기는 했으나, 사이버 안보 국제레짐 설립에 중국이 기본적으로 동의한 것은 수확이었다. 6월 7일 만찬 대화의 상당 부분이 북핵에 할애되었고, 북핵 불용 및 비핵화 완성을 위해 압력을 유지할 필요에 대해서도 인식을 같이한 것으로 알려진다.[32]

"실패한 정상회담은 거의 없다"는 말은 이 오바마·시진핑의 회동에도 적용된다. 특히 두 정상이 격식을 벗어나 개인적 교감을 나눌 기회를 가졌다는 점, 그리고 그 기반 위에서 향후 전략적 소통의 확대에 합의했다는 점에서 긍정적 평가를 내릴 수 있다.[33] 그럼에도 미·중 관계의 핵심인 '전략적 신뢰의 적자'(deficit of strategic trust)가 해결되지 않았다는 것이 공통적 평가이다.[34]

2년 후인 2015년 9월, 시진핑과 오바마는 다시 정상회담을 가진다. 2013년 아넨버그 회담이 평상복을 입은 파격의 자리였다면, 2015년 국빈 방문은 21발의 예포와 공식 만찬을 포함한 격식을 갖춘 자리였다. 의전/격식이 꼭 회담 결과와 비례하지는 않았는데, 시의 방미가 2월에 이미 발표되었음을 감안하면 이 회담의 결과가 그리 획기적이지 않았기 때문이다.[35]

예상대로 양자투자협정(BIT)이나 남중국해 문제, 그리고 군 대 군(mil-mil) 관계와 관련해 중요한 합의가 이뤄지지 않았다. 중국이 관심을 가진 신형대국관계에 대한 언급도 없었고, 진전이 있었다면 백악관의 『사실 관계』(*Fact Sheet*)에 나온 대로, "정부 차원에서 지적재산권에 대한 사이버 절도(cyber theft)를 하거나 이를 방조하지 않으며, 또 이를 통해 얻은 정보를 회사나 상업 행위자에게 제공하지 않는다"는 데에 합의한 것이었다.[36] 물론 이를 어떻게 해석할지는 이견이 분분했다.[37] 특히 미국 연방정보국(FBI)에 따르면, 중국 내 행위자들에 의한 대미국 사이버 공격이 2014년에만 53퍼센트 늘었음을 감안할 때 이는 그리 간단한 문제가 아니었다.

양국 간 교역은 수교 원년인 1979년 20억 달러에 불과했지만, 2014년에는 무려 5,920억 달러로 급증했다. 양국의 상호 의존도는 쉬지 않고 높아졌으나, 미·중 관계의 핵심 문제인 전략적 신뢰의 적자가 여전하다는 것이 대체적인 평가였다. 1970년대부터 1990년에 이르기까지 공동의 적을 가졌던 미국과 중국 사이에 이제는 공통분모가 없어지고 서로를 잠재적 적으로 보게 되면서 안보의 딜레마가 갈수록 심화된 것이다.[38]

미·중 전략 및 경제대화[39)]

격식이 중요한 정상회담과 달리 실무회동에 대한 평가도 필요하다. 2013년 6월의 오바마·시진핑 회담 이후 실무적인 논의는 7월 10~11일 워싱턴에서 열린 제5차 미·중 전략 및 경제대화(Strategic & Economic Dialogue)에서 이뤄졌다.[40)] 이틀 동안 양국은 안보, 군사, 경제/투자, 기후변화, 세관 협력, 유엔 평화유지, 야생동물 불법교역 방지 및 지역 현안에 대해 총 91항의 합의를 이뤄냈다.[41)] 양국 군 간 훈련 사전 통보 기제의 구축[42)]에도 불구하고, 여전히 실질적인 군사·안보·전략적 합의는 눈에 띄지 않는다는 점 — 예컨대 북핵에 대한 명시적 합의의 부재 — 은 근원적 불신의 문제를 보여준다. 심지어 양자투자협정에서도 사이버 안보(해킹)에 대한 우려가 가장 큰 장애물이라는 미 기업들의 인식이 크게 부각되었다.[43)] 양측 다 공식적으로 건설적이었다고 했지만 실체적 평가는 그 이하였고, 혹자는 전략 및 경제대화의 '재포장'(repackaging)이 필요하다고 주장할 정도였다.[44)]

2015년 6월 22~24일 워싱턴에서 제7차 미·중 전략 및 경제대화가 열렸고, 총 127항의 합의가 이뤄졌다. 이 회의에 대해 미국 대표인 케리 국무장관은 "포괄적 의제에 대해 건설적이고 생산적인 대화"였다고 했지만, 중국 측 왕양(汪洋) 부총리는 "때론 대화가 기대에 못 미쳤고 실망을 주었다"며 상반된 분위기를 전달했다. 제7차 대화를 총체적으로 평가하면, "의미 있는 진전을 별로 이루지 못했다"는 것이다.[45)] 예컨대 양자투자협정과 관련해 조건을 명시하지 않는 한 모든 섹터에 적용 가능한 '네거티브 접근'(negative list approach: 負面淸單) 방식이 이미 2년 전에 도입됐음에도 최종 합의에 이르지 못했기 때문이다.

안보 영역에서도 큰 성과를 내지 못했는데, 남중국해와 관련해 분쟁지역에서의 간척 및 시설물 구축에 대해 미국이 많은 우려를 표명했다. 이에 대해 중국은 주권 사항이기에 제3국(미국을 지칭)의 간여에 반대한다는 원론적 입장을 견지했다. 사이버 안보에서도 양측은 입장 차만을 확인했다. 미국은 인사관리처(Office of Personnel Management) 해킹 사건(2,200만 명의 인사 파일 누출)과 관련해 중국 개입에 대한 의혹을 제기했고, 중국은 정부의 직접적 개입을 부정했으며, 오히려 스노든의 '프리즘(PRISM)' 사건을 통해 알려진 미국의 해킹 프로그램에 대한 비판적 시각을 감추지 않았다.

제7차 전략 및 경제대화에서 도출된 성과라면 기후변화와 환경보호에 대한 것이다.[46] 합의된 127항 중 1/3을 상회하는 44항이 탄소 배출량 제한 및 '클린 에너지'(clean energy)의 활용, 그리고 '생태동반자'(EcoPartnership) 구축에 대한 것이었다. 결국 제7차 대화 역시 동아시아와 연관되지 않은 이슈일수록, 그리고 연성안보에 가까울수록 양국 간 더 많은 협력이 이뤄진다는 것을 재확인하는 계기였다.

제8차 미·중 전략 및 경제대화는 2016년 6월 6~7일에 베이징에서 개최되었다. 이틀 동안 양국은 전략, 안보, 군사, 확산 방지, 반부패, 경제/투자, 사이버 안보, 법 집행, 장애인 권리, 핵물질 밀수 방지를 위한 협력, 양국 세관 간의 '컨테이너 안전을 위한 이니셔티브'(CSI), 응급사태 관리(應急管理) 등 22가지에 대한 논의를 진행했다.

제8차 대화와 관련해 세 가지가 주목할 만한데 첫째, 중국의 과잉생산(over-production)으로 인한 국제통상질서의 혼란에 대한 비판이 많이 제기되었다. 둘째, 세관 간 협력에 대한 논의가 눈에 띈다. 2015년 제7차 대화의 합의사항 127항 중 1/3이 기후변화 및 환경보호에 대한 것이었다면, 이번 주요 어젠다 22개 중 6개가 세관 간 협력이었음을 감안할 때, 이는 미국이 북핵과 핵확산 방지를 염두에 둔 때문으로 해석된다.[47] 셋째, 가시적인 성과라면 중국이 미국에 520억 달러 규모의 외국인 기관 투자를 인민폐로 가능하게 하는 RQF-II(renminbi qualified foreign institutional investment)의 지위를 허용한 것이다. 그럼에도 2008년부터 추진해온 양자투자협정에서는 여전히 이견을 좁히지 못했다.

제8차 대화에 대한 총평 역시 이전 대화들에 대한 평가와 크게 다르지 않았다. 양측은 건설적이라 언급했지만 실질적 평가는 그에 못 미쳤기 때문이다. 실질적이고도 유의미한 합의 — 북핵의 명시적 해결책이나 남중국해 문제에 대한 돌파구 등 — 가 없었다는 뜻이다. 즉, 전략적 신뢰의 결핍으로 "말만 무성하고 실질적으로 이뤄지는 것은 없다"(all talk, no walk)는 평가가 그것이다. 그럼에도 양국이 협력의 새로운 습관을 만드는 것이 중요하다는 의견도 존재했다.[48]

미·중의 동상이몽: 지역 현안과 기싸움

대립을 최소화하려는 노력에도 불구하고 패권 경쟁의 주 무대인 동아시아의 여러 현안과 관련해 미, 중의 선호가 근본적으로 상이한 것을 극복하기는 어려웠던 것으로 보인다. 뿐만 아니라 양국의 국력 차가 감소하면서 역내에서의 기싸움이 느는 것 역시 주목할 필요가 있다.

역내 현안들에 대한 동상이몽

2008~2015년 기간 대만을 통치한 국민당 정부하에서 양안 관계는 비교적 안정적 패턴을 유지했다. '3불'(不統, 不戰, 不獨) 정책의 균형 안에서 상대적으로 안정적인 양안 관계로 인해 미·중 관계에 그리 큰 변수로 작동하지 않았던 것이다. 그 균형을 깨뜨린 것이 바로 민진당의 차이잉원(蔡英文)이 2016년 1월 대만의 새 총통으로 당선된 일이다. 대륙으로부터의 자율성 제고와 대만 독립에 대한 선호가 강한 민진당의 집권으로 양안 관계 및 대만 문제가 8년 만에 미·중 관계의 주요 변수로 재부상한 것이다.[49]

뼛속까지 독립론자로 불리는 차이잉원 총통이 취임 후 가장 먼저 각을 세운 것은 소위 '1992 컨센서스'(92共識)였다. 이는 1992년 중국과 대만의 대표 간 비공식 협의에서 "대륙과 대만은 중국의 일부분이며, 그것이 무엇을 의미하는지는 각자의 해석에 따른다"는 합의를 가리킨다. 그러나 차이 총통은 취임사에서 양안 간 협의가 있었다는 역사적 사실은 인정했지만, 1992 컨센서스를 공식 추인하는 언급은 하지 않았다.[50] 향후 대만의 자율성 및 독립 모색을 위한 여지를 남겨놓은 것이란 해석이 가능하다.[51]

미·중 관계의 또 다른 현안은 남중국해이다. 중국의 태평양 진출을 위한 주요 출구 중 하나인 남중국해는 양보가 어려운 현안일 수밖에 없다.[52] 남중국해와 관련해 오랜 기간 중립을 견지해 온 미국이 항행의 자유를 위해 적극적으로 나선 것은 2010년 이후 이 지역에 대한 중국의 행동이 보다 공세적으로 바뀐 것에 기인했다. 재균형 전략 채택 이후 주변국들에 미국이 확신(reassurance)을 줘야 한다는 의미도 있다. 또 무해 통항(innocent passage)과 관련해 "군 함정도 예외 없이 사전 허가를 필요로 한다"는 중국 측 해석을 수용할 수 없다는 메시지이기도 하다.

남중국해와 관련해 가장 중요한 사건은 2013년 상설중재재판소(PCA)가 2013년 필리핀의 제소를 받아들여 3년의 심리를 거친 후 2016년에 내놓은 판결이었다. 중국은 PCA가 이 문제에 대한 관할권이 없다고 주장했고, 소위 '4불'(no acceptance, no participation, no recognition, no enforcement)의 입장을 견지해 왔다. 그럼에도 15건의 제소 사항 중 13건에 대해 필리핀의 손을 들어주는 결과가 나온 것이다.[53] 물론 중국은 PCA의 판결에 승복하지 않았지만, 이 결과가 국제사회에 미친 파장은 그리 간단치 않았다. 특히 무해통항권을 주장해 온 미국은 그 후 이 지역에 대한 항행을 보다 과감히 그리고 빈번히 시도했고, 이를 통해 미·중 간 예기치 못한 분쟁의 발생 개연성도 제고될 수밖에 없다.[54]

또 다른 현안은 북핵 문제인데, 중국은 세 가지 측면에서 미국과는 다른 관점을 가질 수밖에 없다. 첫째, 주변에 핵보유국이 전무한 미국과 달리 이미 수십 년간 소련/러시아, 인도 및 파키스탄과 위험한 동거를 해온 중국으로서는 또 다른 핵보유국의 등장에 상대적으로 둔감할 수밖에 없다. 둘째, 1950~1960년대에 '양탄일성'(兩彈一星)의 목표하에 체제의 모든 것을 걸고 추진했던 핵과 미사일 개발 프로젝트를 비슷하게 따라하는 북한에 대해 중국은 어떠한 도덕적 우위도 갖고 있지 않다. 특히 이 두 무기체제의 개발을 주권의 영역으로 강변해 온 중국이 북한에 대해 강력한 제재(특히 양자적 제재)를 할 명분 역시 크지 않다. 셋째, 향후 미·중 관계의 미래가 순탄치 않을 것으로 전망하는 중국으로서는, 한·미, 미·일 동맹을 언제라도 중국 포위를 위해 활용할 수 있는 미국에 대해 완충국 북한이라는 말(馬)을 버리지 않으려는 의도가 있는 것이다.[55]

2006년의 1차 핵실험 이후 북한은 2009년과 2013년에도 핵실험을 수행했다. 그리고 2016년에 두 번의 핵실험과 수차례의 미사일 발사를 행한 북한에 대해 미국은 이전과는 다른 강력한 대응을 모색했다.[56] 기실 국제사회는 2016년 초의 4차 핵실험 이후 채택된 유엔 안보리 제재결의안 2270호의 효과에 대해 희망적 사고를 가졌었다. 그러나 2270호는 태생적 한계를 갖고 있었고, 그것은 민생 목적의 교역과 인도주의적 지원이 제재 대상에서 예외로 인정되었다는 점이다.[57] 특히 중국은 자국의 교역활동이 민생 목적에 합당한지를 소명하지 않는 예의 유연성을 견지했고, 이로 인해 제재의 효율성은 크게 떨어질 수밖에 없었다.

2014~2016년 기간 북·중 교역의 감소 추세를 두고 중국의 대북한 전략의 조정 결과로 보는 시각도 있었으나, 이는 같은 기간 중국의 대외무역 총액이 감소한 추세와도 맞물려 있어 둘의 차이를 명확히 구분하기 어렵다. 실제로 2016년 북·중 무역이 다시 증가세를 보였고, 또 같은 해 하반기에 불거진 훙샹(鴻翔)그룹 문제를 감안하면, 중국이 북한의 생존을 위한 최소한의 기반을 어떻게 유지하는지를 알 수 있다.[58] 혹자는 이를 두고 급속히 시장화되는 중국에서 중앙정부가 지방의 자율성을 제대로 통제하지 못해 일어난 일이라고 하지만, "중앙은 정책을, 지방은 대책을, 그러나 권력은 중앙이"(上有政策, 下有對策, 上有權力)라는 말처럼, 중앙정부가 치밀하게 챙기는 정책에 있어 지방이 빠져나갈 구멍은 별로 없다.[59]

미 · 중 기싸움의 증가

전 지구적 영향력 확보 이전에 중국은 우선 서태평양 — 특히 동중국해 및 남중국해 — 에서 자신의 존재감을 제고하려 한다. 미·중 관계에 있어 무엇보다도 큰 문제는 서로의 위상을 얼마만큼 인정해 주는가의 기싸움(鬪氣 또는 war of egos)이라고 해도 과언이 아니다. 신형대국관계 개념도 "핵심 이익을 서로 존중하는" 관계라는 부분에서 입장이 엇갈렸듯이, 양국 간 기싸움은 향후 오랜 기간 피할 수 없을 것으로 보인다.

2009년의 임페카블(Impeccable)호 사건과 2013년 12월 카우펜스(Cowpense)호 사건은 태평양이 생각보다 그리 넓지 않음을 단적으로 보여준다.[60] 우려되는 것은 양국 간 군사적 기싸움이 끊이지 않는다는 점이다. 이미 알려진 임페카블과 카우펜스 등 미 군함들이 중국 군함과 충돌 직전까지 가는 상황이 있었을 뿐 아니라, 2014년에는 공중에서까지 양국 전투기가 근접 조우해 기싸움을 벌였다. 2014년 10월에 개최된 미·중 국방협의회(Defense Consultative Talks)에서 해상훈련 시 사전에 상대국에 통보하도록 하는 기제가 합의되었고, 또 항공기끼리의 돌발 대치 상황(air-to-air encounter)에 대비한 규범도 합의되었지만, 어느 정도 지켜질지는 알 수 없다. 2016년 6월 7일 — 미·중 전략 및 경제대화의 최종일 — 에 중국 전투기 J-10이 공해상에서 미군 정찰기의 100피트 이내로 접근했음은 그간 회자된 〈해상과 공중에서의 우발적 조우와 관련한 안전행위를 위한 준칙〉(海空相遇安全行爲準則)을 한낱 종이로 만드는 것이었다.[61] 뿐만 아니라 2016년 12월에는 중국 해군이 미국의 수중 드론을 탈취하는 일까지 발생했는데, 이 같은 상황은 향후 더 빈번해질 것으로 보인다.[62]

중국의 관점에서 강대국화는 반드시 달성해야 할 지상 목표이자 중국의 꿈이 되었고, 지금이야말로 이의 달성에 가장 중요한 '전략적 기회'(戰略機遇期)이다. 이를 위해 중국은 지역적 패권을 우선 확보한 뒤 전 지구적 영향력을 키우는 방식을 염두에 두고 있다.[63] 문제는 미국 역시 가장 역동적인 동아시아를 국익 차원에서 중시한다는 점이다. 따라서 여타 지역 — 아프가니스탄, 이란, 시리아, 남수단 등 — 에서는 미·중 간 전략적 협력이 상대적으로 용이할지 몰라도 동아시아에서는 상당 부분 영합적(zero-sum) 인식이 팽배해 있어 협력이 훨씬 더 어려울 수밖에 없다.

특히 2015년 이후 중국의 반접근 지역 거부(A2AD 또는 counter-intervention) 능력이 대폭 향상되면서 '제1 도련'(first island chain)을 이미 돌파했다는 평가도 있다. 미국에서는 국방부를 중심으로 대중국 강경 기류의 대두가 있었는데, 태평양 함대의 해리스(H. Harris) 사령관을 필두로 중국에 대해 — 특히 남중국해의 인공섬 구축에 대해 — 미국이 강력히 대응해야 한다는 입장이 대표적이다.[64] 중국의 반접근 지역 거부 전략을 타파하기 위해 미국은 공해전투 전략을 내세웠다. 2016년 시점에서 반접근 지역 거부와 공해전투는 상호 진화의 과정에 들어갔으며, 그 중심에 미사일 방어와 핵전력의 증강, 그리고 우주전 및 사이버 안보의 확보가 있다.

2016년 시점에서 미·중 관계는 이미 전략적 신뢰의 부족이 상당히 부각되었고, 역내 주요 현안들과 관련해 상이한 이익과 관점들이 드러났다. 이미 2010년대 초반부터 미국 내에서 제기된 중국 정책의 '실패' 논란이 불거질 수밖에 없는 국내 정치적 상황이 마련되고 있었던 것이다. 바로 이 맥락에서 예상을 깬 트럼프의 집권이 이뤄졌고, 이는 미·중 관계에 있어 또 하나의 거대한 분수령을 만들어낸 것이었다.

주

1 버락 오바마 대통령의 연설, *New York Times*, 2011년 3월 11일에서 인용.

2 후진타오 국가주석의 연설, "胡錦濤在白宮南草坪歡迎儀式的致辭"(2011년 1월 19일), at http://www.gov.cn/ldhd/2011-01/19/content_1788560.htm.

3 Wu Xinbo, "Not Backing Down: China Responds to the US Rebalance to Asia," *Global Asia*, Vol. 7, No. 4 (Winter 2012), pp. 18-21; John Garnaut, "China Muscles US in Pacific," *The Age*, Febuary 16, 2013; Evan Resnick, "The Perils of Containing China," *RSIS Commentaries*, No. 69 (April 19, 2013); 謝國明 等, 『中美關係50年: 1969-2019』(北京: 人民日報出版社, 2020), 8장.

4 Patrick Cronin, "As the World Rebalances in the Asia-Pacific Century, So Must the United States," *Global Asia*, Vol. 7, No. 4 (Winter 2012), p. 12; Michael Green, "Whither the Pivot in 2013?" *CogitAsia* (CSIS Blog) (January 16, 2013).

5 예컨대 Kishore Mahbubani, "Wake Up, Washington: The US Risks Losing Asia," *Global Asia*, Vol. 2, No. 2 (Summer 2010), pp. 16-28; Michael McDevitt, "America's New Security Strategy and Its Military Dimensions," *Global Asia*, Vol. 7, No. 4 (Winter 2012), pp. 14-17을 보라.

6 Ian Johnson and Jackie Calms, "As US Looks to Asia, It Sees China Everywhere," *New York Times*, November 15, 2011; Kurt M. Campbell, *The Pivot: The Future of American Statecraft in Asia* (New York: Twelve, 2016), Ch. 4.

7 金燦榮·劉宣佑·黃達, "美國亞太再平衡戰略 — 對中美關係的影響," 『東北亞論壇』, 5期(2013), pp. 3-12; 潘遠强, "奧巴馬政府塑造亞太安全秩序的認知偏好," 『當代亞太』, 6期(2013), pp. 95-114.

8 6장에서 기술하겠지만, 이 구상은 트럼프 행정부의 집권으로 백일몽이 되었다.

9 중국의 A2AD 전략은 미 항모 전단의 역내 진입을 저지하기 위한 대함탄도미사일(ASBM), 인공위성 타격 능력(ASAT), 그리고 사이버 공격 능력의 확보를 포괄한다. 미국의 ASB는 중국의 봉쇄선을 깨고 연안까지 접근해 타격하는 능력(JOAC)의 획득을 의미한다. William Yale, "Air-Sea

Battle: A Dangerous, Un-affordable Threat," *The Diplomat*, November 9, 2013.

10 Mark Leonard, "Why Convergence Breeds Conflict," *Foreign Affairs*, October 2013; Phillip de Koning and Tong Zhao, "The US, China and Nuclear Arms Control: Time for a Creative Spark," *PacNet*, No. 63 (August 8, 2013).

11 2010년대 초반까지만 해도 중국의 관련 입장은 대체로 대응적·수동적·방어적이었다. 미국에 대한 중국의 이념적 인식에 대해서는 于歌, 『美國的本質 —基督新教支配的國家和外交』(北京: 當代中國出版社, 2012)를 보라.

12 胡惠林, 『中國國家文化安全論』(上海: 上海人民出版社, 2005); 門洪華(主編), 『中國: 軟實力方略』(杭州: 浙江人民出版社, 2007); 郭樹勇, 『中國軟實力戰略』(北京: 時事出版社, 2012); 王義桅, "普世價値是西方中心論幻覺," 『環球時報』, 2013年 9月 23日.

13 "構建新型大國關係," 『人民日報』, 2013년 6월 4일.

14 『光明日報』, 2013년 7월 25일; 『學習習近平總書記重要講話』(北京: 人民出版社, 2013), pp. 70-79를 보라.

15 14자 방침에 대해서는 『光明日報』, 2013년 7월 25일; 楊潔篪, "新型勢下中國外交理論和實踐創新"(2013년 8월 16일), at http://cpc.people.com.cn/BIG5/n/2013/0816/c64094-22584472-3.html을 참조하라.

16 공식적으로 중국은 신형대국관계 개념이 미국뿐 아니라 러시아, 인도에도 모두 적용된다고 하지만, 미국을 제외한 국가들에는 "핵심 이익을 서로 존중해야 한다"는 부분을 그다지 강조하지 않았다.

17 "Leaders Map out New Path," *Global Times*, June 9, 2013을 보라.

18 이는 Brookings-Fudan Conference(2013년 10월 23일 푸단대학에서 개최)에서의 언급이다. 유사한 평가로 Brad Glosserman, "A 'New Type of Great Power Relations?' Hardly," *PacNet*, No. 40 (June 10, 2013); Patrick M. Cronin, "The Path to a New Type of Great Power Relations," *PacNet*, No. 80 (November. 7, 2013)을 참조하라.

19 중국·호주·한국 간 Track-II Trilateral Meeting(2013년 9월 베이징 대학에서 개최)에서 언급된 내용이다.

20 王浩, "中美新型大國關係構建," 『當代亞太』, 5期(2014), pp. 51-75.

21 https://www.business-standard.com/article/pti-stories/xi-tells-kerry-pacific-ocean-big-enough-for-china-and-us-115051700795_1.html을 보라.

22 이 표현은 吳心伯, 『太平洋上不太平 — 後冷戰時代的美國亞太安全戰略』(上海: 復旦大學出版社, 2006)에서 따온 것이다. 예컨대 최근의 William Cole, "China Moves Spy Ship Near Isles, Asian Media Say," *Honolulu Star-Advertiser*, October 30, 2013을 보라.

23 예컨대 潘忠岐, "中國人與美國人思惟方式的差異及其對構建中美新型大國關係的寓意," 『當代亞太』, 4期(2017), pp. 39-64를 보라.

24 이 부분은 대체로 Jae Ho Chung, "Views from Northeast Asia," *Global Asia* Vol. 10, No. 3 (Fall 2015)에서 따온 것이다.

25 당 중앙정책연구실과 중앙재경영도소조가 이를 수합, 발전시켰을 것으로 보인다.

26 19세기 미국이 '골드 러시'를 통해 발전의 공간적·시간적 축을 확장시킨 경험에서 학습한 것이라는 의견도 존재한다.

27 관련해서는 高振剛(主編), 『新亞歐大陸橋戰略研究』(濟南: 山東人民出版社, 1996)를 보라.

28 중국에서 많이 얘기하는 "국가 사이의 만남에는 국민들의 친함이 있어야 하고, 국민들끼리 친하려면 서로 마음이 통해야 함"(國之交 要民相親 民之交 要心相通)을 강조하는 것과 같은 맥락이다.

29 이미 아프리카 지부티에 소위 '해외 보급시설'(overseas logistics facility)이 만들어졌고, 다른 후보지들도 속속 물망에 오르고 있다. *Securing the Belt and Road: Prospects for Chinese Military Engagement along the Silk Roads*, NBR Special Report No. 80 (September 3, 2019)을 보라.

30 2002년 장쩌민(江澤民)이 부시(George W. Bush) 대통령의 초청으로 텍사스 크로포드 목장에 간 적은 있으나, 이때는 이미 장의 퇴임이 확정되었고 중국의 위상도 지금 같지 않아 여러 모로 이 회담과는 차이가 있었다.

31 전후 몇 단락은 도닐런(T. Donnillon) 국가안보보좌관의 정상회담 직후 공식 브리핑 내용에 기초한 것이다.

32 이 시기 북한 핵에 대한 중국의 입장(특히 다자 합의에 의한 제재 필요)이 전술적이나마 일부분 변한 것도 이 합의에 기인한 것이었다.

33 미국은 시진핑에게 홍목(redwood)으로 만든 의자를 선물했는데, 이는 1972년 방중 시 항저우에서 닉슨이 받은 홍목 선물을 상기시키는 미국 측의 외교 제스추어였다.

34 이러한 평가의 예로 Stephen Walt, "The Sunnylands Summit Won't Stop Sino-American Rivalry," *China Focus*, June 8, 2013, at http://www.chinausfocus.com/foreign-policy/the-sunnylands-summit-wont-stop-sino-american-rivalry/?utm_source=feedburner&utm_

medium=feed&utm_campaign=Feed%3A+ChinaUsFocus+%28CHINA+US+Focus%29&utm_content=FaceBook.

35 예컨대 Evan Osnos, "Dinner Talk," *The New Yorker*, September 28, 2015; Dingding Chen, "Think Xi Jinping's State Visit to the US Went Well? Think Again," *The Diplomat*, September 30, 2015를 참조하라.

36 정상회담에 대한 평가는 백악관 공보실이 발표한 "Fact Sheet: President Xi Jinping's State Visit to the United States," September 25, 2015, at https://www.whitehouse.gov/the-press-office/2015/09/25/fact-sheet-president-xi-jinpings-state-visit-united-states를 참조하라.

37 문제가 되는 부분은 세 가지인데 ① 정부 부처가 아닌 행위자에 의한 사이버 절도는 어떻게 할 것인가의 문제, ② 단순 해킹이 아닌 사이버 사보타지(cyber sabotage)에 대해서는 합의의 적용이 어렵다는 점, 그리고 ③ 이러한 합의가 미국 사이버사령부(Cyber Command)가 수행해 온 작전들에 대한 올가미가 될 수 있다는 우려가 그것이다. 예컨대 Jack Goldsmith, "What Explains the U.S.-China Cyber 'Agreement'?" at http://www.lawfareblog.com/what-explains-us-china-cyber-agreement(검색일: 2015년 10월 3일)를 보라.

38 Kenneth Lieberthal and Wang Jisi, "An Overview of the US-China Relationship," in Nina Hachigan (ed.), *Debating China* (Oxford: Oxford University Press, 2014), pp. 1-20을 보라.

39 2006년에 전략경제대화(Stratevic Economic Dialogue)로 시작된 양자 간 소통의 공식 창구가 2009년에는 전략 및 경제대화(Strategic and Economic Dialogue)로 개명되었다.

40 "China, US to Discuss Major Issues in S & ED Next Week," *Xinhua News Service*, July 5, 2013, at http://news.xinhuanet.com/english/china/2013-07/05/c_124966104.htm; Howard Schneider, "With China Slowing, Talks with the U.S. Take on a New Tone," *Washington Post*, July 10, 2013; Bill Bishop, "China's Growth Woes Could Force Government Response," *New York Times*, July 10, 2013.

41 미, 중은 중장비 차량의 배기가스 및 건축물 관리방식 개선을 통한 탄소배출 통제에도 합의했다. Howard Schneider, "U.S., China Agree on Climate Steps to Curb Emissions,"*Washington Post*, July 10, 2013, at http://www.washingtonpost.com/business/economy/us-prods-china-on-cyber-theft/2013/07/10/d34265c0-e969-11e2-a301-ea5a8116d211_story.html.

42 "鄭澤光就第五輪中美戰略與經濟對話框架下的戰略對話向中外媒体吹風,"『新華網』(2013년 7월 13일), at http://news.xinhuanet.com/world/2013-07/13/c_125003758.htm.

43 Anne Lowrey, "U.S. and China to Discuss Investment Treaty, but Cybersecurity Is a Concern," *New York Times*, July 12, 2013, at http://www.nytimes.com/2013/07/12/world/asia/us-and-china-to-discuss-investment-treaty-but-cybersecurity-is-a-concern.html.

44 Kenneth G. Lieberthal, "Bringing Beijing Back In" (Memorandum to the President), January 17, 2013, at http://www.brookings.edu/research/papers/2013/01/bringing-beijing-back-in.

45 Saroj Bishoy, "7th US-China Strategic & Economic Dialogue: Key Take aways," *The Pioneer*, October 25, 2015. 중국 측 평가로는 驻美中國商会, "第7中美戰略與經濟對話取得成功 成果難掩分歧," 2015년 6월 26일, at http://www.cgccusa.org/%E7%AC%AC%E4%B8%83%E8%BD%AE%E4%B8%AD%E7%BE%8E%E6%88%98%E7%95%A5%E4%B8%8E%E7%BB%8F%E6%B5%8E%E5%AF%B9%E8%AF%9D%E5%8F%96%E5%BE%97%E6%88%90%E5%8A%9F-%E6%88%90%E6%9E%9C%E9%9A%BE%E6%8E%A9%E5%88%86%E6%AD%A7/?lang=zh-hans.

46 자세한 합의사항에 대해서는 Office of the Spokesperson, "U.S.-China Strategic & Economic Dialogue Outcomes of the Strategic Track: Media Note," June 24, 2015, at http://www.state.gov/r/pa/prs/ps/2015/06/244205.htm을 보라.

47 "第八輪中美戰略與經濟對話框架下戰略對話具體成果清單," 新華社(北京), 2016년 6월 7일.

48 Mercy A. Kuo, "Assessing the US-China Strategic and Economic Dialogue," *The Diplomat*, July 20, 2016.

49 Richard Bush, "The Return of the Taiwan Issue to US-China Relations," September 21, 2015, at https://www.brookings.edu/blog/order-from-chaos/2015/09/21/the-return-of-the-taiwan-issue-to-u-s-china-relations/.

50 Austin Ramzy, "Taiwan President Takes a Cautious Line on China at Inauguration," *New York Times*, May 20, 2016, at http://www.nytimes.com/2016/05/21/world/asia/taiwan-president-tsai-ing-wen.html?_r=0.

51 2016년 12월 2일, 트럼프 대통령 당선자가 차이 총통으로부터 당선 축하 전화를 받은 것이 단교 이후 37년 만의 큰 사건으로 주목받았다. 당시

로선 이것이 대만에 대한 트럼프 행정부의 계산된 정책이었는지, 아니면 지나가는 제스처였는지 판단이 어려웠다. 그 이후의 상황을 보면 미국이 '하나의 중국'에 매일 필요가 없다는 사고를 가진 트럼프 행정부하에서 대만이 미·중 관계의 주요 변수로 부상했음은 확실하다(6장 참조). Mark Lander and Jane Perlaz, "Trump's Taiwan Call: A Gaffe or a New Start," *New York Times*, December 6, 2016을 보라.

52 예컨대 "Chinese Jets Intercept US Military Plane over South China Sea: Pentagon," Reuter, May 18, 2016, at http://www.reuter.com/article/us-usa-china-south-china-sea-idUSKCN0Y92ZA1; "卡特在用大嘴食西太平洋的根基,"『環球時報』, 2016년 5월 30일을 보라.

53 Sebastian Colin, "China, the US, and the Law of the Sea," *China Perspectives*, No. 2 (2016), pp. 57-62.

54 이와 관련해 "Yuan Peng Warns 'US May Make a Third Mistake'," *Global Times*, February 25, 2016; David Feith, "A Pacific Admiral Takes China's Measure," *Wall Street Journal*, August 5, 2016을 보라.

55 楊毅(主編),『中國國家安全戰略構想』(北京: 時事出版社, 2009), p. 188을 보라.

56 핵탄두를 실은 북한의 미사일이 이제는 괌이나 미국 서부까지 도달할 수 있다는 가능성이 미국을 드디어 움직이게 만든 것이다.

57 필자는 2016년 4월 15일 한국고등교육재단(KFAS)의 한 강연에서 이 두 가지 예외로 인해 2270호가 제대로 작동하기 어려울 것임을 밝힌 바 있다. 관련해 http://www.kfas.or.kr/Multimedia/Multimedia0102.aspx?page=0&flag=&keyword=&msgID=2343&listType=2#sthash.dCsQ1b7w.afiiuRdI.dpbs를 참조하라.

58 관련해서 최명해, "2016년 북·중 관계 동향과 향후 전망,"『2016 중국정세보고』(국립외교원 중국연구센터, 2016)를 보라.

59 Jae Ho Chung, *Centrifugal Empire: Central-Local Relations in China* (New York: Columbia University Press, 2016), Ch. 5.

60 이 사건과 관련한 중국의 보도로 "美國如果不希望緊張 那非常簡單: 離開,"『環球時報』, 2013년 12월 16일을 참조하라.

61 Peter Bittner, "US-China Strategic and Economic Dialogue: Key Takeaways," *The Diplomat*, June 10, 2016을 보라.

62 다음 두 기사를 비교해 보라. Yao Jianing, "China Hands over Underwater Drone to the U.S.," *Xinhua News*, December 20, 2016, at http://english.chinamil.com.cn/view/2016-12/20/content_7415536.htm; Andrew

Browne, "China Throws Out South China Sea Rule Book," *Wall Street Journal*, December 20, 2016, at http://www.wsj.com/articles/china-throws-out-south-china-sea-rule-book-1482226667.

63 Jae Ho Chung, "China and Northeast Asia: A Complex Equation for 'Peaceful Rise,'" *Politics*, Vol. 27, No. 3 (2007), pp. 158-161. 예컨대 두 목표의 동시 병행적 추구 가능성도 배제할 수는 없다. 3장의 주 39를 보라.

64 예컨대 David Larter, "Four-star Admiral Wants to Confront China, White House Says Not So Fast," *Navy Times*, April 6, 2016, at http://www.navytimes.com/story/military/2016/04/06/4-star-admiral-wants-to-confront-china-white-house-says-not-so-fast/82472290을 보라.

제6장

미·중 패권 경쟁: 트럼프 시기의 대전환

“중국은 인도·태평양 지역에서 미국을 대체하려 하며, 국가 주도 발전모델의 적용 범위를 넓히는 동시에 지역 질서를 자국에 유리하게 만들려 한다.”[1)]

“중국몽의 실현은 평화로운 국제환경과 분리해 생각할 수 없다. … [중국은] 시종일관 세계평화의 건설자, 세계발전의 공헌자, 그리고 국제질서의 수호자가 될 것이다.”[2)]

2016년 11월 8일, 예상을 뒤엎고 트럼프가 제45대 미국 대통령으로 선출되었다. ‘보통 백인들의 미국’이란 구호를 업고 트럼프가 주류정치의 틀을 뒤집은 것이다. 당선 직후 가장 많이 제기된 질문은 후보자 트럼프와 대통령 트럼프는 다를 것인가였다. 36대 대통령 레이건(R. Reagan)은 후보 시절 당선될 경우 수교한 지 1년밖에 안 된 중국과 즉각 단교하고 대만과 복교할 것이라고 주장했다. 그러나 당선 후 단교는커녕 중국 관계를 합리적으로 이끈 훌륭한 대통령으로 평가받고 있다. 트럼프도 그같이 실용적인 면모를 보여줬는가?

실용노선 채택의 불가피성에 대한 언급이 많았지만, 현실은 크게 달랐다. 유세 기간 안보고문을 맡았던 전 CIA 국장 울시(J. Woolsey)의 『사우스 차이나 모닝 포스트』(*SCMP*) 기고문을 보면, 오바마가 추진했던 ‘환태평양 경제동반자 협정’(TPP)의 폐기 의사를 분명히 했고, 역내 국가들의 반발에도 불구하고 이는 실행되었다.[3)] 오바마 임기 내내 견지된 ‘전략적 주저’(strategic hesitation) — 국방부나 태평양 함대사령부의 대중국 강경론을 백악관이 견제하는 행태 — 의 추세가 약화될 가능성도 제기되었다. 특히 남중국해 및 동중국해에서 중국의 공세적 행태에 대한 대응이 이전 정

부와는 다를 것이라는 전망이 있었는데, 이는 일부만 현실로 드러났다.[4)]

트럼프의 4년(2017~2020)에 대한 평가는 다음과 같다. 첫째, 이념적 확신을 기반으로 소위 반(反)오바마(anything but Obama) 노선을 견지했는데, 국내적으로는 오바마 표 의료보험(Obama Care)을 폐기했고, 대외적으로는 오바마 행정부가 심혈을 기울였던 TPP와 파리기후협약에서 탈퇴했다. 자유주의 질서의 포기라는 평가가 나올 정도의 충격적 조치들이 행해졌고, 이것이 중국에는 오히려 큰 기회가 될 것이라는 전망도 있었다.[5)]

둘째, 미국은 중국을 '수정주의 세력'이자 '포식 경제'(predatory economics), 그리고 전략적 경쟁자로 적시했고 — 3절에서 상세히 논할 — 전 정부적, 전 사회적 조치들을 취했다. 수년간 중국이 공들여 온 신형대국/국제 관계의 틀이 트럼프 행정부 출범 후 그 빛을 완전히 잃어버린 것이다.[6)] '미국 이익의 우선'(America first)과 '위대한 미국의 재건'(make America great again)이 중국몽이나 중화민족의 위대한 부흥과는 잘 맞물리지 않음이 여실히 드러난 것이다.[7)]

셋째, 미·중 간 충돌이 우선 통상/교역의 영역에서 수면 위로 드러났다. 자유주의 질서의 수호자를 더 이상 자처하지 않는 트럼프의 미국이 국익 우선주의를 따름에 따라 중국과의 격돌이 불가피해진 것이다. 30년 넘게 미·중 관계에 배태된 상호 의존이 '분리'(decoupling)의 상황까지 가면 결국 미국에 부메랑이 될 수 있음에도 트럼프 행정부 4년의 결과는 전자보다 후자에 보다 가깝게 나타났다.[8)]

더 나아가 예상치 못한 코로나 감염증의 세계적 확산은 미·중 관계를 나락으로 빠뜨리는 촉매가 되었다. 팬데믹의 와중에 강화된 경제 주권은 미·중 간 분리를 가속화시키고 있다. 또 팬데믹의 대응과 관련해 국가 주도와 민간 주도 방식 사이의 극명한 대비와 함께, 코로나 바이러스의 근원(origin)에 대한 논쟁은 미·중 관계를 통상/안보 영역을 넘어 규범/담론의 장으로 밀어넣는 결과를 만들었다.[9] 현 상황을 냉전 2.0으로 규정하기엔 부족하다며 얘기하던 부분들이 점차 채워지고 있는 것이다.

트럼프 시기의 미·중 관계를 다루는 이 장은 다음 네 절로 구성된다. 1절에서는 트럼프·시진핑 정상회담과 새로이 틀을 짠 미·중 외교·안보대화에 대한 평가를 제시한다. 2절에서는 그 같은 공식 소통에도 불구하고 미국이 쉼 없이 쏟아낸 대중국 압박 조치들에 대해 평가한다. 3절에서는 그러한 맥락에서 주요 현안들에 대한 미·중 간 입장 수렴의 수준에 대해 분석한다. 마지막 절에서는 2020년에 몰아친 코로나 팬데믹으로 인한 미·중 관계의 악화가 또 다른 '냉전' 상황으로 이어질지에 대해 살펴본다.

미·중 정상회담과 외교·안보대화

2017년 4월 6~7일 트럼프 대통령과 시진핑 주석의 첫 정상회담이 플로리다의 마라라고(Mar-a-Lago) 리조트에서 열렸다. 마라라고에 도착한 시진핑은 "중·미 간 우호 관계를 유지해야 할 '이유는 매우 많지만'(a thousand reasons), 악화시킬 이유는 하나도 없다"며 협력을 강조했다.[10] 처음 만난 자리였기에 실패를 예상하기는 어려웠으나, 그럼에도 트럼프가 자신의 선호를 상당히 직설적으로 설파했다는 해석이 많다. 특히 정상회담 중 미국이 시리아 공습을 감행해 중국에 — 특히 북핵 문제와 관련해 — 적잖은 시사점을 주었을 것이다.

회담 직후 틸러슨(R. W. Tillerson) 국무장관, 므누신(S. Mnuchin) 재무장관, 그리고 로스(W. L. Ross) 상무장관 및 왕이(王毅) 외교부장의 브리핑을 통해 알려진 의제로는 무역, 북핵, 양국 간 대화 기제, 남중국해, '하나의 중국' 정책, 사드(THAAD) 배치 등이 있었다.[11] 이 회담에서 트럼프는 중국정부의 시장에 대한 개입으로 미국이 과도한 무역 적자를 내고 있으며, 중국의 산업, 농업, 기술, 사이버 정책이 미국의 수출과 고용에 악영향을 끼친다고 토로한 것으로 알려진다.[12] 트럼프의 언급에 대해 시 주석은 중, 미 양국이 상호 매우 중요한 교역대상국이며, 동등대우와 호혜의 기치 아래 에너지, 인프라 건설에서 협력 확대 및 시장 접근성의 제고를 통해 균형 잡힌 경제 관계를 만들어야 한다고 했다.

이 회담에서 중국은 무역 불균형의 개선을 위해 '100일 계획'(100-Day Action Plan)에 합의했다. 관련해 로스 상무장관은 100일 만에 불균형을 개선하기는 어렵지만, 100일 계획의 채택은 양국 관계의 심화를 보여주는 상징이라고 언급했다.[13] 100일 계획의 채택으로 중국에 대한 환율조작국 지정이나 무역 보복은 미뤄졌지만, 결과적으로 중국의 한 발 양보는 자국 경제를 위한 2보 전진이었다.

양국 정상은 북핵의 위험성, 비핵화, 그리고 유엔 안전보장이사회(이후 유엔 안보리)의 제재안 이행에 대해 공감을 표했지만, 구체적 방법론에서는 입장 차를 재확인했다. 회담 직후 왕이는, 비핵화와 한반도 평화협정에 대한 협상을 동시 추진하는 '쌍궤병행'(雙軌竝行), 그리고 북한 핵·미사일 도발과 한·미 연합훈련을 함께 중단하는 '쌍잠정'(雙暫停)을 중국 측이 제안했으며, 사드 배치에도 반대 입장을 전했다고 말했다. 반면 틸러슨에 따르면, 이번 회담에서 북핵에 대한 제대로 된 합의는 없었고, 트럼프가 지속적으로 중국책임론을 제시했으며, 대북한 압박에 있어 중국의 보다 적극적 관여를 요구했다고 한다.

왕이 부장은 "이번 회담이 유익했으며, 중국은 민감한 사안에 대해 서로 존중할 의지가 있다"고 언급했다. 틸러슨 장관 역시 "양 정상은 긍정적 분위기에서 진솔한 대화를 나눴으며, 이견이 있는 부분에 대해 상호 존중하며 협력의 범위를 확대하기로 했다"고 평가했다.[14] 그러나 전문가 평가에서는 중국보다 미국 측이 보다 신중했다. 예컨대 허야페이(何亚非) 전 외교부 부부장은 "이번 회담을 통해 중·미 관계는 새로운 차원으로 격상될 것"이란 낙관적 평가를 제시했다. 반면 롬버그(A. Romberg) 전 국무부 수석 부차관보는 "이번 회담에서 사드, 북핵에 대한 이견이 해소되지 않았고, 남중국해와 양안 관계 등 갈등의 소지가 있는 사안들이 다뤄지지 않았기 때문에 긍정적으로만 보기 어렵다"고 평했다. 키신저 미·중관계연구소의 댈리(R. Daly) 소장은 "중국에서의 미국 근로자 고용 확대, 투자협정(BIT)의 진전에 대해 환영하지만, 중국이 진정으로 원하는 것은 국제 영향력의 확대이기에 미국은 장기적인 대중국 전략을 구상해야 한다"고 언급했다.[15]

시 주석의 방미에 대한 답례로 트럼프의 중국 국빈 방문이 11월 8~10일간 이뤄졌다. 전임 오바마 대통령의 방중 시 왕이 부장이 공항 영접을 했지만, 이번에는 한 급 위인 양제츠(杨洁篪) 국무위원(19대에서 정치국 진입)이 트럼프를 맞아 최고의 의전을 제공했다. 뿐만 아니라 건국 이래 처음으로 자금성에 대한 일반인 출입을 하루 종일 금한 채, 소장품과 경극 관람, 국빈 만찬을 진행한 것 역시 극진한 예우를 상징했다. 세계를 향한 중국의 메시지는 협력의 분위기가 여전하다는 것이었다.

그럼에도 다음 두 가지가 매우 중요한 현안이었음을 보여주는 움직임이 있었다. 하나는 — '수금외교'(收金外交)로 불리는 — 대미국 경협에 관한 양보인데, 중국은 수십 개 영역에 걸쳐 총 25조 원(2,353억 달러) 규모의 경협안에 서명했다.[16] 2016년 기준 미국의 대중국 무역적자가 3,470억 달러였음을 감안할 때, 이는 100일 계획에 이어 불균형의 조정을 위한 중국의 과감한 배팅이었다.[17] 다른 하나는 북핵 관련 논의였는데, 지금까지 중국이 시행한 조치들에 대한 미국과 중국의 평가가 서로 일치하지 않았다. 그 단초 중 하나가 바로 중국이 제시한 쌍중단과 쌍궤병행에 대해 귀국 후 트럼프는 "중국이 쌍중단 옵션을 포기했다"고 한 반면, 중국 외교부는 이를 정면으로 반박했다는 점이다. 뿐만 아니라 중국 특사 쑹타오(宋濤)가 4일간의 북한 체류에도 불구하고 빈손으로 귀국한 후, 미국이 북한을 테러 지원국으로 재지정하고 단독 제재 대상을 추가 선정한 것 역시 양국 간 북핵에 대한 이견이 여전했음을 보여준다.

미·중 외교·안보대화의 평가

전략적 신뢰의 적자로 특징지어진 미·중 관계에서 소통 심화를 위한 방안으로 전략 및 경제대화의 조정에 대한 합의가 이뤄졌다. 기존의 전략 및 경제대화가 외교·안보대화(Diplomatic and Security Dialogue, 外交安全對話)와 포괄적 경제대화(Comprehensive Economic Dialogue, 全面經濟對話)로 나뉘었고, 사법 집행·사이버 안보 대화(Law Enforcement and Cyber Security Dialogue, 執法及網络安全對話) 및 사회·문화대화(Social and Cultural Dialogue, 社會和人文對話)를 포함한 4개의 미·중 포괄적 대화 기제(U.S.-China Comprehensive Dialogue, 中美全面對話機制)로 재구성되었다.[18] 오바마 행정부도 부

시(George W. Bush) 시기의 전략적 경제대화를 전략 및 경제대화, 인권대화, 그리고 법률 전문가 대화로 조정한 바 있기에 이 변화를 새 채널의 개설로 보기는 어렵다. 다만 이를 통해 외교·안보대화에 양국 국방장관이 참여하게 된 점은 주목할 만하다.

새로이 조정된 외교·안보대화의 첫 회의가 6월 21일 워싱턴에서 열렸다. 미국 측에서는 틸러슨 국무장관과 매티스(J. Mattis) 국방장관, 그리고 중국 측에서는 양제츠 국무위원과 팡펑후이(房峰輝) 인민해방군 총참모장이 참석했다. 대화 종료 후, 미국 측은 틸러슨 국무장관과 매티스 국방장관의 브리핑이 있었고, 중국 측에서는 외교부를 통해 『제1차 중·미 외교·안보대화 합의문』을 공개했다.[19] 입장 차를 확인하는 데에 그친 북핵과 남중국해 문제와는 달리, 미·중 공히 군 간 관계의 개선이 양국 관계를 안정시키는 요소임에 공감했다. 구체적 합의로는 고위급 접촉 기제의 확대, 장교 교환 프로그램의 확대, 양국 군 간 오인 및 오판 가능성을 줄이는 방안의 마련에 합의했다. 더 나아가 인도적 지원, 재난 구호, 해적 소탕, 군 의학 영역에서의 협력, 그리고 유엔 평화유지군에 대한 지원 확대도 합의되었다.

이번에도 중국 측 평가가 미국보다 더 긍정적이었다.[20] 장즈신(張志新) 중국현대국제관계연구원(CICIR) 연구원은 "트럼프 등장 이후 불확실하던 양국 관계가 정상궤도에 올랐다"고 평가했다. 이와 대조적으로, 안보리 결의안을 위반한 중국의 10개 기관에 대한 폐쇄 조치에도 불구하고 별다른 소득이 없음을 들어 그린(M. Green) 전략국제문제연구소(CSIS) 부소장은 부분적으로 부정적인 평가를 내렸다.[21]

정상회담에 이어 외교·안보대화에서도 군사 교류와 협력이 강조된 것은 소통 부재, 신뢰 부족으로 인한 대립의 역사를 반복하지 않으려는 노력으로 평가할 수 있다. 동시에 이는 미국의 영향력 약화에 따라 중국의 협력 없이 핵심 이슈들에 대한 관리가 어려워짐을 반증하는 것이기도 하다. 다만 실질적 협력 방안의 도출보다는 이제부터 방안을 논의하자는 것이었기에, 바뀐 이름에도 불구하고 내용상으로는 대동소이(大同小異)했다.

미·중 경제협력 100일 계획의 평가

정상회담에서의 합의에 의거해 4월 11일 므누신 재무장관, 로스 상무장관, 그리고 왕양(汪洋) 부총리가 참여한 회의에서 농·축산, 에너지, 금융의 10개 항목에 대한 〈미·중 경제협력 100일 계획〉이 발표되었다(표 6-1 참조). 이는 경제/통상 문제에서 강경 입장인 트럼프의 심기를 건드리지 않으면서 서로의 체면을 살리는 수준의 합의였다. 그동안 대중국 관계에서 미국 재계가 불만을 가졌던 영역들이 이 계획에 대거 포함되었지만, 이행 효과에 대해서

표 6-1. 합의 내용 및 이행 결과

분류	합의 내용	이행 여부
농·축산	1. 중국은 7월 16일까지 국제식품안전 기준과 세계동물보건기구의 보건 기준, 그리고 1999년 체결된 미·중 농업협력 협정에 부합하는 미국산 소고기의 수입을 재개함.	◑
	2. 양국은 중국산 조리 가금류의 수입 문제를 해결하고, 미국은 7월 16일까지 기준안을 마련해 최대한 빠른 시일 내에 수입을 정상화함.	○
	3. 중국 국가바이오안전성위원회(NBC)는 2017년 5월 말까지 미국산 바이오 제품 8종에 대한 안전성 평가를 위한 회의를 개최하고, 미 통과 제품에 대한 개선 사항을 명시하며, 재신청 후 이를 지체 없이 검토함. 통과 제품에 대해 20일 내에 중국 법에 따라 인증서를 발급함.	◑
에너지	4. 미국산 LNG 수입을 환영하며, 미국은 여타 FTA 비협정국과 동일 조건으로 이를 수출함.	○

분류	합의 내용	이행 여부
금융	5. 중국은 7월 16일까지 중국 내 외국인 소유의 금융회사 설립을 허용해 신용평가 서비스를 제공하도록 하고, 신용조사를 위한 인허가 절차를 시작함.	◑
	6. 미국 선물거래위원회(CFTC)는 7월 16일까지 상하이 선물거래소에 대한 적용 유예 기간을 6개월 연장하고, 향후 조건에 부합할 경우 이를 3년까지 연장함.	○
	7. 중국은 7월 16일까지 미국 전자결제서비스(EPS) 업체의 인허가에 대한 가이드라인을 제시하고, 완전하고 신속한 시장 접근을 허용함. 미국 EPS 업체들의 외환 카드 거래를 위해 중국 은행들의 이중통화채 카드 발급을 허용함.	◑
	8. 미국의 연방 규제 당국은 중국 기관에 대해 해외 금융기관과 동일한 건전성 감독 및 규제 기준을 적용함.	○
	9. 중국은 7월 16일까지 미국의 2개 금융기관에 중국 내 채권 발행 및 인수를 허가함.	○

주: 합의문의 내용을 준수했으나 실질적인 효과가 작은 경우 ◑로 표시함.

출처: US Department of Commerce, "JOINT RELEASE: Initial Results of the 100-Day Action Plan of the U.S.-China Comprehensive Economic Dialogue," at https://www.commerce.gov/news/press-releases/2017/05/joint-release-initial-results-100-day-action-plan-us-china-comprehensive; U.S. Commodity Futures Trading Commission, "CFTC's Division of Clearing and Risk Extends No-Action Relief for Shanghai Clearing House," at http://www.cftc.gov/PressRoom/PressReleases/pr7557-17; Jacob Schlesinger, Jacob Bunge and Anna Maria Andriotis, "Herculean U.S.-China Trade Deal Gets Less-Than-Heroic Reviews," *The Wall Street Journal*, July 16, 2017, at https://www.wsj.com/articles/herculean-pact-to-open-chinas-markets-yields-less-than-heroic-results-1500202802; 中華人民共和國財政部, "中美經濟合作百日計劃早期收獲聯合新聞稿," 2017년 5월 12일, at http://wjb.mof.gov.cn/pindaoliebiao/gongzuodongtai/201705/t20170512_2599646.html(검색일: 2017년 7월 22일).

는 긍정적 평가를 내리기 어렵다.

미국의 체면을 세워주며 환율 조작국 지정을 피하는 고육지책으로 100일 계획이 합의되었지만, 미국의 무역 불균형을 해소하기에는 역부족인, 따라서 상징성이 더 큰 조치였다.[22] 100일 계획이 완료되고 3일 후 열린 미·중 포괄적 경제대화의 귀결이 이를 잘 보여준다. 미 재무성은 예정된 기자회견을 취소했고, 매년 채택하던 공동성명도 내지 않았다. 왕양 부총리도 재무성을 떠나며 기자 질문에 일절 답하지 않았다.[23] 이는 2018년부터 본격화되는 미국의 대중국 압박의 맥락을 잘 보여준다.

미국의 전방위 견제와 압박

트럼프 취임 후의 1년은 불확실성과 시행착오로 점철되었지만, 그 뒤에는 중국에 대해 어떤 좌표를 정할지에 대한 미국의 깊은 고민이 있었다. 그 고민의 결과는 트럼프 행정부의 첫 번째 『국가안보전략』(*National Security Strategy*: *NSS*)을 통해 드러났다.[24] 오바마 행정부의 마지막 *NSS*(2015년판)에서 중국에 대한 언급이 총 10회인 것과 대조적으로, 2017년판은 무려 36회에 달했다. 또 2017년판에 기술된 중국 부분은 세 가지로 요약되는데, 첫째 현 질서를 바꾸려는 수정주의 세력이자 미국에 도전하는 국가로 중국을 적시했으며,[25] 둘째, 미국정부가 이제는 중국을 전 지구적 행위자로 간주하며 유럽, 아프리카 및 서구 전반에서 영향력 확대를 추구하는 미국의 경쟁자로 인식하고 있고,[26] 셋째, 기존의 대중국 교류/관여 정책에 심각한 오류가 있었다는 전제하에 미국은 힘을 지렛대로 삼는 새로운 접근을 택했다는 점이다.[27]

이에 더해 4장에서 상술한 것처럼 미국의 대중국 인식이 급속히 악화되었다. 특히 2017년 이후 미국인의 중국 인식이 급속도로 나빠졌으며, 중국의 불공정한 무역 행태와 군사력 증강에 대한 부정적 인식 역시 고조되었다. 거기다가 미래에 대한 중국의 여유 — 예컨대 '역사는 중국의 편'이라는 인식 — 와 이에 대한 미국의 점증하는 불안(you give'em an inch, they'll take a mile)이 겹치면서 미국인의 부정적 인식이 갈수록 미국정부의 중국 정책과 긴밀히 연계되고 있었던 것이다.

이런 맥락에서 2018년부터 전 정부적 접근을 통해 다양한 영역에서 중국에 대한 견제와 압박이 이루어졌다.[28] 물론 이는 "중국을 잘못 봤다"는 공감대가 의회를 포함한 미 정계 전반에 넓게 형성된 것과도 연관이 있다.[29] 2018년에 통과된 〈국방수권법-2019〉(NDAA 2019)에서는 중국을 전략적 경쟁자이자 포식경제로 규정하고 화웨이 및 중싱(ZTE)과의 거래를 금지했다. 또 중국에 대한 전 정부적 접근을 강조했을 뿐 아니라, 인도 및 대만과의 협력 강화도 주문했다.[30] 2018년 12월에는 역내 국가들에 대한 미국의 안보 책임을 재확인하는 〈아시아 신뢰 구상 법안〉(Asia Reassurance Initiative Act: ARIA)을 통과시켰으며, 〈국방수권법-2020〉에서는 미국의 희토류 생산능력 개발, 국방·군사 관련 중국의 학술기관 목록 작성, 그리고 에너지 무기 및 극초음속 무기의 개발을 요구했다.[31]

2018년 10월 4일 펜스(M. Pence) 부통령의 허드슨 연구소 연설은 미국의 전 정부적, 전 사회적 접근의 중요성을 잘 보여준다. 우선 미·중 패권 경쟁의 1막이라 할 통상 영역에서 미국은 매우 공세적으로 나왔다. 상무부와 무역대표부는 관세율 인상 이외에도 '특수 시장 상황'(particular market situations: 특정 상품에 대한 덤핑 조사의 기준 변동)과 '자가 조사 발동'(self-initiation: 기업의 요청 없이도 정부의 덤핑 조사 선제 시행)을 활용해 중국에 대한 압박을 심화시켰다. 특히 외국투자위원회(CFIUS)를 강화해 중국의 대미국 투자에 대한 감시를 엄격히 했고, 법적 규제(FIRRMA) 역시 정비했다. 의회에 송부한 무역대표부의 『2018년 연도보고』에 따르면, "미국정부는 비시장경제의 대가를 오롯이 중국이 감당하도록 모든 행동을 취할 것"이라고 명시했다.[32] 그 결과의 하나로 2018년 9월 캐나다 및 멕시코와 NAFTA를 대체키로 합의한 USMCA의 내용에는 두 나라가 '비시장경제'(중국을 지칭)와 맺는 자유무역협정에 대해 미국은 비토권을 갖는다고 명시했다.[33)]

재무성의 2018년 10월 9일 규정에 의하면, 미국의 27개 산업 부문에 투자하는 외국 기업에 대해 소위 '국가안보 검토'(national security review)를 거치게 했으며, 이를 어길 경우 투자액만큼의 벌금을 부과하는 규정도 신설했다. 환율 부문에서도, 조작국 선정의 세 기준 중 한 가지(200억 달러를 초과하는 대미국 무역 흑자)에만 해당되는데도 2018년 10월에 발표된 재무성의 환율조작 관찰대상국 리스트에 중국이 올랐다.[34)] 미국의 국제개발처(USAID)를 본뜬 기구(CIDCA)를 만들어 대외발전 차관을 관리하는 중국에 대응해, USAID는 미얀마를 비롯한 일대일로 관련 계약을 맺은 국가들에 소속 관원을 보내 계약의 공정성 검토를 도와주고 있다.[35)]

국방부는 의회에 대한 연례보고(2018)에서 중국을 점증하는 위협으로 규정했으며, 섀너핸(P. Shanahan) 장관은 "미국은 오로지 중국, 중국, 중국에 초점을 맞추고 있다"고까지 언급했다. 전 정부적 접근인 인도·태평양 전략(Indo-Pacific strategy)에서 가장 앞서 나가는 국방부는 군사적 준비 태세, 역내 국가들과의 파트너십, 그리고 '연계된 지역의 추구'(promoting a networked region)를 제창했다.[36)] 국방부는 미 해군 전력의 60퍼센트 이상의 이 지역 투입을 목표로 삼고, 2019년 8월 중거리 미사일 협정(INF)의 폐기 후 중국의 A2AD 대응을 위한 중장거리 미사일 전력의 증강에도 노력을 기울이고 있다.[37)]

여기서 주목할 것은, 중국의 경제적·군사적 급부상이 미국의 핵심 기밀의 누출, 산업 스파이 및 간첩행위에 의한 것이라는 전제하에 전 정부 및 전 사회적 대응이 이뤄진다는 점이다.[38)] 법무부는 산업 스파이 사건의 90퍼센트 이상이 중국과 연관된 것이라고 밝혔고, 연방수사국(FBI) 또한 미국에 거주하는 중국 국적의 연구자 및 대학원생들을 '비전통적 정보수집자'(non-conventional intelligence collectors)로 규정해 이들에 대한 전국적 감시에 들어갔다.[39] 국무부도 2018년 6월 핵심 기술 분야(항공공학, 로봇공학 등)에 종사하는 중국 국적 학생에 대한 체류 비자의 유효기간을 1년으로 줄여 매년 심사를 받도록 했다.[40] 2019년 기준, 중국인에게 발급된 입국 비자의 총수는 45퍼센트나 줄었고, 이로 인해 중국은 2013년 이후 처음으로 최다 발급국 자리에서 물러났다.[41]

국립보건연구원(NIH)의 콜린즈(F. Collins) 원장은 미국 내 의대 및 연구소에 서한을 보내 중국과의 연구협력에 보다 신중할 것을 요청했으며, 곧이어 무려 55개 의료 및 연구기관에 대한 수사가 이뤄지기도 했다.[42] 더 나아가 〈국방수권법-2019〉에 명시된 것처럼, 공자학원(Confucius Institute)을 설치한 미국 대학은 2019년부터 국방부 용역을 수주할 수 없게 되었다. 2017년 4월 103개이던 공자학원은 2018년 12월에 96개로 줄었고, 2020년 8월에는 75개로 감소했다.[43] 미국정부가 지원하는 12개 중국어 전문인력 양성대학(Flagship Programs)도 2019년 여름부터 학생 전원을 중국이 아닌 대만으로 보내고 있다.

물론 이러한 전 정부, 전 사회적 조치에 대해 미국 내에서도 과도한 반응이라는 평가가 있다. 그럼에도 이 조치들이 최근 미국인들의 중국 인식을 상당 부분 반영하는 것 역시 틀림없다. 2001년 미국이 중국의 WTO 가입을 허용했을 때 가졌던 희망적 사고(즉, 중국 역시 민주적 정치체제와 시장경제로 수렴할 것)가 이뤄지지 않은 것에 대한 실망과 함께, '위대한 미국의 재건'과 중국몽이 잘 맞물리지 않음이 드러난 것이다. 2019년 7월 다수의 지식인들이 연명했던 『대통령과 의회에 드리는 공개서한』(*Open Letter to President and the Congress*)에서도 서명자들은 중국 정책의 수정과 강화에 반대하기보다 그 수준이 일부 과도함을 지적했던 것이다.

미·중 갈등: 통상, 북핵 그리고 기싸움

앞서 논한 것처럼 미·중 협력의 한계가 드러나고, 또 그 임계점은 갈수록 낮아지고 있다. 트럼프 행정부 들어 압박이 강력해졌음에도 중국 역시 나름대로 버티기를 지속하고 있다. 그중 하나가 통상 문제에서의 줄다리기이다. 트럼프 취임 이후, 미·중 관계의 본질이 협력 속의 갈등에서 점차 갈등 속의 선택적 협력으로 전환되고 있다. 이는 미·중 관계가 나름의 '뉴 노멀' 단계에 진입한 것이며, 특히 그동안 관여/개입 위주이던 미국이 두 가지 새로운 접근 — ① 생각만큼 중국이 강한 나라가 아님을 알려주는 것, 그리고 ② 공세적 외교를 바꾸지 않으면 상당한 피해를 입을 수 있음을 알게 해주는 것 — 을 함을 의미한다.[44]

통상 갈등

많은 연구들이 이미 다룬 미·중 통상 갈등의 논의를 여기서 반복할 필요는 없겠다. 다만 관련해 다음과 같이 네 가지 논평을 제시한다. 첫째, 1년 8개월에 걸친 통상 갈등(표 6-2 참조)이 2019년 12월의 1단계 합의를 통해 일단락지어졌지만, 이는 향후 오랜 기간 펼쳐질 패권 경쟁의 게임에서는 단지 초반부일 뿐이다. 즉, 다른 영역은 차치하고 경제 부문에서도 환율 전쟁, 금수 조치, 자산 동결과 같은 극단적 상황의 전 단계에 불과하다는 의미이다.

둘째, 미·중 통상 관계는 88(미국의 수입) 대 12(중국의 수입)의

표 6-2. 미·중 통상 갈등 연표

	미국	중국
2018년 4월	중국산 통신장비(500억 달러)에 25%의 관세 부과	미국산 돈육 등(30억 달러)에 15~25% 관세 부과
2018년 7–8월	500억 달러 수입품에 25% 관세 상호 부과	
2018년 9월	중국산 수입품(2,000억 달러)에 10%의 관세 부과	미국산 수입품(600억 달러)에 5~10% 관세 부과
2019년 5월	중국산 수입품(2,000억 달러)에 대해 관세율 인상 (10% → 25%)	미국산 수입품(600억 달러)에 대해 관세율 인상 (5~10% → 25%)
2019년 9월	중국산 수입품(1,120억 달러)에 15%의 관세 부과	미국산 수입품(750억 달러)에 5~10% 관세 부과
2019년 12월	1단계 잠정 합의	
2020년	1단계 합의 시행	

구조에서 보듯이 칼자루는 미국이, 그리고 칼날을 중국이 쥔 형국이다. 그럼에도 불구하고, 〈표 6-2〉를 보면 미국의 조치에 대해 — 비록 금액과 비율은 작더라도 — 중국이 빠짐없이 대응해 온 것을 볼 수 있다. 일면 국내 정치용이지만, 또 한편으로는 "걸어오는 싸움에 물러서지 않는다"(奉配到底)는 중국의 전략적 사고가 묻어 있다.

셋째, 지난 2년간 미국의 대응은 매우 거칠었던 것으로 보인다. 체면을 중시하는 중국에 치욕적인 상황이 적지 않았기 때문이다. 어느 누구보다도 역사와 기록을 중시하는 중국이 향후 이에 대한 되갚음을 할 시점이 온다면 미국의 자존과 체면은 지금의 중국보다 더 어려운 입장에 처할 수도 있다는 의미이다. 미국의 미래를 위해서라도 조금은 더 스마트하고 세련된 접근이 필요해 보인다.

넷째, 미국의 의도는 단기적 무역 불균형(이에 대해 중국은 1단계 합의에서 상당한 성의를 보인 것으로 해석됨)의 해소만이 아니라, 보다 중요하게 〈제조 중국 2025〉(Made in China 2025)를 포함하는 중국의 중장기 발전계획 자체를 흔들어 미국의 경쟁력을 제고함에 있다. 물론 중국의 성장 없이 미국 경제도 지속되기 어렵다는 시각도 있지만, 미국은 자신의 저력을 바탕으로 이와 무관하게 압박을 계속할 것이다. 물론 중국 역시 단기적 보상을 제공하며 일정한 성의를 보이되, 중장기 발전계획을 포기할 가능성은 적다. 바로 이와 같은 괴리가 미·중 패권 경쟁이 당위적일 수밖에 없는 이유이다.[45)]

북핵 문제

북핵과 관련해 미·중 간에는 여전히 일정한 거리가 존재했다. 북한 보유 핵탄두의 파괴력 및 대륙 간 탄도미사일 기술의 향상에 대해 이전에 비해 일정 수준의 수렴이 있었지만, 해결책에서는 거리가 여전했기 때문이다.[46)] 그 괴리를 줄이기 위해 트럼프 행정부는 오바마 시기에 맛보기로만 행해졌던 2차 제재(secondary sanctions)를 현실화하였다.[47)] 2017년 7월 북한이 대륙 간 탄도미사일 화성-14형을 발사하자, 트럼프는 8월 2일 〈유엔 안보리 결의안 2371호〉와는 별도로 〈북한·러시아·이란 제재 법안〉(H.R. 3364: Countering America's Adversaries Through Sanctions Act)에 서명했다. 북한 금융기관과의 거래, 북한 광물의 수입, 북한에 대한 원유 및 석유 제품의 공급과 수출, 그리고 북한 농산물 및 식품 수입의 일괄 금지를 내용으로 한 독자 제재였다. 추가로, 조선선주책임상호보험협회, 조선중앙은행, 노동당 39호실 산하의 국영기업, 그리고 북한의 무기수출에 협조한 싱가포르계 회사 등이 대상으로 적시되었다. 또 8월 22일에는 미 재무부 해외자산통제국(Office of

Foreign Assets Control)이 단둥 즈청 금속(丹東至誠金属材料有限公司)과 밍정국제무역(明正國際貿易) 등 11개 기관(중국 5, 북한 1, 러시아 1, 싱가포르 2, 나미비아 2)과 6명의 개인에 대한 제재 조치를 취했다.[48]

이에 대한 중국의 입장은 두 가지로 정리된다. 첫째, 중국은 제3국에 대해 자국 법을 적용하는 독자 제재에 반대하며, 중국 기업이나 중국인의 안보리 결의 위반 시 이들을 중국 법에 의거해 처리한다는 입장이다.[49] 둘째, 북핵 문제의 '당사국'인 미국과 북한이 노력해야 하며, 또 국제사회의 협조도 중요하기에 2차 제재는 걸림돌이라는 것이다.[50] 그러나 트럼프 행정부는 북한의 도발에 대한 중국의 책임을 거듭 강조했는데, 흥미로운 것은 트럼프 집권 이후 중국의 대북한 제재가 전반적으로 조금은 더 적극적으로 변했다는 점이다.[51]

여러 결의안에도 불구하고 정작 제재가 북한에 막대한 손실을 끼쳤는지는 명확치 않다. 또 현물 거래의 경우 무역 통계에 잡히지 않기 때문에 2차 제재의 실효성은 떨어질 수도 있다. 그럼에도 트럼프 시기 중국의 조치들은 이전보다 범위나 심도에 있어 강화된 것으로 보인다. 중국은 2017년 8월 5일 안보리의 제재 결의안 2371호가 발표된 지 9일 만에(역대 중국의 대북 제재 중 가장 빨리) 북한산 석탄, 철, 해산물의 수입을 중단했다. 또 중국 상무부는 8월 25일 홈페이지를 통해 북한과의 합작기업 설립, 그리고 기존 법인에 대한 투자 확대를 금지한다는 규정도 발표했다.[52] 그러나 미국은 이를 충분치 않다고 보았으며, 북한이 행동으로 보여줄 때까지 보다 강력한 제재를 해야 한다고 요구했다.[53]

2018년 1월 평창 동계올림픽을 전후해 분위기가 급변하였다. 2017년 5월 집권한 문재인 정부가 한반도 문제에 대한 중재자 또는 촉진자를 자임하면서 미·북 양자 협상에 무게가 다시 실렸다.[54] 그에 따라 2017년 말부터 2018년 초까지 중국의 역할이 무엇인지 — 당사자(當事方), 관련자(有關方), 또는 주관자(主管方) — 에 대한 질문이 이어졌으며, 심지어 '중국 배제하기'(passing China)가 아닌지에 대한 논란도 있었다.

2018년 3월 6일 정의용 국가안보실장의 방북 이후 "이번만은 다르며, 북한이 비핵화에 진정성을 갖고 있다"는 낙관론이 팽배했다. 온갖 매체가 이를 다루면서 사실과 희망의 경계가 모호해진 가운데, 한국 외교의 병폐인 조급증이 다시 발동했다.[55] 비핵화 개념에 대해 관련 각국이 동의하는지에 대한 확신도 없이, '항구적 (북한의) 비핵화'(permanent dismantlement)를 위한 조치와 각 단계에서의 상응 조치(corresponding measures)를 어떻게 배치할지 그리고 시간표는 어떻게 짤지에 대한 구상도 없이 뛰어든 것이다. 여러 회의에서 중국 측 인사들까지 한국정부에 대해 "지나치게 낙관적"이라고 평가했다.[56]

그 이후 1년 동안 — 즉, 싱가포르 미·북 정상회담(2018년 6월 12일) 전부터 하노이 노딜 회담(2019년 2월 28일) 이후까지 — 북핵 문제는 중국 배제가 아니라 오히려 중국이 제시한 쌍중단과 쌍궤병행의 틀에 따라 진행되었다. 당초 문재인 정부는 트럼프 임기 동안 '현재 핵'과 ICBM의 폐기를, 그리고 그 대가로 북한에 대한 제재 완화와 평화협정 체결 및 IAEA 사찰 이후의 종전선언을 모색했었다. 그러나 북한의 선 제재 완화 및 체제 보장 요구, 그리고 미국의 핵 자산 철수와 한·미 전략자산 전개 훈련의 중지가 강조되면서 위 목표 중 어느 하나도 이뤄내지 못한 것이다.

북핵 협상뿐 아니라 종전선언/평화협정 관련해서도 한·미·북 3자로 갈지 아니면 중국까지 포함할지 논란이 있었다. 그러나 2018년 3월부터 2019년 1월 사이 김정은이 네 차례나 방중하면서 중국 배제 논란을 단번에 잠재우는 동시에 싱가포르 미·북 정상회담을 성사시켰고, 북핵 문제를 미·중 간 핵심 이슈로 격상시켰다. 전례 없이 많은 횟수(10개월 사이 4회: 1~3차는 13주 사이)를 기록한 김정은의 방중에 대한 평가가 필요하다.[57] 최상의 의전[58]은 물론이고, '혁명적 의리,' '친형제,' '대이어 조·중 친선을 목숨처럼,' '한 집안 식구,' '한 참모부,' '믿음직한 후방,' '세상에서 유일무이한 가족 같은 이웃'[59]과 같은 수사를 동원해 중국이 북한의 든든한 배후임을 싱가포르 정상회담 전후에 확실히 한 것이다.

김정은의 방중에는 실리 확보의 의도도 들어 있다. 우선 1차 방중 시 김정은은 시진핑으로부터 트럼프와 국제정세에 대한 조언을 들었으며,[60] 발전설비를 선물로 받았다. 5월의 2차 방중에서는 ICBM 포기 대가로 제재 완화 요구에 대한 시진핑의 의견을 들었고, 미국이 거절할 경우 "트럼프에게 주한 미군 철수를 요구하라"고 시가 제안한 것으로 알려진다. 그리고 6월의 3차 방중 때는 싱가포르 정상회담에 대한 설명과 함께 중국과의 우선 소통을 약속한 대가로 경제 지원을 제공받았다.[61]

이 모든 것은 중국과 북한의 이익이 절묘하게 맞아떨어진 맥락에서 가능했다. 즉, 중국은 한반도에 대한 영향력이 여전함을 국제사회에 과시하고, 북한은 자신의 선호대로 협상이 진행되지 않을 경우를 대비한 뒷배를 확보한 것이었다. 그러나 북·중의 선호가 완벽히 합치되지는 않았는데, 1차 방중 직후 중국 매체는 김위원장이 한반도 비핵화를 3회 언급했다고 했으나 중앙통신은 이에 대한 언급이 아예 없었다. 또 2019년 1월의 4차 방중에서 시진핑은 전략적 소통을 강조했는데, 이는 주요 현안에 대한 양국의 사전 협의가 여전히 부족함을 반증한 것이다.

관련해 중국학자들이 다음과 같이 털어놓은 북한에 대한 중국의 속내는 상당히 흥미롭다.

> 북한에 대한 중국의 속내는 다음과 같다. 첫째, 북한은 미·중 갈등을 활용해 자신의 선호(핵 개발, 경제지원, 평화체제)를 다 얻을 생각이다. 둘째, 중국정부는 북한의 비핵화를 믿지 않는데, 중국이 걸어온 길을 북한이 그대로 걷고 있기 때문이다.[62] 셋째, 북한에 대한 중국의 전략적 불신 — 즉, 북한 역시 중국을 전적으로 신뢰하지 않으며 자신의 이익을 위해 북한이 미·중 사이에 설 수도 있다는 것 — 을 버리지 않고 있다.[63]

2019년 중반 이후의 북핵 관련 소강상태는 2020년에도 지속되었다. 문재인 정부의 희망과 달리 — 통일부 산하 통일연구원의 2019년 조사에 의하면 — 한국인의 72.4퍼센트가 북한의 비핵화는 불가능하다고 보았다.[64] 2019년 이후의 소강상태와 중·북 관계의 회복은 대북 제재에 있어 심각한 폐해를 만들어냈다. 다국적 기구인 국제무역센터(ITC)에 따르면, 2019년 5월 북한은 중국으로부터 2억 5,800만 달러 규모를 수입했는데, 이는 안보리 결의안 2397호의 채택 이후 최대 규모이자 결의안 채택 이전의 수준을 거의 회복한 것이다.[65] 뿐만 아니라 유엔 제재에 저촉되지 않는 단체 관광객 파견을 통해 북한을 지원했는데, 2018년 방북 외국인 관광객의 90퍼센트 이상이 중국인이었으며, 이들이 일인당 300달러만 써도 북한 GDP의 1퍼센트가 되는 것이었다.[66]

중국에게는 여전히 비핵화보다 한반도의 안정과 북한 체제의 유지가 더 중요하며, 미국의 압력과 무관하게 자신의 이익에 기반해 북한 정책을 가져갈 수밖에 없다.[67] 따라서 중국은 제재의 단기적 이행과 중장기적 완화를 반복하는 행태를 보이는 것이다. 한

가지 확실한 것은, 조만간 미국이 이에 대한 '정산'을 요구할 것이고, 이와 관련해 미·북 사이 갈등이 고조되면 이는 곧 한·미 관계와 미·중 관계로 옮겨 붙을 것이라는 점이다.

미·중 기싸움의 지속

5장에서 논한 것처럼, 양국의 국력 차가 줄면서 양국 군 사이 기싸움의 빈도가 높아졌다. 2014년 12월 남중국해에서 벌어진 미·중 군함 간 일촉즉발의 기싸움의 경우 그 시간이 매우 짧았다. 반면 2015년 10월 같은 해역에서 발발한 기싸움은 이전과 다른 수준의 긴장이었다. 남사군도(南沙群島, Spratly Islands) 주변에 중국이 만든 인공섬의 12해리 이내로 미 7함대 이지스함 라슨호가 진입하면서 무력충돌 가능성이 생겼기 때문이다. 곧이어 11월 초에

표 6-3. 미·중 기싸움 현황(2017–2020)

시기	내용
2017년 2월 8일	스카버러 암초(Scarborough Reef: 黃岩島) 상공에서 중국의 KJ-200(空警-200) 조기경보기가 미 P-3(Orion) 정찰기에 1000피트(약 305m) 가까이 접근
2017년 5월 17일	동중국해 상공에서 방사성 물질을 탐지하던 미국의 WC-135 (Constant Phoenix) 정찰기에 중국의 Su-30 전투기 2대가 150피트(약 45m)까지 접근
2017년 5월 24일	남중국해 상공에서 중국의 J-10 전투기 2대가 미국의 P-3 정찰기를 가로막고 진로 방해
2017년 7월 23일	미 해군의 EP-3(Lockheed EP-3) 정찰기와 중국의 J-10 전투기 2대가 칭다오 남동쪽 80해리(약 148km) 상공에서 대치
2018년 9월 30일	중국 구축함 란저우가 미 구축함 데카투어(Decatur)호의 41미터 이내로 접근
2020년 5월 28일	중국 군함이 서사군도 부근에서 미 구축함 머스틴(Mustin)호의 100미터 이내로 근접 항행
2020년 7월 23일	대만해협 주변에서 미 정찰기(P-8 Poseidon)와 중국 전투기가 근접 조우

는 핵 항모 루스벨트(Roosebelt)호가 카터(A. Carter) 국방장관을 태우고 남사군도 부근을 항행하면서 미국으로서는 중국의 반접근 지역 거부 전략이 통하지 않음을 주변국에게 보여줘야 했다.[68]

그간 대체로 군함 간에 기싸움이 벌어졌다면, 2017년 이후에는 양국의 정찰기 및 전투기의 근접 조우도 빈번해졌다(표 6-3 참조). 양국 간 합의된 〈해상 및 공중에서의 우발적 조우 시 안전행위를 위한 준칙〉(海空相遇安全行爲準則)이 그리 유용하지 않다는 방증이다. 특히 2017년 7월 23일 미 해군 정찰기(EP-3)와 중국의 J-10 전투기 2대가 칭다오 남동쪽 상공에서 대치했는데, 중국 전투기는 300피트(약 91m)까지 근접해 미 정찰기를 위협했다. 사건 발생 직후 런궈창(任國强) 중국 국방부 대변인은 "중국 공군은 적법하고 적절한 대처를 했으며, 미국은 중국 영해 부근에서의 정찰행위를 중단하고 양국 관계를 위험에 빠뜨리지 말아야 한다"고 했다.[69] 2020년 7월 미 국무부는 『남중국해 영유권 주장에 대한 미국의 입장』이란 문서에서 2017년 PCA의 결정은 최종적이자 그 수용이 당위적이며, 미국은 역내 중국의 일방적 우세를 받아들이지 않을 것이고 동맹과 파트너를 대변할 것임을 천명했다.[70]

또 다른 측면에서의 기싸움은 중국이 가장 민감히 여기는 대만 카드를 미국이 지속적으로 이용하려고 한다는 것이다. 예컨대 2017년 6월 30일 시진핑 주석이 홍콩을 방문해 사상 최대 규모의 부대 사열(총 20개 부대, 3,166명)을 진행한 바로 그날, 미국은 대만에 대한 13억 달러 규모의 무기 판매를 승인했다. 뿐만 아니라 대만 총통의 방미를 허용하고, 의회 차원에서는 2018년 2월 28일 〈대만여행법〉(Taiwan Travel Act)을 제정해 미국 고위 인사의 대만 방문 길을 열었다.[71] 이는 2020년 8월 에이잘(A. Azar) 미 보건장관의 대만 방문으로 이어졌다. 또 2020년 4월 미 의회는 〈대만 동맹 보호 및 지위 격상 구상〉 법안(TAIPEI)을 통과시켰다. 더 나아가 미국정부는 대만과 자유무역협정(FTA)의 협의를 구상 중이고, 워싱턴 정가에서는 대만과의 수교 — 즉, '하나의 중국' 입장 파기 — 에 대한 논쟁까지 일고 있다.[72]

추가적으로 미국은 중국의 또 다른 아킬레스건인 티베트와 관련해 〈티베트 접근 관련법〉(Reciprocal Access to Tibet Act: 2018년 12월)과 〈티베트 정책 및 지원법〉(Tibet Policy and Support Act: 2020년 1월 28일)을 통과시켰는데, 티베트에 대한 미 정부 관리와 언론의 접근을 어렵게 만드는 중국 관리들을 제재하는 내용을 담고 있다.[73] 또 2019년 11월에는 〈홍콩 인권 및 민주주의 법안〉을 제정해 중국의 홍콩 탄압을 저지하는 모습을 보였고, 〈국가안전법〉이 전인대에서 통과되자 미국은 홍콩에 대한 특수 지위('경제지역' — economic territory — 의 부여와 미 달러와 홍콩 달러의 연동)를 거둬들이기도 했다.[74] 또 2019년 10월, 2020년 5월과 7월에 국무부와 재무부는 신장에서의 인권 침해를 이유로 중국 공산당 고위 관리(천젠궈 현 신장 당서기 포함)에 대한 제재도 시행했다.[75] 양국 간 기싸움은 그 층면이 급속히 확대되고 있으며, 어느 순간 임계점에 달할 가능성 역시 높아지고 있다.

코로나 팬데믹과 미·중 관계

트럼프 시기의 미·중 관계를 평가하자면, 그것을 '신냉전'으로까지 부를지는 확실치 않지만 2017년 말부터 양국 간 상당히 다른 관계가 형성된 것은 틀림없다.[76] 2017년의 미·중 관계가 "천둥은 많지만 비는 안 오는"(多雷無雨) 상황이었다면, 2018~2020년 기간에는 때에 따라 소나기와 가랑비가 오가고 있다. 아직은 미국의 대전략 안에서 중국 정책이 어떻게 자리 잡을지 그리 명확치 않다.[77)]

이 글은 2019년 가을에 쓴 이 장의 초고에서 따온 것이다. 당시 시점에서 미·중 간 전략적 불확실성이 여전히 크다는 점을 강조하고 있다. 그런데 2020년 벽두에 발생한 코로나 팬데믹(COVID-19)은 양국 관계를 질적으로 변환시키는 역할을 했다. 미·중이 4차 산업혁명과 패권 경쟁을 동시에 겪고 있음에도 불구하고, 인류를 위협하는 팬데믹에 대처하기 위해 양국이 협력하는 ― 즉, 한 배를 타고 거친 파도를 건너는(同舟共濟) ― 모습을 보일 것으로 국제사회는 기대했었다. 그러나 실상 드러난 모습은 각각 자기 길을 가는(各行其是) 것에 가까웠다.[78)]

관련해 다음 몇 가지가 특기할 만하다. 첫째, 코로나 팬데믹은 그동안 회자되던 세계화, 주권의 도태, 그리고 시장 논리에 기반한 초국가적 협력 추세를 일거에 위축시키고, 대신 자국의 이익, 국경 강화, 자력갱생의 전략적 중요성을 환기시켰다. 팬데믹 상황에서 마스크, 생리대, 진통제가 전략물자가 되고 '전 지구적 가치 사슬'(global value chain)에서 핵심 생산자였던 중국에 대한 불신이 확산되면서 미국은 자국 기업의 귀환(reshoring), 그리고 중국을 배제한 새로운 가치 사슬 ― 예컨대 '경제번영 네트워크'(Economic Prosperity Network: EPN) ― 의 구축을 통해 중국 압박을 강화하고 있다.[79)]

둘째, 공공보건과 같은 비전통 안보에서조차 협력이 부재한 가운데 미국과 중국은 전방위적인 기싸움을 지속하고 있다. 미국은 〈국방수권법-2021〉에서 하원이 발의한 〈인도·태평양 안보 재확신 구상〉에 35억 달러, 그리고 상원이 발의한 〈태평양 억지 구상〉(PDI)에 60억 달러의 지원을 확정했다.[80] 또 앞서 언급한 『미국의 중국에 대한 전략적 접근』 문서와 함께 2020년 7월 국무부가 발표한 『남중국해 관련 주장에 대한 미국의 입장』을 통해 중국 입장을 반박하고, "역내 동맹국들을 위해 목소리를 높일 것"(speak for allies)을 천명했다.[81]

쫓아가는 입장의 중국은 상대적으로 미국보다 덜 공세적이지만 그래도 하나하나 빠짐없이 대응하고 있다. 2020년 5월 백악관의 『미국의 중국에 대한 전략적 접근』 문서가 나오고 나흘 후인 24일, 왕이 부장은 전인대에서의 기자회견에서 "중국은 미국을 대체할 의도를 갖고 있지 않으며, 미·중 관계에는 여전히 협력의 공간이 남아 있다"고 희망적 사고를 밝혔다. 그러나 동시에 "미국의 일부 세력(有些勢力)이 대중국 관계를 납치했다"면서 중국은 '배짱'(骨氣)을 갖고 대응할 것임을 천명했다.[82] 미 국무부의 『남중국해 관련 주장에 대한 미국의 입장』이 발표된 바로 다음 날 왕이 부장은 '중·미 싱크탱크 포럼'에서의 연설을 통해, 다시 한번 "미국에 도전하거나 대체할 의도가 없다"면서도 미국이 전략적 오판을 하고 있다고 경고했다.[83]

셋째, 코로나 팬데믹은 '선진국' 개념을 다시 성찰하는 계기기도 했지만, 무엇보다도 국가 주도와 민간 주도 체제 사이의 비교를 절실하게 만든 분수령이었다. 특히 중국이 "코로나 감염의 시작은 있었으나 바이러스의 근원은 중국이 아니다"라면서 발발한 코로나 근원 논쟁으로 인해 가치/규범도 미·중 관계에서의 경쟁과 대립의 영역으로 자리 잡았다. 2020년 7월 23일 폼페이오(M. Pompeo) 국무장관의 닉슨 도서관 연설은 중국을 전체주의로, 시진핑을 전체주의 신봉자로, 그리고 공산당의 행태를 바꾸는 것이 세계의 임무라고 적시했다.[84] 이를 반박이라도 하듯, 시진핑 주석은 8월 3일 중국 인민 항일전쟁 및 세계 반파시즘 승리 75주년 기념 간담회에서 "중국 공산당과 인민을 갈라놓거나 중국의 진로를 바꾸려는 시도는 용납할 수 없음"을 천명했다.[85]

그럭저럭 '냉평화'(cold peace) 상태를 유지해 온 미·중 관계가 향후 냉전 2.0으로 넘어갈 가능성을 배제할 수 없다. 미·소의 냉전을 통해 볼 때, 군비경쟁, 대국경합(great-power rivalry), 경제분리, 군사적 대치, 이념적 대립, 그리고 대리전을 주된 특징으로 볼 수 있다. 이 기준을 활용하면, 2020년 시점의 미·중 관계는 군비경쟁, 대국경합, 그리고 일부 지역에서의 군사적 대치는 이미 드러나 있고, 심화 국면인 이념대립, 경제분리 등의 추세가 현재 진행 중에 있는 것이다. 현재의 냉전 1.6 수준에서 2.0이 되려면 중국이 보다 명시적으로 동맹 결성에 나서거나 해외기지의 획득을 위해 매진하는 모습이 선행되어야 한다.[86]

미·중 경쟁이 소위 '열전'(hot war)으로 구현되기에는 많은 장애가 있는데, 핵 공포의 균형, 그리고 양국의 여전히 높은 상호 의존이 방지 장치로 작동할 것이기 때문이다. 그럼에도 불구하고 역사가 주는 혜안이 있다면 그것은 바로 열전의 가능성이 제로보다는 높다는 것이다. 지속되는 항행 자유 작전(FONOPs)을 통해 미국은 역내 국가들에 패권으로서의 확신을 줘야만 하고, 중국은 중국대로 부상국으로서의 존재감을 드러내야 하는 상황에서 '의지의 경쟁'(contests of will)이 갈등 가능성을 높일 것이기 때문이다.[87] 2019년 건국 70주년을 맞은 중국이 미국을 향해 "이미 경고한 바 있듯이, 후에 아무 말 안 했다고 하지 마라"(勿謂言之不豫也)는 언급을 한 것은 시사하는 바가 크다.[88] 미국 역시 중국의 도전에 대한 장기적인 대비와 관리를 강조하고 있다.[89]

냉평화든 냉전 1.6이든, 미, 중 양국은 역내 영향력 확보를 위해 지역 국가들에 자신의 정책 선호를 강요하는 소위 '대리 경쟁'(proxy competition) 또는 '제3자 강요'(third-party coercion)를 빈번히 행할 수밖에 없다. 따라서 결코 제2의 영국이 되지 않으려는 미국과 기필코 제2의 미국이 되려는 중국 사이에서 역내 국가들은 심각한 전략적 딜레마를 겪을 수밖에 없는데, 이에 대한 분석이 다음의 3부를 구성하고 있다.

주

1 The White House, *National Security Strategy* (Washington, D.C.: December 18, 2017), p. 25.

2 習近平, "中國共産黨第19次全國代表大會上的講話," at http://cpc.people.com.cn/xuexi/n1/2017/1129/c385474-29673705.html을 보라.

3 James Woolsey, "Bargaining Power," *South China Morning Post*, November 11, 2016을 보라. 울시는 2017년 1월 트럼프 진영에서 탈퇴했다. 또 Nayan Chanda, "Trump Passes Baton of Global Leadership to China's Xi," *Yale Global Online*, November 16, 2017, at https://yaleglobal.yale.edu/content/trump-passes-baton-global-leadership-chinas-xi(검색일: 2017년 12월 1일)도 참조하라.

4 Ryan Pickrell, "Is Trump Ready for China's Inevitable Test of American Power?" *Daily Caller*, November 27, 2016, at http://www.andrewerickson.com/2016/11/is-trump-reay-for-chinas-inevitable-test-of-american-power/?utm_source=feedburner&utm_medium=email&utm_campaign=Feed%3A+AndrewErickson+%28Andrew_S.+Erickson%29.

5 예컨대 Wendy Wu and Kristin Huang, "Known Unknowns for China," *South China Morning Post*, November 11, 2016을 보라.

6 王生·張雪, "中美新型大國關係的構建: 基礎與障碍," 『國際觀察』, 5期(2017), pp. 30-34를 보라.

7 최근 미·중 사이에서 경쟁적 요인이 협력적 요인을 넘어섰다는 중국 측 평가(中美之間競爭性因素第一次排在了合作性前面)로는 "中美競合," 『財經』, 2017년 11월 13일을 참조하라. 미국의 대중국 정책이 "질적으로 달라졌다"(質變)는 평가로는 倪峰, "常規因素與非常規因素匯合: 美國對華政策的質變," 『現代國際關係』, 7期(2018), pp. 15-23; 王緝思, "如何判斷美國對華政策的轉變," 『環球時報』, 2019년 6월 13일을 보라.

8 예컨대 Steven Yang, "China Ready to Step Up Scrutiny of US Firms if Trump Starts Feud," *Bloomberg News*, January 6, 2017, at https://www.bloomberg.com/politics/articles/2017-01-06/china-said-to-mull-scrutiny-of-u-s-firms-if-trump-starts-feud-ixl2je3s?utm_source=Sailthru&utm_medium=email&utm_campaign=EBB%201.6.17&utm_term=Editorial%20-%20Early%20Bird%20Brief; Charles W. Boustany

and Aaron L. Friedberg, *Partial Disengagement: A New US Strategy for Economic Competition with China*, NBR Special Report No. 82 (November 14, 2019)를 보라.

9 장퉈성(중국국제전략기금회)은 2019년의 한 회의에서 "향후 미·중 간 이념경쟁(意識形態競爭)이 주도적 위치를 점할 것"이라 전망했다. 張沱生, "中美關係將走向何方," 동서대학교 중국연구센터 세미나(2019년 8월 19일).

10 "我們有一千理由把中美關係搞好, 没有一條理由把中美關係搞壞," 2017년 4월 7일, at http://news.xinhuanet.com/english/2017-04/07/c_136191039.htm(검색일: 2017년 7월 16일) 참조.

11 The White House, "Briefing by Secretary Tillerson, Secretary Mnuchin, and Secretary Ross on President Trump's Meetings with President Xi of China," April 7, 2017, at https://www.whitehouse.gov/the-press-office/2017/04/07/briefing-secretary-tillerson-secretary-mnuchin-and-secretary-ross; 中華人民共和國国外交部, "王毅介绍中美元首海湖庄園会晤情況," 2017년 4월 8일, at http://www.fmprc.gov.cn/web/wjbz_673089/zyhd_673091/t1452260.shtml(검색일: 2017년 7월 16일).

12 3년(2014~2016)간 미국의 대중국 상품·서비스 무역의 적자는 평균 3,193억 달러(약 360조 5,400억 원)로, 미국 무역적자 총액(평균 5,045억 달러)의 63.3%를 점했다. United States Census Bureau, at https://www.census.gov/foreign-trade/Press-Release/current_press_release/ft900.pdf(검색일: 2017년 8월 2일)를 참조하라.

13 100일 계획에 대한 보다 구체적인 평가는 이후에 제시한다.

14 "Briefing by Secretary Tillerson, Secretary Mnuchin, and Secretary Ross on President Trump's Meetings with President Xi of China," on April 7, 2017, at https://www.whitehouse.gov/the-press-office/2017/04/07/briefing-secretary-tillerson-secretary-mnuchin-and-secretary-ross.

15 He Yafei, "A New Chapter Unfolds for Sino-US Relations," *China Daily*, April 12, 2017, at http://www.chinadaily.com.cn/opinion/2017-04/12/content_28894448.htm(검색일: 2017년 7월 19일); Alan D. Romberg, "Xi-Trump Mar-a-Lago Summit: Beyond Sweet Nothings," *South China Morning Post*, April 8, 2017, at http://www.scmp.com/week-asia/geopolitics/article/2086035/xi-trump-mar-lago-summit-beyond-sweet-nothings; Robert Daly, "The Stakes at Mar-a-Lago," Wilson Center, April 6, 2017, at https://www.wilsoncenter.org/article/the-stakes-mar-lago(검

색일: 2017년 7월 8일).

16 중국 매체 역시 트럼프 방중의 핵심을 경제(以經貿爲主)라고 단정했다. “中美競合,”『財經』, 2017년 11월 13일.

17 트럼프의 방중 며칠 전(10월 30일), 미국 통상대표부(USTR)는 중국산 알루미늄에 대해 반덤핑 제소를 했는데, 이러한 움직임이 중국의 적극성을 자극했을 개연성이 있다.

18 中華人民共和國外交部, “王毅介绍中美元首海湖庄园会晤情况,” 2017年 4月 8日, at http://www.fmprc.gov.cn/web/wjbz_673089/xghd_673097/t1452260.shtml(검색일: 2017년 7월 28일).

19 U.S. Department of State, “Secretary of State Rex Tillerson and Secretary of Defense Jim Mattis at a Joint Press Availability,” June 21, 2017, at https://www.state.gov/secretary/remarks/2017/06/272103.htm; 中華人民共和國外交部, “中美雙方在首輪中美外交安全對話期間達成的有關共識,” at http://www.fmprc.gov.cn/web/zyxw/t1472819.shtml(검색일: 2017년 7월 10일).

20 “Spotlight: China, U.S. Reach Consensus at High-level Security Dialogue,” *Xinhuanet*. June 24, 2017, at http://news.xinhuanet.com/english/2017-06/24/c_136391145.htm; Zhang Zhixin, “China and US Smooth Ties through Dialogue,” China Internet Information Center, June 26, 2017, at http://www.china.org.cn/opinion/2017-06/26/content_41098972.htm(검색일: 2017년 7월 22일).

21 Michael Green, “Is Trump Tweet Guilting China?” *Foreign Policy*, June 23, 2017, at http://foreignpolicy.com/2017/06/23/is-trump-tweet-guilting-china/; John Pomfret, “Trump and China: The Honeymoon is Over,” *The Washington Post*, June 24, 2017, at https://www.washingtonpost.com/news/global-opinions/wp/2017/06/24/trump-and-china-the-honeymoon-is-over/?utm_term=.9ddf2f93211f(검색일: 2017년 7월 22일).

22 예컨대 중국 상무부는 외국 기업들의 지적재산권 보호를 위한 규정을 입안했으나, 그 효과는 향후 시간을 두고 평가해야 할 것이다. “China Drafts Rules on Protecting IPRs of Foreign Companies,” *Xinhua*, 2017년 8월 25일.

23 『조선일보』, 2017년 7월 21일.

24 White House, *National Security Strategy of the United States of America*, December 18, 2017, at https://www.whitehouse.gov/wp-content/uploads/2017/12/NSS-Final-12-18-2017-0905.pdf.

25 pp. 2, 25, 27, 38, 45를 보라.

26 pp. 47, 51, 52.

27 pp. 25, 46, 47, 55. 이러한 인식과 관련해 張芳菲, "從奥巴馬到特朗普: 美國對華對冲戰略的演變," 『美國研究』, 4期(2018); Oriana S. Mastro, "The Stealth Superpower: How China Hid Its Global Ambitions," *Foreign Affairs*, Vol. 98, No. 1 (January/February 2019)을 참조하라.

28 Bob Woodward, *Fear: Trump in the White House* (New York: Simon & Schuster, 2018)를 보라. 이는 트럼프의 두 번째 국가안보보좌관이었던 맥마스터(H. R. McMaster)의 중국관에서도 잘 드러난다. H. R. McMaster, "How China Sees the World — And How We Should See China," *The Atlantic*, May 2020, pp. 2, 5, 6. 중국 측 관점은 陳文鑫, "美國全政府對華戰略探析," 『現代國際關係』, 7期(2020), pp. 1-4를 보라.

29 예컨대 '의회-행정부 중국위원회'(Congressional-Executive Commission on China: CECC)는 2018년 10월 9일의 보고서에서 미국의 희망과 달리 중국은 점점 더 권위주의 정권으로 바뀌고 있다고 평가했다. 관련해 Kurt Campbell and Ely Ratner, "The China Reckoning: How Beijing Defied American Expectations," *Foreign Affairs*, March/April 2018을 보라.

30 *NDAA 2019*, pp. 15-16, at https://www.congress.gov/115/crpt/hrpt676/CRPT-115hrpt676.pdf.

31 https://www.congress.gov/bill/115th-congress/senate-bill/2736/text; https://www.congress.gov/bill/116th-congress/senate-bill/1790

32 *2018 USTR Report to the Congress* (2019년 2월), pp. 2-3.

33 USMCA, 32조 10항. *South China Morning Post*, October 2, 2018을 보라.

34 당시 나머지 두 가지 기준(경상수지 흑자 및 GDP 대비 정부 개입하의 외환 순매입 비중)은 충족되지 않았다. Elena Holodny, "The Treasury Department Backs Down on Some of Its Criticism of China's Currency Policies," *Business Insider*, October 18, 2017.

35 Ben Kesling and Jon Emont, "US Goes on the Offensive against China's Empire-Building Megaplan," *Wall Street Journal*, April 9, 2019.

36 보고서에서 인도·태평양을 미국의 '우선 전장'(priority theater)이자 '미국의 미래에 있어 단독으로 가장 중요한 지역'(single most consequential region for America's future)으로 적시함과 동시에, 중국이 이 지역을 새로이 재단하려 한다고 규정했다. *Indo-Pacific Strategy Report* (2019년 6월 1일), p. 4, at https://media.defense.gov/2019/Jul/01/2002152311/-1/-1/1/DEPARTMENT-OF-DEFENSE-INDO-PACIFIC-STRATEGY-

REPORT-2019.PDF.

37 인·태 전략에 대한 중국의 해석으로는 趙明昊, "大國競爭背景下美國對一帶一路的制衡態勢論析,"『世界經濟與政治』, 12期(2018), pp. 4-31; 王鵬, "對沖與楔子: 美國印太戰略的內生邏輯,"『當代亞太』, 3期(2018), pp. 1-52를 보라.

38 Michael Auslin, "Chinese Communist Espionage Review: Spycraft as Statecraft," *Wall Street Journal*, 2020년 3월 1일.

39 2018년 9월 쉬양쥔(Xu Yangjun)이라는 학자가 항공공학 관련 기밀 누설 혐의(Supermicro controversy)로 벨기에에서 체포되었고, 중국이 시행해온 인재 초빙 프로그램인 '천인계획'(千人計劃)에 참여한 33인의 대만 과학자에 대한 조사 필요성까지 제기되었다. "FBI Running Probes into Chinese Economic Spying Across the US," *AFP*, 2019년 1월 30일. 이에 대한 중국의 시각으로는 李崢, "美國推動中美科技脫鉤的深層動因及長期趨勢,"『現代國際關係』, 1期(2020), pp. 33-36을 보라.

40 국무부 차관보 포드(C. Ford)는 2019년 3월 14일 "대국 경쟁의 마음가짐을 다시 배우고 있다"(re-learning a competitive mind-set in great power competition)고 논평했다. https://www.state.gov/re-learning-a-competitive-mindset-in-great-power-competition/을 보라.

41 Yumiko Oshima, "Chinese Granted 45% Fewer US Visas under Trump," *Nikkei*, November 23, 2019.

42 Jeffrey Mervis, "US Universities Reassess Collaboration with Foreign Scientists in Wake of NIH Letters," *Science Magazine*, April 2019, at https://www.sciencemag.org/news/2019/04/us-universities-reassess-collaborations-foreign-scientists-wake-nih-letters.

43 Elizabeth Redden, "Closing Confucius Institutes," January 9, 2019, at https://www.insiderhighered.com; Department of State, "Confucius Institute US Center Designation as Foreign Mission," August 13, 2020, at https://www.state.gov/confucius-institute-u-s-center-designation-as-a-foreign-mission/.

44 예컨대 Michael Brenner, "China on Washington's Mind," *Huffington Post*, September 27, 2016, at http://www.huffingtonpost.com/michael-brenner/china-on-washingtons-mind_b_12216400.html; "What Trump Means for China," *China Daily*, November 11, 2016; McMaster, "How China Sees the World"를 보라.

45 중국 측의 이러한 평가로는 盛柳剛·趙洪岩,『中美經貿變局: 挑戰與應對』

(北京: 北京大學出版社, 2019), 2~4장을 참조하라.

46 대화 재개에 대한 중국의 강조에도 불구하고 중국의 일부 관영 매체는 북한에 대한 중국의 인내심에도 한계가 있음을 피력했다. 예컨대 "북한의 6차 핵실험은 원유 공급 중단의 계기가 될 것"이라거나 "미국이 핵시설에 외과수술적 타격을 할 경우 중국의 군사적 개입은 불필요하다"는 언급이 이에 포함된다. 『環球時報』, 2017년 4월 17일 및 22일의 사설을 참조하라.

47 '2차 제재'란 제재 대상국과 거래하는 제3국 기업이나 금융기관을 제재함을 의미하며, 예로는 미국이 이란산 원유를 수입하는 제3국과의 거래를 금지한 2010년의 〈포괄적 이란 제재법〉(H.R. 2194: Comprehensive Iran Sanctions, Accountability and Divestment Act of 2010)을 들 수 있다. 이 제재로 자금줄이 끊긴 이란은 결국 2015년 7월 핵개발을 중단하고 유엔 안보리 5개국 및 독일과의 협상을 통해 동결 및 폐기에 합의했다.

48 U.S. Department of the Treasury, "Treasury Targets Chinese and Russian Entities and Individuals Supporting the North Korean Regime," at https://www.treasury.gov/press-center/press-releases/Pages/sm0148.aspx (검색일: 2017년 8월 24일).

49 中華人民共和國外交部, "2017年8月23日 外交部發言人華春莹主持例行記者會," at http://www.fmprc.gov.cn/web/wjdt_674879/fyrbt_674889/t1486806.shtml(검색일: 2017년 8월 25일).

50 United Nations Web TV, "SC President, Liu Jieyi (China) — End-of-term Press Conference," July 31, 2017, at http://webtv.un.org/watch/sc-president-liu-jieyi-china-end-of-term-press-conference-31-july-2017/5526816416001/(검색일: 2018년 8월 25일).

51 그 예로 2017년 북한산 석탄의 수입금지 조치를 들 수 있는데, 이는 북한 수출 총액의 40%에 해당한 것으로 적잖은 타격이었던 것으로 평가된다. 『조선일보』, 2017년 2월 20일과 4월 12일을 보라.

52 中華人民共和國商務部, "商務部公告2017年第47号商務部關于執行聯合國安理會第2371號决議禁止同朝鮮新設合資合作企業和追加合資企業投資的公告," at http://www.mofcom.gov.cn/article/b/f/201708/20170802633705.shtml; 中華人民共和国商務部, "商务部工商总局關于執行聯合国安理會第2375號决議關閉涉朝企業的公告," at http://www.mofcom.gov.cn/article/b/c/201709/20170902652390.shtml(검색일: 2017년 12월 13일).

53 중국은 이를 미국의 '以華制朝' 전술이라고 부른다. 劉衛東, "特朗普政府

對朝新政中的以華制朝策略評析,"『當代亞太』, 6期(2018), pp. 106-132를 참조하라.

54 한국 안보에 가장 큰 위협인 북핵 문제에 왜 한국이 당사자나 운전자가 아니어도 되는지는 1994년 이후 끊임없이 제기된 질문이다. 또 실제로는 중재자나 촉진자라기보다 추종자나 방관자에 불과하다는 비판에 대해서도 수긍이 가는 면이 적잖다.

55 2018년 서울에서 열린 한 1.5트랙 한·중 회의에 참석한 문재인 정부의 외교안보 멘토 중 한 분과 옆에 앉아 얘기를 나눌 기회가 있었다. 내 질문은 "이번 정부가 북의 비핵화 의지에 대해 그토록 확신하는 이유가 무엇인지"였다. 돌아온 답은 놀랍게도 "평창 올림픽 시기에 만나본 북측 인사들이 뭔가 그런 느낌을 줬다"였다. 달리 말하면 안 만나본 사람은 모른다였다. 이러한 주관적 느낌에 그 같은 주요 정책이 좌우된다는 것을 사실 믿기가 어려웠다.

56 21세기 한·중 교류협회와 중국인민외교학회가 2018년 5월 15일에 공동 개최한 '저명인사포럼'(知名人士論壇)에서 중국 측 대표는 "한국 측이 지나치게 낙관적"이라고 평가했다. 또 2018년 6월 29일 제주에서 개최된 제3차 한·중 전략대화에서도 두 명의 중국 측 참석자가 이와 유사한 우려를 제시했다.

57 시진핑의 방북(2019년 6월 20~21일)을 포함하면 김정은과 시진핑은 16개월 사이 5차례나 만난 것이 된다.

58 2018년 3월의 방중은 비공식 방문이었지만, 의장대 사열과 예포는 물론이고 24시간 안에 시진핑과의 2회 식사를 포함해 리커창, 왕치산, 왕후닝을 두루 만났다. 중·북 관계의 특수성에 대하여는 王俊生, "中朝特殊關係的邏輯: 複雜戰略平衡的產物,"『東北亞論壇』, 1期(2016), pp. 51-65를 참조하라.

59 *Global Times*, 2018년 3월 28일.

60 이는 주 미국 중국대사관이 워싱턴의 저명 인사들에 대한 브리핑에서 나온 내용이다. 2019년 9월 카네기 국제평화재단에서의 인터뷰.

61 『조선일보』, 2017년 7월 5일; 『중앙일보』, 2018년 7월 3일과 2019년 5월 20일을 참조하라.

62 관련해서 주석이 필요하다. 즉, 미국은 북한의 핵개발 관련 "모든 것을 없애려는 것"(斬草除根)이며, 반면에 북한은 "최소한의 기본은 어떻게든 남겨놓으려는 것"(斬草留根)이라는 해석이다.

63 베이징(2018년 5월 6일)과 뉴욕(2019년 5월 23일)에서의 인터뷰에 의거한다. 유사한 미국 측 평가로 Evans J. R. Revere, *Lips and Teeth: Repairing*

China-North Korea Relations (Brookings Insitution, November 2019)를 참조하라.

64 통일연구원, 『2019 통일의식조사』(2019년 5월 8일), at https://kinu.or.kr/brd/board/634/L/menu/371?brdType=R&thisPage=1&bbIdx=57419&searchField=&searchText=.

65 『조선일보』, 2019년 7월 6일.

66 『조선일보』, 2019년 5월 27일과 12월 14일.

67 2018년 10월 무역 분규의 와중에도 미·중 양국이 나이지리아 반군 집단으로부의 핵물질 수거를 위해 협력했음을 감안하면, 중국의 북한에 대한 배려는 특수하다고밖에 할 수 없다. Aaron Mehta, "How the US and CHina Collaborated to Get Nuclear Material Out of Nigeria," *Defense News*, January 4, 2019, at https://www.defensenews.com/news/pentagon-congress/2019/01/14/how-the-us-and-china-collaborated-to-get-nuclear-material-out-of-nigeria-and-away-from-terrorist-groups/.

68 사소한 충돌이 가져올 수 있는 거대한 분쟁 가능성에 대해서는 Richard N. Rosecrance, "Contingencies as a Cause (or Little Things Mean a Lot)," in Richard N. Rosecrance and Steven E. Miller (eds.), *The Next Great War: The Roots of World War I and the Rise of US-China Conflict* (Cambridge: MIT Press, 2015), Ch. 14를 참조하라.

69 Idrees Ali, "Chinese Jets Intercept U.S. Surveillance Plane: U.S. Officials," *Reuters*, at https://www.reuters.com/article/us-usa-china-military-idUSKBN1A91QE; 中華人民共和國國防部, "國防部發言人就美軍機抵近我東海上空偵察答問," 2017년 7월 25일, at http://www.mod.gov.cn/info/2017-07/25/content_4786724.htm(검색일: 2017년 8월 22일).

70 Department of State, *US Position on Maritime Claims in the South China Sea* (July 13, 2020), pp. 2-3, at https://www.state.gov/u-s-position-on-maritime-claims-in-the-south-china-sea/.

71 〈대만여행법〉에 대해서는 https://www.congress.gov/bill/115th-congress/house-bill/535를 보라.

72 〈대만 동맹 보호 및 지위 격상 구상〉 법안에 대해서는 https://www.congress.gov/bill/116th-congress/senate-bill/1678/text를 보라. 또한 워싱턴에서의 대만 수교에 대한 논쟁에 대해서는 Gordon G. Chang, "Avoid War, Defend America, Recognize Taiwan"; Jerome A. Cohen, "Don't Rush to Fully Normalize Relations With Taiwan," *Newsweek*, August 31, 2020, at https://www.newsweek.com/avoid-war-defend-america-recognize-

taiwan-opinion-1528626; https://www.newsweek.com/dont-rush-fully-normalize-relations-taiwan-opinion-1528631을 보라.

73 〈Reciprocal Access to Tibet Act〉(2018)에 대해서는 https://www.congress.gov/bill/115th-congress/house-bill/1872를, 〈Tibet Policy and Support Act〉에 대해서는 https://www.congress.gov/bill/116th-congress/house-bill/4331/text?format=txt&r=3&s=1을 보라. 또 Jayadeva Ramade, "China, US Emerging as Adversaries over Tibet," *The Tribune*, March 10, 2020을 참조하라.

74 https://www.congress.gov/bill/116th-congress/house-bill/3289를 보라.

75 "Press Release: Treasury Sanctions Chinese Entity and Officials Pursuant to Global Magnitsky Human Rights Accountability Act," July 9, 2020, at https://home.treasury.gov/news/press-releases/sm1055.

76 達巍, "歴史關口再思中美關係"(2019년 11월 7일), at https://news.sina.com.cn/o/2019-11-07/doc-iicezuev7894147.shtml.

77 이 시기에 트럼프 행정부는 중국 정책 평가(China policy review)에 몰두했으며, 그 결과물은 미국정부의 대중국 인식과 전략을 제대로 보여준 백악관의 2020년 5월 20일 문서인 『미국의 중국에 대한 전략적 접근』(*United States Strategic Approach to the People's Republic of China*)이다.

78 세계보건기구(WHO)가 168개국과 함께 코로나 백신의 개발, 제조, 배포를 위해 만든 코백스(COVAX) 프로젝트에 중국은 뒤늦게 참여했으나, 미국은 2021년 1월 기준 들어가지 않고 독자 역량 확보에 몰두하고 있다. 『중앙Sunday』, 2020년 9월 5/6일.

79 경제번영 네트워크에 대해서는 "Keith Krach(경제, 에너지 및 환경 담당 국무부 차관) Briefs the Press on Huawei and Clean Telcos," *Special Briefing*, June 25, 2020, at https://www.state.gov/telephonic-briefing-with-keith-krach-under-secretary-for-economic-growth-energy-and-the-environment/를 보라. 이에 대한 중국의 시각은 王達·李征, "全球疫情衝擊背景下美國對華脫鉤戰略與應對," 『東北亞論壇』, 5期(2020)를 참조하라.

80 https://www.congress.gov/bill/116th-congress/senate-bill/4049를 보라.

81 "US Position on Maritime Claims in the South China Sea," July 13, 2020, at https://www.state.gov/u-s-position-on-maritime-claims-in-the-south-china-sea/.

82 "國務委员兼外交部長王毅回答中外記者提問"(2020년 5월 24일), at http://www.gov.cn/zhuanti/2020qglhzb/live/202000524c852369.html.

83 "王毅向中美智庫媒体视频論壇發表致辞"(2020년 7월 9일), at https://www.fmprc.gov.cn/web/wjbzhd/t1796305.shtml. 이 연설에서 왕이는 두 가지 성어를 사용해 미국을 비난했다. 하나는 배궁사영(杯弓蛇影)으로, 친구와 한잔 하다 술이 취해 벽에 걸린 활을 잔 속에 뱀이 든 것으로 착각했다는 뜻이다. 다른 하나는 초목개병(草木皆兵)으로, 온갖 나무와 풀이 다 병사처럼 보인다는 뜻이다. 즉, 미국이 당황하거나 겁을 먹어 상황을 제대로 판단하지 못한 것이라고 힐난한 것이다.

84 Mike Pompeo, "Communist China and the Free World's Future" (2020년 7월 23일), at https://www.state.gov/communist-china-and-the-free-worlds-future/.

85 "習近平: 在紀念中國人民抗日戰争暨世界反法西斯戰争勝利75周年座談会上的講話"(2020년 8월 3일), at http://www.xinhuanet.com/politics/2020-09/03/c_1126449917.htm.

86 Timothy Heath, "China's Pursuit of a Global Coalition, Global Network of Partnerships," *Pacific Forum* (2018. 10. 3)을 참조하라.

87 중국은 '백년 만의 대변화'(百年未有之大變局)를 예고한 바 있고, 신임 바이든 행정부는 미국의 '재건'을 외치고 있어 그 추세는 지속될 수밖에 없다. 袁鵬, "世界百年未有之大變局之我見,"『現代國際關係』, 1期(2020), pp. 1-2; Melanie Hart and Kelly Magsamen, *Limits, Leverage, and Compete: A New Strategy on China* (Washington, D.C.: Center for A New American Progress, April 3, 2019)를 보라.

88 이 표현은 1962, 1969, 1978년의 단 세 번만 인도, 소련, 그리고 베트남에 대해 사용되었고, 추후 모두 전쟁 내지는 분쟁으로 이어졌다.『人民日報』, 2019년 5월 29일을 보라.

89 트럼프 행정부 말기의 국무부 주요 문서인 *The Elements of the China Challenge* (November 2020), at https://www.state.gov/wp-content/uploads/2020/11/20-02832-Elements-of-China-Challenge-508.pdf를 보라.

제3부

제7장

패권 경쟁하 중소국의 선택

"균형이란 강하거나 더 위협이 되는 쪽에 맞서는 특정의 방식이다."[1)]

"편승이란 위협을 받은 국가가 상대국에 비대칭적 양보를 하는 전략이다."[2)]

"헤징은 균형과 교류의 혼합일 수도 있고, 균형과 편승의 중간 지대일 수도 있다."[3)]

앞에서 미·중 관계는 이미 패권 경쟁의 양태를 상당 부분 보이고 있으며, 향후 그 수준이 보다 심각해질 것으로 전망한 바 있다. 중국의 국력이 미국을 아직 따라잡지 못한 상황에서 양국이 동아시아에서는 유난히 '제로섬'의 경쟁적 행태를 보인다는 점에서 지역적 함의에 대한 검토가 필요하다. 일본과 인도네시아를 제외하면 대부분이 중소국으로 구성된 동아시아에서 역내 국가들은 어떤 전략적 선택의 메뉴를 가질 수 있으며, 또 실제 이들은 어떤 선택을 했는지에 대한 이론적 논의와 실증적 검토가 필요하다는 의미이다.

이 장은 세 부분으로 구성되는데, 우선 1절에서는 패권 경쟁의 맥락에서 제3국이 취할 수 있는 전략적 선택의 일반적 메뉴의 일람과 함께, 그 내용의 각각이 중소국에 적용될 수 있는 가능성에 대한 이론적 논의를 제시한다. 2절에서는 앞서의 이론적 논의를 바탕으로 동아시아 맥락에서 이에 대한 실증적 평가를 제공한다. 마지막 3절에서는 이론적 논의 및 동아시아 국가들에 대한 평가가 한국의 최적 선택지와 관련해 제공하는 함의에 대해 분석한다.

제3국의 전략적 선택: 메뉴와 평가

두 강대국의 전략적 경쟁 상태에서 중소국에는 어떤 선택이 가능한가? 사실 이론적으로는 상당히 많은 선택지가 존재한다. 학자들마다 유사한 개념을 두고 서로 다른 어휘를 쓰기도 하고, 또 일부 선택지는 독자적 범주가 더 잘 어울리기도 한다. 이 절에서는 현상(status quo)의 변경을 의도하는 부상국의 요구에 순순히 응하는 정도 및 비외교적 방식(군사적 대응)의 개입 수준에 따라 네 가지 범주(순응, 적응, 대응, 섞기)로 나눠 논의를 진행한다. 이에 대한 구체적인 내용은 〈표 7-1〉에 상세히 기술되어 있다.[4)]

부상국의 요구에 대해 대항 의지가 결여되었거나 부상국에 오히려 적극적인 협력을 하는 것을 '순응' 전략이라고 정의할 수 있다. 이에는 유화(appeasement, 綏靖), 편승(bandwagoning, 追隨), 그리고 매수(co-opting, 補償)가 포함된다. 유화는 강대국의 부당한 요구에 대해 중소국이 별다른 저항 없이 순순히 응하는 것으로, 때로는 선제적인 양보를 통해 강대국의 제재나 보복을 피하고 손해를 극소화하는 전략을 의미한다.[5)] 이와 유사하게 매수는 강대국의 요구와 압력을 경제적 보상을 통해 풀어내는 것을 지칭한다.[6)]

표 7-1. 전략적 선택의 네 가지 범주

범주	특성	선택지
순응	대항 의지의 결여 내지 부상국과의 적극 협력	유화, 편승, 매수
적응	직접적 대항보다 간접 방식의 선호	구속/속박, 초월, 개입/교류, 책임전가, 거리두기/숨기, 혼합신호(mixed signals) 보내기
대응	직간접적 대항 및 무력 대비	균형, 압박, 예방전
헤징(섞기)	순응, 적응, 대응의 조합	다양한 가능성(후술)

편승은 유화보다 더 넓은 의미를 내포하는데, 대체로 국력의 비대칭적 열위에 선 '약자의 전략'(strategy for the weak)으로 위험 또는 위협의 편에 서는 것(alignment with the source of danger)을 의미한다.[7] 구체적으로 편승은 두 가지의 상이한 동기에 기반하는데, 하나는 중소국이 비대칭적 양보를 통해 강대국으로부터 자신을 보호하는 것(이 경우 유화와 유사함)이고, 다른 하나는 중소국이 부상국에 미리 기대어 향후 생길 수 있는 이익의 분배를 기대하는 전략적 행태를 가리킨다.[8]

현상의 변경을 모색하는 부상국에 대해 개별적이고 직접적으로 대항하기보다 국제기구나 지역협력체를 통해 부상국이 국제규범을 수용하고 제재나 무력 사용을 자제토록 만드는 간접적 방식, 그리고 부상국에 대한 관리를 아예 포기하거나 타국에 맡기는 것이 '적응'의 범주에 포함된다. 이에는 구속/속박(binding/enmeshment, 約束), 초월(transcending, 超越), 개입/교류(engagement, 接觸), 책임전가(buck-passing, 推諉), 거리두기/숨기(distancing/hiding, 疏遠/躲避), 그리고 혼합신호 보내기가 포함된다.[9]

구속/속박이나 초월은 시간이 좀 걸리더라도 국제기구나 지역협력체를 통해 통용되는 국제규범을 부상국이 수용함으로써 무력 사용을 자제하고 이를 통해 급속한 현상 변경이 일어나지 않도록 하는 노력을 통칭한다. 다만 둘의 차이는 기존의 기구나 협력체를 주로 활용하는지, 아니면 아예 새로운 기구를 만드는지에 있다.[10] 개입/교류는 경제 및 인적 교류를 포함한 다방면에서의 관계 확대를 통해 부상국의 제재나 무력 사용을 막는 것을 의미하나, 그 효과에 대해서는 이견이 존재한다.

부상국에 대한 관리와 대응을 타국에 맡기거나 아예 포기하는 선택으로 책임 전가와 거리두기/숨기가 있다. 전자는 위협이 되는 강대국이나 부상국에 대한 독자적 관리를 포기하고 이를 국제기구나 제3국에 일임하는 행태를 가리킨다.[11] 후자는 위협으로 인식되는 강대국이나 부상국과의 관계를 일반적 수준 이하로 격하하거나 교류를 줄여가는 소극적 적응 전략의 하나이다.[12] 숨기는 거리두기의 극단적 양태로 대외관계의 극소화를 의미하는데, 현실에서는 그리 많이 나타나지 않는 행태이다.[13] 혼합신호 보내기는 위협이 되는 국가에 대해 전략적 모호성을 보이는 것인데, 이는 뒤에서 논할 섞기(헤징)와도 일부 유사한 면이 있다.

부상국의 현상 변경에 대해 개별적이거나 집단적으로 무력 사용 또는 그 위협을 통해 직접 응수하는 '대응'의 범주도 있다. 이에는 균형(balancing, 制衡), 압박(containment, 遏制), 그리고 예방전(preventive war, 豫防戰爭)이 포함된다. 균형은 광범위한 행태를 포괄하는데, 부상국의 위협을 상쇄하기 위해 국방력의 증강(주로 국방예산의 증대로 드러남), 동맹/집단안보체제의 결성이나 강화, 명시적인 안보 우려의 적시(백서 출간 등), 상대방이 넘어서는 안 될 '레드라인'의 적시로 구현된다. 이는 강대국만 채택할 수 있는 옵션이 아니고 일정한 조건 — 예컨대 부상국에 맞서는 또 다른 강대국의 지원이 있는 경우 — 이 만족되면 약소국도 채택할 가능성은 있다.[14]

균형과는 또 다른 개념으로서의 압박은 위협이 되는 국가에 대해 외교(대사 소환, 공관 폐쇄 등), 통상(금수 조치 및 자산 동결), 그리고 심지어 군사적 압박과 제재까지를 포함한다.[15] 이론적으로는 예방전도 압박의 범주에 포함되지만, 실제 사례들에 대한 분석에 의하면 이는 대체로 수정주의 성향을 가진 부상국의 도발에 기인한 경우가 많았으며, 부상국에 대한 대응도 중소국보다는 주로 강대국에 의해 이뤄졌다.[16]

이상에서 논한 세 범주와는 다른 개념이 하나 더 있는데, 섞기 또는 헤징(hedging, 對沖/兩面下注)이 그것이다. 통상적으로 위험 분산 또는 양다리 걸치기로 번역되는데, 전자는 목적에 그리고 후자는 행태에 초점을 둔 것이다. 애초에는 미국의 '방기'(abandonment)가 발생할 경우 유럽연합(EU)이 어떻게 할지에 대한 해결책을 지칭하면서 처음 사용되었다. 그 후 미국의 『국가안보전략』 보고서 2006년판에 대중국 전략의 하나로 제시되면서 통용되기 시작했다.[17] 대체로 강대국 관점을 중시해 온 서구 국제정치이론에서 이 개념이 그리 널리 사용되지 않은 것과는 대조적으로, 중국의 부상과 동아시아 국제관계를 기술하는 데 있어 이 개념이 빠지는 경우는 별로 없다.[18]

헤징은 몇 가지 주요한 특성을 가진다. 첫째, 헤징은 한 강대국의 또 다른 강대국에 대한 유사시 대응(contingent response)을 의미하기도 하지만, 여기서는 강대국들 사이에 낀 중소국이 선택하는 '피해 최소화 전략'(cost-minimizing strategy)을 지칭한다.[19]

둘째, 중소국은 국익의 수호와 피해 최소화를 위해 패권국과 부상국 중 어느 한편만을 들지 않으려는 모호성을 중시하는데, 이와 같은 선호 감추기에 도움을 주는 전략이 헤징인 것이다.[20]

셋째, 패권 경쟁하에서 안보의 수호, 제재나 처벌의 회피, 그리고 경제이익의 확대라는 국익을 지켜야 하는 상황에서 다수의 국가들은 하나의 전략만을 고집하기보다 여러 가지를 섞은 혼합 전략(mixed strategies)을 선호한다. 그런 측면에서 헤징은 실제 상황을 보다 현실감 있게 반영한다고 볼 수 있다.[21]

넷째, 여기서 말하는 섞기란 다양한 조합의 가능성을 내포하는데, 보다 구체적인 내용은 〈표 7-2〉와 같다. 〈표 7-2〉에서 (A)의 경우 적응과 대응 전략을 일부 혼합해 중소국의 실리를 확대

표 7-2. 혜징 전략의 다양성 검토

복수 전략의 혼합(A)	균형 전략과 교류/개입 전략의 혼용
복수 전략의 중도 지향(B)	균형 전략과 편승 전략의 중간점 모색
순환/교차 지지(C)	시기별(temporal) 교차 지지
영역별 지지(D)	이슈별(issue-based) 선택적 지지

하고 피해는 최소화하는 방식을 의미한다.[22] (B)는 균형 전략과 편승 전략의 중간 지대 — 즉, 순응도 아니고 대응도 아닌 적응의 방식에 의존 — 에 머무는 선택을 지칭하며, 모호한 혼합 신호 보내기나 입장 불천명으로 나타나기도 한다.[23] (C)는 상호 경쟁관계에 있는 강대국들에게 시기별로 각기 다른 선호를 보이는 것을 말하는데, 특히 민주체제의 경우 정권이 바뀔 때마다 생기는 정책 변화로 장기적으로는 국익 수호에 도움이 안 될 수도 있다. 반면 이슈 영역에 따라 상이한 선택을 하는 것을 의미하는 (D)의 경우, 앞의 방식보다 더 명민하고 세밀한 전략을 필요로 하기 때문에 그 실행에는 적잖은 어려움이 있다.[24]

혹여 강대국으로부터 불이익을 당할까 싶어 중소국은 특정한 편을 들지 않기 위해 모호성의 견지라는 유인을 갖기에 혜징과 관련해 연구자 입장에서는 간단치 않은 방법론적 어려움을 겪을 수도 있다.[25] 즉, 중소국의 입장이 상당히 모호한 경우, 그것이 실제로 혜징 전략의 선택 때문인지 아니면 아무것도 하지 않은 무행동(inaction)에 기인한 것인지를 연구자가 실증적으로 구별해 내기가 그리 쉽지 않음을 가리킨다.[26]

동아시아의 전략적 선택: 실증적 검토

중국의 강대국 반열에의 진입은 곧 세계 전역에서 기존 질서가 도전에 직면함을 의미하며, 패권국 미국과 부상국 중국의 상이한 정책 선호로 인해 선택의 딜레마가 빈번히 발생함을 가리킨다. 특히 2010년대 들어 중국의 지전략적 의도와 영향력 행사의 범위가 아시아를 훌쩍 넘어서면서 '일대일로,' 아시아인프라투자은행, 화웨이(Huawei) 문제, 인도·태평양 전략 등과 관련해 다양한 지역의 국가들이 서로 다른 입장에 서는 일이 잦아졌다.[27]

이 같은 딜레마에 직면한 국가의 전략적 선택과 관련해 핵심 변수가 하나 있는데, 그것은 바로 중국과의 지리적 거리이다. 국제정치에서 거리란 곧 위협 인식을 좌우하는 요인으로, 두 나라 사이의 거리가 멀수록 — 전 지구적 투사력을 지닌 강대국이 아니라면 — 이익의 충돌이나 분쟁 가능성이 상대적으로 낮아지기 때문이다.[28)] 오랜 대립 관계에 있는 나라들 대부분이 인접국가(한국과 일본, 인도와 파키스탄, 사우디와 이란, 브라질과 아르헨티나, 터키와 그리스 등)라는 점은 시사하는 바가 많다. 왜 한국이 지구 반대편에 위치한 칠레와 첫 번째로 자유무역협정(FTA)을 맺었는지도 이와 유사한 맥락이다. 결국 지리적으로 근접한 동아시아 국가들은 중국의 영향력에 가장 먼저 노출될 수밖에 없고, 따라서 순응이든 적응이든 아니면 대응이든 간에 일정한 입장을 택할 수밖에 없는 것이다.

그렇다면 동아시아 국가들은 중국의 부상과 강대국화에 대해 어떤 입장을 취해 왔는가? 앞서의 논의 중 순응 전략의 대표적 행태를 편승으로 규정하고, 대응 전략의 대표적 양태를 균형이라고 하면, 적응 전략을 그런대로 잘 보여주는 것을 개입/교류라

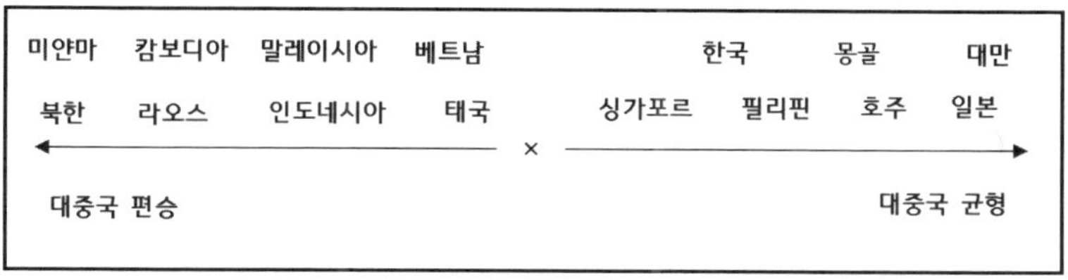

그림 7-1. 중국의 부상에 대한 동아시아 국가들의 좌표 조감도(2004–2007)

출처: Jae Ho Chung, "East Asia's Responses to the Rise of China: Patterns and Variations," *Pacific Affairs*, Vol. 82, No. 4 (2009/2010), p. 669.

고 할 수 있고, 이들의 다양한 조합으로는 섞기 즉 헤징을 들 수 있다.[29] 이 같은 전제하에서 역내 국가들의 중국에 대한 '전략적 좌표'(positioning)는 어떻게 실증적으로 보여줄 수 있는가? 다행히 이 질문에 대해 개략적인 답을 제시하는 연구가 존재하는데, 이들 연구는 모두 동아시아 15개국을 대상으로 두 기간(2004~2007년과 2011~2016년)을 다루고 있다.[30]

〈그림 7-1〉은 비교적 이른 시기인 2004~2007년에 대한 것으로, 아직 중국이 공세적 행태를 보이기 이전 역내 국가들의 좌표를 그린 조감도이다. 이에 따르면, 북한, 미얀마, 캄보디아 및 라오스 4개국이 편승을 택한 반면에 일본, 대만, 호주와 몽골은 균형을 택한 것으로 나타난다. 스펙트럼의 중간에 위치한 나머지 7개국은 대체로 헤징을 택했으며, 그중에서도 소극적 위험 분산을 지향한 말레이시아, 인도네시아, 베트남 및 태국을 제외한 3개국은 적극적인 위험 분산에 노력을 경주한 것으로 평가되었다.

〈그림 7-2〉는 중국이 공세적 대외관계를 표방한 이후 시기인 2011~2016년에 대한 조감도이다. 사실 전체 추세에서는 2004~2007년의 그것과 그다지 큰 차이를 노정하지 않는다. 차이가 있다면, 충실한 편승 국가(캄보디아, 북한, 라오스)와 일관성 있는

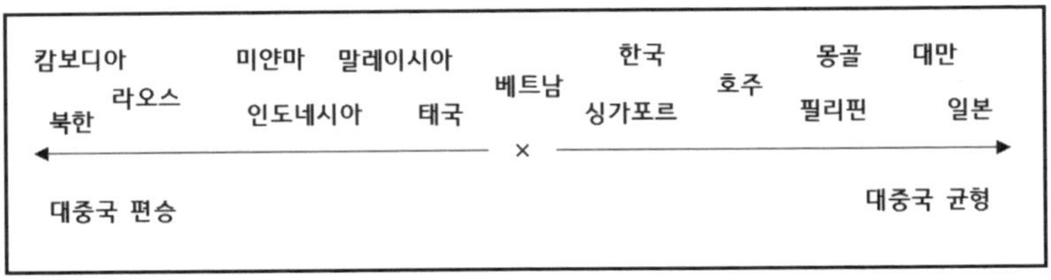

그림 7-2. 중국의 부상에 대한 동아시아 국가들의 좌표 조감도(2011–2016)

출처: Jae Ho Chung and Hunjoon Kim, "East Asia's Responses to the Rise of China: Identifying and Accounting for Intra-Regional Variations," mimeo (2020).

균형 국가(일본, 대만)를 제외하면 다수의 역내 국가들이 헤징을 택하는 추세로 — 즉, 스펙트럼상의 중간점으로 — 조금은 더 수렴하는 모습을 보였다는 점이다.[31] 눈에 띄는 또 다른 차이로는, 미얀마의 편승 국가군으로부터의 이탈, 베트남의 적극적인 헤징 국가로의 이동, 그리고 호주와 필리핀의 약간의 위치 이동을 들 수 있다.[32]

2004년부터 2016년까지 동아시아 15개 국가들의 대중국 좌표를 담아내는 〈그림 7-1〉과 〈그림 7-2〉는 흥미로운 몇 가지 함의를 제시한다. 첫째, 공세적 양태를 보이는 부상국 중국에 대해 소위 '지역의 한목소리'(one regional voice)가 나올 가능성은 낮다는 점이다. 스펙트럼상에서 드러난 국가들의 분포가 여실히 보여주듯이, 아세안 성원국들 사이에서도 중국에 대한 입장과 전략은 상이하게 나타나며 각자도생의 모습을 보였기 때문이다.[33]

둘째, 〈그림 7-2〉 스펙트럼의 중간에 있는 베트남을 기점으로 우측에 위치한 균형 내지는 적극적 헤징을 택한 7개국 중 6개국이 '프리덤 하우스'(Freedom House)가 정한 기준에 의하면 민주국가였고, 싱가포르만이 '준민주국가'(semi-democratic state)로 드러났다. 반면에 베트남의 좌측에 위치해 대중국 편승 내지는 소극적 헤징을 택한 7개국 중 민주국가는 단 3개국(인도네시아, 말레이시아, 태국)에 불과했다. 이를 『이코노미스트』(*Economist*)지가 세계 167개국을 대상으로 2018년 발표한 '민주주의 지수'를 통해 보면, 베트남 우측 7개국의 민주화 순위 평균은 37.9(점수가 낮을수록 민주화 수준이 높음)인 데 반해, 좌측 7개국의 순위 평균은 무려 112로 매우 큰 편차를 보였다.[34] 이 평가가 주는 함의는 정치체제가 권위주의보다 민주주의에 가까울수록 중국에 대해 더 많은 안보 우려를 갖게 되며, 따라서 대중국 좌표 역시 균형과 견제에 가까워진다는 것이다.[35]

셋째, 앞서 언급했던 거리의 측면에서도 이 문제를 살펴볼 수 있다. 스펙트럼상의 국가 분포로 그림이 잘 그려지지는 않지만, 실제로 역내 국가들과 중국이 공유하고 있는 육상 및 해상 국경의 길이를 감안하면, 베트남 우측에 위치한 국가들이 훨씬 더 긴 국경을 중국과 접하고 있다. 이 관점이 주는 함의는 곧 이들 국가가 중국에 대해 보다 심각한 위협 인식과 안보 우려를 가질 수밖에 없으며, 이들의 대중국 좌표 역시 균형과 견제에 가깝게 나타난다는 것이다.[36]

넷째, 〈그림 7-1〉과 〈그림 7-2〉의 스펙트럼에서 베트남 우측에 위치한 균형 또는 적극적 헤징을 택한 7개국 중 5개국(일본, 대만, 한국, 호주, 필리핀)이 미국과 군사동맹(대만의 경우 이에 준하는 〈대만 관계법〉)을 맺고 있다. 반면에 베트남 좌측에 위치해 대중국 편승 내지는 소극적 헤징을 택한 7개국 중 미국과 군사동맹을 체결한 국가는 태국이 유일하다. 이의 함의는 패권국 미국과 동맹을 유지하는 국가일수록 중국에 대한 위협 인식을 더 많이 가지며, 따라서 대중국 좌표 역시 균형과 견제에 가깝다는 점이다.[37]

마지막으로, 정체성(identity)에 대해서도 살펴보았다. 이는 두 가지로 세분할 수 있는데, 하나는 중국과의 인종적 동질성(ethnic homogeneity)이며, 다른 하나는 역사적 적대감(historical enmity)이다. 전자는 한 국가의 인구 구성에서 화교의 비율이 얼마나 되는지를 가리키는데, 그 비율이 높을수록 중국과 '일체감'을 더 갖는지, 따라서 낮은 수준의 위협 인식을 보이는지의 문제가 된다. 후자는 근대에 들어 중국과 겪은 전쟁의 빈도를 말하는데, 빈도가 높을수록 중국에 대한 위협 인식과 안보 우려가 많다고 보는 것이다. 실제 분석에 의하면, 예상과 달리 화교/중국계 비율이 높고 전쟁 빈도가 높을수록 중국에 대한 위협 인식과 안보 우려가 많아지고, 따라서 대중국 좌표 역시 균형과 견제에 가깝게 나타났다.[38]

흥미로운 점은 중국에 대한 무역의존도(즉, 그 비율이 높을수록 대중국 견제를 택하기 어려우리라는 관점), 그리고 중국과 중첩된 국제기구 멤버십(그 비율이 높을수록 규범의 공유가 많으리라는 관점)의 변수는 동아시아 15개국의 대중국 좌표에서의 편차를 제대로 설명하지 못한 것으로 나타났다.[39] 자유주의자들이 통상 주장하듯이 긴밀한 경제교류나 국제기구를 통한 규범의 내재화가 항상 두 국가 사이의 안보 위협이나 인식을 완화시키지는 않는다는 의미이다.

한국의 최적 선택지에 대한 추론

패권 경쟁의 맥락에서 중소국의 전략적 선택지에 대한 이론적 논의와 동아시아 15국에 대한 실증적 검토에 기반해, 이 절에서는 한국이 지향해야 할 '최적 선택지'(optimal choice)에 대한 논의를 제시한다. 우선, 부상국 중국에 대한 입장과 정책을 정함에 있어 단일 전략에만 의존하는 것은 한국의 국격(國格)에 어울리지 않거나(유화 정책의 경우), 국력의 큰 격차에서 오는 압박과 제재를 홀로 감당하기 어려운 상황을 맞거나(균형 정책의 경우), 혹은 치열한 패권 경쟁의 와중에 결행의 적절한 시기를 알기 어렵다(편승의 경우)는 난관에 봉착할 수 있다. 따라서 한국의 최적 선택지 역시 역내 다수 국가들이 하고 있는 것처럼 나름대로의 섞기 전략을 택하는 것이 합리적이다. 앞 절의 논의를 활용해 만든 〈표 7-3〉에 제시된 조건을 중심으로 추론할 경우 한국의 최적 선택지는 균형/압박과 헤징의 사이 그 어딘가에 위치하는 것으로 평가된다.

부상국 중국에 대한 한국의 최적 선택지가 균형/압박과 헤징의 중간쯤에 위치한다는 것은 어떤 의미인가? 이와 관련해 세 가지 질문이 중요해 보인다. 첫째, "전략적 최적 선택지가 균형/압박과 헤징의 사이에 있다"는 표현의 구체적 내용이 무엇인지에 대한 답이 필요하다. 앞서 제시한 〈표 7-2〉에 따르면, 이는 ① 균형/압박 전략을 사용하는 동시에 교류/개입을 지속하는 것, ② 균

표 7-3. 한국의 최적 선택지 결정 요건

변수	한국에의 적용
거리	지리적 거리가 매우 가까우며 해상 국경을 공유함. → 동아시아 국가들의 경우 균형/압박의 추세
정치체제	민주주의 국가 → 동아시아 국가들의 경우 균형/압박의 추세
전쟁 경험	1816년 이후 1회 → 동아시아 국가들의 경우 헤징의 추세
화교 비율	매우 낮음 → 동아시아 국가들의 경우 헤징의 추세
동맹 변수	미국과의 동맹 유지 → 동아시아 국가들의 경우 균형/압박의 추세
결론	편승(−1)의 선택을 권하는 조건은 전무. 균형/압박(+1)이나 헤징(0)을 권하는 조건만 존재. 모든 요인들의 평균은 3/5 = 0.6으로 최적 선택지는 균형/압박과 헤징의 사이에 위치함.

형/압박과 편승 사이의 중간점을 모색하는 것, ③ 시기에 따라 균형/압박 전략과 편승을 교차 실행하는 것, 그리고 ④ 이슈에 따라 균형/압박과 편승을 선택적으로 시행하는 것의 네 가지로 구현될 수 있다. 다만 단순히 헤징(0)이 아니라 균형과 헤징 사이에(0.6) 한국의 최적 좌표가 위치하기 때문에, 전체적인 비중으로는 여전히 균형/압박에 무게 중심이 더 가 있다고 봐야 한다.

둘째, 날로 격화되는 미·중 패권 경쟁 속에서 한국이 지금까지 보인 행태는 위의 선택지 중 어느 쪽에 더 가까운 것으로 드러나며, 실제로 균형/압박에 무게 중심이 더 가 있는가? 최근 들어 미국이나 중국 측에서 나오는 연구들은 대체로 그렇지 않다고 평가한다.[40] 보다 중요한 것은 균형, 편승, 헤징의 행태적 특징을 통해

표 7-4. 한국에의 적용 및 평가

구분	한국에의 적용	평가
균형	1/6	– 국방력 강화와 국방예산의 증대(○) – 동맹의 체결/강화(×) – 안보 우려의 표명(×) – 경고의 천명(×) – 완충지대의 설립(×) – 관계 격하(×)
편승	5/6	– 부상국에 대한 유화 정책(○) – 부상국의 부당한 요구에 대한 수용(△) – 안보 우려의 결여(○) – 부상국과의 정치적·군사적 연계 강화(○) – 부상국과의 가치 공유 및 유대 부각(○) – 패권국에 대한 부정적 인식의 표출(△)
헤징	3/5	– 균형과 교류/관여 전략 섞기(×) – 균형과 편승 전략의 중간점 모색(×) – 전략적 연계에 대해 모호한 시그널 보내기(○) – 패권국과 부상국 사이에서 편들기 회피(○) – 이슈에 따른 선택적 지지(○)

주: 조건의 충족은 (○)로, 부분적 충족은 (△)로, 그리고 조건의 결여는 (×)로 표시함.

평가하더라도, 한국의 행태는 위에서 제시한 최적 선택지와 상반된 방향에 있는 것으로 드러난다(표 7-4 참조). 앞에서의 추론에 따르면 우리의 좌표가 균형과 헤징 사이 어딘가에 있어야 하지만, 실제로는 편승과 헤징 사이에 위치하며 균형의 행태가 매우 적게 나타났기 때문이다.[41] 물론 이에 대한 중장기적인 해답의 모색에는 역내 동맹체계 유지와 강화에 대한 미국의 의지가 얼마나 확고한지가 관건일 것이다.[42] 이에 대한 논의는 9장과 10장에서 보다 구체적으로 다뤄진다.

셋째, 한국의 행태가 여기서 도출된 처방과는 다르게 나타났다면 그 이유는 무엇이고, 또 이를 어떻게 바꿀 수 있는지가 중요한 문제일 수밖에 없다. 이 복잡한 문제에 대한 논의가 이 책 마지막 장의 내용이 되겠다. 그러나 그 전에 — 다음 장에서 — 역내 국가들 중 한국과 상대적으로 유사한 전략적 상황에 처해 있는 세 국가(호주, 싱가포르, 필리핀)의 대중국 전략적 좌표 설정과 그 배경에 대한 비교분석이 선행될 필요가 있다.

주

1 Randall L. Schweller, "Managing the Rise of Great Powers: History and Theory," in Alastair I. Johnston and Robert S. Ross (eds.), *Engaging China: The Management of an Emerging Power* (London: Routledge, 1999), p. 9.

2 John J. Mearsheimer, *The Tragedy of Great Power Politics* (New York: W.W. Norton, 2001), pp. 139, 163.

3 Jae Ho Chung and Hunjoon Kim, "East Asia's Strategic Positioning toward China," *Australian Journal of International Affairs*, Vol. 76, No. 5 (2022).

4 관련한 논의로 Schweller, "Managing the Rise of Great Powers," pp. 7-8; Mearsheimer, *The Tragedy of Great Power Politics*, p. 139; David A. Lake, *Hierarchy in International Relations* (Ithaca: Cornell University Press, 2009), p. 150; Paul Schroeder, "Historical Reality vs. Neo-Realist Theory," *International Security*, Vol. 19, No. 1 (1994), pp. 108-148; Robert Powell, *In the Shadow of Power: States and Strategies in International Politics* (Princeton: Princeton University Press, 1999); Robert Gilpin, *War and Change in World Politics* (Cambridge: Cambridge University Press, 1983); David C. Kang, *China Rising: Peace, Power and Order in East Asia* (New York: Columbia University Press, 2009), p. 53을 참조하라.

5 Mearsheimer, *The Tragedy of Great Power Politics*, p. 163.

6 Schroeder, "Historical Reality vs. Neo-Realist Theory."

7 물론 일부 국가들은 다양한 이유로—특히 패권국과 적대적 관계일 경우—부상국을 위협의 근원으로 인식하지 않을 수도 있다. Mearsheimer, *The Tragedy of Great Power Politics*, p. 163; Stephen M. Walt, *The Origins of Alliances* (Ithaca: Cornell University Press, 1987), pp. 29-30을 보라.

8 Mearsheimer, *The Tragedy of Great Power Politics*, p. 139; Randall L. Schweller, "Bandwagoning for Profit: Bringing the Revisionist State Back In," *International Security*, Vol. 19, No. 1 (1994), p. 88을 보라.

9 〈표 7-1〉에는 섞기(hedging)의 옵션이 포함되어 있지만 이에 대해서는 별도로 기술하도록 한다.

10 Evelyn Goh, "Great Power and Hierarchical Order in Southeast Asia: Analyzing Regional Security Strategies," *International Security*, Vol. 32,

No. 3 (2007/2008), pp. 113-157; Paul W. Schroeder, "Alliance, 1815-1945: Weapons of Power and Tools of Management," in Klaus Knorr (ed.), *Historical Dimensions of National Security Problems* (Lawrence: University Press of Kansas, 1976), pp. 227-262; Ann Marie Murphy, "Beyond Balancing and Bandwagoning," *Asian Security*, Vol. 6, No. 1 (2010), pp. 1-27.

11 Lake, *Hierarchy in International Relations*, p. 150.

12 Schroeder, "Historical Reality vs. Neo-Realist Theory"를 참조하라.

13 1960년대 중후반의 중국과 알바니아의 경우가 이에 해당된다.

14 Eric J. Labs, "Do Weak States Bandwagon?" *Security Studies*, Vol. 1, No. 3 (2008), p. 393; Lake, *Hierarchy in International Relations*, pp. 11, 138-139.

15 Schweller, "Managing the Rise of Great Powers," p. 10.

16 Schweller, "Managing the Rise of Great Powers," p. 8; Mearsheimer, *The Tragedy of Great Power Politics*, p. 139.

17 Robert J. Art, "Europe Hedges Its Security Bets," in Robert J. Alt, T. V. Paul, James J. Wirtz, and Michel Fortmann (eds.), *Balance of Power Revisited: Theory and Practice in the 21st Century* (Palo Alto, C.A.: Stanford University Press, 2004), pp. 179-213; *The National Security Strategy of the United States of America* (Washington, DC: The White House, 2006), pp. 32, 41, 42를 참조하라.

18 물론 동아시아 맥락에서도 이 개념의 분석적 유용성에 대한 비판적 견해는 존재한다. 예컨대 Darren J. Lim and Zack Cooper, "Reassessing Hedging: The Logic of Alignment in East Asia," *Security Studies*, Vol. 24, No. 4 (2015), pp. 698-699를 보라.

19 전자의 경우는 Brock F. Tessman, "System Structure and State Strategy: Adding Hedging to the Menu," *Security Studies*, Vol. 21, No. 2 (2012), pp. 192-231; Brock F. Tessman and Wojtek Wolfe, "Great Powers and Strategic Hedging: The Case of Chinese Energy Security Strategy," *International Studies Review*, Vol. 13, No. 2 (2011), pp. 214-240을 보라.

20 Evelyn Goh, *Meeting the China Challenge: The US in Southeast Asian Regional Strategies* (Washington, D.C.: East West Center-Washington 2005), p. viii.

21 Evelyn Goh, "Understanding 'Hedging' in Asia-Pacific Security," *PacNet*, No. 43 (August 31, 2006); Evan Medeiros, "Strategic Hedging and the Future of Asia-Pacific Stability," *The Washington Quarterly*, Vol. 29, No. 1

(2005); Lim and Cooper, "Reassessing Hedging," p. 699.

22 Rosemary Foot, "Chinese Strategies in a US-hegemonic Global Order: Accommodating and Hedging," *International Affairs*, Vol. 82, No. 1 (2006), p. 93; Yasuhiro Matsuda, "Engagement and Hedging: Japan's Strategy toward China," *SAIS Review of International Affairs*, Vol. 32, No. 2 (2012); Goh, "Understanding 'Hedging' in Asia-Pacific Security."

23 Lim and Cooper, "Reassessing Hedging," pp. 696, 699, 709.

24 민주체제를 가진 국가의 경우 집권당의 정책 선호에 따라 (C)와 같은 순환 주기가 나타나는데, 필리핀과 말레이시아가 대표적이다. (D)에 대해서는 Jae Ho Chung, "South Korea between Eagle and Dragon," *Asian Survey*, Vol. 41, No. 5 (2001), pp. 777-796; Chien-peng Chung, "Southeast Asia-China Relations: Dialectics of 'Hedging' and 'Counter-Hedging,' *Southeast Asia Affairs* (2004), pp. 35-53을 보라.

25 Jin Park, "Korea between the United States and China: How Does Hedging Work?" in Gilbert Rozman (ed.), *Joint U.S.-Korea Academic Studies,* Vol. 25 (2015), p. 61, at http://www.keia.org/sites/default/files/publications/korea_between_the_united_states_and_china.pdf(검색일: 2017년 9월 22일).

26 헤징의 강도나 방향성에 따라 active/passive, light/heavy, negative/positive 등의 구분을 하는 경우도 있으나, 이의 실증적 검증에는 어려움이 적지 않다. 관련해서 Jae Ho Chung, "East Asia Responds to the Rise of China: Patterns and Variations," *Pacific Affairs*, Vol. 82, No. 4 (Winter 2009/2010), p. 665; Van Jackson, "Power, Trust, and Network Complexity: Three Logics of Hedging in Asian Security," *International Relations of the Asia-Pacific*, Vol. 14, No. 3 (2014), p. 333; Tessman and Wolfe, "Great Powers and Strategic Hedging"; Tessman, "System Structure and State Strategy"; Øystein Tunsjo, "US-China Relations from Unipolar Hedging to Bipolar Balancing," in Robert S. Ross and Øystein Tunsjo (eds.), *Strategic Adjustment and the Rise of China: Power and Politics in East Asia* (Ithaca: Cornell University Press, 2017), pp. 46-47을 보라.

27 중동, 라틴아메리카, 유럽 및 아프리카에서의 동학에 대하여 James Reardon-Anderson, *The Red Star and the Crescent: China and the Middle East* (Oxford: Oxford University Press, 2018); Kevin P. Gallagher, *The China Triangle: Latin America's China Boom and the Fate of the Washington Consensus* (Oxford: Oxford University, 2016); Deborah Brautigam, *Will*

Africa Feed China? (Oxford: Oxford University Press, 2015); Olayiwola Abegunrin and Charity Manyeruke, *China's Power in Africa: A New Global Order* (New York: Palgrave McMillan, 2019); Philippe Le Corre, *China's Offensive in Europe* (Washington, D.C.: Brookings Institution Press, 2016); Mario Esteban et al. (eds.), *Europe in the Face of US-China Rivalry* (Paris: French Institute of International Relations, January 2020)를 참조하라.

28 Tim Marshall, *Prisoners of Geography* (New York: Simon & Schuster, 2015).

29 국제기구나 지역협력체를 통한 규범의 내재화 노력(즉, 속박/구속)이 중국에 대해서는 그리 큰 효과를 내지 못한 것도 하나의 이유지만, 외교관계의 격하(즉, 거리두기나 숨기) 역시 중국과의 경제적 교류를 어떻게든 활용해야 하는 역내 국가들에는 유효한 선택이 아니었다. 또 역내 대부분의 국가에 있어 중국이 최대 또는 2대 교역국인 상황에서 개입/교류는 큰 편차를 만들어내는 선택이 아닌 것으로 평가된다.

30 동아시아 15개국은 동북아 소재 한국, 북한, 몽골, 일본, 대만의 5개국, 동남아국가연합(ASEAN) 소속 10개국 중 9개국(관련 자료가 별로 없는 브루나이 제외), 그리고 호주(EAS의 성원국)를 포함한다.

31 溫曉, "東南亞國家的對華對沖: 一項理論談討,"『當代亞太』, 6期(2016), pp. 4-33도 참조하라.

32 필리핀의 경우 이 시기가 친중 성향의 두테르테 집권 이전이었음을 감안할 필요가 있다. 두테르테 시기에 대한 보다 구체적인 논의는 이 책의 8장을 참조하라.

33 이는 아세안과 같은 지역협력체에 강대국을 얽매이게 만들어 위험을 줄이려는 속박/통합 전략의 기반 자체가 잘 만들어지지 않았음을 보여준다.

34 『이코노미스트』의 평가에 따르면, 이 장에서 다룬 역내 15개국 중 '완전 민주주의'는 호주가 유일하며, '유결함 민주주의'에는 한국과 일본 등 8개국, '혼합 체제'에는 태국, 그리고 '권위주의 체제'로는 5개국(북한, 라오스, 캄보디아, 미얀마, 베트남)이 포함되어 있다. https://www.eiu.com/n/democracy-index-2018/을 보라.

35 Polity IV와 V-Dem Data를 사용해 15개국을 대상으로 한 통계분석 결과, 2011~2016년 기간 민주주의 체제와 대중국 균형 전략의 채택이 갖는 정(正)의 상관관계는 99% 수준에서 신뢰성을 갖는 것으로 드러났다. Chung and Kim, "East Asia's Strategic Positioning toward China."

36 Direct Contiguity data (COW Project)와 CIA World Factbook을 사용해 지표를 도출했으며, 통계분석 결과 99% 수준에서 신뢰도를 갖는 정(正: 즉, 공유 국경의 길이가 길수록 대응전략에 가까움)의 상관관계가 도출

되었다. Chung and Kim, "East Asia's Responses to the Rise of China." 관련해 Allen Carlson, "Reimagining the Frontier: Patterns of Sinicization and the Emergence of New Thinking about China's Territorial Periphery," in Peter Katzenstein (ed.), *Sinicization and the Rise of China* (London: Routledge, 2012), Ch. 2도 참조하라.

37 이와 관련해 Formal Alliances (v4.1) data (COW Project)를 사용해 통계분석을 했는데, 미국과의 동맹 여부와 대중국 균형 정책의 상관관계는 β=-8.311, SE=5.223, p=0.112로 정(正)의 상관관계가 도출되었지만, 아쉽게도 신뢰도의 수준은 88%밖에 되지 않았다. Chung and Kim, "East Asia's Strategic Positioning toward China."

38 각국 인구 중 화교의 비율과 중국과의 전쟁 빈도를 사용해 통계분석을 했는데, 1816~2007년 기간의 전쟁 빈도는 Meredith Reid Sarkees and Frank Wayman, *Resort to War* (Washington: CQ Press, 2010)를 활용했다. 분석 결과, 두 지표 공히 99% 수준에서 신뢰도를 갖는 정(正)의 상관관계가 도출되었으며, 전쟁 빈도의 경우 동 시기 단 한 번의 전쟁을 겪은 국가가 균형을 택할 가능성은 2%인 반면, 두 번의 전쟁을 겪은 국가가 그러할 가능성은 65%, 세 번 이상의 경우는 99%로 높아졌다. Chung and Kim, "East Asia's Strategic Positioning toward China." 한 국가가 다른 국가에 대해 갖는 역사적 기억과 위협인식의 관계에 대해서는 Kang, *China Rising*, p. 4를 보라.

39 통계분석 결과, 신뢰도를 갖는 상관관계가 도출되지 않았다. 경제적 상호 의존과 분쟁 사이의 논쟁적 관계에 대해서는 Edward D. Mansfield and Brian M. Pollins (eds.), *Economic Interdependence and International Conflict: New Perspectives on an Enduring Debate* (Ann Arbor: University of Michigan Press, 2003)를 보라.

40 미국에서 나오는 연구는 역내 국가 중 한국을 대중국 견제/균형을 택한 국가로 보지 않고 있다. 예컨대 Jeff Smith (ed.), *Asia's Quest for Balance* (Lanham: Rowman and Littlefield, 2018)를 보라. 2019년에 출간된 중국 학자의 평가를 따르더라도 한국은 딜레마적 헤징을 할 수밖에 없는데, 대중국 균형이나 압박을 할 능력도 의지도 없는 것으로 보고 있다. 陳小鼎·王翠梅, "周邊國家應對中國崛起的戰略選擇,"『當代亞太』, 1期(2019), pp. 56-87을 보라.

41 이에 대한 상세한 논증은 이 책의 9장을 참조하라.

42 중국 측 시각으로는 左希迎, "美國亞太聯盟體系會走向瓦解嗎,"『世界經濟與政治』, 10期(2019)를 보라.

제8장

미·중 사이의 호주, 싱가포르 그리고 필리핀

"[호주의] 안보와 번영은 오로지 우리 자신의 책임이며, 믿음직한 동맹 및 우방과 함께할 때 우리는 더욱 강해진다."[1)]

"큰 고기는 작은 고기를 사냥하고 작은 고기는 새우를 잡아먹는 세상에서 싱가포르는 독을 품은 새우가 되어야만 한다."[2)]

"[필리핀은] 중국과 이념적 흐름을 같이하기로 했다."[3)]

이 장에서는 최근 시기(2017~2020)와 관련해 조건이나 처한 상황이 한국과 유사한 세 국가 — 호주, 싱가포르 및 필리핀 — 가 미·중 간 첨예한 대립 속에서 어떤 좌표를 설정했는지를 살펴본다. 이 장은 다섯 절로 구성되는데, 1절에서는 이 세 나라와 다섯 현안이 선정된 배경을 제시한다. 2절에서는 '균형자'(balancer)인 호주가 남중국해, 인도·태평양 전략(이후 인·태 전략), INF 미사일 배치, 화웨이 배제, 그리고 홍콩/신장 문제에서 보인 대응에 대해 분석한다. 3절과 4절에서는 '위험 분산자'(hedger) 싱가포르와 '편승자'(bandwagoner) 필리핀에 대한 논의를 제시한다. 마지막으로 5절에서는 이들 사례가 우리에게 주는 함의를 반추해 본다.

5개 현안 및 3국 사례의 선정

2011년 이후 동아시아에서는 미·중의 제3자 강요가 빈번해졌다. 관련 이슈 또한 환태평양 경제동반자 협정(TPP)과 역내 포괄적 경제동반자 협정(RCEP) 사이의 선택, 아시아인프라투자은행(AIIB)의 가입 여부, 일대일로 참여와 같은 경제 현안으로부터

2014년 아시아 교류와 신뢰구축 회의(CICA)에서 제기된 "아시아 안보는 아시아의 힘으로"(Asian security by Asian peoples)에 대한 입장, 사드(THAAD) 배치 여부, 그리고 남중국해에 대한 입장과 같은 안보 문제에 이르기까지 매우 다양해졌다. 이에 더해 화웨이 문제, 인·태 전략에 대한 입장, INF 중거리 미사일의 배치, 홍콩/신장 문제 등 난제는 갈수록 늘어나는 추세이다.

이 장에서 다루는 다섯 현안은 그 중요성이 상당하고 또 향후 재발의 여지가 있는 문제들을 선택한 결과이다. 이 중 남중국해, 인·태 전략, 그리고 INF 미사일 배치는 서로 다른 문제이면서도 일부 연결성을 가진 지정학적 현안이다. 화웨이는 기술 경쟁을 배경으로 한 안보 이슈이며, 홍콩/신장 문제는 주권, 규범/가치, 그리고 소프트 파워와 연관된다. 이 다섯 현안이라면 2017~2020년 기간 미·중 경쟁으로 인한 제3자 강요의 동학을 적절히 포착해 낸다고 하겠다.

앞서 7장에서 2011~2016년 기간 동아시아 15국의 대응 조감도(그림 7-2)를 제시한 바 있다. 이에 따르면 한국과 유사한 양태를 보인 국가로 호주, 싱가포르 그리고 필리핀이 있었다. 이 세 국가가 지닌 구조적 특성은 〈표 8-1〉로 요약된다. 이 세 국가는 중국

표 8-1. 호주, 싱가포르 및 필리핀의 특성 비교

	호주	싱가포르	필리핀	한국
대중국 무역	1위국	1위국	1위국	1위국
대미국 무역	2위국	3위국	4위국	2위국
정치체제	민주체제	준민주체제	민주체제	민주체제
대미국 동맹 여부	동맹(1951)	준동맹	동맹(1951)	동맹(1953)
공식 언어	영어	영어/중국어+2	영어/타갈로그어	한국어

및 미국과의 교역이 핵심적일 뿐 아니라, 싱가포르를 제외하면 민주체제이자 미국의 오랜 동맹이라는 공통점을 갖고 있다. 따라서 이들에 대한 비교분석은 한국에 많은 시사점을 제공한다.

호주의 대응

남중국해 이슈

남중국해 갈등은 2013년 필리핀이 국제상설중재재판소(PCA)에 영유권 문제를 제소하면서 심화되었다. 2016년 7월 12일 PCA는 중국의 주장 대부분이 국제법적 근거가 없거나 약하다는 판결을 내렸다. 이에 미국은 "최종적이자 구속력을 가진"(final and binding) 결정이며, 중국이 이를 "따라야"(abide by) 한다고 규정했다. 반면 중국은 "관할권이 없는 PCA의 결정은 원천 무효이자 구속력이 없다"고 밝혔다.[4] 미·중의 이렇듯 상이한 입장은 역내 국가들에 어려운 딜레마를 제기해 왔다.

남중국해 관련 호주의 입장은 비교적 일관되게 유지되어 왔다. 특히 지난 8년의 경우 노동당이 연속 집권을 하고 있어 정책이 요동치는 '시계추'(pendulum) 현상이 없었다. 호주는 — 2016년판 『국방백서』에서 보듯이 — 세 지역을 중시하는데, ① 호주 북부를 잇는 접근로의 확보, ② 동남아를 포함한 인근 지역의 안정, 그리고 ③ 인도·태평양 지역의 안정과 '규칙에 입각한 세계 질서'(rule-based global order)의 유지가 그것이다.[5] 특히 호주 수출 물량의 2/3가 경유하는 남중국해(롬복, 순다, 말라카 인근)는 호주의 핵심 이익과 직결된다.

2017년의 『외교정책백서』를 기반으로 본 호주의 입장은 다음

표 8-2. 호주의 남중국해 관련 입장

	미국 입장에 근접	중국 입장에 근접	중립에 가까움
특정국 편들지 않기			o
규칙 기반 질서 지지	o		
항행 및 비행의 자유	o		
분쟁의 평화적 해결			o
PCA 결정의 존중	o		
구조물 건축 반대	o		

여섯 가지로 요약된다. 첫째, 호주는 제3국의 영유권 분쟁에서 특정 국가의 편에 서지 않으며,[6] 둘째, 남중국해에서의 안정과 규칙에 기반한 질서 구축을 지지한다. 셋째, 역내 항해 및 비행의 자유가 존중되어야 하며, 넷째 분쟁의 평화적 해결을 지지한다. 다섯째, PCA의 관련 결정을 존중하며, 여섯째, 이에는 인공 구조물의 구축 및 군사 시설화에 대한 반대가 포함된다.[7] 〈표 8-2〉에서 보듯이, 호주는 총 여섯 항목 중 두 개에서만 중립적 입장을 보였고, 나머지에서는 미국 입장에 기울어 있다.

호주는 1980년대부터 남중국해에서 공군기의 통상적 정찰 활동(Operation Gateway)을 지속해 왔다.[8] 2016년 인공섬 구축에 대해 소모적이라고 말해 중국 관계를 불편하게 만든 턴불(M. Turnbull) 총리는 2018년 2월의 워싱턴 방문에서 "항행의 자유 작전에 호주가 보다 적극적으로 참여하기를 원한다"는 트럼프 대통령의 요청에 확답하지 않았다. 같은 당의 모리슨(S. Morrison)이 총리직을 계승한 2019년 이후, 중국 어선과 해경의 역내 도발이 빈번했음에도 호주는 이전에 비해 비판을 자제했다. 공식 입장과 결이 조금 다른 호주의 행태는 대중국 경제의존도와 연관이 깊다.[9] 2007년 호주의 최대 교역국이 된 중국이 2009년에는 미국을 넘어 호주의 최대 수출대상국이 되었다. 2017년 기준, 호주의 대중국 교역 의존도는 24퍼센트로 일본과 미국을 합친 것(18.4%)보다 높았다. 따라서 당장 악영향을 끼치지 않는 남중국해 문제로 중국의 심사를 건드리고 싶지 않았던 것이다.[10)]

남중국해와 관련해 중국이 주장하는 '정당한 이익'(正當利益)이 어디서 끝나는지, 또 관여/교류의 관계가 유화까지 가야 하는지 호주는 우려하고 있다.[11)] 미국에 대한 전략적 신뢰의 감소도 중요한데, 오바마 시기 재균형(pivot to Asia) 정책의 실기, TPP의 몰락, 그리고 트럼프 행정부의 실망스러운 동맹 정책이 수천 킬로나 떨어진 미국의 약속에 대한 신뢰를 현저히 약화시켰기 때문이다. 항행의 자유 작전이 중국의 공세성(인공구조물의 구축)을 줄이는 데 실패한 것도 규칙 기반의 질서는 외치지만 호주가 항행의 자유 작전에 참여하지 않은 이유 중 하나이다.[12)]

인·태 전략

2007년 이래 인도, 호주, 일본 및 인도네시아가 거론해 온 개념이 트럼프 집권 후 본격적 논의의 대상이 되었다. 2017년 10월 틸러슨 국무장관은 인·태 전략의 주 목적은 일대일로를 통한 중국의 공세적 확장의 대응에 있음을 밝혔다. 같은 해 11월 트럼프 대통령은 '자유롭고 개방된 인·태 전략'(Free and Open Indo-Pacific Strategy)을 제시했고, 이어 12월의 『국가안보전략』(*National Security Strategy*), 2018년 1월의 『국방전략』(*National Defense Strategy*)을 통해 그 틀을 갖추게 된다. 그리고 2019년 6월 국방부의 『인·태 전략 보고서』(*Indo-Pacific Strategy Report*)와 11월 국무부의 『자유롭고 개방된 인도·태평양: 공유된 비전의 증진』(*A Free and Open Indo-Pacific: Advancing a Shared Vision*)을 통해 그 내용이 구체화되었다.

인·태 전략은 ① 자유롭고 공정하며 호혜적인 교역과 개방된 투자가 가능하고, ② 양호한 거버넌스(good governance)와 함께, ③ 항행의 자유가 보장되는 지역의 추구이다. 국방부의 『인·태 전략보고서』는 규칙에 기반한 국제질서의 수호를 위해 군사적 대비, 동반자 관계, 그리고 지역 네트워크의 확장을 제시했다.[13] 국무부 역시 『자유롭고 개방된 인도·태평양』을 통해 시장 기반의 경제체제, 민간 주도의 금융, 그리고 개방된 투자환경을 강조했다.[14]

호주는 규칙에 기반한 질서 구축에 동의하면서도 미·중에 이중적으로 접근해 왔다. 즉, 인·태 전략을 미국과의 동맹 강화와 자국의 중견국 역할 수행의 기회로 인식함과 동시에, 이것이 반(反)중국 진영에의 가담은 아님을 강조했다. 2011년 길라드(J. Gillard) 총리는 '아시아 세기'(Asian Century) 개념을 제시했지만, 호주는 유럽적 변방이라는 한계를 벗어나지 못했다.[15] 따라서 '인·태' 개념은 호주에게 지역의 가교 역할을 부여하며 새로운 정체성(identity)의 형성에 도움이 되는 것으로 인식되었다. 2009년 『국방백서』에 등장하지 않았던 '인도·태평양' 어휘가 2013년과 2016년판에는 무려 58회, 70회나 언급되었다.

『외교정책백서』(2017)에서 전후 질서를 가능케 한 요인으로 대미 동맹을 적시한 것에서 알 수 있듯이, 호주정부는 인·태 전략을 동맹 강화의 계기로 삼고 있다.[16] 동맹의 중요성은 여론 조사에서도 확인되는데, 2019년 로위연구소(Lowy Institute)에 의하면 호주인의 72퍼센트가 대미 동맹을 매우(very) 혹은 상당히(fairly) 중요하다고 인식했다.[17] 2017년 턴불 총리는 4자(Quad) 안보대화 참여를 결정했는데, 이는 2008년 러드(K. Rudd) 총리가 중국 관계를 고려해 탈퇴한 지 9년 만이었다.[18] 양자 차원에서도 '미 해병대 순환'(Marine Rotational Force-Darwin 〈MRF-D〉) 정책의 일환으로 다원에 미군 기지를 신설했으며, 2017년 2월부터는 '향상된 공군 협력'(Enhanced Air Cooperation)을 시행하고 있다.[19)]

특기할 것은 인·태 전략에 내재된 반중국 연합에 호주가 부정적 입장을 보였다는 점이다. 호주는 중국을 잠재적 적으로 규정하기보다는 지역과 글로벌 안보에 일정한 책임을 가진 국가로 정의해 왔다. 그 논리적 귀결로 인·태 지역에 대한 중국의 접근 봉쇄에 반대하며, 중국이 역내 규범을 수용하도록 국제사회의 노력이 필요하다고 보았다.[20)] 중국 봉쇄에 호주가 전적으로 동조할 수 없는 이유는 트럼프 행정부의 미국 우선주의, 일방주의, 그리고 전략적 고립주의가 호주의 국익과 일치하지 않는다고 봤기 때문이다. 특히 미국의 파리 기후변화 협약, TPP, 그리고 유네스코(UNESCO) 탈퇴는 호주의 큰 우려 대상이었다.[21)] 또 호주 입장에서는 중국과의 경제관계도 고려할 수밖에 없었다. UN Comtrade Database에 의하면, 2018년 기준 호주의 교역 중 대중 수입과 수출 비중은 24, 34퍼센트로 1위였고, 대중국 수출은 그 비중이 2019년 7월 38퍼센트로 증가했다. 결국 호주는 동맹을 강화하면서도 중국을 지역질서에 편입시킴으로써 딜레마를 완화하려 했던 것이다.[22)]

문제는 이러한 이중적 접근의 지속 가능성이었다. 2017년의 『외교정책백서』에 따르면, 호주는 현재의 국제환경을 2차 세계대전 이래 가장 불확실한 것으로 평가했다. 2019년 기준, 호주인의 74퍼센트는 대중국 의존도가 너무 높다고 보았으며, 79퍼센트는 중국의 일대일로 전략을 지역 지배 계획으로 간주했다. 그리고 77퍼센트는 경제적 타격을 받더라도 중국의 역내 군사활동을 억제해야 한다고 보았다.[23)] 이와 같은 인식은 장기적으로 인·태 전략에 대한 호주의 이중적 접근을 어렵게 만들 수밖에 없으며, 2020

년 홍콩 문제로 인해 그 단초가 불거지게 된다.

중거리 미사일의 배치

1987년에 맺어진 중장거리 미사일 전력 협정(INF)을 통해 미·소 양국이 사정거리 500~5,500km의 미사일 개발과 배치를 중단한 사이, 중국이 이 분야에서 압도적 우위를 갖게 되었다.[24] 둥펑-21D나 둥펑-26과 같은 중거리 탄도미사일 전력을 바탕으로 한 중국의 반접근 지역거부(A2AD) 전략에 대항하기 위해 미국도 2019년 8월 INF 탈퇴와 함께 중거리 탄도미사일의 개발에 뛰어들었다. 문제는 지상 발사 중거리 미사일은 공격용이기 때문에 이의 역내 배치는 중국과 러시아를 자극할 수밖에 없다는 점이다.

미국의 INF 탈퇴 전부터 호주에서는 미사일 배치에 대한 논쟁이 제기되었다. 안보전문가 화이트(H. White)에 따르면, 미국은 함상 및 공중 발사 미사일의 옵션을 보유하고 있어 육상 발사 미사일의 배치에는 미국의 별도 어젠다가 내재되어 있다는 것이다. 과연 미국이 중국과 일전을 불사할까라는 동맹국들의 불신을 미사일 배치를 통해 부분적으로 불식시키고, 또 대중국 전선의 협력 파트너를 늘리는 의미라는 것이다.[25]

기술·전략적 관점에서는 괌에의 배치가 가장 이상적이지만, 괌은 중국의 공격 목표가 된 지 오래고 거리도 3,000km 이상 떨어져 있어 전략적 가치가 상대적으로 떨어진다. 따라서 새롭고(호주) 보다 가까운(일본, 한국) 곳에의 배치가 합리적이라는 평가가 미국에서 나온 것이다. 특히 이는 호주 북부 틴달(Tindal) 기지가 남중국해 소재 목표물의 타격에 효과적이라는 분석에 기반한다.[26]

2019년 8월 7일 호주·미국 장관급 대화(AUSMIN)에서 미 에스퍼(M. Esper) 장관은 "개발되는 대로 가능한 빨리(sooner rather than later) 배치하고 싶다"는 의사를 피력했다. 이에 대해 페인(M. Payne) 호주 외무장관은 "가능성을 열어두고 있다"고 화답했으나, 곧 모리슨 총리와 레이놀즈(L. Reynolds) 국방장관은 "미국의 공식 요청이 없었다"는 의사를 표명했다.[27] 장관급 대화가 끝난 후 레이놀즈 장관은 언론 인터뷰에서 본인이 직접 에스퍼에게 그런 요청이 있을지를 물었고, 이에 대해 "노"라는 답변을 들었다고 말했다. 모리슨 총리 역시 "(배치 관련) 요청받은 바 없고, 논의되지 않았으며, (이 문제가) 제기된 적도 없다"고 했다.[28)]

"현재로서는 아니다"는 호주의 입장은 다음 세 요인에 기반한다. 첫째, 배치로 인한 연루(entrapment: 미국 요구를 수용함에 따라 지불해야 하는 대중국 관계에서의 피해)의 비용이 그 반대 경우인 '방기'(abandonment: 미국 요청을 거부함에 따라 동맹관계에 미치는 부정적 영향)의 비용보다 클 수 있다는 인식에서 비롯된다.[29)] 둘째, 가장 많이 거론된 4개국(호주, 한국, 일본, 필리핀) 중 이미 수용 불가로 선을 그은 한국, 필리핀과 달리 일본은 아직 불가 입장을 천명하지 않았다. 따라서 호주는 — 미국 역시 — 일본에 대한 '부담 전가'(buckpassing)를 기대하는지도 모른다.[30)] 한국, 호주 그리고 필리핀의 선제적 수용 불가 내지는 모호성의 유지는 대안으로 일본의 류큐와 팔라우(Palau)가 거론되는 상황을 만들었다.[31)] 셋째, INF 탈퇴와 미사일 개발 선언은 당장 할 수 있지만, 무기 개발은 시간(2~3년)이 걸릴 수밖에 없다. 즉, 시간을 번다는 전제하에 호주가 전략적 모호성을 보인 것일 수도 있다. 그러나 대중국/러시아 견제라는 미국의 안보 필요는 충족시키지 않으면서 자국 안보를 위한 확장 억제(extended deterrence)만 요구할 수 있는지의 문제가 여전히 남게 된다.

화웨이(華爲) 문제

서방에서는 화웨이 같은 중국 기업이 제조하는 IT 설비와 통신기기가 안보에 해악을 끼칠 수 있음에 유의해 왔다. 관련 우려는 다음 여섯 가지로 집약된다. ① 화웨이의 통신설비에 '킬 스위치'(kill switches)가 내장되어 중국정부의 필요에 따라 오작동 내지는 기능 정지를 유도할 가능성, ② 검증 노력에도 불구하고 제한된 안전만이 가능하다는 점, ③ 하드웨어 또는 소프트웨어에 내장된 '후문'(backdoor)을 통해 핵심 정보가 중국으로 유출될 가능성, ④ 4G와 달리 장비들 사이의 소통(IOT)을 가능케 하는 5G에서 이 같은 위험은 증폭된다는 점, ⑤ 화웨이가 중국정부의 통제로부터 자유롭지 않다는 점, ⑥ 실제 문제가 드러난 상황(2017년 화웨이를 사용한 아프리카 국가연합 본부 시스템에서 주요 정보가 상하이 소재 서버로 유출된 사건)에 대한 화웨이의 해명에 설득력이 없었다는 점이 그것이다.[32)]

화웨이 설비의 구매가 국제적 현안이 되는 것은 2018년 미 의회의 〈국방수권법-2019〉 통과에서 이미 예견되었다. 거기서 화웨이와 중싱(ZTE) 두 기업을 콕 찍어 정부 조달 금지 대상으로 적시했기 때문이다. 또 2019년 5월 트럼프 대통령은 미국정부뿐 아니라 민간 기업에도 국가안보에 위협이 될 수 있는 장비의 구매 및 설치를 금지하는 행정명령을 내렸다.[33)] 더 나아가 미국정부는 동맹국 및 파트너 국가들에도 같은 조치를 권고하고, 이를 어길 시 정보 공유의 대상이 될 수 없음을 경고했다.

화웨이에 대한 호주의 입장은 일관되게 유지되어 왔다. 문제가 불거지기 훨씬 전인 2012년, 호주정부(당시는 갈라드 총리가 이끄는 노동당 정부)는 380억 달러 규모의 전국 광역 통신망(National Broadband Network: NBN) 사업에서 화웨이를 배제했다. 2013년 출범한 자유당 중심의 연립정부 또한 전임 노동당 정부의 금지령을 국익 차원에서 유지했다.[34] 2018년 화웨이 문제가 국제적 현안이 되면서 호주의 입장은 선도적으로 변해갔다. 2018년 8월 화웨이를 '고위험 사업자'(high-risk vendor)로 규정해 모든 5G 네트워크 사업에서 배제했는데, 그 배경은 네 가지로 요약된다.

첫째, 호주는 국가안보 및 주요 인프라에 대한 외부의 간여에 극도로 민감한데, 2012년 NBN 사업에서의 화웨이 배제뿐 아니라 2016년 중국 기업의 호주 전력회사 오스그리드(Ausgrid)의 매수 금지 역시 맥락을 같이한다.[35]

둘째, 호주가 미국에 두는 우선순위가 작동했기 때문이다. 지리적 거리가 상당히 떨어진 호주는 오랫동안 미국과의 동맹관계를 연루보다는 방기의 측면에서 우려하는 경향이 많았으며, 따라서 미국의 정책 선호에 보다 충실히 반응했던 것이다.[36]

셋째, 호주의 대응은 예상대로 중국의 보복을 불렀다. 중국정부가 이를 인정한 적은 없지만 호주산 코크스, 와인 및 소고기에 대한 수입 규제가 있었기 때문이다. 물론 중국의 공식 해명은 "환경 문제와 관련된 일상적 통관 검사였을 뿐"이다.[37] 중요한 것은, 이러한 제재에도 불구하고 한번 정해진 입장을 바꾸지 않고 호주정부가 밀어붙였다는 점이다.

넷째, 호주의 선도성은 소위 '파이브 아이즈'(Five Eyes)로 불리는 서방 5개국 정보 공유체에서도 특기할 만한데, 영국, 캐나다, 뉴질랜드보다 훨씬 빨리 화웨이를 축출했기 때문이다. 2012년부터 브리티시텔레콤(BT)과 보다폰(Vodafone)에 화웨이 부품과 설비를 사용해 온 영국에서는 5G 네트워크의 '중심'(core)과 '주변'(periphery)을 분리 관리할 수 있으며, 중국산 설비는 35퍼센트를 넘지 않을 것이라는 의견을 내놓았다. 반면 호주정부는 분리

관리의 실현 가능성에 대해 훨씬 비관적이었고, 따라서 대응도 보다 강경할 수밖에 없었다.[38]

2020년 1월 화웨이 배제 입장을 향후에 재평가할 가능성이 있는가라는 가자들의 질문에, 호주 내무장관 더튼(P. Dutton)은 화웨이가 고위험 사업자라는 점을 재확인하면서 배제 결정은 호주 정보기관 및 통신감독원(ASD)의 조언에 기반한 것임을 못 박았다. 이에 대해 야당인 노동당의 부대표이자 집권 시 국방장관 후보인 말즈(R. Marles)도 '올바른 결정'이라 평가하며 정권이 교체되더라도 화웨이 배제는 지속될 것임을 예고했다.

홍콩/신장 문제

2019년 3월 홍콩정부가 중국 본토, 대만, 그리고 마카오 등 관련 조약 미체결 국가와 지역에서도 범죄인 인도를 가능케 하는 법안을 추진하면서 〈송환법〉 철폐를 요구하는 대규모 시위가 발생했다. 결국 홍콩정부는 법안 심의를 미뤘고, 표결 처리도 연기했다. 2020년 3월 이후에도 홍콩 독립, 5대 요구의 관철, 그리고 국가보안법 반대를 위한 시위가 지속되었지만, 5월 중국 전국인대에서 입법 통과되었다.[39] 중국정부는 이를 '핵심 이익'으로 규정하고 강경한 입장을 견지했다. 중국 입장은 2019년 11월 16일 시진핑 주석의 언급에서 확인 가능한데, ① 홍콩 시위는 법치와 사회질서를 짓밟는 폭력 범죄이고, ② 홍콩의 번영과 안정을 파괴하며 일국양제에 대한 도전으로, ③ 중국정부는 주권과 안보 수호의 의지가 확고부동하고, ④ 폭력 중단과 혼란 통제를 통해 질서를 회복할 것이며, ⑤ 엄격한 법 집행이 필요하다는 것이었다.

중국은 또 2009년 신장 자치구에서 발생한 위구르족과 한족 간의 충돌로 200여 명이 사망한 후 소요의 근절을 위해 노력해 왔다. 특히 2016년 티베트를 맡고 있던 천취안궈(陳全國)를 신장 당서기로 임명한 후, 인공지능과 머신러닝에 기반한 '통합합동작전기제'(Integrated Joint Operation Platform: IJOP)를 가동해 반국가·반체제 성향의 인물을 식별해 왔고, 2017년 6월 이를 통해 지목된 15,683명이 수용소에 억류되었다.[40)]

호주는 보편적 인권을 지지해 온 국가이며, 2015년 인권이사회는 『국가별 정례 인권검토』(*Universal Periodic Review: UPR*)에서 호주를 "법치주의에 기반해 개인의 권리와 자유를 존중하는 전통이 강하며, 인권을 지지하는 오랜 전통을 갖고 있다"고 평가했다.[41)] 이 전통은 — 이민국가라는 특성상 난민 구금의 부분을 제외한 — 여러 지표에서 확인이 가능하다(표 8-3 참조).[42)]

중국 인권에 대한 호주의 입장은 전반적으로 우려를 표하면서도 현안에 따라 다소 유보적 태도를 보인다. 또 총리와 외교장관이 결이 다른 얘기를 하면서 미국과 중국의 선호를 각기 충족시키는 역할도 했다. 2019년 6월 12일 페인 외교장관은 "국가보안법 관련 모든 변화는 정상적 정치 과정에 따라 '고도의 자율성'을 존중하는 방향으로 이뤄져야 한다"고 밝혔다. 같은 해 11월 14일에는 시위 참여자뿐 아니라 경찰과 정부 역시 노력해야 함을 지적했고, 2020년 4월 19일 성명에서는 민주화 주요 인사들의 체포

표 8-3. 호주의 인권 관련 주요 지표

지표	평가
프리덤 하우스 2020	97/100점(정치적 자유 40/40점, 시민적 자유 57/60점)
EIU 민주주의 지수 2019	9.09/10점(9위/167개국, Full Democracy)
언론자유 지수 2020	20.21점(26위/180개국)
부패인식 지수 2019	77/100점(12위/180개국)

에 대한 우려로 좁혀졌다.[43)]

반면 모리슨 총리는 우려를 표하면서도 주권국가로서 서로의 '다름'을 강조했다. 2019년 8월 13일과 16일에도 모리슨 총리는 평화적 해결을 원하지만 이는 국내 문제로 홍콩 스스로, 그리고 중국 내부적으로 해결되어야 한다고 했다. 또 11월 22일에는 호주의 개입이 도움이 되지 않는다고까지 언급했다.[44)] 분위기가 바뀐 것은 2020년 5월 23일 영연방 3국 외무장관이 국가보안법 도입을 비판하는 성명을 내면서이다. 공동성명은 "국가보안법 도입을 깊이 우려하며, 홍콩 시민들의 직접 참여 없는 법 제정은 '일국양제' 원칙을 훼손한 것"이라는 입장이었다.[45)]

호주는 위구르인 구금과 강제노동에 대해서도 우려를 표명했다. 구금에 대해 호주는 문화적·종교적 관습의 말살이자 소수민족에 대한 탄압이라며 강한 우려를 내비쳤다. 2019년 7월 호주는 21개국과 공동으로 유엔 인권위원회에 위구르인 격리 수용에 비판적인 서한도 제출했다.[46)] 같은 달 15일 페인 외무장관은 "수용소 활용을 포함한 신장의 인권 상황에 대해 깊이 우려한다"고 밝혔고, 2019년 11월 17일에는 이 상황을 '충격적'(disturbing)이라고 묘사했다.[47)] 홍콩 사태와 달리 신장 문제에 대해서는 호주가 타국과의 연대를 통해 직접적인 관여를 하고 있다.

화웨이 배제와 인·태 전략(Quad)에의 적극적 참여에 더해 홍콩/신장 인권 문제에 대한 호주의 선도적 입장은 중국의 미움을 샀고, 결국 2020년에 경제 제재로 이어졌다.[48)] 그럼에도 호주는 관련 현안들에 대해 정해진 입장의 변화 없이 원칙을 견지해 가고 있다. 높은 경제의존도에도 불구하고 주권과 국제규범에 대한 우선순위, 그리고 지정학적 거리의 요인들이 함께 작동한 것으로 평가할 수 있다.

싱가포르의 적응

남중국해 이슈

남중국해에 대한 싱가포르의 입장은 오랜 기간 일관성을 유지해 왔다. 싱가포르의 입장은 다음 몇 가지로 요약된다. 첫째, 영유권 분쟁의 '비당사자'(non-claimant)임을 강조하는 것으로, 당사국이 아니기에 신중하고 거리를 둔 접근을 중시한다.[49] 둘째, 싱가포르는 자국의 입장을 '실질적 접근'(practical approach)으로 특징짓는데, 여기서 실질적이라 함은 교역과 투자 환경에 남중국해 문제가 부정적 영향을 미치지 않게 하는 일체의 노력을 가리킨다.[50] 셋째, 싱가포르가 가장 중시하는 것이 항해와 비행의 자유인데, 남중국해 관련 공식 입장에서 빠지지 않는 조항이다. 넷째, 싱가포르는 남중국해 문제를 국제법과 국제규범에 대한 것으로 맥락화한다. 2018년 3월 호주를 방문한 싱가포르 리셴룽 총리는 국제법적 근거하에서 항행의 자유와 평화적 해결을 강조했다.[51] 〈표 8-4〉와 같이 싱가포르의 입장은 대체로 중국보다 미국 쪽에 조금 더 근접해 있다.

싱가포르·중국 관계는 대체로 우호적이지만 몇 차례 심각한

표 8-4. 싱가포르의 남중국해 관련 입장

	미국 입장에 근접	중국 입장에 근접	중립에 가까움
특정국 편들지 않기			o
규칙 기반 질서 지지	o		
항행 및 비행의 자유	o		
분쟁의 평화적 해결			o
PCA 결정의 존중	o		
구조물 건축 반대	o		

고비를 넘긴 바 있다. 2004년 리셴룽 당시 부총리가 1975년 이래 싱가포르 군이 매년 훈련을 수행해 온 대만을 방문하면서 양국 관계가 매우 어려워졌다. 최고위 인사의 대만 방문으로 인해 "싱가포르·중국 관계는 이제 끝났다"는 평가에도 불구하고, 2005년부터 양국 관계는 다시 회복되었다. 그다음은 2016년이었는데, PCA 판결에 대해 싱가포르가 지지를 표하자 중국정부가 불쾌해 했기 때문이다.[52] 같은 해 9월 비동맹 정상회의(NAM Summit)의 최종 문건에 당사자도 아닌 싱가포르가 PCA 관련 문구를 넣으려 했다는 소문도 돌았다.[53] 두 달 후인 11월, 대만에서의 훈련을 마치고 귀환하던 싱가포르 장갑차 아홉 대를 홍콩 세관이 압류하는 일이 있었는데, 중국이 불쾌감을 표출한 결과였다.

싱가포르는 인구의 78퍼센트가 중국계이며, 520만 인구 중 백만이 중국에서 온 최근 이민자로 구성되어 있다. 이 같은 인종적 동질성을 중국은 긍정적으로 인식하지만, 동남아에서 이는 '제5열'(fifth column: 즉, 친중국 성향을 지닌 집단)로 간주될 수 있다. 1976년 리콴유 총리의 첫 방중 시 모든 행사를 영어로만 소화한 것에서 싱가포르인은 중국인/중국계가 아니라 다인종 공동체의 일원이라는 싱가포르 정부의 집착을 볼 수 있다.[54]

싱가포르는 베트남 전쟁에서 미국을 도운 국가이며, 아세안 국가 중 중국과 가장 늦게 수교했다. 싱가포르는 한쪽 편만 드는 것을 자제해 왔지만, 리콴유는 2009년 미·아세안 경제협회(US-ASEAN Business Council)에서 "미국은 태평양의 우월한 세력으로 남아야 한다"고 강조했다.[55] 2010년 이후 — 중국의 공세적 외교에 대응하듯 — 싱가포르가 조금은 미국의 입장에 기우는 듯하다. 미국 주도의 TPP에 적극 참여했고, 오바마 행정부의 재균형 전략 발동 후인 2012년 미국 전투함의 싱가포르 배치도 수용했기 때문

이다.[56]

남중국해에 대한 싱가포르의 입장은 여전히 직접적이기보다는 간접적이고, 명시적이기보다는 암묵적이다. 싱가포르가 오래 주장해 온 '중립적 조정자'(neutral coordinator) 역할을 자임하며, 아세안 의장국으로 중국 해역 내 아세안·중국 해상합동훈련도 성사시켰다.[57] 그러나 반드시 해야 할 때, 항행과 비행의 자유 및 국제법에 기반한 해결을 강조하며 중국을 압박하는 것 역시 마다하지 않고 있다.

인·태 전략

싱가포르는 '인·태' 개념에 대해 유보적인데, 그 이유는 아세안과 '아시아·태평양' 개념을 보다 중시하기 때문이다. 2018년 5월 14일 발라크리슈난(V. Balakrishnan) 외교부 장관은 "인·태(전략) 개념이 무엇인지 명확히 알기 전 그 무엇에도 서명하지 않을 것"임을 밝혔다. 『인도·태평양에 대한 아세안의 관점』 문건의 채택 직전 개최된 2019년 샹그릴라 대화에서 리셴룽 총리도 "여러 국가가 인·태 협력의 개념을 제시하지만, '일대일로'(BRI)보다 정교하지 않다"고 평가했다.[58] 2017년 7월 발라크리슈난 장관은 『싱가포르 대외정책의 다섯 원칙』이라는 연설에서 아세안과 동남아를 각각 3회, 2회 거론했지만 인·태는 언급하지 않았다.[59] 2018년 11월, 2018년의 대외정책을 국회에서 설명할 때도 아세안과 동남아를 각각 71회, 4회 거론했지만 인·태는 한 번도 언급하지 않았다.[60]

인·태 전략에 유보적인 또 다른 이유는 트럼프 행정부에 대한 불신이었다. 싱가포르는 규칙 기반의 국제질서, 항행의 자유, 법치, 개방경제를 지지하는 동시에, 인·태 전략에 내재된 배타성을 경계하며 '아세안 중심주의'(ASEAN Centrality)를 중시하고 있다.[61) 즉, 트럼프의 미국 우선주의, 보호주의, 그리고 고립주의로 인해 인·태 전략이 수사에 그칠 수도 있음을 우려한 것이다. 경제적 고려도 중요한데, 싱가포르는 중국의 부상을 위협이 아닌 기회로 인식해 왔다. 싱가포르의 대외의존도는 2017년 기준 216퍼센트로 한국보다 2.5배나 높아 중국은 우호적 관계를 유지해야 할 대상일 수밖에 없다. 2018년의 UN Comtrade Database 기준, 싱가포르의 대중 수입 비중은 13.3퍼센트(1위)였고, 수출 역시 전체의 12.2%(1위)를 차지했다.[62) 높은 경제의존도에도 불구하고 싱가포르는 '일대일로'에 참여했고, FTA를 통한 경제협력도 확대하고 있다.[63)

싱가포르가 인·태 전략을 통한 중국 견제에는 반대해 왔음에도 미국과의 군사·안보 협력은 강화해 왔다는 것이 흥미롭다. 즉, 인·태 전략에 대한 명시적 지지와 무관하게 미국과의 안보협력을 공고히 해온 것이다. 싱가포르는 미국의 연안전투함 및 P-8 포세이돈의 배치를 허용했고, 이슬람국가(ISIS) 격퇴를 위한 '글로벌 연합'(Global Coalition)에 참여한 최초의 아시아 국가이다.[64) 2019년 9월 미국의 자국 내 군사기지 사용을 15년 연장했으며, 같은 해 12월 괌의 앤더슨 공군기지 내에 싱가포르 공군 자산을 배치하는 협정도 맺었다. 루드(J. Rood) 미 국방부 정책차관은 "동남아 어디도 싱가포르만큼 미국의 역내 전방 전개를 가능케 하는 나라는 없다"고 평가했다.[65) 이에 대해 리 총리는 "동남아와 아·태 지역에 대한 미국의 관여를 심화시키는 역할을 재확인한 것"이라고 했지만, 왜 그 시점이 지금이며 또 함의는 무엇인지 반추가 필요해 보인다.[66)

대외의존도가 높은 싱가포르는 중국의 중요성을 잘 알지만, 동시에 중국은 큰 전략적 부담일 수밖에 없다. 2017년 2월 리 총리가 BBC 인터뷰에서 밝혔듯이, 싱가포르는 미·중 사이에서 결국 "선택을 강요받게"(coerced to choose) 될 것임을 인식하고 있다.[67] 그럼에도 또 다른 인터뷰에서 언급했듯이, 큰 이웃 하나보다는 두 개가 더 유리하며, 또 이를 적절히 다룰 수 있다고 판단한 것으로 보인다.[68] 흥미로운 것은 싱가포르가 이 논리를 중국에도 동일하게 적용한다는 점이다. 실제로 2019년 10월 20일 싱가포르는 중국과 2008년에 체결한 〈국방교류와 안보협력 협정〉을 갱신했으며, 이를 통해 전략대화 개최, 상호 방문, 군사교육 훈련, 그리고 연합훈련의 확대에 합의했다.[69] 이는 미국의 기지 사용 15년 연장에 대한 양해각서 체결 한 달 만에 이뤄진 것으로, 싱가포르의 생존법이 무엇인지를 잘 보여준다. 중국과의 군사 교류의 심도가 미국과는 비교될 수 없지만, 최소한 외양과 담론에서는 헤징의 시행을 여실히 보여준 것이다.

중거리 미사일의 배치

싱가포르는 INF 미사일 배치의 후보지로 거론되거나 이에 대한 공식 입장을 밝힌 적이 없으며, 공간된 자료도 거의 없다. 싱가포르 언론도 제3자 입장에서 주로 담백한 보도를 해 왔다.[70] 싱가포르 안보전문가의 언급을 통해 추론할 때, 싱가포르는 핵확산 방지를 위해 INF 조약의 준수를 촉구하는 입장이다. 미국의 INF 조약 탈퇴를 앞둔 2019년 8월, 싱가포르 난양공대(NTU)의 안보전문가 코(C. Koh)는 "육상 발사 미사일의 배치는 핵 작전뿐 아니라 재래식 전쟁에서도 미국에 도움이 될 것"이라고 평가했다. 더 나아가 코 박사는 "중국 미사일이 미 본토에 미치지 않기에 미국은 아시아에 대해 정당한 안보 이익을 갖고 있지 않다"는 푸충(傅聰) 중국 군축대사의 발언을 "솔직하지 않다"고 평가하고, "중국이 보

유한 핵무기 장착 가능 미사일 역시 향후 체결될 새 조약의 대상이 되어야 한다"고 주장했다.[71]

미국의 INF 탈퇴 직후인 2019년 10월 15일, 제74차 유엔 총회의 제1위원회 토의에서 고(S. Goh) 싱가포르 대표는 "INF의 종료로 인해 '뉴 스타트'(New START: 2010년 체결된 미·러 핵무기 감축협정으로 2021년 만료 예정) 연장의 불확실성이 우려된다. 싱가포르는 모든 회원국이 유의미한 대화를 위한 의지를 다지고, 실질적 해결책에 합의하며, 국제적 의무를 준수할 것을 촉구한다"고 발언해 비교적 중립적 입장을 천명했다.[72]

화웨이 문제

화웨이 문제에 있어 싱가포르의 입장은 호주와는 대조적이다. 첫째, 화웨이를 선제적으로 배제했던 호주와 달리 싱가포르는 점진적 접근을 취했다. 2019년 6월 일본 매체와의 인터뷰에서 리셴룽 총리는 "어떤 시스템을 구매할지 고민하고 있으며, 신뢰의 문제와 관련해 여러 국가의 입장을 청취 중이다"라고 언급했다.[73] 싱가포르는 호주, 일본, 뉴질랜드, 베트남처럼 미국의 선호에 맞춰 조기에 화웨이를 배제하지 않았으며, 그렇다고 해서 필리핀처럼 화웨이를 주된 협력 대상으로 서둘러 선정하지도 않았다.[74]

둘째, 싱가포르는 5G 시스템의 협력 대상과 관련해 독자적이고 공정한 결정을 강조했으며, "주권이 타국의 기술에 의해 위협받아도 안 되지만, 제3국의 정치적 의도에 휘둘려서도 안 된다"는 입장을 견지했다. 더 나아가 기술적·법적 근거 없이 특정 기업을 시장에서 배제하는 것에도 반대 입장을 분명히 했다. 공정한 결정을 위해 싱가포르는 산하 사이버안보국(Cyber Security Agency)이 내리는 독자 평가 — 이는 국립사이버안보센터에 의존하는 영국과

유사 — 에 기반함도 천명했다.[75]

셋째, 스마트 국가를 지향해 온 싱가포르로서는 2019년 말 기준 업계 2위인 에릭슨(Ericsson)보다 기술적으로 앞선 화웨이를 무조건 배제하기 어려운 측면도 있었다. 2020년까지 5G 시스템을 선보이려던 싱가포르는 미국의 선호만 좇아 계획을 포기할 수도 없었다. 따라서 싱가포르는 다변화를 택했는데, 영국처럼 핵심과 주변에 대한 분리 관리가 가능하다는 전제하에 화웨이를 포함한 '사업자 다양성'(vendor diversity)의 지향을 의미했다.[76] 실제로 싱가포르 IT 회사인 빅마인드(Biqmind)가 2019년 가을 화웨이 클라우드와의 협력에 합의했다.[77] 그러나 미국의 지속적인 압박 속에서 2020년 6월 싱가포르의 양대 통신사인 싱텔(Singtel)과 스타허브(StarHub)가 각각 에릭슨 및 노키아(Nokia)와 5G 사업을 추진하기로 결정하면서 화웨이의 입지는 어렵게 되었다.[78]

홍콩/신장 문제

싱가포르는 인권이 상대적 개념이라고 인식하는데, 문화적·사회적·경제적 맥락에서 개인의 권리와 공공의 이익 간에 조정이 이뤄져야 한다는 입장이다.[79] 싱가포르는 국제적 인권 현안에서 불관여 원칙을 고수해 왔는데, 보편적 인권보다는 국가별 특수성에 더 많은 비중을 둔 것이다.[80] 이는 관련 지표에서도 확인 가능한데(표 8-5 참조), 2019년 기준 싱가포르의 부패인식 지수가 180개국 중 4위인 데에 반해 정치·사회적 자유 점수는 50/100점으로 매우 낮게 평가되었다.[81]

싱가포르는 중국의 인권 문제에 대해서도 내정 불간섭 원칙을 고수해 왔다. 2014년 9월 리셴룽 총리는 홍콩 시위에 대해 "국가마다 상황이 다르며, 이를 존중해야 한다"고 했고, 홍콩의 주권 문

표 8-5. 싱가포르의 인권 관련 주요 지표

지표	평가
프리덤 하우스 2020	50/100점(정치적 자유 19/40점, 시민적 자유 31/60점)
EIU 민주주의 지수 2019	6.02/10점(75위/167개국, Flawed Democracy)
언론자유 지수 2020	55.23점(158위/180개국)
부패인식 지수 2019	85/100점(4위/180개국)

제임을 명확히 했다.[82] 2019년 11월 융(A. Yeung)이라는 홍콩 유투버가 사전허가 없이 시위를 조직하자, 싱가포르는 그를 즉각 추방했고, 관련해 리 총리는 외국인이 싱가포르에서 정치 문제를 이슈화하는 것을 허용하지 않는다고 강변했다.[83] 싱가포르의 가장 큰 우려는 자국에서 유사한 상황이 발생할 가능성이다. 따라서 비판의 방점을 경찰의 과잉 진압보다는 시위대의 폭력성에 두는 경향을 보였다. 리 총리는 2019년 10월 포브스 글로벌 CEO 회의에서 "시위대의 요구는 문제 해결보다 정부의 붕괴를 노린 것에 가깝다"고 지적했다.[84] 2020년 3월 1일 산무감(K. Shanmugam) 내무부장관도 홍콩 경찰의 진압 방식을 옹호했으며, 심지어 사전허가 없는 시위를 금하는 싱가포르의 원칙을 옹호했다.[85]

싱가포르는 신장 문제와 관련해 인권 침해보다는 이슬람 극단주의 세력과의 연계 가능성에 주목해 왔다. 2005년 5월 여(G. Yeo) 외무장관은 미국 유대인위원회가 개최한 연례 만찬에서 정치적 권위에 도전하지 않는 한 신장 위구르족이 많은 자유를 누린다며 중국의 소수민족 정책은 현실적이라고 평가했다.[86] 또 2016년 5월 오스만(M. Osman) 선임국무장관은 동남아의 IS 무장세력과 신장과의 연관성을 언급했다.[87] 2016년 11월 발라크리슈난 외교장관도 이와 비슷한 의견을 피력했다.[88]

앞서 언급한 호주를 포함한 22개국이 유엔 인권위원회에 제출한 서한에 대한 반박으로 2019년 7월 12일 37개국이 위구르 및 소수민족에 대한 신장에서의 중국 정책을 지지하는 서한을 제출했다. 싱가포르는 이 두 문건 중 어느 쪽에도 서명하지 않았다. 또한 싱가포르는 유엔 인권위원회에서의 토론에도 불참했으며, 신장 상황에 대한 정부 차원의 명시적인 언급 역시 전무하다.[89]

필리핀의 순응

남중국해 이슈

필리핀의 남중국해 관련 입장은 정권에 따라 상당한 편차가 노정되었다. 〈표 8-6〉에서 보듯이 정권 교체에 따른 '시계추' 현상이 나타났기 때문이다. 최근 시기에 초점을 맞춘다면, 아키노 정부(2010~2016)에서는 남중국해에서의 주권 수호에 우선순위를 두었다. 또 이를 위해 미국과의 동맹을 강화했고, 일본 및 호주와의 안보협력을 증대했으며, 국제회의에서 중국 주장의 부당성을 부각시켰고, 나아가 PCA에 중국을 제소했었다.

논쟁의 대상은 2016년 5월 대통령에 당선된 두테르테(R. Duterte)가 지난 4년간 보인 입장이다. 오랜 기간 미국의 강력한 동맹이자, 남중국해 영유권을 두고 중국을 PCA에 제소했던 필리핀이 반대편에 서는 모습을 보였기 때문이다.[90] 당선 직후인 7월 PCA가 중국에 불리한 결정을 내렸지만 두테르테는 이를 지지하지 않아 지나치게 유화적이라는 비판을 받았다. 또 같은 해 10월 시진핑과 정상회담을 갖고 240억 달러 규모의 지원을 약속받았으며, 그 대가로 미군 철수까지 고려할 수 있다고 밝혔다.[91] 집권 후

표 8-6. 필리핀 역대 민선 정부의 남중국해 관련 입장

대통령(재임기간)	입장
아키노(1986–1992)	중도
라모스(1992–1998)	강경
에스트라다(1998–2001)	강경
아로요(2001–2010)	유화
아키노(2010–2016)	강경
두테르테(2016–현재)	유화

2년간 두테르테 정부는 남중국해와 관련해 중국과 얼굴을 붉히지 않으려 노력했다. 그러나 유화 정책에도 불구하고 중국의 군사시설 구축은 계속되었고, 2018년 8월 두테르테는 "(남중국해에서) 중국이 행동을 절제할 필요가 있다"고 언급하기에 이른다.

두테르테의 유화적 입장에는 세 가지 배경이 있다. 첫째, 중국과의 경제협력인데, 특히 남중국해에서의 에너지 공동개발은 "아무것도 못 얻기보다 조금이라도 얻는 편이 낫다"는 두테르테의 발상을 잘 보여준다. 둘째, 2018년 11월 시진핑의 국빈 방문이 있었는데. 중국 최고 지도자의 13년 만의 방문이자 경제적 선물이 예상된 상황에서 이를 망치고 싶지 않았던 것이다. 실제로 시의 방문은 남중국해의 가스 및 석유 공동개발을 포함해 29항의 합의를 도출했다.[92] 셋째, 중국과 어려움을 겪는 유사시에 과연 미국의 군사적 개입이 있을지에 대한 불신이다. 어차피 미국이 도와줄 것이 아니라면 중국과의 우호관계를 통해 실리를 얻자는 생각을 가리킨다. 이 같은 맥락에서 2018년 12월 필리핀 국방장관 로렌자나(D. Lorenzana)는 미국과의 동맹조약이 남중국해 맥락에서는 모호하다는 이유로 조약 자체를 재검토할 수도 있다고 했다.

2019년 3월 폼페이오 국무장관은 마닐라에서 "필리핀 군, 항

공기와 선박에 대한 남중국해에서의 공격은 미·필리핀 안보조약의 4조, 즉 상호방위 의무를 촉발시킬 것"을 처음으로 확인했다.[93] 2019년 4월부터 유화적 입장만을 고집할 수 없는 위기가 발생하면서 두테르테의 정책에도 변화가 생겼다. 2019년 4월 분쟁 지역인 티투(Thitu: 필리핀에서는 Pag-Asa로 부름) 인근에 소위 '해상 민병대'(maritime militia)로 불리는 중국 어선 300척이 출몰했다. 필리핀 외교부는 이를 '주권침해'이자 '불법행위'로 규정했고, 두테르테는 자살특공대를 보낼 수도 있다고 했다.[94] 2019년 6월 중국 함정이 분쟁 수역에서 필리핀 어선을 들이받은 후 물에 빠진 선원들을 방치하고 떠나는 일도 있었다.

이를 배경으로 2019년 8월 두테르테 대통령의 중국 방문이 이뤄졌다. 집권 후 3년 동안 중국을 네 차례나 방문했지만 PCA 판결을 언급하지 않았던 두테르테가 8월 29일 정상회담에서 이를 처음으로 의제로 올렸다. 이에 대해 두테르테는 "최종적이고 구속력을 가지며 재심이 불가한 결정"(final, binding, and not subject to appeal)이라고 했고, 시진핑도 중국의 논리를 개진한 것으로 알려진다.[95] 두테르테의 언급은 필리핀의 입장이 획기적으로 바뀐 것이라기보다는 90퍼센트가 넘는 국민의 비판에 대한 부분적 수용에 더 가까웠다.[96]

두테르테가 집권 초부터 외교의 다변화(즉, 대미국 의존의 탈피)를 강조해 왔고 1,800억 달러 규모의 인프라 건설에 중국의 지원이 절실함을 감안할 때, 그 같은 언급은 전술적 후퇴이지 입장의 전략적 변화라고 보기는 어렵다.[97] 실제로 주중국 필리핀 대사 로마노(J. S. Romano)가 "대통령은 (PCA 판결을) 강요하려 한 것이 아니고 … 단지 양국의 차이를 이해하려는 것일 뿐이다"라고 한 것에서 이를 확인할 수 있다. 두테르테 정부의 남중국해 정책은 상당 부분 전임 정부(아키노 정부)와의 차별화를 통해 이루어지며, "군사 시설화를 막기 위해 필리핀이 중국에 대해 실질적으로 할 수 있는 것은 별로 없다"는 패배주의도 내재되어 있다.[98] 두테르테는 이와 같은 입장을 통해 미국이 인식하는 필리핀의 전략적 가치가 오히려 높아질 것으로 평가한다. 따라서 6년 임기가 끝나는 2022년까지 그의 입장에 큰 변화가 생길 가능성은 낮다.

인·태 전략

두테르테 정부는 인·태 전략에 부정적 입장을 보여 왔다. 개념의 불확실성에 주목함과 동시에 친중적 경향을 보였기 때문이다.[99] 필리핀 정부는 '인도·태평양'이 기존 개념을 대체할 수 없다고 보며, 공식 문서에 '아시아·태평양'이 여전히 높은 빈도로 나타난다. 외교부 사이트 검색 결과, '인·태' 개념은 2019년 총 26회 검색되었는데, 이는 2017년 대비 13배나 증가한 수치이다. 하지만 2017~2019년 기간 '아·태' 역시 총 13회, 20회, 14회 검색되었다. 필리핀 행정부의 홈페이지에서도, 2020년 4월 14일 기준 과거 2년 동안 '아세안' 및 '아·태'는 217회, 75회 언급된 반면, '인·태' 개념은 검색이 되지 않았다. 필리핀 정부의 『국가안보전략』(2018년판)에서도 '아·태'는 6회 언급되었지만 '인·태'는 단 1회뿐이었다.

호주와 달리 필리핀은 인·태 전략을 동맹 강화의 계기로 인식하지 않았다. 공교롭게도 인·태 전략 공표 후 미·필리핀 관계는 최악의 상황에 처했다. 2020년 2월 11일 두테르테 대통령은 미국과의 〈군사방문협정〉(VFA) 종료를 선언했다. 그 직접적 원인은 반군 퇴치 작전과 '마약과의 전쟁'에서 인권 유린의 책임자로 지목된 국방장관 로렌자나(D. Lorenzana)와 전(前) 경찰청장 로사(R.

Rosa)의 비자 거부였지만, 양국 간 누적된 다양한 현안들이 영향을 끼쳤다고 봐야 한다.

미국은 필리핀과의 관계를 '역사적 의미가 깊은 관계'(historic ties)로 묘사하며, 필리핀의 민주적 가치를 긍정적으로 평가한다. 그러나 두테르테 정부 출범 이후 미국의 의지에 대한 필리핀의 의구심이 커진 것도 사실이다. 즉, 주필리핀 미군이 중국의 인공섬 건설에 대해 실질적으로 견제를 하지 못했다고 인식하기 때문이다.[100] 필리핀은 중국을 균형이나 견제가 아닌 헤징의 대상으로 인식했다. 『국가안보전략』(2018년판)을 보면, 중국의 공세성을 우려하지만 경제력에 부합하는 영향력의 행사는 부상국들이 흔히 노정하는 행태이기에 중국의 영향력 투사를 "자연스러운" 결과로 인식함을 알 수 있다.[101]

필리핀의 입장에는 중국과의 경제관계와 아세안 성원으로서의 관점도 내재되어 있다. UN Comtrade Database 기준으로 2018년 필리핀의 대중 수입과 수출 비중은 각 19.6퍼센트, 12.8퍼센트로 1위와 4위를 점했다. 대중 무역의존도보다 더 중요한 것은 두테르테 정부가 중국의 부상을 자국의 기회로 인식하는 것이다. 특히 필리핀의 낙후된 인프라의 개선에 중국의 지원을 기대한다는 점이다.[102] 아세안 중심주의 역시 반중 전선에 동조하지 않는 또 다른 이유인데, 인·태 전략이 아세안 중심주의와 상충될 수 있다는 우려는 로무알데즈(J. Romualdez) 주미 대사의 2020년 1월 16일 강연에서 잘 드러난다. 크게 두 가지인데, 하나는 필리핀이 미국과의 동맹을 지속하지만 경제발전을 위해 '여타 국가'와의 관계 역시 중시한다는 헤징 전략이며, 다른 하나는 미·중 경쟁의 환경에서 아세안 중심주의의 가치를 견지해야 한다는 것이다.[103]

중거리 미사일의 배치

2018년 12월 미국과 러시아의 INF 탈퇴의 건이 유엔 총회에 상정되었을 때, 필리핀은 INF의 기여를 인정하며 이에 대한 국제 사회의 준수를 촉구했다. 다만 당시의 촉구란 핵확산 방지에 대한 지지였고, 미국을 특정해 비판한 것은 아니었다. 2019년 2월 1일 트럼프 대통령이 INF 탈퇴를 선언하고, 같은 해 8월 3일 에스퍼 국방장관이 역내 미사일 배치 후보지로 필리핀을 거론하면서 필리핀의 입장은 단호해졌다. 2019년 8월 7일 두테르테 대통령은 "필리핀은 결코 미사일을 배치하지 않음"을 천명했고, 핵무기 반입은 필리핀 헌법에 위배된다고 언급했다.[104] 중국이 이미 "좌시하지 않겠다"는 입장을 표명한 상태에서 마닐라가 이를 수행할 가능성은 제로에 가깝다.

2019년 10월 15일 제74차 유엔 총회에서 필리핀 대표 알모후에라(M. T. Almojuela)는 "INF 조약과 포괄적 공동행동계획(JCPOA)으로부터의 탈퇴나 유예 결정을 관련국들이 재고하기를 요청한다"고 밝혀 미국을 간접 비판했다.[105] 또한 코르푸스(V. Corpus) 전 육군 정보사령관은 2020년 1월 기고문에서 "방위협력확대협정(EDCA)에 따른 필리핀 내 INF 미사일 배치라는 미국의 위험한 계획에 유의해야 한다. … 미국 미사일의 배치를 중국이 그저 지켜볼 리 없다"고 경고했다.[106]

2020년 2월 11일 필리핀 정부는 미국과의 〈방문군 협정〉(VFA)의 폐기를 선언했는데, 1951년에 체결된 필·미 동맹조약(MDT)의 근간이라 할 VFA의 폐기는 양국 간 연례연합훈련(예컨대 Balikatan과 PHIBLEX)의 법적 근거가 사라짐을 의미했다.[107] 따라서 이를 '자주외교'로 칭하는 두테르테 행정부에서 INF 미사일의 배치 가능성은 없으며, 미국정부 역시 그같이 평가하고 있다.[108]

화웨이 문제

호주나 싱가포르와 달리 필리핀은 화웨이와의 협력에 적극적으로 나섰다. 화웨이 문제가 불거진 후인 2019년 2월 필리핀 양대 통신사 중 하나인 글로브(Globe)는 같은 해 2분기에 화웨이 설비를 사용한 5G 시스템을 선보인다고 선언했다.[109] 곧이어 3월 마닐라를 방문한 폼페이오 국무장관은 "화웨이 설비를 사용한 국가에서는 미국 기업이나 군대의 활동에 문제가 있을 것"이라며 경고했다.[110] 같은 해 4월의 외교부 문건 유출 사건을 보면, 필리핀 정부 내에서 체코의 화웨이 금지 조치를 리뷰하며 고민을 했던 것으로 보인다.[111] 그럼에도 필리핀은 화웨이와의 긴밀한 협력을 선택했다. 2019년 3월 필리핀 정부는 '안전한 필리핀'(Safe Philippines)이라는 기치하에 중국국제통신건설공사(CITCC)와 긴급상황 통제시스템의 구축에 합의했으며, 이를 위해 12,000기의 화웨이산 폐쇄회로 TV를 구매했다.[112]

2019년 5월 15일 미 상무부 산업안전국(BIS)은 화웨이와 그 계열사를 구매 및 기술 이전 금지 대상에 포함시켰다. 그러나 같은 달, 필리핀 양대 통신사인 PLDT(Philippine Long Distance Telephone Company)와 글로브텔레콤은 자사의 화웨이 관련 서비스는 영향을 받지 않을 것임을 분명히 했다. 심지어 글로브텔레콤은 같은 해 6월 화웨이 설비를 사용한 5G 서비스를 동남아에서 처음으로(지역적으로는 마닐라에 국한) 개시했다. 필리핀 이동통신 시장의 75퍼센트를 점유한 두 회사의 입장을 감안하면, 필리핀의 정책이 화웨이와의 협력임을 알 수 있다.[113]

2019년 12월 PLDT와 글로브텔레콤은 설비 대부분을 화웨이로, 그리고 아주 소량만을 에릭슨 제품으로 구성한 5G 서비스를 2020년 1분기에 전국적으로 제공했다.[114] 또 필리핀은 5G 프로젝트의 제3 사업자로 신흥기업 미스라텔(Mislatel)을 선정했는데, 이 회사의 지분 40퍼센트를 차이나텔레콤(China Telecom)이 소유하고 있다.[115]

필리핀의 선택은 다음 몇 가지로 설명할 수 있다. 첫째, 필리핀의 대중국 안보 민감도가 떨어진다는 점이다. 2009년 아로요 정부에서 국영전력망공사(National Grid Corporation of Philippines: NGCP)를 민영화할 때, 이 회사 지분의 40퍼센트를 중국전력망공사가 취득했다. 2019년 11월 20일 상원 청문회에서 전력송출회사 대표인 마티박(M. Matibag)은 "언제라도 중국이 필리핀의 전력송출을 중지할 수 있다"고 증언했다.[116] 둘째, 두테르테 집권 후 다양한 영역에서 친중 입장으로 선회한 것과 관련이 있다. 셋째, ASEAN 내부에서 화웨이 문제에 대한 일치된 의견의 부재 역시 필리핀의 이 같은 입장을 가능케 했다. 넷째, 막상 미국 편에 서자니 5G 시장에서 미국 기업이 제대로 된 대안이 아닌 것도 일조를 했다. 에릭슨이나 노키아에 비해 최대 30퍼센트나 저렴하고 기술적으로도 우위에 있는 화웨이가 필리핀에서 매력적으로 인식되었기 때문이다. 다섯째, 2011년부터 뿌리를 내린 화웨이를 완전히 대체하려면 엄청난 비용이 든다는 것 역시 걸림돌로 작동했다.[117] 여섯째, 소위 '영국 모델'을 활용해 필리핀도 사이버 안보관리 제도(cybersecurity management system)라는 것을 신설해 최소한의 앞가림을 하려 했던 것이다.

홍콩/신장 문제

개발도상국임에도 국제규범에 부합하는 인권 신장을 위해 노력해 온 필리핀은 관련 지표에서 상대적으로 높은 평가를 받았다(표 8-7 참조). 그러나 두테르테 집권 이후 마약과의 전쟁 및 반군

표 8-7. 필리핀의 인권 관련 주요 지표

지표	평가
프리덤 하우스 2020	59/100점(정치적 자유 25/40점, 시민적 자유 34/60점)
EIU 민주주의 지수 2019	6.64/10점(54위/167개국, Flawed Democracy)
언론자유 지수 2020	43.54점(136위/180개국)
부패인식 지수 2019	34/100점(113위/180개국)

퇴치를 빌미로 인권 유린이 만연했다. 2018년 2월 국제형사재판소는 필리핀 인권에 대한 예비조사에 착수했고, 필리핀은 3월에 이를 탈퇴했다.[118] 국제 앰네스티(Amnesty International)도 마약과의 전쟁을 '살인 사건'(homicide cases)으로 적시하고, 공권력을 동원한 인권 유린을 비판했다.[119] 2020년 유엔 인권이사회 역시 필리핀에 인권상황 보고를 요구하는 결의안을 채택했다.

2017년 제30차 아세안 회의에서 내정 불간섭은 국제법의 기초라며 국제사회의 비난을 반박했다. 따라서 필리핀은 홍콩과 신장 이슈를 포함한 중국 인권 문제의 거론 그 자체를 내정 간섭으로 본다. 홍콩 사태 발생 후 필리핀 정부는 홍콩 내 자국민 보호를 최우선으로 추이를 관망할 뿐 인권 문제는 제기하지 않았다.[120] 홍콩에 대한 두테르테의 발언은 2019년 8월 29일 단 한 차례 있었는데, "우리는 법치를 존중한다"는 소극적 발언에 그쳤다.[121]

신장 문제와 관련해서도 필리핀은 중국을 옹호했다. 2019년 7월 8일 영국 등 22개국이 강제수용소 해체를 촉구하는 서한을 유엔 인권이사회에 전달하자, 이에 반대하는 37개국이 중국 옹호의 서한을 제출했는데, 필리핀은 이에 서명했다.[122] 필리핀은 2019년 8월 신장 자치구 정부 초청으로 6개국(라오스, 캄보디아, 네팔, 스리랑카, 바레인, 나이지리아)과 함께 외교단을 파견했고, 이에 대해 신화통신은 외교단이 "시민 삶의 개선, 종교적 자유의 보장, 그리고 테러 방지를 위한 중국의 노력을 긍정적으로 평가했다"고 보도했다.[123)]

한국에의 함의

이상에서 호주, 싱가포르 및 필리핀의 다섯 현안에 대한 입장을 살펴보았으며, 3국 모두 상당히 일관된 입장을 보인 것으로 드러난다(표 8-8 참조). 홍콩/신장 문제에서 싱가포르와 필리핀이 유사한 입장을 보인 예외적 경우를 제외하면 거의 모든 현안에서 호주가 미국의 입장에 가장 가까운 대응을 했으며, 필리핀은 중국의 선호에 근접한 순응의 행태를, 그리고 싱가포르는 전형적인 헤징의 모습을 드러냈다.

3국의 입장을 상세히 비교해 보면, 호주는 동맹으로서의 상관성을 지속적으로 부각했고, 중국에 대한 경제 취약성에도 불구하고 필요 시 강경 입장을 표명했다. 원칙 및 국제규범에 의존하고 당사자 여부를 중시하면서 동맹에 대한 고려 역시 두드러진다.[124)]

표 8-8. 5개 현안에서의 3국의 입장

현안	미국 측 선호에 근접한 순서(〉로 표시)
남중국해	호주 〉 싱가포르 〉 필리핀
인·태 전략	호주 〉 싱가포르 〉 필리핀
미사일 배치	호주 〉 필리핀 (싱가포르는 공식 입장 없음)
화웨이 금지	호주 〉 싱가포르 〉 필리핀
홍콩/신장 문제	호주 〉 필리핀 = 싱가포르

특히 주권 인식과 외부 개입에 대한 민감도가 매우 높다. 민주체제이기에 전임 정부와의 차별화를 모색했음에도 안보정책에서의 일관성은 비교적 높다. 중국과의 거리가 상당히 멀다는 차이가 있지만, 미·중 간 좌표 설정의 측면에서 한국에 주는 함의가 적지 않다.

싱가포르도 당사자 여부를 중시하며 주권에 대한 외부 개입에 매우 민감하다.[125] 미국과 중국 공히 중요하다는 접근을 취하지만, 정권 변화가 없는 정치체제로서 정책 일관성이 매우 높다. 예컨대, 인·태 전략에 대한 지지를 명시적으로 밝히진 않지만 미국과의 군사협력 증대에 적극적이라는 점은 우리에게도 시사하는 바가 많다. 또 점진적이며 중도적 입장의 모색에 능하지만, 필요할 때 반드시 목소리를 내는 배짱도 갖고 있다. 다만 공식 동맹을 갖고 있지 않다는 점에서 우리와는 차이가 있다.

필리핀의 사례는 여러 모로 부정적인 함의를 갖고 있다. 우선, 집권당이 바뀔 때마다 대외정책이 시계추 현상을 보일 뿐 아니라 — PCA 판결에 대한 입장에서처럼 — 당사자임에도 국익과 배치되는 정책을 펼쳤기 때문이다. 또 외부 개입에 대한 정치적 민감도가 상당히 낮으며, 국격에 대한 진지한 고려 역시 별로 없다. '비슷한 생각을 가진 국가들'(likeminded countries)은 아니더라도, '비슷한 상황에 처한 국가들'(similarly-situated countries)이라는 측면에서 필리핀의 사례는 한국이 결코 따라 해서는 안 될 것으로 평가된다.

주

1 2017년 6월 3일 말콤 턴불 호주 총리의 샹그릴라 대화에서의 기조연설(https://www.malcolmturnbull.com.au/media/keynote-address-at-the-16th-iiss-asia-security-summit-shangri-la-dialogue).

2 1966년 6월 22일 리콴유 싱가포르 총리의 연설(https://www.nas.gov.sg/archivesonline/data/pdfdoc/lky19660615.pdf).

3 2016년 10월 20일 두테르테 필리핀 대통령의 베이징 연설(https://edition.cnn.com/2016/10/20/asia/china-philippines-duterte-visit/).

4 "中華人民共和國外交部關于應菲律賓共和國請求建立的南海仲裁案仲裁庭所作裁决的聲明"(2016년 7월 12일), at https://www.fmprc.gov.cn/nanhai/chn/snhwtlcwj/t1379490.htm.

5 Department of Defence, *2016 Defence White Paper*, at https://www.defence.gov.au/WhitePaper/Docs/2016-Defence-White-Paper.pdf.

6 호주정부는 중국의 '9단선'(nine-dash line)에 대해 암묵적으로 반대의 뜻을 표명해 왔다. Tuan Anh Luc, "Decoding Australia's Silence over China's Transgressions in the South China Sea," *The Diplomat*, August 15, 2019를 보라.

7 Department of Foreign Affairs and Trade, *Foreign Policy White Paper 2017*, at https://www.dfat.gov.au/news/news/Pages/opportunity-security-strength-the-2017-foreign-policy-white-paper.

8 Elliot Brennan, "Australia's 60 Year-Old South China Sea Prophesy Comes True," *The Diplomat*, June 12, 2017.

9 호주 국내정치에 대한 중국의 영향력 증대에 관한 논의도 적지 않다. 2018년에 통과된 〈간첩 및 개입 관련법〉(Foreign Espionage and Interference Act of 2018)이 그런 맥락에서 만들어진 것이다. https://www.defence.gov.au/dsvs/industry/DISP-foreign-espionage.asp를 보라.

10 2014~2017년 기간에 수행된 중국의 국제관계 전문가들에 대한 한 조사에 따르면, 향후 10년간 가장 큰 안보위협 지역으로 1위가 대만, 2위 북한, 그리고 3위가 동중국해였다. 즉, 남중국해는 이들에 비해 가연성이 떨어진 것으로 추계되었다. Feng Huiyan, Seminar at the Australian Institute of International Affairs, December 29, 2019.

11 *South China Morning Post*, June 1, 2020.

12 San Fairall-Lee, "Australia Must Do More Than Flag-Wave in the South China Sea," *The Strategist* (Australian Strategic Policy Institute), July 1, 2019; Rebecca Strating, "Australia's Approach to the South China Sea Dispute," *Asia Pacific Bulletin*, No. 485 (July 24, 2019).

13 U.S. Department of Defense, *Indo-Pacific Strategy Report: Preparedness, Partnerships, and Promoting a Networked Region*, at https://media.defense.gov/2019/Jul/01/2002152311/-1/-1/1/DEPARTMENT-OF-DEFENSE-INDO-PACIFIC-STRATEGY-REPORT-2019.PDF.

14 U.S. Department of State, *A Free and Open Indo-Pacific: Advancing a Shared Vision*, at https://www.state.gov/wp-content/uploads/2019/11/Free-and-Open-Indo-Pacific-4Nov2019.pdf.

15 Graeme Dobell, "Australia-US/East Asia Relations: Scott Morrison, Donald Trump, and the Indo-Pacific," *Comparative Connections*, Vol. 21, No. 2 (2019), pp. 128-129.

16 이 백서에서 호주는 미국과의 동맹을 인·태 전략의 핵심으로 규정하고 있다. Australian Government, Department of Foreign Affairs and Trade, *2017 Foreign Policy White Paper*, at https://www.dfat.gov.au/about-us/publications/Pages/2017-foreign-policy-white-paper; Brendan Taylor, "Is Australia's Indo-Pacific Strategy an Illusion?" *International Affairs*, Vol. 96, No. 1 (2020), pp. 96-97도 참조하라.

17 Natasha Kassam, "Lowy Institute Poll 2019: Understanding Australian Attitudes to the World," *Polling* (Lowy Institute), June 26, 2019.

18 4자 안보대화는 당초 합동군사훈련인 '말라바르 훈련'(Excercise Malabar)과 병행되었다. 그러나 1년 만에 호주가 탈퇴하면서 미국, 일본, 인도가 3자 혹은 양자의 형태로 유지해 왔다. 4자 안보대화의 성공에 대해 유보적 시각 역시 존재한다. Aakriti Bachhawat, "Australia's Indo-Pacific Pitch: What's in it for the Quad?" *The Strategist* (Australian Strategic Policy Institute), February 5, 2019를 보라.

19 구체적인 내용은 https://www.defence.gov.au/Initiatives/USFPI/Default.asp를 보라.

20 Melissa C. T. Faiia and Rhiannon Arthur, "What We Learned in 2019: Morrison's Foreign Policy," *Australian Outlook*, December 18, 2019.

21 Dobell, "Australia-US/East Asia Relations," p. 125.

22 Taylor, "Is Australia's Indo-Pacific Strategy an Illusion?" pp. 107-109. 유사한 중국 측 평가로는 王聯合, "戰略兩難與利益均霑: 中國崛起背景下的

澳大利亞亞太戰略解析,"『國際觀察』, 4期(2016), pp. 98-112를 보라.

23 Natasha Kassam, "Lowy Institute Poll 2019: Understanding Australian Attitudes to the World," *Polling* (Lowy Institute), June 26, 2019.

24 중국군이 보유한 미사일의 85%가 중거리 미사일의 범주에 속한다. "The Post-INF Chessboard with Tom Karako," *Asian Chessboard* (CSIS), Fenuary 6, 2020.

25 Hugh White, "US Could Ask Australia to Host Nuclear Missiles," *The Strategist* (ASPI), January 17, 2019.

26 Michael Peck, "100 Billion Reasons Why Australia Said No to American Missiles Aimed at China," *The National Interest*, August 18, 2019; "The US Has Big Plans to Put New Missiles in the Pacific, but Finding Someone to Take Them Won't Be So Easy," *Business Insider*, August 26, 2019.

27 Stephanie Peatling, "'Draw a Line under It': PM Rules Out US Missile Base in Australia," *Sydney Morning Herald*, August 5, 2019, at https://www.smh.com.au/politics/federal/no-request-has-been-made-linda-reynolds-rules-out-us-missile-base-in-australia-20190805-p52du1.html.

28 Yasmin Rasid, "Asia Refuses to Host US Missiles, Adding to Washington's Post-INF Headache," *InsideOver*, August 8, 2019; Franz-Stefan Gady, "Australia, South Korea Say No to Deployment of US INF-Range Missiles on Their Soil," *The Diplomat*, August 6, 2019.

29 Clive Williams, "Pacific Collateral from the INF Treaty Collapse," *The Interpreter* (Lowy), January 31, 2019.

30 "The Post-INF Chessboard with Tom Karako"; Jesse Johnson, "The U.S. Wants Japan's Help to Close Its 'Missile Gap' with China. Is Tokyo Up for It?" *Japan Times*, August 25, 2019.

31 Evan Karlik, "Where Will the US Base Intermediate-Range Missiles in the Pacific?" *The Diplomat*, August 30, 2019.

32 Martin Giles and Elizabeth Woyke, "The Six Reasons Why Huawei Gives the US and Its Allies Security Nightmares," *MIT Technology Review*, December 7, 2018; Danielle Cave, "Australia and the Great Huawei Debate," *The Strategist* (ASPI), September 11, 2019.

33 『중앙일보』, 2019년 5월 17일.

34 "New Australian Government Upholds Ban on China's Huawei," *Reuter*, October 29, 2013.

35 Cave, "Australia and the Great Huawei Debate"; "Australia, Huawei, and 5G," *Strategic Comments* (IISS), Vol. 25, October 2019.

36 예컨대 Robert Keohane and Joseph Nye, *Power and Interdependence: World Politics in Transition* (Boston: Little Brown, 1977), Ch. 7을 참조하라.

37 흥미로운 것은 다롄항이 중국행 호주산 석탄의 2%만이 하역되는 곳이라 보복보다는 메시지 전달이 더 중요했다는 점이다.

38 영국정부가 운영하는 국립사이버안보센터(National Cyber Security Centre: NCSC)도 2019년 초 화웨이 설비의 취약성이 다른 회사들보다는 훨씬 높다는 평가를 내렸다. Cave, "Australia and the Great Huawei Debate"; Chris Duckett, *ZDNet*, January 30, 2020; Paul Smith, "Why the UK and Australia Disagree on Huawei," *Financial Review*, January 29, 2020을 참조하라.

39 '5대 요구'란 범죄인 송환법 완전 철폐, 과잉 진압에 대한 조사와 처벌, 시위대 폭도 규정의 철회, 시위대에 대한 조건 없는 석방, 그리고 행정장관의 직선을 가리킨다.

40 Bethany Allen-Ebrahimian, "Exposed: China's Operating Manuals for Mass Internment and Arrest by Algorithm," *China Cables* (International Consortium of Investigative Journalists), November 24, 2019; Scilla Alecci, "How China Targets Uighurs 'One By One' for Using a Mobile App," *Mass Surveillance* (International Consortium of Investigative Journalists), November 24, 2019.

41 United Nations Human Rights Council, "Universal Periodic Review-Australia," at https://www.ohchr.org/EN/HRBodies/UPR/Pages/AUIndex.aspx.

42 Jack Redden, "UNHCR Troubled by New Australia-PNG Asylum Agreement," *UNHCR*, July 26, 2013.

43 "Statement on Protests in Hong Kong," Minister for Foreign Affairs and Minister for Women: Senator the Hon. Marise Payne, June 12, 2019; "Statement on Hong Kong," Minister for Foreign Affairs and Minister for Women: Senator the Hon. Marise Payne, November 14, 2019; "Statement on Arrests of Pro-Democracy Figures in Hong Kong," Minister for Foreign Affairs and Minister for Women: Senator the Hon. Marise Payne, April 19, 2020.

44 모리슨 총리의 발언은 https://www.pm.gov.au/media/asialink-bloomberg-qa; https://www.pm.gov.au/media/doorstop-burnie-show-

tasmania; https://www.pm.gov.au/media/radio-interview-neil-mitchell-3aw-2; https://www.pm.gov.au/media/doorstop-funafuti-tuvalu-0; https://www.pm.gov.au/media/radio-interview-neil-mitchell-3aw-2를 보라.

45 "International Opposition Mounts against China's Proposed Security Law for Hong Kong," *South China Morning Post*, May 23, 2020.

46 "First Letter to the President of the Human Rights Council," *Human Rights Watch Archive*, July 8, 2019, at https://www.hrw.org/sites/default/files/supporting_ resources/190708_joint_statement_xinjiang.pdf.

47 "Australia 'deeply concerned' about China's treatment of Uighur people," *The Guardian*, July 15, 2019; https://www.foreignminister.gov.au/minister/marise-payne/media-release/statement-reports-xinjiang을 보라.

48 제재의 시작은 COVID-19의 근원에 대한 호주의 독자적인 조사 착수와 연관이 있었다. Sebastian Strangio, "Australian Import Bans Show the Sharp Edge of China's Economic Power," *The Diplomat*, November 5, 2020, at https://thediplomat.com/2020/11/china-announces-sweeping-bans-on-australian-imports/.

49 "South China Sea: What Others Are Doing," *ACRI Facts*, October 27, 2015.

50 "Deutsche Well Interview with Singapore's Defense Minister Ng Eng Hen," February 18, 2019. 리셴룽 총리 역시 항행의 자유를 지속적으로 강조하고 있다. "Q & A with PM Lee: Freedom of Navigation Needs to Be Preserved in the South China Sea," *Nikkei Asian Review*, June 24, 2019.

51 "Singapore-Australia Share Common Interests in South China Sea Issue Says PM Lee," *Strait Times*, March 15, 2018. 이는 싱가포르 외무부 장관인 발라크리슈난(V. Balakrishnan)의 언급에서도 드러난다. Tarra Quismundo, "Singapore Asserts Rule of Law to Calm South China Sea Tensions," *ABS-CBN News*, August 7, 2018.

52 리 총리는 "이 판결은 해양 분규에 있어 국제법의 역할에 대한 강력한 성명이다"(the verdict delivered a strong statement about international law in maritime disputes)라고 표현했다.

53 Michael Tai, "Singapore's China Conundrum," *The Diplomat*, December 13, 2016.

54 Chen Nahui and Xue Li, "Lee Kuan Yew's Legacy for China-Singapore

Relations," *The Diplomat*, December 5, 2016.

55 https://www.pmo.gov.sg/Newsroom/speech-minister-mentor-lee-kuan-yew-us-asean-business-councils-25th-anniversary-gala

56 *Strait Times*, March 8, 2019. 이 같은 중국 측 평가로는 周士新, "亞太再平衡戰略下的美新伙伴關係,"『美國研究』, 4期(2017), pp. 109-122를 보라.

57 "South China Sea Dispute and Signing of Joint Declaration by Singapore and ITLOS," *SBS Consulting*, April 22, 2019; "Q & A with PM Lee: Freedom of Navigation Needs to Be Preserved in the South China Sea."

58 리 총리의 발언은 https://www.iiss.org/events/shangri-la-dialogue/shangri-la-dialogue-2019를 보라.

59 Vivian Balakrishnan, "Full Speech: Five Core Principles of Singapore's Foreign Policy," *The Straits Times*, July 17, 2017.

60 싱가포르 외교부 홈페이지에 공개된 발라크리슈난 장관의 발언은 https://www.mfa.gov.sg/Newsroom/Press-Statements-Transcripts-and-Photos/2018/11/19112018_Ministerial_Statement_Transcript를 보라.

61 See Seng Tan, "Consigned to Hedge: Southeast Asia and America's 'Free and Open Indo-Pacific' Strategy," *International Affairs*, Vol. 96, No. 1 (2020), p. 141.

62 통계 자료는 https://comtrade.un.org/labs/data-explorer/를 참조하라.

63 "中華人民共和國和新加坡共和國政府聯合聲明(全文),"『新華網』, 2018년 11월 15일.

64 *Indo-Pacific Strategy Report.*

65 "싱가포르 공군, 미국 괌 공군기지서 훈련 가능해졌다,"『연합뉴스』, 2019년 12월 10일.

66 "PM Lee, Trump Renew Key Defence Pact on US Use of Singapore Air, Naval Bases," *Straits Times*, September 24, 2019.

67 "Singapore PM Offers Blunt Assessment of US Relationship," *CNBC*, February 28, 2017.

68 "Transcript: Lee Hsien Loong, Prime Minister of Singapore," *CNBC*, October 19, 2017. 관련해서 Prashanth Parameswaran, "What's in the Renewed US-Singapore Military Facilities Agreement?" *The Diplomat*, September 28, 2019를 참조하라.

69 "中國新加坡簽署《防務交流和安全合作協議》國防部介绍相關情況,"『人民日報海外網』, 2019년 10월 31일.

70 예컨대 *Strait Times*, August 2, 2019; "U.S. Tests Ballistic Missile After Exit

From INF Treaty," *Singapore NewsNet*, December 13, 2019, at https://www.singaporenews.net/news/263379206/us-tests-ballistic-missile-after-exit-from-inf-treaty를 보라.

71 Kristin Huang, "Pulling Out of Nuclear Arms Pact Adds to US Options to 'Erode Chinese Advantage'," *South China Morning Post*, October 24, 2018.

72 Samantha Goh, "Statement by Miss Samantha Goh, Delegate to the 74th Session of the United Nations General Assembly, at the Thematic Discussion on Cluster One: Nuclear Weapons, First Committee, 21 October 2019," *Permanent Mission of Singapore to the United Nations*, October 21, 2019, at https://www.un.org/disarmament/wp-content/uploads/2019/10/statement-by-singapore-nw-oct-21-19.pdf.

73 "Q & A with PM Lee: Freedom of Navigation Needs to Be Preserved in the South China Sea."

74 Pauline Reich, "Asia's Great Huawei Debate," *The Diplomat*, August 1, 2019.

75 "Singapore Must Make Its Own Decision on Huawei," *Strait Times*, February 25, 2019; Kentaro Iwamoto, "Singapore Remains Objective over Huawei Concerns," *Nikkei Asian Review*, March 24, 2019.

76 Siti Rahil, "US Ban on Huawei Largely Ignored in Southeast Asia," *Japan Times*, August 19, 2019.

77 *ASEAN Technology and Security Magazine*, September 23, 2019.

78 "5G in Singapore," *Today*, August 22, 2020, at https://www.todayonline.com/commentary/5g-singapore-tide-turning-against-huawei.

79 "Singapore's Approach to Human Rights 'Pragmatic', Says Govt in Report to the United Nations," *Straits Times*, December 11, 2015.

80 Anna Grzywacz, "Singapore's Foreign Policy Toward Regional and Inter-regional Institutions," *Asian Perspective*, Vol. 43, No. 4 (2019), pp. 647-671.

81 "Singapore Fake News Law a 'Disaster' for Freedom of Speech, Says Rights Group," *The Guardian*, May 9, 2019.

82 https://www.mfa.gov.sg/Newsroom/Press-Statements-Transcripts-and-Photos/2014/09/Excerpt-of-Transcript-of-Prime-Minister-Lee-Hsien-Loongs-Doorstop-Interview-with-the-Singapore-Media를 보라.

83 https://www.mfa.gov.sg/Newsroom/Press-Statements-Transcripts-and-

Photos/2019/11/20191109-Min-cna938을 보라.

84 "No Easy Way Out, But HK Protesters' Demands Serve Only to Humiliate the Gvernment: PM Lee," *Today Singapore*, October 17, 2019.

85 "Hong Kong Protests Show Singapore's 'Zero Tolerance' for Illegal Demonstrations Is Right Move: Minister K Shanmugam," *South China Morning Post*, March 2, 2020.

86 관련 발언은 https://www.mfa.gov.sg/Newsroom/Press-Statements-Transcripts-and-Photos/2005/05/Speech-by-George-Yeo-Singapore-Minister-for-Foreign-Affairs-at-the-American-Jewish-Committee-Gala-An을 보라.

87 오스만은 중국 내 무슬림의 동남아 테러집단 가입에 주목한다. 관련 발언은 https://www.mfa.gov.sg/Newsroom/Press-Statements-Transcripts-and-Photos/2016/05/MFA-Press-Release-Speech-by-SMS-Defence-and-Foreign-Affairs-Dr-Mohamad-Maliki-Osman-at-the-UniSIM-Ce 과 https://www.mfa.gov.sg/Newsroom/Press-Statements-Transcripts-and-Photos/2016/05/MFA-Press-Statement-Visit-by-SMS-Dr-Mohamad-Maliki-Osman-to-the-State-of-Qatar-2022-May-2016을 보라.

88 싱가포르 외교부의 홈페이지에서는 신장의 인권침해와 관련한 성명이나 언론 인터뷰 등이 전혀 검색되지 않았다.

89 "Which Countries Are For or Against China's Xinjiang Policies?" *The Diplomat*, July 15, 2019.

90 전반적인 평가는 Richard J. Heydarian, *The Indo-Pacific: Trump, China, and the New Struggle for Global Mastery* (Singapore: Palgrave McMillan, 2020), Ch. 8을 보라.

91 Rebecca Strating, "The Philippines Pushback in the South China Sea," *Australian Outlook*, April 18, 2019; Shannon Tiezzi, "South China Sea Tops Agenda as Philippines' Duterte Arrives in China," *The Diplomat*, August 30, 2019.

92 "Has Duterte Surrendered to Beijing on the South China Sea?" *Deutsche Welle*, November 21, 2018.

93 https://www.rappler.com/newsbreak/in-depth/224729-mike-pompeo-visit-philippines-gets-timely-assurance-from-oldest-ally

94 Strating, "The Philippines Pushback in the South China Sea."

95 *Strait Times*, August 30, 2019.

96 2018년 9월의 한 조사에서 87%의 필리핀 응답자가 남중국해 정책에 대해 비판적 의견을 냈으며, 2019년 4월에는 마닐라의 중국대사관에 시위대가 몰려가 반중 데모를 벌이기도 했다.

97 Tiezzi, "South China Sea Tops Agenda as Philippines' Duterte Arrives in China."

98 "Philippines," *The Maritime Executive: Intelligence Capital for Leaders*, March 12, 2020.

99 Nazia Hussain, "Indo-Pacific Concept: Juggling for Clarity," *RSIS Commentary*, No. 216 (December 27, 2018).

100 Aileen S. P. Baviera, "Is the Philippines Moving to Active Middle Power Diplomacy?" *East Asia Forum*, March 27, 2020.

101 Mico Galang, "The Philippines-US Visiting Forces Agreement and Small Power Foreign Policy," *East Asia Forum*, April 9, 2020.

102 Renato Cruz De Castro, "How Indo-Pacific Geopolitics Affects Foreign Policy: The Case of the Philippines, 2010-2017," *Rising Powers Quarterly*, Vol. 3, No. 2 (2018), pp. 145-149; Richard Heydarian, "Scepticism Rises in Philippines about Chinese Projects and Duterte's Support of Them," *South China Morning Post*, January 18, 2020.

103 Jose Manuel G. Romualdez, "Philippines-US Relations in a Changing Indo-Pacific," *The Institute of World Politics*, January 16, 2020.

104 Genalyn Kabiling, "US Won't Be Allowed to Install Missile Systems in the Philippines—Duterte," *Manila Bulletin*, August 6, 2019; "Philippine President Says Never Allow US to Deploy Missiles in His Country," *Xinhua*, August 8, 2019.

105 Maria Teresa Almojuela, "Philippine Statement General Debate of the First Committee (7th Meeting of the First Committee)," *Permanent Mission of the Republic of the Philippines to the United Nations*, October 15, 2019, at https://www.un.int/philippines/statements_speeches/philippine-statement-general-debate-first-committee-7th-meeting-first-committee#.

106 Victor Corpus, "Acting in One's National Interest," *Manila Times*, January 16, 2020.

107 Aaron Jed Rabena, "Philippines-US Alliance Under Duterte: Unravelling?" *RSIS Commentary*, February 12, 2020.

108 Karlik, "Where Will the US Base Intermediate-Range Missiles in the

Pacific?"

109 Cliff Benzon, "Philippines' Wireless Leader Pushes on with Huawei 5G Launch," *Nikkei Asian Review*, February 12, 2019.

110 Margaret Reardon, "US Warns Philippines against Using Huawei 5G Gear," *CNet*, March 1, 2019.

111 Mark Navales and Jojo Rinoza, *Benar News*, April 30, 2019.

112 당시 다수의 상원의원들이 반대하면서 이 조치는 성사되지 못했다. Richard Javad Heydariad, "Ignoring the US, Philippines Goes with Huawei," *Asia Times*, February 18, 2020.

113 "Philippine Major Telecom Operators Say US Ban on Huawei Will Not Affect Local Users," *Xinhua Net*, May 20, 2019; Niharika Mandhana, "In Global Tech Battle, A Balky US Ally Chooses China," *Wall Street Journal*, July 15, 2019.

114 "China's Huawei Technologies Is Cementing Its Leading Position in the Philippines' Fifth-Generation Race," *Philippines Daily Inquirer*, December 30, 2019.

115 이는 2017년 11월 두테르테가 중국을 방문해 리커창 총리에게 약속한 내용이 성사된 것이다. Heydariad, "Ignoring the US, Philippines Goes with Huawei."

116 Malcomb Cook, "President Duterte's China Benefits," *Commentaries* (ISEAS), No. 107 (2019)을 보라.

117 "Southeast Asia Open to Huawei over 5G," *China Daily*, August 6, 2019; Rahil, "US Ban on Huawei Largely Ignored in Southeast Asia."

118 "Singapore Fake News Law a 'Disaster' for Freedom of Speech, Says Rights Group," *The Guardian*, May 9, 2019.

119 Amnesty International, "Philippines 2019," at https:// www.amnesty.org/en/countries/asia-and-the-pacific/philippines/report-philippines/.

120 필리핀 외교부의 홍콩 내 집단시위 공고(Bulletin: On the Mass Protests in Hong Kong)에 대해서는 https://www.dfa.gov.ph/dfa-news/statements-and-advisoriesupdate/22921-bulletin-on-the-mass-protests-in-hong-kong; "Manila Monitoring HK Crisis — Labor Chief," *BusinessWorld*, August 5, 2019를 보라.

121 "Asked on Hong Kong Protests, Duterte Says He Respects Rule of Law," *Philstar*, August 30, 2019.

122 Supra note 35: "Which Countries Are For or Against China's Xinjiang

Policies?" *The Diplomat*, July 15, 2019; Roie Yellinek and Elizabeth Chen, "The '22 vs. 50' Diplomatic Split Between the West and China Over Xinjiang and Human Rights," *China Brief*, Vol. 19, No. 22 (2019).

123 "China Focus: Diplomats from 7 Countries Visit Xinjiang," *Xinhua*, August 23, 2019.

124 예컨대 비당사자임을 밝히면서도 필요 시 입장 표명을 통해 상관성을 제고함을 가리킨다.

125 Muhammad Faizal Abdul Rahman, "Defending Singapore against Foreign Interference," *RSIS Commentary*, No. 171 (September 3, 2019)을 보라.

제9장

중국의 부상과 한·중 관계의 비대칭화

"중국이 항의하고 반대한다 해도 [사드 배치는] 거기에 상관하지 않을 것이다."[1)]

"항장이 칼춤을 추는 연유는 유방을 죽이기 위함이다(项壮舞劍 意在沛公)."[2)]

수교 원년인 1992년부터 2007년까지 15년의 한·중 관계는 『중국의 부상과 한반도의 미래』에서 이미 상세히 다룬 바 있다. 따라서 이 장의 초점은 중국의 공세적 외교가 시작되고 미·중 경쟁이 본격화된 2008년 이후 시기에 둔다. 이 장은 세 절로 구성되어 있는데, 1절에서는 김대중, 노무현, 그리고 이명박 정부에서 일어난 세 가지 갈등 사례를 통해 한·중 관계의 비대칭화에 대해 논한다. 2절에서는 박근혜, 문재인 정부에 걸쳐 한·중 비대칭적 관계의 심화를 잘 보여주는 고고도 미사일 지역방어(THAAD: 이후 '사드'로 칭함) 문제에 대한 분석을 제시한다. 3절에서는 이상의 분석에 기반해 어디에서 잘못되었고, 또 무엇을 했어야 하는지를 성찰해 본다.

한·중 관계의 비대칭화

수교 이전부터 양국 간 다양한 교류가 있었지만, 1992년 국교수립 이후 교역, 투자, 인적 교류의 폭발적 성장이 이뤄졌다. 그러나 지난 30년의 한·중 관계를 돌아보면, 양적 '성장'(成長)에 걸맞은 질적 '발전'(發展)이 이뤄졌다고 보기는 어렵다. 가시적으로 드러나는 무역, 투자, 관광에서의 양적 증대에 지나치게 집착한 나머지 일방적인 의존이 깊어졌고, 또 이러한 의존의 심화가 한국의 전략적·외교적 입지에 미치는 영향에 대한 고려도 부족했기 때문이다.[3)]

한·중 관계는 수교 후 4~5년 남짓의 '밀월기'(가능한 한 포용하고 대립을 피했던 시기)를 거친 후, 1997년 말 동아시아 금융위기를 계기로 중국의 한국 인식이 일정 부분 부정적으로 변하는 과정을 겪었다. 그저 부러움과 선망의 눈빛으로 바라볼 대상이 아니라, 한국이 지닌 구조적 문제들 — 소위 '한국병'(韓國病) — 을 어떻게 중국은 피할 것인가라는 고민의 대상으로 바뀐 것이다.

수교 이래 양국은 네 차례의 심각한 갈등을 경험했다. 첫째는 1999~2001년에 겪은 '마늘 분쟁'으로, 이는 양국의 첫 통상 분규였다. 비록 협상을 통해 해결은 되었으나 한국에 매우 불리한 결과가 도출된 사례였다. 둘째는 2003~2004년에 있었던 역사 논쟁으로, 고구려 역사가 중국의 지방정부 역사라고 주장하는 소위 '동북공정'(東北工程) 역사관을 두고 양국이 대립각을 세우다 구두합의를 통해 갈등이 봉합된 사례이다. 셋째는 2010년에 발발한 천안함 피격과 연평도 피폭 사건에서 중국이 북한을 일방적으로 옹호함에 따라 양국 관계가 냉각된 상황을 가리킨다. 넷째는 2014년에 처음 불거져 2021년까지도 진행형으로 남은 사드 배치를 두고 벌어진 갈등 사례이다.

첫 두 사례는 통상 갈등과 역사 논쟁이라는 온전히 양자적 현안이었으며, 대체로 연성 안보(soft security)와 연관된 갈등이었다. 반면 나머지 두 사례는 제3국(전자의 경우 북한, 후자의 경우에는 미국)이 개입되었고, 전통적 경성 안보(hard security) 문제를 둘러싼 갈등이었다. 즉, 갈수록 한·중 관계에서 협상으로 중간점이나 타협안을 찾기 어려운 문제들이 발생하며, 또 이를 통해 — 정부 간 관계

와는 별도로 — 양국 국민의 상호 인식이 악화되는 추세에 있다.[4)]

마늘 분쟁의 교훈[5)]

정확하지 않은 근거에 의존해 중국산 마늘에 대한 세이프가드를 정치적으로 결정한 그 자체가 문제였을 뿐 아니라, 공산품 수입 금지라는 중국의 사전 경고와 한국정부 내 중국 관련 부서의 조기 경보까지 무시해 버린 것은 어떤 상황에서도 정당화되기 어렵다.[6)] 뿐만 아니라 중국이 강도 높은 보복조치를 취한 배경에 대해 당시 한국정부가 제대로 파악했다는 정황도 포착되지 않는다. 예컨대 산둥성 창산(蒼山)현에서의 마늘 생산 농민의 자살 사건에 대한 정보를 주칭다오(靑島) 총영사관이 수집해 본국에 보고한 기록이 없기 때문이다.

협상을 통해 마늘 분쟁이 위기 국면을 넘자마자 한국의 농림부는 그해 생산된 국산 마늘의 전량 구매를 발표하고 마늘 농가에 대한 1,000억 원 규모의 지원 계획을 밝혔다. 이러한 대규모 사후 지원책은 당초 중국에 대한 긴급 수입제한 조치가 왜 필요했는지에 대한 원초적 질문을 제기한다. 어차피 쓰게 될 지원금을 미리 풀어 마늘재배 농가들이 입을 손실을 보전했더라면 긴급 수입제한 조치는 애초에 불필요했고, 또 중국과의 갈등도 피했을 것이기 때문이다.

비슷한 시기 일본이 겪은 사례를 보면 한국에 반추의 여지가 많음을 알게 된다. 2001년 발생한 중·일 '버섯 전쟁'(香菇之戰)은 한·중 마늘 분쟁과 여러 면에서 닮아 있다. 첫째, 두 사례 공히 중국 농산물에 대한 분쟁으로 전자는 중국산 표고버섯과 다다미용 왕골, 그리고 후자는 냉동마늘과 초산조제 마늘과 관련되었다. 둘째, 두 분쟁 모두 국회의원 선거를 앞두고 농민들 요구에 귀를 기울인 결과 중국산 농산물에 대한 고율 관세를 부과해 시작된 것이었다.[7] 셋째, 중국은 양국에 공히 공산품의 수입 제재 조치를 취했는데, 한국에는 휴대폰과 폴리에틸렌의 금수를, 그리고 일본에는 휴대폰, 자동차 및 에어컨에 대한 고율 관세를 발동했다. 넷째, 두 분쟁 다 협상을 통해 타결되었으나, 한국과 일본이 중국에 대폭 양보를 했기에 가능했다.

상세히 들여다보면 한국에 대해 중국이 훨씬 강경한 조치를 취했음을 알 수 있다. 한국에 대해서는 수입 금지를 행한 반면, 일본에는 고율 관세의 부과에 그쳤기 때문이다. 2000년 기준으로 휴대폰과 폴리에틸렌이 한국의 대중 무역에서 차지한 비중은 1.6퍼센트에 달했지만, 자동차, 에어컨 및 휴대폰이 일본의 대중 무역에서 점한 비중은 0.2퍼센트에 불과했다. 그렇다면 왜 중국은 한국에 더 강경한 조치를 취한 것인가? 이는 중국산 마늘에 대해 한국이 잠정 및 정식 세이프가드를 연이어 발동한 사실과 떼놓고 볼 수 없다. 이에는 한국 외교의 고질적 병폐 두 가지가 연관되어 있는데, 하나는 낙관적 접근이고 다른 하나는 조급한 반응이다. 우선 전자의 경우, 중국의 사전 경고에도 불구하고 정부는 세계무역기구(WTO) 가입을 앞둔 중국이 세이프가드에 대한 보복을 하지 않으리라 근거 없이 낙관했고, 제재를 하더라도 한국과 비슷한 수준에 그칠 것으로 본 것이다.[8] 그리고 후자와 관련해서는, 중국에 대한 잠정 세이프가드가 2001년 11월 8일 만료되었음에도 — 곧바로 공식 세이프가드를 시행한 한국과는 대조적으로 — 일본은 한 달이나 중국과 협상을 지속했다. 중국도 대한국 금수조치의 결정에는 단 6일 소요된 것과 달리, 일본에 대한 보복조치의 확정까지는 두 달을 고심했다. 한국의 조급함에 대해 '길들이기'(教訓) 차원에서 중국이 매우 강경한 대응을 택했던 것이다.

지나치게 낙관적이며 조급한 결정을 통해 서로의 체면을 살릴 여지를 확보하지 못했고, 그러다보니 한국은 중국의 보복에 대한 적절한 대응책을 사전에 마련하지 못했다. 결국 한국정부는 필요 이상으로 많은 국익과 체면을 잃을 수밖에 없었고, 유사한 통상 갈등에서 한국의 국격이 일본보다 더 많이 손상된 것도 바로 신중함과 명민함의 결여에 있었다.

고구려사 논쟁의 함의[9)]

중국이 견지해 온 입장과 해석을 뒤집는 수정주의적 동북공정 사관에 기반한 고구려사 해석으로 한·중 양국은 정부 및 민간 차원에서 뜨거운 논쟁에 휘말렸다. 더 큰 갈등으로의 비화를 막기 위해 양국 정부가 협상을 통해 문제를 '봉합'했다는 측면에서 긍정적 평가가 가능하다. 그러나 여기서도 앞서 언급한 예의 조급성이 드러난다. 즉, 한민족의 역사적 정체성과 연관된 문제를 형식이나 내용에서 적잖이 가볍게 다뤘다는 부정적 평가를 피할 수 없기 때문이다.

2004년 8월 우다웨이(武大偉) 중국 외교부 부부장이 방한해 한국정부와 5개항의 구두합의를 만들어내었다. 자칭린(賈慶林) 정협 주석의 방한을 앞두고 문제의 조기 해결을 위해 고위급을 파견한 상황에서 — 당초 문제를 초래한 것은 중국 측인데도 — 왜 구속력 없는 구두합의라는 형식에 조급히 동의해야 했고 이의 재발 방지를 치열하게 요구할 수 없었는지 아쉬움이 크다. 16년이 지났지만 구두합의의 내용처럼 이 문제가 학술연구를 통해 해결되지 않았고, 또 그리될 것 같지도 않다. 실제로 중국인 전문가들은 사석에서 고구려사 문제에 대한 중국의 입장을 "일단 구석에 던져두고 기다리기"(擱置)로 표현한다. 이는 시간이 갈수록 중국의 관점이 큰 영향력을 가질 거라는 믿음이 저변에 있음을 의미한다.

2000년대 중반까지만 해도 중국의 역사학자와 국제문제 전문가 사이에서 조선은 화이질서 속의 '속국'(屬國)이었지, 중국의 직접적 행정 통제를 받는 '지방정권'(屬部)은 아니었다는 주장이 존재했다.[10] 그러나 2010년대 이후 이 같은 주장을 하는 학자들은 찾아보기 어렵다. 바로 이런 측면에서 2017년 5월의 정상회담에서 시진핑 주석이 트럼프 대통령에게 했다는 "과거 한반도는 중국의 일부"라는 발언을 그리 간단히 생각할 수 없는 것이다.[11]

동북 지역이 중국 본토 방위의 생명선이 맞는다면 중국정부가 고구려사에 대한 새로운 해석을 쉽게 포기하지 않을 것이다. 따라서 한·중 역사 문제는 봉합된 채 그냥 동면(冬眠)에 들어간 상태로 볼 수 있다. 적절한 조건이 충족되면 언제라도 수면 위로 다시 부상할 수 있다. 한국정부는 이 문제를 아예 잊었고, 2007년 이후 한·중 정상회담에서 이의 재발 방지가 언급된 적도 없다. 향후 한·중 간 국력 차가 훨씬 더 벌어진 후, 동북공정의 해석이 중국 교과서에 그대로 실리면 어떻게 할 것인가?[12] 안타깝게도 이를 걱정하는 지도자나 정부 부처는 없는 것으로 생각된다.

천안함 피격과 연평도 피폭의 시사점

2010년의 천안함 피격과 연평도 피폭 사건은 마늘 분쟁이나 고구려사 논쟁처럼 양자적이며 직접적 연유로 생긴 분쟁이 아니라, 제3자 북한의 군사적 도발을 보는 관점의 극명한 차이로 인해 양국 관계가 심하게 틀어진 경우이다. 특히 인양이 되기 전까지 침몰 원인과 관련해 큰 논란이 있었던 천안함 사건과 달리, 북한의 직접 공격이 너무도 분명했던 연평도 피폭에 대해서까지 북한을 일방적으로 옹호한 중국의 태도가 한·중 관계의 악화에 핵심 원인을 제공했던 것이다.

2010년 3월 26일 백령도 부근에서 훈련 중이던 포항급 초계함(PCC-772) 천안함의 선체가 두 동강 나며 침몰했다. 5월 20일 국방부는 민군 합동조사를 바탕으로 음향자장 복합감응 어뢰에 의한 수중폭발로 인해 침몰한 것으로 발표했다. 국내 10개 전문기관의 전문가 25명과 군 전문가 22명, 국회 추천 전문위원 3명, 그리고 미국, 호주, 영국, 스웨덴에서 파견된 전문가 24명으로 구성된 합동조사단이 북한 상어급 잠수함의 어뢰에 의한 것임을 확인한 것이다. 더 나아가 유엔, 미국, 일본, 호주, 스웨덴, 인도, 독일, 프랑스도 이 조사 결과를 수용했다.

반면 중국의 입장은 상이했다. 첫째, 한국과 국제사회의 조사 결과를 받아들이지 않았으며, 북한에 의한 침몰이 아닐 수도 있기에 그 같은 예단이 위험하다는 입장을 견지했다. 둘째, 한국이 1차 자료를 공유하지 않았음을 상기하며 자체 분석의 필요성을 강조했다. 셋째, 남북한의 자제를 요청함으로써 피해국(특히 중국의 전략적 협력 동반자로서의) 한국에 대한 배려가 없었다. 넷째, 비슷한 시기 김정일 국방위원장의 방중을 요청하는 등 한국의 기대와는 상반된 행동을 했다. 다섯째, 5월 30일 방한한 원자바오(溫家寶) 총리 역시 '공정한 결정을 내릴 것'임을 강조하며, 합동조사단의 결과에 힘을 실어주지 않았다.

6월 4일 한국정부는 천안함 사건을 유엔 안보리에서 다뤄 달라는 서한을 의장국 멕시코에 전달했다. 그리고 미국, 중국, 러시아에 고위급 인사를 보내 브리핑을 실시하고, 또 합동조사단을 유엔에 파견해 안보리 상임이사국에도 조사 결과를 설명했다. 6월 17일 유럽연합 의회가 한국 입장에 지지를 밝혔고, 6월 23일 58개국과 5개 국제기구도 한국 입장을 지지했다. 그러나 안보리 상임이사국 중국과 러시아가 유보적 입장을 견지함에 따라 유엔의 대북 제재 또는 비판 성명의 채택은 난관에 부딪힌다. 우여곡절 끝에 7월 9일 북한의 도발을 규탄하는 유엔 의장 성명서가 채택되었지만, 이 과정에서 한·중 관계는 전략적 협력 동반자 관계라는 호칭이 무색해졌다.[13] 중국의 대응은 북한의 퇴로를 확보해 주려는 고려와 함께, 후보자 시절부터 한·중 관계를 한·미 동맹에 이어 2순위에 놓았던 이명박 정부에 대한 몽니가 작동한 것이었다.

냉각된 한·중 관계를 배경으로 천안함 사건보다 훨씬 심각한 일이 발생했다. 같은 해 11월 23일 북한이 대연평도에 포격을 가했고, 이에 대한민국 해병대가 대응사격을 한 것이다. 이는 휴전협정 체결 이후 북한이 한국의 육상 영토를 직접 타격한 최초의 사건으로, 북한의 선제공격에 대해 한 치의 의문도 있을 수 없는 상황이었다. 합동참모본부가 민주당 지도부와 가진 비공개 간담회에서 '훈련 중 포탄이 북한의 작전 통제선을 넘어갔을 개연성'에 대해 밝히기는 했으나, 작전 통제선은 북방한계선(NLL)과 엄연히 다르며, 한국의 어로저지선 사이에 북한이 임의적으로 그은 선일 뿐이다. 더구나 북한군이 122mm 방사포까지 동원해 민간인 지역에 포격을 가한 행위는 자위권으로 보기 어렵다. 전 미국 국방장관 로버트 게이츠(R. Gates)의 회고록 『임무』(*Duty*)에 따르면, 당시 한국정부는 공중 타격을 포함한 '과도한' 보복을 계획했으며, 확전을 우려한 오바마 대통령과 클린턴 국무장관, 그리고 자신까지 나서 이명박 대통령을 설득했다고 한다. 핵 항모 조지 워싱턴호가 참가하는 연합훈련의 서해 실시를 조건으로 한국정부는 보복 계획을 철회한 것으로 알려진다.[14]

중국은 천안함 사건 때와 별반 다르지 않게 남북한 양자의 자제를 요청했고, 미 항모의 서해 진입에 대해 반대를 표명했다.

『환구시보』(環球時報)는 "미 항모는 북한을 겁주지 못하고 동북아만 놀라게 할 것"이라는 사설을 싣기도 했다. 정전협정 체결 이후 북한이 한국의 육상 영토를 직접 공격한 첫 사례였다는 특수성과 민간인 사상이 있었음을 감안할 때, 중국이 방관자와 같은 태도를 보인 것이 피해국 한국의 입장에서는 받아들이기 어려웠던 것이다.

연평도 피폭 이후 중국은 모호한 태도를 노정했다. 사건 직후 6자회담 재개를 내세웠고, 신화사(新華社)는 "한반도의 긴장이 고조된 이후 자제가 요구된다"는 제목의 기사에서 "비록 대한민국이 군사적 도발이라며 조선민주주의인민공화국을 비난하지만, 누가 포격을 시작했는지 확인할 방법이 없다"고 주장했다. 중국 외교부의 홍레이(洪磊) 대변인도 "연평도 사건의 원인에 대해 다른 의견이 있다"고 언급했다.[15] 또 피폭에 대한 대응으로 예정된 한·미 연합훈련과 관련해 중국은 주중 한국 대사를 초치해 중지를 요청했다. 이 같은 정황은 중국정부가 한국과 북한 사이 어느 한 편만을 들지 않겠다는 — 피해자가 한국이었음을 감안할 때 북한 쪽에 더 가 있겠다는 — 뜻을 분명히 한 것이었다.

연평도 피폭 사건에 대한 중국의 입장은 다음 몇 가지로 요약된다. 우선 사건의 본질에 대해 "시비곡직(是非曲直)을 가리겠다"는 언급을 통해 한국 입장을 지지하지 않음을 명확히 했다. 물론 11월 26일 양제츠(楊潔篪) 외교부장이 지재룡 북한대사를 초치해 우려를 전달했지만, 피해국 한국의 입장을 지지하지는 않았다. 사망자에 대한 애도를 밝히기는 했으나, 남북한 양측에 냉정과 자제를 촉구하며 유효성이 떨어지는 6자회담의 재개를 제시했다. 또 11월 26~27일로 예정된 양제츠 부장의 방한을 연기함으로써 사건에 대한 대응보다는 이를 희석하려 했다.

양 부장의 방한이 연기된 이유를 사후 정황을 통해 유추해 보면, 결국 중국이 후진타오 주석의 특사로 다이빙궈(戴秉國) 외교담당 국무위원을 파견하는 것과 연결되어 있었다. 그러나 다이 국무위원의 방한과 연계된 제반 사항들은 과연 중국이 연평도 사건을 제대로 이해하려는 의도가 있었는지 의문을 갖게 한다. 한국정부 또한 당시 중국의 접근에 대해 제대로 대응했는지와 관련해 반성의 여지가 많다.

연평도 피폭 후 닷새 만인 11월 27일 토요일 오전 9시, 중국 외교부는 갑작스레 주중 한국대사관에 연락해 "다이빙궈 국무위원이 한국을 방문하려는데 당일 오후 이명박 대통령을 면담할 수 있는가"라는 문의를 해왔다. 당시 정황이 특별했다 하더라도 휴일 오전에 연락해 당일 일국의 대통령 면담을 요청하는 것은 상대를 가볍게 보는 외교적 결례라는 평가가 많다.[16] 당시 한국대사관의 공사 및 공사참사관도 이 같은 요청을 본국에 보고하면서 "무리가 있다"는 평가를 전달한 것으로 알려진다. 청와대 역시 당일 면담은 어렵고 일요일인 28일 오전 중 가능하다고 회신했다. 문제는 이러한 회신을 중국 측에 전달할 즈음 다이 국무위원은 이미 비행기에 착석해 출국 준비를 했다는 사실이다.[17]

입국한 다이 국무위원은 당일에는 공식 일정이 없던 관계로 김성환 외교부장관과 롯데호텔에서 만찬을 했는데, 이 자리에서 우다웨이(武大偉) 6자회담 수석대표가 뜬금없이 6자회담 수석대표 회동을 제안했다. 당시 배석했던 한반도평화교섭본부장은 이에 대해 부정적 반응을 표했던 것으로 전해진다.[18] 다음 날인 일요일 이명박 대통령과의 면담 중, 이번에는 다이 국무위원이 6자회담 수석대표 회동을 재차 제의하면서 방한의 목적이 한국에 대한 위무나 지지가 아니라 중국의 체면을 살리는 6자회담의 재개였음을 암시했다. 이 대통령은 "체력을 아꼈다가 나중에 더 유용하게 활용하자"며 유효성이 떨어지는 제안에 거절의 뜻을 표한 것으로 알려진다.[19] 다이빙궈 특사가 귀국한 다음, 우다웨이 수석대표가 거의 10분 단위로 5개국 대사와의 별도 면담을 통해 격식을 갖춘 후 기자회견을 통해 6자회담 수석대표 회의를 제안하면서 다이의 방한과 연관된 중국의 의도가 보다 확실해졌다.[20]

당시 한국정부의 가장 뼈아픈 실책은 천안함 피격과 연평도 피폭이라는 두 개의 매우 다른 사건을 한 광주리에 담았다는 것이다. 왜 그랬어야 했는지 확정할 수는 없으나, 이렇듯 다른 두 사건을 동일하게 취급함으로써 우리 자신이 패착의 근본 이유를 제공했던 것이다. 천안함 피격은 간헐적으로 일어나는 남북 간 해상분쟁 또는 교전 상황의 연장인 반면, 연평도 피폭은 1953년 이후 한 번도 발생하지 않았던 북한에 의한 육상 영토의 피격이자 민간인 사상자까지 발생했다는 점에서 이 둘을 동일 범주에 넣은 것은 이해하기 어렵다. 따라서 이 두 사건에 대해 중국이 유사한 반응 — 즉, 북한의 도발 여부에 대한 불확실성을 강조하며 양측의 자제를 요청한 것 — 을 보인 것의 일부 책임은 바로 우리에게 있다. 연평도 피폭이 갖는 역사적 의의(즉, 정전협정에 대한 북한의 도를 넘는 도전과 위배)를 들어 중국에 대해 보다 강력한 입장 표명을 요구했어야 했기 때문이다.

추가적인 질책의 대상은 유엔에 대한 대처이다. 위에서 밝힌 것처럼, 천안함 침몰과 연평도 피폭 사건을 한 광주리에 담았음에도 불구하고, 유엔 의장 성명서의 채택을 이끌어낸 천안함 사건보다 더 크고 훨씬 심각한 문제인 연평도 사건에 대해서는 왜 유엔과 국제사회 앞에서 북한의 도발에 대한 전 세계의 비판을 이끌어내지 않았는지 이해가 가지 않기 때문이다.

다이빙궈의 방한과 관련해서도 우리 외교의 고질적 문제인 과도한 낙관론과 의전의 상호성 결여에 대한 반추가 절실하다. 왜 그렇게 갑작스럽고 의전에도 어긋난 요청을 받아들였어야만 했는가? 당시 어떤 대단한 출구가 있다고 판단했기에 이를 수용했던 것인가? 역지사지(易地思之) 해서 우리가 그런 요청을 중국에 했다면, 도착 다음 날 후진타오 주석은 우리 측 특사를 만나줬을까? 스스로를 낮춰 국익과 국격을 훼손한 상황에 대한 진지한 반성이 필요해 보인다. 전례와 기록을 먹고 크는 외교에서 우리는 또 한 번의 뼈아픈 후퇴를 경험했기 때문이다.

사드 문제: 비대칭성의 역습

앞서의 세 사례와 달리 사드 문제는 2021년 현재도 여전히 진행 중에 있다. 향후 국면에 대해서까지 전망과 평가를 제시하기는 어렵지만, 문제의 심각성에 비추어 볼 때 지난 과정을 돌이켜 보고 이를 기반으로 우리가 어디서 잘못했고 무엇을 했어야 하는지에 대한 반추는 필요해 보인다.

분쟁의 연원

사드 문제는 수년에 걸쳐 논쟁과 갈등이 확산되었다는 점에서 연원에 대한 면밀한 검토가 필요하다. 그 시작은 북한이 핵탄두 장착 가능한 미사일 개발에 근접했다는 전제하에, 미국이 주한 미군 보호를 위해 사드 배치를 검토한 데서 비롯된다. 2014년 6월 3일 스캐퍼로티(C. Scaparrotti) 한미연합사 사령관의 사드 배치 필요성에 대한 언급이 그것이다. 같은 해 10월 1일 미 국방부 워크(R. Work) 부장관이 한·미 간 배치에 대한 협의가 있었다고 했지만, 10월 3일 시어(D. Shear) 국방부 아태차관보는 이를 부인했다. 2015년 2월 폴(J. Paul) 국방부 공보담당관은 "이미 부지 조사를 마친 상태"라고 언급했다. 커비(J. Kirby) 국방부 대변인은 2월 10일 서울에서 "한국과 협의 중"이라고 했다가, 13일 워싱턴에서는 "공식 협의가 없다"고 부인했다. 3월 18일 국방부 김민석 대변인은 "우리 주도로 판단할 것"이라고 했으며, 3월 29일 윤병세 외교부 장관은 "미국이 요청하면 국가안전보장회의(NSC)가 결정한 후 중국을 설득할 것"이라고 했다. 4월 18일 로클리어(S. Locklear) 미 태평양 사령관은 사드의 (한국) 배치 가능성을 논의 중이라고 언급했다.

배치와 관련해 이렇듯 혼란스러운 속에서 중국은 한국 배치에 대해 반대의 목소리를 냈다. 중국의 우려는 다음 몇 가지로 집약된다. 첫째, 중국 측에 따르면, 사드에 장착되는 '엑스밴드'(X-band) 레이더가 우리의 주장과 달리 '종말 모드'가 아닌 '전진배치'(forward-based) 모드로 설정될 경우 중국 동북지역 소재 대륙간 탄도미사일(ICBM)의 발사기지가 탐지거리 안에 포함된다는 것이다. 즉, 중국발 대륙간 탄도미사일에 대한 유용한 정보가 탐지됨에 따라 미국에 대한 중국의 전략적 불균형이 초래된다는 주장이다.[21)]

둘째, 김대중 정부 이래 지금까지 미국의 미사일방어(MD) 체계에 참여하지 않는다는 입장을 견지해 온 한국이 혹여 사드 배치로 이를 바꾸는 것은 아닌지 중국의 우려와 연관된다. 특히 한·미·일 삼각 협력이 주로 중국 견제를 위해 활용될 가능성에 관심을 기울여 온 중국이 사드 배치를 바로 이러한 현상(status quo)의 변경으로 인식했다는 것이다.[22)]

셋째, 미국의 대중국 포위망 구축에 대한 우려를 감추지 않아 온 중국으로서는 이미 엑스밴드 레이더를 갖춘 일본에 이어 한국까지 이를 배치하면 향후 대만이나 여타 주변국에서도 사드 배치가 이어지는 '도미노'(domino)의 발생을 막기 위한 포석이기도 했다.

넷째, 박근혜 정부가 임기 내내 강조한 '신뢰 외교'가 자충수에 빠진 것으로 볼 수도 있다. 2013년 박 대통령의 중국 국빈 방문을 "마음으로 믿음을 쌓는 여행"(心信之旅)으로 명명했고, 일본보다 중국을 먼저 찾으면서 "중국의 옛 친구"로도 언급되었다.[23] 2014년 시진핑 주석의 방한 역시 "가족 찾기"(探親)라는 과도한 이름을 달았으며, 2015년 전승절 열병식까지 참관한 상황에서 — 중국 입장에서는 한·중 관계가 전략적 협력 파트너에 가장 근접한 상황에서 — 자국의 전략적 역량의 약화를 가져올 사드 배치를 절대 받아들일 수 없었던 것이다.

다섯째, 사드 배치에 대한 강력한 반대를 통해 중국으로서는 한·미 동맹의 견고함을 재차 시험하고, 또 가능하다면 양국 사이 틈을 벌리려는 노력(소위 wedging)의 일환이었다는 해석도 가능하다.

이러한 입장은 중국의 고위급 인사들을 통해 공개적으로 표명되었다. 2015년 2월 4일 창완취안(常完全) 국방부장은 한민구 국방장관을 만나 사드 배치에 대한 우려를 표시했고, 같은 해 3월 16일 리우젠차오(劉建超) 외교부 부장조리(차관보)도 "중국의 우려와 관심을 중시하기 바란다"고 언급했다. 2016년 6월 6일 쑨젠궈(孫建國) 인민해방군 부참모장은 싱가포르의 샹그리라 대화(Shangri-la Dialogue)에 참석해 사드에 대한 반대를 천명했고, 같은 달 29일 중국을 방문한 황교안 총리에게 시진핑 주석은 "사드의 한국 배치에 반대"한다고 언급했다.[24]

2015년 봄부터 2016년 7월 배치에 관한 공식 발표가 있기까지 1년 4개월 동안 한국의 입장은 소위 '3불'(three-Nos)로 귀결된다. 그것이 전략적 모호성의 표현이었는지 아니면 골치 아픈 문제의 회피책이었는지 단정하기는 어려우나, "미국의 요청이 없었고, 진행되는 협의가 없으며, 또 결정된 바도 없다"(no request, no consultation, no decision)는 입장을 가리킨다. 2016년 1월 북한의 4차 핵실험이 이뤄졌지만 시 주석과의 소통이 제대로 안 되면서 박 대통령은 사드 배치의 검토를 지시한다.[25] 그로부터 4개월 후인 2016년 7월 8일 사드 배치에 대한 한·미 양국의 공식 발표가 이뤄진다.[26]

양국의 발표 내용은 다음과 같다.

> 북한의 핵·대량살상무기(WMD) 및 탄도미사일의 위협으로부터 대한민국과 우리 국민의 안전을 보장하고 한·미 동맹의 군사력을 보호하기 위한 방어적 조치이며 … 한·미 공동 실무단은 수개월의 검토를 통해 대한민국 내 사드 체계의 군사적 효용성을 확인했고, 사드 체계의 효용성과 환경, 건강 및 안전을 보장할 수 있는 최적의 부지를 양국 국방장관에게 건의할 수 있는 최종 준비 중에 있다. … 사드 체계가 한반도에 배치되면 **어떠한 제3국도 지향하지 않고** 오직 북한의 핵·미사일 위협에 대해서만 운용될 것이다.[27]

중국의 보복 조치

한·미가 배치 발표를 한 지 50분 만에 반대 성명을 낼 정도로 중국정부는 민감하게 반응했다. 중국 국방부 역시 심야에 담화를 발표해 "필요한 조치를 고려할 것"이라고 언급했다. 또 8일과 9일 연이어 김장수 대사를 초치해 항의를 전달했다. 발표 다음날인 9일 왕이 외교부장은 "한국의 친구들이 … 냉정히 생각하기 바란다. 그리고 미국은 다른 국가의 불안전을 발판으로 자신의 안전을 도모하지 말라"고 했다. 또 왕이는 7월 24일 라오스에서 열린 아시아지역포럼(ARF)에서 "(사드 배치 결정은) 쌍방의 신뢰를 훼손한 것"이라고 평가했다.[28)]

관영 매체들도 일제히 한국 때리기에 나섰다. 8월 1일에는 『인민일보』, 『광명일보』, 『환구시보』 및 CCTV가 총동원돼 "사드 배치는 곧 미국의 졸개가 되는 것이며 … 유사시 한국이 먼저 공격당할 것"이라고 논평했다. 8월 3일 자 『인민일보』는 사설에서 박 대통령을 비판했고, 8월 13일 자 『차이나 데일리』(*China Daily*)는 박 대통령의 대중 외교 성과가 다 지워질 것이라고 경고했다.

비판이나 경고를 넘어선 실질적 보복도 실체를 드러냈는데, 크게 다음의 여섯 범주로 나눠 볼 수 있다.[29)] 첫째로 외교 접촉의 제한인데, 사드 배치 발표 직후 중국정부는 외교부 아주사(亞洲司)와 주중 한국대사관의 정무과 사이의 라인 하나만을 남긴 채 공식 채널 대부분을 닫아버렸다. 특히 김장수 대사에 대한 접촉 제한이 매우 심각했기 때문에 유의미한 외교활동을 할 수 없었던 것으로 알려진다.[30)] 이 같은 상황은 2017년 2월까지 지속되었는데, 2016년 10월부터는 한국정부 역시 유사한 제한을 서울에서 적용했고, 이에 중국정부가 2월부터는 소통의 경로를 일부 재개한 것으로 알려진다.[31)]

둘째, 양국 군사 교류의 전면 중단이다. 2016년 7월부터 2017년 1월까지 예정된 군사 교류 일정이 모두 취소되었으며, 한민구 국방장관의 방중 요청에 중국은 무응답으로 일관했다. 또 2016년 9월의 서울안보대화(SSD)에의 초청을 중국이 거부했으며, 같은 해 11월 한국 대표단의 주하이(珠海) 국제 에어쇼 방문도 불허했다.[32)] 사드 문제의 성격상 군 기관 사이의 소통이 가장 필요한 때

이를 원천적으로 차단했던 것이다.

셋째, 관광을 포함한 인적 교류에 대한 제한 조치이다. 2016년 8월 4일 중국은 복수 상용비자(M-type) 발급과 관련해 간소화 방식을 취소하고 한국 내 신청자에게 공식 초청장 제출을 요구했다. 또 이전에 사본만 제출하던 단체 비자 신청도 여권을 제출하도록 변경했다. 이 같이 '돌연 규정대로'를 요구하는 방식으로 제재를 가했다.[33] 한류 행사 및 단체 관광이 일방 취소되는 일도 잦아졌고, 2017년 3월 국가여유국(國家旅遊局)은 주요 여행사와의 비공개 회동을 통해 3월 15일 이후 한국에 대한 관광객 송출을 전면 금지했다. 그리고 한국 관광 관련한 '4불'(四不) — 인터넷 광고, 크루즈 관광, 전세기 사용, 롯데 관련 일정 금지 — 은 2021년에도 지속되고 있었다.[34]

넷째, 한국산 상품에 대한 규제와 조사를 통상 수준 이상으로 늘림에 따른 피해도 늘어났다. 예컨대 2016년 9월 한국산 설탕에 대해 세이프가드를 발동했고, 같은 해 10월 중국 내 점유율 1위인 폴리아세탈에 대한 반덤핑 조사를 시행했다. 2017년 1월에는 한국산 화장품 28개 품목에 대해 수입 금지를 단행했는데, 이는 훨씬 엄격한 검역 기준의 적용에 기인한 것이었다.[35] 이 역시 소위 '준법 제재'에 속한 것으로, WTO가 허용하는 범위 내의 시행을 위해 중국이 얼마나 많은 준비를 했는지를 보여준다.

다섯째, 특정 기업에 대한 빈번한 소방검사와 불매운동도 있었는데, 대표적인 것이 롯데그룹의 중국 내 법인들에 대한 것이다. 특히 롯데의 성주 골프장이 사드 배치 부지로 확정된 이후 롯데는 집중 포화를 받았다. 물론 이 또한 "중국 소비자들에 의한 처벌"이라는 틀 안에서 정부의 개입은 가능한 희석하는 모습을 띠었다.[36]

여섯째, 문화 교류와 경제활동을 제한하는 소위 '한한령'(限韓令)도 보복의 한 양태였다. 한국 문화 콘텐츠의 리메이크를 금지하거나, 한국 연예기획사에 대한 중국 신규투자의 중단, 한국 단체에 의한 중국 내 연출 행위의 금지가 이에 속한다.[37] 2016년 7월 중국이 이미 외국 판권 프로그램의 황금시간대 편성을 제한한 것과 함께, 중국의 연예 관련 기업들이 정부 코드를 따르는 행태가 겹쳐 부정적 영향을 미친 것이다.

중국의 조치는 다음 네 가지 점에서 주목할 만하다. 첫째, 경제협력이라는 판 자체가 깨질 정도의 전면적 보복을 행하지는 않았다. 물론 향후 사드 배치가 임시 배치를 넘어 전면적으로 이뤄질 때 더 큰 보복을 하기 위해 여지를 남긴 것이라는 해석도 가능하다. 둘째, 중국이 입을 피해가 상대적으로 적은 영역에 대해 — 즉, 한국 피해가 더 큰 부분에 대해 — 주로 보복이 이뤄졌다. 예컨대, 중국의 주요 산업에 피해가 갈 수 있는 전자, 전기 및 정밀기계 부문은 제재 대상에서 빠졌다. 셋째, 양국의 생산 네트워크가 촘촘히 짜인 영역보다는 정책에 의한 복원이 용이한 부문(관광이나 검역)에 주로 집중되었다. 넷째, 사드 배치는 한·미 동맹의 공동 결정이었음에도 중국의 보복은 미국을 빼고 한국에만 행해졌다.[38]

협상의 기제와 과정

사드 문제에서의 가장 큰 난관은 중국이 공식 채널을 닫아버렸고 한국(또는 미국)의 해명 노력을 거부했다는 것이다. 이는 양국 간 전략적 신뢰가 없었음을 의미하며, 지도자 간 우정을 강조하며 "한·중 관계가 이보다 좋을 수는 없다"던 자화자찬을 일거에 무너뜨린 것이었다. 2013년에 구축된 청와대 국가안보실장과 중국 국무원 외교담당 국무위원 간의 대화 기제가 단 한 번 활용된 후 사드 사태 내내 작동하지 못한 것 역시 아쉬운 일이다. 뿐만 아니라 그동안 한·대만 군사 교류를 청산하다시피 매달렸던 한·중 군사 교류 역시 정체되면서 양국 군 간의 소통과 신뢰의 부족도 드러났다.[39)]

또 다른 문제는 2015년 이후 한국정부(특히 국방부)의 해명에서 신뢰성이 부족한 부분이 있었다는 것이다. 예컨대 사드 레이더의 종말 모드로부터 전방 배치 모드로의 전환이 어렵고 상당한 시간이 걸린다고 주장해 온 국방부 설명과 달리, 2016년 8월 방한한 시링(J. Seyring) 미 미사일방어청장은 "한국에 배치되는 사드는 종말 모드가 맞지만 전방 배치 모드로의 전환은 단기간에도 가능하다"고 언급했기 때문이다.[40)] 심지어 한 안보전문 기자는 "2013년 4월 방위사업청 및 공군 관계자들이 록히드 마틴사를 방문해 비밀 브리핑까지 받았으나 … 미국이 사드 배치 가능성을 거론할 때마다 정부는 '논의되지 않고 있다'며 거짓말을 했다"고 비판했다.[41)]

뿐만 아니라 한국 외교의 고질병인 조용한 외교가 사드 문제에서도 예외 없이 등장한다. 즉, 중국의 근거 없는 비판에도 우리 외교는 무력하기 짝이 없는 모습을 보였다. 대표적인 것으로 2016년 2월 12일 로이터 통신과의 인터뷰에서 왕이 외교부장이 '항장무검, 의재패공'(項莊舞劍, 意在沛公)이란 중국 고사를 인용해 한국을 비판했던 일을 들 수 있다.[42)] 이는 항우(項羽)가 유방(劉邦)을 초대해 베푼 연회에서 항우의 사촌 항장이 겉으로는 칼춤을 추는 척했지만 속내는 때를 노려 유방을 암살하려 했음을 가리킨다.

미국이 사드를 통해 중국을 압박한다는 불만을 왕이가 우회적으로 제기한 것이지만, 한국의 관점에서는 다음의 세 가지 측면에서 중국이 큰 결례를 저지른 것이었다. 첫째, 사드 시스템은 방어용 무기로 결코 중국을 공격하는 '칼'(劍)이 될 수 없으며, 구태여 비유를 하자면 방패에 더 가깝다. 앞서 언급한 것처럼, 2016년 7월 9일 왕이는 "다른 국가의 불안전을 발판으로 자신의 안전을 도모하지 말라"고 했는데, 불안전을 보완하기 위해 주권국으로서 한국이 취한 조치가 정당함을 한국정부는 강력히 주장했어야 했다.

둘째, 우리 관점에서 모욕적인 것은 한국이 칼춤 추는 항장 — 즉, 항우의 수하 — 으로 비유되었다는 점이다. 일국의 현직 외교부장이 다른 나라를 향해 이 같은 표현을 사용했다는 것 자체가 심각한 결례가 아닐 수 없다.

셋째, 미국을 항우로 그리고 자국은 유방으로 비유한 것에서 결국 중국이 보다 많은 덕을 지닌 나라이자 궁극적인 승자임을 암시했다. 즉, 한국은 줄을 잘못 섰다고 평가한 것이다.

이 세 가지를 볼 때, 왕이 부장은 고사를 오용하면서까지 한국을 힐난한 셈이다. 문제는 우리 외교부나 정부 측에서 이와 관련해 어떤 공식적 반박이나 비판도 없었다는 점이다. 한국 외교의 고질적 병폐인 조용한 외교로 인해 상대방은 우리가 이를 인정하는 것으로 오해할 수 있고, 또 이를 바라보는 제3국들 역시 한국을 깔볼 여지를 준 것이다.[43)]

2016년 6월 황교안 국무총리가 중국을 공식 방문했다. 당시 황 총리를 사드 문제 해결을 위한 통로로 활용했어야 한다는 비판이 있었다. 관련해 다음 세 가지 이유로 다른 평가를 제시하고자 한다. 첫째, 정상 간 이견이 노출된 현안에 대해 총리가 할 수 있는 일은 없었던 것으로 보인다. 또 한국의 해명에 관심이 없는 중국을 딱히 설득할 묘안도 없었다. 둘째, 열흘 후에 발표될 배치

결정을 중국 측에 넌지시 알려줄 수도 있지 않았는가의 문제가 있다. 그러나 주무 부처인 외교부, 국방부 장관도 몰랐던 사안을 총리가 그것도 열흘 전에 중국에 통보하기는 어려웠을 것이다. 셋째, 실제 그랬다면 과연 중국의 반응이 달라졌고 또 보복을 하지 않았을까? 이에 대한 대답은 대체로 '아니다'에 가까울 것이다.

당시 주요 소통의 계기는 2016년 9월 항저우 G20 회의에서의 한·중 정상회담이었는데, 배치 발표 이후 양국 정상이 처음으로 만난 자리였기에 우려와 함께 기대도 있었다. 비록 공개 회담에서는 사드에 대한 언급이 없었지만, 비공개 회의에서는 양국 입장이 평행선을 달린 것으로 알려진다. 시 주석은 "박대통령이 [이 문제를] 적절히 다루지 않으면 중·한 관계가 전략적 영향을 받을 것"이라며 경고했고, "물을 마실 땐 그 근원을 생각하라"(飮水思源)며 한국이 중국에서 많은 경제적 이익을 얻고 있음을 상기시켰다. 반면 한국은 사드 배치의 근본 원인이 북한에 있다며 보다 강력한 제재를 요구했고, 한·미·중 3자 회의를 통한 사드 관련 대화를 촉구했지만 성사되지 못했다.[44]

박 대통령 탄핵 사태와 신정부 출범으로 대중국 외교는 2017년 상반기 내내 휴지기와 다름없었다. 앞서 언급한 대로 중국은 2016년 7월부터 2017년 2월까지, 그리고 한국도 2016년 10월부터 2017년 2월까지 외교 채널을 대부분 닫았기 때문이다. 그 와중에 사드 이슈를 전담했던 청와대 국가안보실 김관진 실장은 두 번에 걸친 방미 기간 중 "중국의 반대와 상관없이 사드를 배치할 것"이라며 비외교적 언사에 거침이 없었다.[45] 중국을 불필요하게 자극하는 그런 언급보다는 "한국의 국익에 따라 결정할 것"이라는 표현이 보다 적절하였을 것이다.

문재인 정부의 대응

2016년 12월 9일 국회의원 300명 중 234명의 찬성으로 박근혜 대통령의 탄핵이 발의되었고, 2017년 3월 10일 헌법재판관 전원의 찬성으로 탄핵안이 인용되었다. 2017년 5월 10일 문재인 정부 출범 이후 한·중 간 도합 네 차례에 걸쳐 고위급 인사들의 사드 관련 협의의 기회가 있었다. 그 첫째는 문 대통령 취임 직후인 5월 14~15일간 베이징의 일대일로(一帶一路) 포럼에 참석한 한국 대표단이 시진핑 주석과 만났으며, 탕자쉬안(唐家璇) 전 국무위원과는 오찬, 또 양제츠 국무위원과는 면담을 가졌기 때문이다. 이 계기에 대표단장 박병석 전 국회부의장은 사드 문제에 대해 비교적 균형 잡힌 의견 — 즉, 북핵의 심각성으로 인한 배치의 불가피성 — 을 전달했다.

둘째, 5월 18~19일에는 문 대통령의 중국 특사단이 시 주석을 예방하고 양 국무위원과는 면담, 그리고 왕이 외교부장과는 만찬을 가졌다. 대통령의 4강 특사단 중 의전 서열이 가장 높게 짜인 중국 특사단의 면면에서 보듯이 새 정부는 중국과의 관계 개선에 지대한 관심을 가졌던 것이다.[46] 특히 단장 이해찬 전 총리는 사드 배치의 현 상황에서의 '중지,' 국내법적 검증의 시행, MD 불참에 대한 공식 확인 가능성, 그리고 심지어 궁극적 철수까지 중국 측에 언급한 것으로 알려진다.[47]

셋째, 6월 20일 16개월 만에 제8차 한·중 외교차관 간 전략대화가 개최되었다. 여기서 장예쑤이(張業遂) 상무부부장은 사드를 한·중 관계의 '장애물'로 적시하고, 한 달 전 다녀간 특사단의 호의적 언급을 근거로 사드의 조속한 철수를 강력 요구한 것으로 알려진다. 대통령 특사단이 향후 외교협상의 틀을 불리하게 만든 큰 실책을 범한 것이다.

마지막으로 7월 6일 베를린 한·중 정상회담이 있었다. G20 회의를 계기로 열린 문 대통령과 시 주석 간의 첫 회동에서 사드에 대해서는 별 진전 없이 이견을 노정했다. 이틀 전 7월 4일 북한의 화성-14호 발사 직후 문재인 정부가 나머지 4기의 사드 임시 배치를 결정했기 때문이다. 시 주석은 사드를 직접 거론하지는 않았으나 중국의 "정당한 우려(正當關切)를 중시해달라"며 자국의 입장을 전달했다. 문 대통령 역시 중국의 우려를 충분히 이해한다고 답했으며, 향후 "깊이 있는 소통"(深入溝通)을 원한다며 또 다른 기회를 열어놓았다.

그러나 그 다른 기회도 한국에 유리하게 작동하지 않았다. 취임 직후부터 중국 친화적 움직임을 보인 문 대통령은 조속한 시일 내 중국 방문을 원했다. 국빈 방문을 통해 사드 문제에도 불구하고 한·중 유대를 내외에 알리는 동시에, 북한/북핵 문제의 해결에 중국의 도움을 약속받고 싶었기 때문이다. 문제는 이를 위해 중국이 가장 큰 관심을 갖고 있던 사드에 대한 새로운 양보를 해야만 했다는 점이다.

2017년 10월 30일 외교통상통일위원회 국정감사에서 흥미로운 광경이 펼쳐졌다. 일대일로 특사단을 이끈 박병석 의원이 강경화 외교장관에게 뜬금없이 사드 관련 질문을 던지고, 강장관은 ① 한국정부는 사드의 추가 배치를 고려하지 않으며, ② 미국 주도의 MD에 참여하지 않는다는 원칙에 변화가 없고, ③ 한·미·일 안보협력이 3자동맹으로 발전하지 않을 것임을 구두 확인해 주었다.[48] 이러한 내용을 담은 입장문이 〈협의 결과〉라는 제목으로 다음날 10월 31일 양국 외교부 홈페이지에 자국의 언어로만 게재되었다.[49]

'3불 입장'은 심각한 문제를 여럿 내포하고 있다. 우선 양국 외교부 홈페이지에 실린 내용을 중심으로 보면, 첫째, 한국 측은 '한·중 관계의 개선'이라는 제목을 달았으나, 중국 측은 이를 사용하지 않았다. 한국 측의 희망과 중국 측의 절제를 잘 대비시켜 주는 대목이다. 이는 후술하게 될 한국의 전반적인 — 근거 없는 — 낙관론과 유리될 수 없는 문제이기도 하다.[50)]

둘째, 이 협의의 당사자가 한국에서는 차관급인 국가안보실 남관표 2차장이었고, 중국은 그보다 급이 낮은 외교부 쿵쉬안유(孔鉉佑) 차관보였다는 점이다.[51)] 왜 이 같은 상황을 한국이 수용했는지, 또 그것이 왜 문제점으로 인식되지 않았는지 이해하기 어렵지만, 이 또한 바람직하지 않은 전례와 기록으로 남았다는 점에서 아쉬울 수밖에 없다.

셋째, 〈협의 결과〉의 전문을 보면 중국의 반대 입장은 매우 구체적이고 반복적으로 명기되어 있다. 즉, "제3국을 목표로 삼지 않고, 중국의 안보 이익을 침해하지 않으며, 중국의 안보 관점에서 한국의 사드 배치를 재차 반대한다"는 입장이 그것이다. 반면에 한국이 사드를 배치할 수밖에 없었던 원인으로서의 북핵과 미사일 개발 문제는 전혀 드러나 있지 않다.

넷째, 더 큰 문제는 바로 "중국은 한국이 표명한(즉, 10월 31일에 밝힌) 입장에 유의하며, 한국이 관련 문제를 적절히 처리하기를 희망한다"는 부분이다. 한국 측이 표명한 입장이 구체적으로 무엇인지는 〈협의 결과〉에 나와 있지 않지만 전날 국회에서의 상황을 통해 소위 '3불 입장'을 가리킴을 추론할 수 있다. 이와 관련해 두 가지 문제를 적시할 수 있다. 하나는 3불 입장의 세 가지 중 1항과 2항은 한국정부가 누차 밝혀온 것이지만 왜 '입장'으로 정리해 중국에 줬어야 하는지가 논쟁의 대상이다. 또 3항과 관련해서도 "현 상황이 바뀌지 않는 한"이라는 조건도 달지 않은 채 왜 우리 안보

의 미래 옵션까지 버려야 했는지의 문제이다.[52)]

다섯째, 모든 것을 차치하고 〈협의 결과〉를 통해 중국의 제재가 완전히 해결되었다면 그나마 이를 받아들일 수도 있다. 10월 31일 청와대는 공식 논평을 통해 "사드 문제는 봉합되었다"고 낙관적으로 평가했다. 문제는 중국의 평가가 그렇지 않았다는 점이다. "한국 측이 적절히 처리하길 희망한다. … 중국이 관심을 가진 사드 문제와 관련해 양국 군 간 소통하길 바란다"에서처럼 〈협의 결과〉에는 단계적이며 미래형의 해결방식이 들어 있다.[53)] 도대체 한국정부는 〈협의 결과〉 어디에서 완료형으로서의 봉합이나 해결을 본 것인가? 이는 한국이 가진 협상 능력의 문제이자 고질적 낙관론의 결과일 수밖에 없다.

여섯째, 〈협의 결과〉에도 불구하고 사드 문제의 해결은커녕 봉합도 제대로 되지 않은 것이 곧 판명되었다. 〈협의 결과〉의 게재 직후, 마치 기다렸다는 듯이 중국의 관영 매체들은 긍정적 평가를 보도하기 바빴다. 『인민일보』는 이를 "중국 요구에 대한 한국정부의 진정어린 수용"이라 표현했으며, 『환구시보』는 "가장 적정한 수준의 실현"이라며 만족을 표했다.[54)] 심지어 홍콩의 『사우스 차이나 모닝 포스트』는 〈협의 결과〉에 대해 "총 한 발 쏘지 않고 중국이 사드 전쟁에서 승리"라고 평했다.[55)] 며칠 후 다낭 APEC 회의에서 시진핑은 사드를 다시 거론했고, 이어 마닐라 아세안+3 회의에서는 리커창 총리도 사드를 언급했다.[56)] 그 이후에도 중국 지도자들은 — 청와대의 봉합 또는 해결의 평가와는 달리 — 지속적으로 사드를 거론하고 있다.

문 대통령의 방중과 사드 문제

취임 이후 줄곧 문 대통령은 조기 중국 방문을 원했는데, 이를 위해 중국의 최대 관심사인 사드 관련 '3불 입장'도 내놓았다.[57] 11월 11일 다낭 정상회담 직후 한국정부 발표에는 대통령의 방중이 12월로 예정되었다는 언급이 있었지만, 중국 측 발표에는 그 내용이 들어 있지 않았다. 11월 24일 방중 협의차 강경화 장관을 만난 자리에서 왕이 부장은 "말은 믿음직해야 하고 행위는 결과를 만들어야 한다"(言必信行必果)고 해, 〈협의 결과〉를 제대로 이행해야 함을 문 대통령 방중과 연관해 강조했다.[58]

문 대통령의 방중은 대한민국 대통령의 국빈 방문으로는 너무도 많은 비판의 대상이 되었다. 첫째, 방중 첫째 날이 12월 13일이었는데, 이날은 남경대학살 80주년 기념일이었다. 즉, 중국 국가지도자들이 베이징이 아닌 난징에 있었다는 의미인데, 왜 하필 이날을 첫날로 잡았는지에 대한 의문이다. 한국정부가 이를 몰랐다고 믿고 싶지는 않으나, 문제는 언제쯤 알았는지이다.[59] 방문이 임박해 알게 된 것으로 보이는 정황이 여럿 있다. 예컨대 첫날 오후 일정은 국가박물관 공연 관람이었는데, 당초 중국 측은 이를 14일 시 주석과의 만찬 이후로 제안했다는 것이다. 결국 첫날 저녁은 일정 불발로 '혼밥'이 되었다. 또 정부 인사에 의하면, 방중 4일 전 외교부가 일정에 대한 재고 검토안을 올렸으나 이마저 묵살당했다는 것이다.[60]

둘째, 국빈 방문(state visit)이란 한 국가가 타국의 지도자 임기 중 한 번만 허용하는 최고의 의전 절차로, 지도자는 이를 최대한 활용해 양국 관계에 보탬이 되게 해야 한다. 그러나 2017년 문 대통령의 방중은 과연 국빈 방문이라는 명칭에 걸맞았는지 의문이 들지 않을 수 없다. 10회 이상의 식사 기회 중 단 두 번만 중국 정부 지도자와 이뤄졌고(그중 한 번이 시 주석과의 만찬), 나머지는 한국 대표단끼리의 자리였거나 교민들과의 회동이었기 때문이다.[61] 서

열 2위 리커창 총리와의 오찬도 없었고, 게다가 신임 상무위원 리잔수(栗戰書)나 왕후닝(王滬寧)과의 오찬 자리를 한국정부가 요청했지만 거부당했다는 보도가 있어 아쉬움은 클 수밖에 없다.[62)]

셋째, 이 방문을 성사시키기 위해 말도 안 되는 '3불 입장'까지 내줬지만, 문 대통령을 만난 시 주석과 리 총리 모두 사드 이슈를 거론했다. 한국 안보의 미래 옵션까지 내준 '3불 입장'의 유용성이 무엇이었는지 반문하지 않을 수 없다. 게다가 문 대통령이 평창 동계올림픽에 시 주석을 초청했지만 긍정적인 답을 받지도 못했다. "한국은 중국이라는 높은 산봉우리 주변의 한 봉우리"라는 한국 대통령이 했다고는 믿기 어려운 발언에도 불구하고 우리의 국익이 제대로 반영된 것은 없는 듯하다.[63)]

넷째, 문 대통령의 방중은 공동성명이나 공동언론발표문을 도출하지 못했다. 1994년 3월 이후 한국 대통령의 국빈 방문 시 공동성명이 발표되지 않은 첫 번째를 기록한 것이다. 양자 관계를 복원하거나 개선하는 것이 국빈 방문의 주된 임무라면, 2018년을 상호 방문의 해로 지정하자는 한국의 소탈한 제안조차 묵살된 것은 또 어떻게 해석할 것인가?[64)] '3불 입장'까지 내주고 가까스로 얻어낸 국빈 방문이 이렇듯 속 빈 강정이 될 것을 정부는 예상도 못하고 국빈 방문의 형식을 견지한 것인가? 사드 문제로 복잡한 상황에서 오히려 실무 방문(working visit)이나 공식 방문(official visit)을 먼저 했으면 어땠을까 하는 아쉬움이 크다. 대통령 개인의 소탈함만을 부각하기에 양국 관계는 너무도 중요하기 때문이다.

다섯째, 우리는 박근혜 대통령과 시진핑 주석 사이의 소위 '개인적 우정'과 정무화된 업적 부풀리기가 얼마나 허황된 것인지 이미 목도했다. 그럼에도 이런 상황이 다시 일어난다는 것은 단지 무지하고 무능한 정치인들만의 문제가 아니라, 그들을 보좌하는 관료와 전문가들의 무책임과 영합에도 기인함을 기억해야 한다.

반추와 반성

진행형인 현안에 대해 반추하는 것이 일면 성급한 감도 있으나, 이미 5년이 넘은 현안이기에 2021년 시점에서 일견이 필요해 보인다. 먼저, 사드 문제는 딱히 중국만 비난할 문제가 아니다. 어차피 강대국은 중소국을 압박해 국익을 챙기려 하고, 중소국은 국익 수호를 위해 이에 적절히 응대해야 하기 때문이다. 결국은 우리의 전략적 사고의 부족이 문제다. 한국의 안보, 그것도 북핵이라는 심대한 위협을 두고 이렇듯 제3국과 복잡한 문제가 생겼다는 것 자체가 현재와 미래를 위해 안타까운 일이 아닐 수 없다. 조금 더 전략적인 사고를 했더라면 그 여파를 상당 부분 줄일 수 있었기 때문이다. 예컨대 이 문제가 불거질 무렵, 조건부 내지는 시한부 전제를 걸었더라면 하는 아쉬움이다. 즉, 2015년 중반 무렵 '북한이 4차 핵실험을 할 경우' 또는 '2016년 말까지 북핵의 동결이 이뤄지지 않을 경우' 사드를 배치할 수밖에 없다는 선언을 한국이 선제적으로 했어야 한다는 의미이다. 실제로 그랬더라면, 사드 문제는 지금보다 훨씬 다루기 수월하거나 최소한 축적된 우리의 명분이 더 컸을 것이기 때문이다. 눈치만 보는 조용한 외교가 국익에 얼마나 불리한지를 잘 보여주는 대목이다.

설사 명민한 사고를 결여했다 하더라도 최소한 사실과 다른 '3-No'만을 피동적으로 외치며 미국과 중국의 눈치를 보지는 말았어야 했다. 21세기 정상 외교(summit diplomacy)의 시대를 맞아 외교의 중심축이 청와대로 옮겨갔음에도 불구하고, 외교부는 국익을 최우선으로 하여 직능적 의견 개진에 적극적이어야만 했다. 왕이 부장의 비아냥에 대해 외교부 대변인실에서 최소한 "현직 외교부장의 제3국에 대한 언급으로는 적절치 않다"는 반박은 했어야 했다.[65] 또 중국의 패소가 널리 예상된 상황에서 상설중재재판소(PCA) 판결 3일 전에 꼭 사드 배치 관련 발표를 했어야 했는지도 안타깝다.[66] 외교부 나름대로 발표 일자에 대한 의견을 상부에 제시한 것으로 알려지지만, 당시의 노력 수위에 있어 아쉬움이 큰 것도 사실이다.

외교안보 부처만의 문제라고 하기는 어려우나, 행정부 전반에 있어 안타까운 문제가 또 있다. 이미 2015년부터 사드 배치가 현실화될 경우 중국의 보복이 예상되었고 또 이에 대한 중국의 경고가 여러 경로로 전달되었음을 감안할 때, 한국의 대비가 너무도 부족했다는 점이다. 2017년 초 중국이 보복 수위를 높여갈 무렵 황교안 대통령 직무대행은 국무회의에서 "사드 관련 보복에 잘 대비해 주기 바란다"는 원론적 언급을 하는 데에 그쳤다. 그 후 한국 기업들에 닥친 피해는 재론할 필요가 없다.

결국 한국은 1절에서 다룬 세 사례뿐 아니라 사드 문제에서도 고질적인 조용한 외교(왜 사드 배치를 했고 이를 왜 견지해야 하는지를 제대로 밝히지 못하는 한계)와 조급한 외교(너무 많은 양보를 미리 해버리는 한계)로부터 벗어나지 못한 것이다. 정부 성향이 보수적이건 진보적이건, 또 어느 당이 집권했는지와 무관하게, 우리 외교의 사고와 행태에 이미 깊숙이 자리 잡은 문제가 된 것이다. 설사 우리의 선택이 헤징이라고 해도 그것이 도대체 어떤 헤징인지 종잡을 수 없는 까닭에 그저 눈치 보기에 불과한 것으로 보인다. 자국의 안보라는 타협 불가한 핵심 국익을 앞에 두고 타국의 압박에 굴복해야 하는 상황은 참으로 안타깝기 그지없다.

중국의 부상과 강대국화로 인해 한·중 관계의 비대칭성이 갈수록 심화되는 가운데, 양국 간 상호 인식이 갈수록 악화되고 있으며 갈등과 대립의 현안도 증가하고 있다.[67] 문제는 이의 해결에 있어 우리의 명민한 전략적 사고가 매우 부족할 뿐 아니라, 중국 역시 우리를 힘으로 밀어붙이면 된다고 생각한다는 점이다.[68] 지난 10년간 여러 현안들 속에서 한국이 중국의 압력에 어떻게 '순치'되었는지를 다음 장에서 다루도록 한다.

주

1 김관진 국가안보실장의 2017년 1월 10일 발언. 『한겨레신문』, 2017년 1월 11일.

2 왕이 외교부장의 2016년 2월 19일 발언. 『環球時報』, 2016년 2월 20일.

3 경제 이외 영역에서의 협력 제고를 강조하는 중국 측 시각으로 戴維來, "韓國中等强國外交戰略及其對中國的影響," 『當代亞太』, 2期(2016), pp. 130-154를 보라.

4 王曉玲, "韓國民衆'親美疎中'的現狀原因及應對," 『現代國際關係』, 10期(2018), pp. 46-60; 서울대학교 통일평화연구원(편), 『단절의 시대, 통일의식 변화』(2020년 10월 13일 회의 자료집), pp. 68-69를 보라.

5 상세한 논의는 정재호, 『중국의 부상과 한반도의 미래』(서울대학교출판문화원, 2011), 9장을 보라.

6 필자와 대화를 나눈 한국정부 인사들도 당시 한국 측 시각에 안이한 부분이 있었으며, 또 지나친 낙관론에 안주했음을 대체로 인정했다.

7 한국은 중국산 냉동마늘과 초산조제 마늘에 대해 315%, 그리고 깐 마늘에는 무려 436%의 관세를 부과했다. 일본 또한 2001년 4월 중국산 대파, 표고버섯 및 다다미용 왕골에 대해 각각 256%, 260%, 100%의 관세를 부과하였다.

8 정재호, 『중국의 부상과 한반도의 미래』, pp. 269, 276.

9 보다 미시적인 논의는 정재호, 『중국의 부상과 한반도의 미래』, 10장을 참조하라.

10 陳峰君, 『亞太大國與朝鮮半島』(北京: 北京大學出版社, 2002), p. 279와 楊軍·王秋彬, 『中國與朝鮮半島關係史論』(北京: 社會科學文獻出版社, 2006), pp. 183-184를 보라.

11 이 책의 6장을 참조하라.

12 2016년 이후 중국의 중학 교과서에서 수나라의 고구려 침략을 '내전'으로 묘사했다는 보도로 『조선일보』, 2021년 3월 1일을 참조하라.

13 당시 청와대에서 재직했던 한 고위급 인사는 후일 필자에게 "당시에 중국은 거대한 벽처럼 느껴졌다"고 술회했다. 2014년 11월 3일 필자의 인터뷰.

14 『조선일보』, 2014년 1월 16일. 실제로 11월 28일 서해상에서 한국과 미국의 연합훈련이 사상 최대 규모로 4일간 이루어졌다.

15 『동아일보』, 2010년 11월 24일.

16 이는 필자가 문의한 여섯 명의 전직 외교부 고위 관리들의 일관된 평가이다.

17 한국이 당연히 받을 것으로 전제하는 이러한 자신감은 곧 중국이 한국을 바라보는 시각과 별개로 생각할 수 없다.

18 필자의 2011년 1월 12일과 2018년 5월 3일 인터뷰.

19 물론 이 회동에서 한국도 "북한이 재도발할 시 이에 대해 매우 강력한 대응과 보복을 할 것"임을 강조한 것으로 알려진다. 2017년 6월 3일 김성환 전 외교부 장관과의 대화.

20 필자의 2017년 4월 인터뷰.

21 이 '유용한 정보'는 곧 중국발 대륙간 탄도미사일의 후면이 탐지됨에 따라 실제 핵탄두 장착 미사일과 가상체(decoy)를 구별하게 해주는 추가적 정보 그 무언가를 지칭한다. 칭화대 리빈(李彬) 교수의 세계평화포럼(2016년 7월 17일) 북핵 세션에서의 언급.

22 미국의 미사일 방어체계 구축이 중국의 안보에 큰 위협이 된다고 믿는 중국인의 비중이 98%에 달하는 상황에서 이는 중국의 관점에서는 실질적 우려라고 볼 수 있다. 조사는 『環球時報』, 2012년 3월 28일에서 인용하였다. 또 陳向陽, "薩德入韓對東北亞地區的戰略影響," 『現代國際關係』, 4期(2017), pp. 1-3을 보라.

23 『北京晨報』, 2013년 6월 26일; 『環球時報』, 2013년 6월 26일.

24 『중앙일보』, 2016년 6월 6일; 『조선일보』, 2016년 6월 30일.

25 이는 2016년 1월 8일부터 한국 측이 수차 시도한 정상 간 통화가 한 달이 지난 2월 5일에야 성사된 것을 지칭한다. 당시 한국 국민의 68%가 사드 배치에 찬성하고 있는 상황이었다. 『중앙일보』, 2016년 2월 15일.

26 발표 전날인 7일 박근혜 대통령은 김장수 대사를 통해 친서를 중국에 전달한 것으로 알려진다. 필자의 2017년 4월 22일 인터뷰.

27 연합뉴스에 게재된 전문은 https://www.yna.co.kr/view/AKR20160708068400014를 참조하라.

28 https://www.fmprc.gov.cn/mfa_eng/zxxx_662805/t1384876.shtml을 참조하라.

29 중국은 이를 보복이나 제재라고 하지 않으며, 따라서 여러 협상 과정에서도 이러한 명칭을 사용하지 않고 있다. 다만 사석에서 중국의 전문가들은 '경제 제재'라는 표현을 사용한다.

30 김장수 대사의 국가여유국 및 국가광전총국 국장에 대한 면담 요청이 불발된 것이 대표적이다. 뿐만 아니라 매년 주중 한국대사관에서 열리는

국경일 리셉션에 중국정부가 처음으로 부국장을 정부대표로 보낸 것도 같은 맥락이다. 2014년에는 외교부 부부장, 2015년에는 전국인대 외사위원장(장관급)이 참석한 것과는 대조를 이뤘다.

31 필자의 2017년 6월 24일 베이징에서의 인터뷰.

32 『중앙일보』, 2017년 1월 9일.

33 『중앙일보』, 2016년 8월 4일과 13일; 『조선일보』, 2019년 11월 1일.

34 『중앙일보』, 2017년 3월 3일.

35 『중앙일보』, 2016년 11월 21일.

36 예컨대 『環球時報』는 2017년 3월 1일 사설에서 "중국 소비자가 주력군이 되어 한국을 벌해야 하고, 한국에 심각한 내상(內傷)을 입혀야 한다"고 주장했다.

37 『조선일보』, 2016년 12월 16일.

38 중국은 한·미 구별의 필요성에 대해 역설하지만 왜 미국이 보복 대상에서 빠졌는지를 설명하지 못한다. 孫茹, "理解中國對薩德問題的對應," 『現代國際關係』, 4期(2017), pp. 3-5를 보라.

39 한·대만 군사 교류는 사실 상징적 수준에서 진행되고 있었지만, 이마저 한·중 군사 교류의 확대와 신뢰 구축이라는 명확한 반대급부 없이 2011년 이후 폐지되었다. 2012년 2월 18일 이우철 당시 주중국 무관과의 인터뷰. 한·중 안보 협력의 확대를 제안하는 중국 측 학자들도 있지만, 과거를 돌이켜보면 이에 대한 중국의 사고 전환이 그리 간단하지 않다. 畢穎達, "朝鮮半島新形勢下深化中韓安全合作的思考," 『現代國際關係』, 10期(2019)를 참조하라.

40 『조선일보』, 2016년 8월 12일.

41 김영희, "사드 이후, 아르멜 독트린이 답이다," 『중앙일보』, 2016년 12월 16일.

42 관련해 https://world.huanqiu.com/article/9CaKrnJTNyM을 보라.

43 필자가 만난 당시의 외교부 고위 인사들은 하나같이 이면에서 중국에 입장을 표명했다고 했지만, 그것이 한·중 관계의 공식적인 전례와 기록에 어떤 의미를 갖는지에 대해선 제대로 된 해명을 하지 못했다. 더 나아가 이러한 과정을 바라보는 주변국들이 우리를 어떻게 볼지에 대한 인식조차 갖고 있지 않았다.

44 『조선일보』, 2016년 9월 6일.

45 "김영희 칼럼: 불난 집에 부채질하는 김관진," 『중앙일보』, 2017년 1월 13일. 『중앙일보』, 2017년 3월 8일도 참조하라.

46 그 같은 한국 측의 배려에 비해 중국 측의 특사단 좌석 배치는 실망스러

운 부분이 적지 않았다. 이에 대해서도 한국정부는 조용한 외교를 시행했고, 그 후에 이는 하나의 나쁜 전례로 자리 잡게 된다.

47 이 중 세 가지는 논쟁의 여지가 많다. 우선 "현 상황에서의 중지"에 대해 한국은 성주에 이미 전개한 2기의 유지를 의미한 반면, 중국은 레이더의 가동 중지로 이해했을 수 있다(이는 북한의 ICBM 재발사 이후 나머지 4기의 임시 배치로 무의미해졌다). 또 MD 불참을 확인해 주는 것이 국익을 위해 바람직한지, 그리고 사드와 북핵을 분리하려는 중국과 철수 조건에 대해서는 어떻게 합의할지가 명확치 않았기 때문이다. 2017년 9월 4일 인터뷰.

48 『조선일보』, 2017년 10월 31일. 이는 일명 '3불 협의 결과'라고도 불리는데, '3불 합의'나 '3불 결정'이 아님을 강조하기 위해 사용되는 용어이다.

49 제3국 언어(예컨대 영어)를 사용한 번역문 없는 자국어만의 문건 발표의 위험성은 이미 다른 곳에서 지적한 바 있다. 정재호, 『중국의 부상과 한반도의 미래』, p. 291을 보라.

50 협의 과정 전반에서 중국 주무부서인 외교부 동북아국은 배제되었고, 〈협의 결과〉 발표 직전 중국 측 발표문의 검토에만 참여했던 것으로 알려진다. 필자의 2018년 3월 20일 인터뷰.

51 당시 중국 외교부에는 총 5인의 차관보가 있었다.

52 『중앙Sunday』, 2017년 11월 5/6일; 『중앙일보』, 2017년 11월 7일. 당시 국가안보실 고위 인사는 "'입장'이란 것은 상황에 따라 변하는 것"이라고 해명했지만, 과연 중국도 '3불 입장'과 관련해 그렇게 인식하는지는 의문이 아닐 수 없다. 필자의 2020년 6월 3일 인터뷰.

53 중국 측은 이를 '3단계 약속'(三步承諾)이라 부르며, 앞으로의 구체적 행동과 시행을 전제로 한 것이라 본다. 2017년 11월 3일 베이징에서의 인터뷰.

54 두 매체 공히 11월 1일. 중국의 대한국 전략 핵심에 동맹 확대의 저지와 동맹의 와해가 있음을 지적한 저술로 周建仁, "同盟理論與美國重返亞太同盟戰略應對," 『當代亞太』, 4期(2015), pp. 26-54를 보라.

55 2017년 11월 18일. 중국 학계에서 문재인 정부의 외교정책을 긍정 평가하는데, 이를 우리가 그대로 받아들여야 할지는 의문이다. 張慧智, "中美競爭格局下的中韓美韓關係走向與韓國的選擇," 『東北亞論壇』, 2期(2019)를 보라.

56 『조선일보』, 2017년 11월 13일과 15일.

57 또 다른 양보는—산자부, 재계 및 전문가 그룹의 일치된 의견에도 불구하고—사드 제재에 대한 WTO 제소의 안을 청와대가 무력화시켰음을 가리킨다. 필자의 2019년 1월 23일 인터뷰.

58 "Deal with China Denied Again," *Nelson Report*, November 27, 2017.

59 남경대학살 기념일에 대해 한국 언론이 보도한 시점이 방문 직후이기에 한국정부가 직전까지 몰랐을 가능성도 배제하기는 어렵다.

60 필자의 2018년 3월 20일과 21일 인터뷰.

61 다른 한 지도자는 충칭시 당서기이자 정치국원인 천민얼(陳敏爾)이었다. 당시 그에 대해 시 주석의 후계자 운운하는 얘기가 있었으나, 서열 2~7위의 정치국 상무위원 누구와도 오찬조차 갖지 못한 것은 5년에 한 번 있는 국빈 방문으로서 매우 아쉬운 결과이다.

62 『중앙일보』, 2017년 12월 16일.

63 관련 발언의 전문은 "중국은 단지 중국이 아니라, 주변국들과 어울려 있을 때 그 존재가 빛나는 국가입니다. 높은 산봉우리가 주변의 많은 산봉우리와 어울리면서 더 높아지는 것과 같습니다"이며, https://www.yna.co.kr/view/AKR20171215067000001에서 연설문 전문을 볼 수 있다. '동북아 운명공동체'의 중심에 '모든 나라의 중국 알현'(萬邦來朝)이 있다는 관점으로 李宗勛, "東北亞命運共同體與中國外交," 『東北亞論壇』, 4期(2016), pp. 24-35를 보라.

64 『중앙일보』, 2017년 12월 15일.

65 당시 만난 외교부 고위 인사는 "무대 뒤에서는 많은 소통이 오가고 있다"고 했으나, 과연 그것이 국격에 도움이 되는지, 또 기록과 전례가 핵심인 외교에서 유의미한 것인지 의문이 들 수밖에 없다. 필자의 2017년 3월 14일 인터뷰.

66 당초 7월 1일로 예정되었으나 황 총리의 귀국과 겹쳐 일정이 바뀌었다는 관점도 있다. 어찌되었든 "방금 난 상처에 소금을 끼얹는 행위"로 중국 측이 받아들인 것에 일정 부분 공감이 갈 수밖에 없는 대목이다.

67 사드 사태 이후 한·중 간 상호 인식의 악화에 대해서는 Min-gyu Lee and Yufan Hao, "China's Unsuccessful Charm Offensive: How South Koreans Have Viewed the Rise of China over the Past Decade," *Journal of Contemporary China*, No. 114 (2018), pp. 867-886; 우원형, "사드 갈등 이후 중국의 한국에 대한 인식," 『JPI 정책포럼』, No. 9 (2019); 『중앙일보』, 2021년 5월 19일과 7월 12일을 보라.

68 중국 측에도 단순히 압박이 아닌 '포용'과 '온화함'으로 접근하는 것이 필요하다는 시각이 있기는 하다. 門洪華·劉笑陽, "中韓關係的不確定因素及其戰略應對," 『東北亞論壇』, 4期(2017), pp. 66-77; 萬曉, "權力轉移下崛起國對小國政策探因," 『當代亞太』, 3期(2020), pp. 30-68을 보라.

제10장

제3자 강요하의 한국 외교

"우리의 전략적 가치를 통해 미, 중 양측으로부터 러브콜을 받는 상황은 결코 골칫거리나 딜레마가 아닌 축복이다."[1]

"가장 바람직한 선택은 미, 중 양국으로부터의 존중을 제고하는 방안이지만, 이의 실질적인 수행을 위해 한국정부와 한국사회는 과연 어디까지 불편함을 감수할 수 있을 것인가?"[2]

앞서 7장에서 미·중 대립 속에서 중소국의 전략적 선택지에 대한 이론적 논의를 제시했고, 8장에서는 핵심 사례로 호주, 싱가포르와 필리핀에 대해 분석했으며, 그리고 9장에서는 중국의 강대국화로 인해 한국의 선택지가 이전에 비해 대폭 줄어든 배경에 대해 살펴보았다.

미, 중의 상이한 정책 선호로 인해 생기는 딜레마에 대해 한국이 취한 입장을 분석하는 10장은 두 부분으로 구성된다. 첫째, 열 가지 현안에 대한 분석으로 이에는 ① 역내 통상체제로서의 TPP와 RCEP에 대한 선택, ② AIIB 가입 문제, ③ CICA 어젠다인 '아시아 안보는 아시아인의 힘으로'에 대한 입장, ④ 베이징 전승절의 참석, ⑤ 사드의 배치,[3] ⑥ 남중국해 문제에 대한 입장, ⑦ 미국의 인·태 전략에 대한 좌표 설정, ⑧ 화웨이 시스템의 배제 문제, ⑨ 중거리 미사일의 배치, ⑩ 홍콩·신장 문제가 포함된다. 둘째, 이들 사례를 비교해 한국정부의 대응에 어떤 문제점이 있었는지에 대해 종합적으로 평가한다.

제3자 강요와 한국의 선택

1. TPP vs. RCEP

아·태 지역의 통상협력 구상으로 가장 많이 회자된 것이 TPP와 RCEP이다. TPP는 싱가포르, 뉴질랜드, 칠레, 브루나이 4국(Pacific-4)이 2005년 체결한 FTA로 시작되었고, 2008년 이후 미국, 캐나다, 멕시코, 일본이 추가로 참여했다. 2015년 10월 12개국 간의 협상 타결로 세계 GDP의 1/3, 교역 총액의 1/4을 점하는 지역통상 체제가 구축되었다. 그러나 트럼프 취임 직후 미국의 TPP 탈퇴가 이뤄지면서 그 위상은 추락할 수밖에 없었다. TPP는 상품 교역을 넘어 지적 재산권, 서비스 교역, 정부 지원금에 대한 신규 범의 정립을 추구했고, 역내 생산된 원료와 공정을 누적 집계하는 '누적 원산지 기준'의 도입을 강제한다.[4] 또 지전략적 관점에서 TPP를 보면 미국, 일본, 호주, 캐나다의 협력을 통해 중국을 견제하는 기능도 일정 부분 갖고 있다.

반면 RCEP은 2012년 말 ASEAN+6(한, 중, 일, 호주, 뉴질랜드 및 인도)가 협상을 시작한 FTA로, 양자 FTA 수준 이상의 지역협력을 모색하던 ASEAN의 구상에 일본이 동참했고, 중국도 미국 주도의 TPP 대응 차원에서 RCEP을 수용했다. 2020년 11월 기준 RCEP의 15개 성원국 인구 총합이 세계 인구의 1/3에 이르고, GDP와 교역액 비중도 30퍼센트에 달하지만, ASEAN이 실제 '운전자'로 작동할지는 의문이었다. RCEP의 주도권은 — 널리 알려진 바와 달리 — ASEAN에 있었지만, 점차 TPP에 조응되는 구조로 인식되면서 중국의 역할이 부풀려진 부분도 있다.

한국의 입장과 평가

미국은 한국의 TPP 조기 참여를 원했고, 늦어도 2013년 초까지는 참여를 공식화하길 희망했다. 당시 한국정부는 소극적 내지 유보적 입장을 노정했는데, 내부적으로는 외교부에 있던 통상교섭본부가 해체되고, 이를 넘겨받은 산업자원부(이후 산자부)는 그에 대한 검토 능력이 없었다. 또 대외적으로는 TPP 협상 참여국 중 미국을 포함한 10개국과 이미 양자 FTA를 체결하여 TPP 참여로 얻는 이익이 크지 않다고 인식했기 때문이다. 더구나 TPP 협상이 시장의 추가 개방을 의미했기에 국내정치적 관점에서는 부담스러운 문제였다. 당시 상황에 정통한 전직 관리에 따르면, "최대 교역국 중국과 FTA 협상을 하고 있었기 때문에 대형 FTA 협상을 동시다발로 진행할 인력이 부족했다"고 한다.[5)]

2013년 3월 일본이 참여를 선언하고 기참여국들이 이를 승인하자 국내에서도 참여의 의견이 적극 개진되었다. 그 같은 입장이 경제·통상적 관점에만 기반했는지는 명확치 않지만, 2013년 11월 15일 산자부가 TPP에 대한 공청회를 개최했고, 11월 29일에는 현오석 경제부총리가 대외경제장관회의에서 "TPP 참여에 대한 관심을 우선 표명하고, 기존 참여국과 예비 양자 협의를 할 필요가 있다"고 언급했다.[6)]

당시의 입장 변화와 관련해 충분한 내부 검토와 대외 협의가 선행되었는지에 대해 이견이 있을 수 있다. 왜냐하면 현 부총리가 참여 의사를 밝힌 당일 미국 무역대표부(USTR)의 프로먼(M. Froman) 대표가 "한국의 TPP 참여를 환영한다. … TPP 협상이 연내 타결을 앞두고 있기에 한국의 참여는 현재 협상 중인 12개국 모두의 동의를 얻어야 한다"고 언급했기 때문이다.[7)] 미국과의 사전 의사 타진 없이 발표된 것이 아니라면 어떻게 부총리의 발표 당일

이를 반박하는 듯한 성명이 나올 수 있었는지 이해하기 어렵다.

한국의 TPP 가입 실패가 중국 눈치 보기 때문이었다는 관점이 있지만, 2011~2012년 기간에 — 9장에서 논한 것처럼 — 한국 정부가 중국에 그리 친화적이지 않았기에 설득력은 크지 않다.[8] 오히려 양자 FTA 연계망으로서의 RCEP과 TPP 사이에서 국익에 기반한 나름의 전략이 있었다고 볼 수도 있다. 누적 원산지 규정 적용 시 한국이 불리해진다는 위기감과 함께 한·중 FTA의 타결이 TPP 가입 의사를 보다 강하게 만들었던 것이다.[9] 그러나 TPP 가입에 있어 한국은 일단 1차 협상이 완료되는 2015년까지 기다려야 했고, 2017년 초 미국의 탈퇴로 가입이 무의미해졌다.[10]

RCEP에 대한 한국의 입장 역시 선제적·능동적 모습과는 거리가 있었다. 이는 RCEP의 구조적 문제에도 기인했는데, 여러 FTA 네트워크를 통합하다 보니 참여국들의 경제 수준과 시장 개방에 대한 인식 차로 인해 협상이 장기화되었기 때문이다. 또 아세안, 중국, 일본과 인도의 입장이 중요한 구도였기에 한국은 상대적으로 수동적일 수밖에 없었다. 추가적으로 한국은 대부분의 참여국들과 양자 FTA(한-아세안 FTA 포함)를 체결하여 참여로 인한 효과도 크지 않은 것으로 인식되었다.[11]

2020년대에 한국이 맞닥뜨려야 하는 딜레마와 비교하면 TPP/RCEP의 경합은 지정학적 비중이 한결 가벼웠다. 한·미 동맹을 강조하는 일부 전문가들은 한·중 FTA 체결에 중점을 두느라 TPP 참여에 실패했다고 비판하지만, 이는 당시 정부의 성향상 반드시 들어맞는 평가는 아니다. 이미 한·미 FTA와 한·EU FTA를 체결한 상황에서 한국의 최대 교역국 중국과의 FTA를 마냥 방치할 수 없었고, TPP 협상에 참여한 10개국과 FTA를 기체결한 한국으로서는 한계 효용에 대한 나름의 평가가 있었던 것이다. 다만 참여

의사를 표명함에 있어 대외적 교감을 사전에 충분히 가졌는지에 대해서는 비판의 여지가 있다.

한국의 RCEP 관련 입장에서도 지정학의 개입은 비교적 적었던 것으로 보인다. RCEP이 지닌 구조적 난점에 더해 한국의 중도적 입장이 상당 부분 경제 본연의 합리성에 기초했기 때문이다.[12) 미국의 탈퇴로 폐기된 것과 다름없게 된 TPP와 달리 RCEP은 그간 일정한 진전(인도는 불참)을 이뤘고, 향후 이 체제가 중국 주도로 전환될 경우 또 다른 그리고 훨씬 더 복잡한 지경학적 딜레마로 이어질 수도 있다.[13)]

2. AIIB 가입

AIIB는 TPP/RCEP보다 지정학적 함의를 더 많이 지닌다. 2차 세계대전이 끝나기 전, 미국은 패권 체제를 지탱할 '브레튼 우즈 시스템'의 내용으로 달러의 기축통화 설정, 무역과 관세에 관한 일반 협정(GATT), 그리고 세계은행(WB) 및 국제통화기금(IMF)의 설립을 통해 세계 경제의 발전을 지원하고 금융 질서를 관리해왔다. 또 아·태 지역의 개발 지원을 위해 아시아개발은행(ADB)도 일본과 함께 만들었다.

2000년대 이후 증대된 경제력을 바탕으로 중국도 이에 걸맞은 역할을 하고자 했다. 2010년 중국은 IMF 내 지분을 배로 증액(6.39%)해 미국과 일본에 이어 3위의 지분 보유국이 되었다. 또 세계은행에서도 5.76퍼센트의 지분을 확보해 미국(16.05%)과 일본(8.94%)에 이어 3위국으로 부상했다. 추가적으로 2015년에는 신흥대국 5개국이 함께 신개발은행(NDB)을 설립했으며, 그중에서도 지분율 30퍼센트로 중국이 최대 영향력을 발휘하고 있다.[14)]

유사한 맥락에서 아·태 지역의 발전 지원을 전담하는 AIIB의 설립을 중국이 구상하게 된 것이다. AIIB는 급증하는 역내 투자 수요와 공급 부족 사이의 격차를 메우는 대책인 동시에, 세계은행이나 ADB와 같은 기존 질서에 대한 중국의 도전으로 해석할 수 있다. 3장에서 언급했던, "능동적으로 나아가 이익을 쟁취하는"(主動進取) 중국을 잘 보여주는 사례인 것이다. 특히 AIIB 구상이 중국의 지전략적 포석으로 알려진 — 2013년 9월 선포된 — '일대일로' 전략과 맞물리는 것에 주목할 필요가 있다.[15]

AIIB에 대한 중국의 공식 입장은 재정 부족을 겪는 역내 국가들에 인프라 건설에 필요한 재원을 제공해 세계은행이나 ADB가 가진 지원 부족의 문제를 해결한다는 것이다. 물론 실제로는 중국 경제의 고질적 문제인 공급 과잉(excess supply)을 해결하는 동시에, 막대한 외환 보유고를 활용해 중국 주도의 지역질서를 구축하려 한다는 평가도 있다. AIIB는 역내 지경학적 질서의 주도권을 놓고 미, 중 양국이 치열하게 경쟁함을 보여주는 주된 징표인 것이다.

한국의 입장과 평가

2013년 APEC 정상회의에서 시진핑 주석이 AIIB의 설립을 제안했고, 2014년 ADB 총회에서 중국정부는 참여 희망 국가들과 협의를 개시했다. 참여를 선언한 국가의 수가 2014년 3월의 15개국에서 같은 해 6월 22개국으로 늘면서 한국도 참여를 고민하기 시작했다. 당시 한국이 고려한 긍정적 요인은 무엇보다도 AIIB 지원으로 이뤄지는 인프라 건설에 있어 참여국의 기업에 더 많은 기회가 주어질 것이라는 낙관론이었다.[16] 또 AIIB에 참여하는 대신 박근혜 정부의 동북아개발은행 구상과 한국 내 위안화 결제은행 설립에 대한 중국의 지지를 얻으려는 고려도 있었다.[17]

문제는 AIIB 이슈에 지전략적 요인이 내재되었다는 점이다. 미국은 AIIB를 자국 주도 역내 질서에 대한 중국의 도전으로 해석했고, 이를 막기 위해 AIIB가 가진 거버넌스의 문제점들을 제기하며 역내 국가들의 가입을 반대했다. 특히 AIIB 설립이 '일대일로' 구상과 맞물리면서 미국이 이를 '과도 안보화'(over-securitization)했고, 이를 통해 역내 국가들에 자국의 선호를 관철시키고자 했다. 미국의 압박이 아세안 국가들에 대해 막후 외교로 구현된 반면, 역내 동맹국인 일본, 한국, 그리고 호주에는 명시적 반대로 드러났다. 당시 일본은 역내 수요를 감안해 새 기구의 필요성은 인정하되, 가입에 대해서는 유보의 입장을 분명히 했다. 또 일본정부는 ADB와 AIIB의 기능 중복, 그리고 AIIB 이사회의 거버넌스 문제 등을 제기하며 미국의 선호를 따랐다.

한국의 경우, 경제적 수요는 인정하면서도 조기에 입장을 밝히지 않아 중국의 압박에 직면했다. 2014년 5월 시 주석의 방한을 앞두고 왕이 외교부장은 박 대통령과 만나 7월 시 주석 방문 때 발표할 공동선언문에 AIIB 참여를 명시할 것을 요청했다. 정상회담에서 시 주석은 한국이 AIIB 창립회원국으로 참여할 것을 요망한다고 언급했다. 이에 박 대통령은 "중국의 AIIB 구상은 … 시의적절하며 이를 위한 중국의 노력을 평가한다"는 언급과 함께 "협의를 통해 참여를 결정할 것"이라는 중립적 입장을 제시했다.[18)]

문제가 심각해진 것은 같은 해 7월 백악관 아시아 담당 선임보좌관 사일러(S. Seiler)가 "현 시점에서 AIIB가 국제 기준과 규범을 준수할지 불분명하며 … 한국만 아니라 세계은행 및 ADB와 협력하는 모든 국가들이 AIIB에 대해 같은 문제의식을 공유한다"고 언급했기 때문이다.[19)] 이러한 미국의 압박에 중국이 나섰는데, 진리췬(金立群: 당시 AIIB 총재 내정자)은 같은 해 8월 주중 미국 대사 보커스(M. Baucus)를 만나 한국에 대한 압력 철회를 요구했다.[20)]

또 한국에 대해 5,000~7,000억 원의 지분 출자를 요청하며 비상임 이사국 자리를 약속했다. 이에 한국은 동북아개발은행에 대한 중국의 지지와 AIIB의 지배구조에 대한 협상을 제안했다. 그러나 미국은 9월의 한·미 외교-재무장관 회의에서 AIIB 가입 보류를 재차 요구했고, 이에 기획재정부는 협의를 중단했으며, 10월의 AIIB 양해각서 서명식에도 불참했다.[21)]

한국정부는 경제적 요인을 감안해 가입에 긍정적이었지만 동맹 관리의 측면에서 고심을 거듭했다.[22)] 경제 이슈의 과도 안보화로 인한 제3자 강요를 처음 겪는 상황에서, 2015년 2월 27일 가입하는 순간까지 한국정부는 지속적으로 미, 중의 눈치를 보는 행태를 노정했다. 다행히 미국의 맹방이자 역외 국가인 영국의 AIIB 가입을 계기로 한국의 정치적 부담이 줄었고, 또 AIIB의 지배구조에도 긍정적 변화가 생겼다. 가입을 더 늦출 경우 부총재 자리를 놓칠 수 있어 참여를 결정하는 환경이 만들어진 것이다.

AIIB 가입을 통해 얻게 될 경제적 이익이 분명했음에도 미국 눈치를 보다 이를 놓쳤다는 평가가 있다.[23)] 앞서 지적한 것처럼, 조기에 가입했다면 과연 한국 기업들에 우선적 배려가 있었을지도 의문이지만, 동맹국 배려의 결여로 발생했을 손실은 고려하지 않았다는 비판이 있을 수도 있다. AIIB의 경우, 결국은 가입을 했기 때문에 TPP에서와 같은 실책은 면했지만, 결정의 지연으로 더 많은 지분을 얻지 못했고 미, 중에 공히 원칙에 입각한 행태를 보여주지 못했다.

미국을 비롯한 서방국가들의 적극적 개입으로 AIIB 설립 이후의 제반 과정이 원래와는 다른(즉, 거버넌스가 보다 엄격해진) 방향으로 '진화'했다는 관점도 있다. 다만 그 시발점에서 한국이 미·중 사이에서 중재를 시행하거나 바람직한 변화를 이끌어내는 능동적 수완을 발휘하지는 못한 것으로 평가된다. AIIB가 구현해낼 청사진 및 기존 제도와의 차별성에 대해 한국이 주동적으로 충분한 설명을 요구하지 못했기 때문이다.

3. CICA에 대한 입장

'아시아 교류 및 신뢰 구축 회의'(Conference on Interaction and Confidence Building in Asia: CICA)는 1992년 10월 UN에서 카자흐스탄의 나자르바예프(N. Nazarbayev) 대통령이 제안해 구성된 지역협의체이다. 10년의 준비를 거쳐 제1차 정상회의가 2002년 알마티에서 열렸고, 2006년 사무국도 알마티에 설치되었다. 다자협의체인 CICA는 역내 평화와 안전을 위한 협력을 지향하고, 반테러와 마약 퇴치부터 환경 협력 및 신뢰 구축까지 다양한 목표를 추구해 왔다. 카자흐스탄에 이어 2010년에는 터키가, 그리고 2014년부터 2018년까지는 중국이 의장국을 맡았다.[24] CICA 정상회의는 4년마다 개최되는데, 여기서 다루는 4차 정상회의는 2014년 5월 중국 상하이에서 개최되었다.

한국의 입장과 평가

1993년부터 CICA의 옵서버였던 한국은 2006년에 회원국이 되었지만, 지금까지 정상회의에 대통령이 참여한 적은 없고 외교부 장관이나 차관이 참석해 왔다. 2014년 상하이 회의에도 류길재 통일부 장관이 수석대표로 참가했다. 2014년 회의 어젠다에 대해 한국은 유보적 입장을 견지했는데, 우선 카자흐스탄이 제안한 CICA의 국제기구로의 전환과 관련해 한국은 여건이 성숙되지 않았다는 입장을 표했다. 보다 중요하게, 중국과 러시아가 "아시아 문제는 아시아인이 해결한다"며 미국을 배제한 질서를 구축하려는 것에 대해서도 한국은 동의하기 어려움을 밝혔다.

상하이 정상회의의 쟁점은 중국의 '아시아 신안보관'에 대해 어떤 입장을 취할지였다. 미국 배제를 상정한 이 구상이 한·미 동맹에 큰 영향을 미칠 수 있기에 한국은 신중을 기할 수밖에 없었다. 한·미 동맹을 안보의 근간으로 삼는 한국 입장에서 미국 배제를 상정한 신안보관은 수용할 수 없었던 것이다. 한반도 신뢰 프로세스와 유라시아 이니셔티브를 핵심으로 한 박근혜 정부의 대북 정책 구상을 국제사회에 알리는 차원에서 통일부 장관을 수석대표로 정한 것도 적절했다. 한·미 동맹을 견지하면서 한·중 전략적 협력 동반자 관계도 조화롭게 유지했다는 점에서 2014년 CICA 회의에서의 좌표 설정은 긍정적 평가를 할 수 있다. 다만 미국이나 중국의 강한 압박이 없었다는 점에서 한국의 딜레마는 그리 심각하지 않았다.

4. 베이징 전승절 참석

중국은 9월 3일을 전승절로 따로 정해 2차 세계대전에서의 승리를 기념해 왔다. 미주리호 함상에서 일본의 항복 문서를 받은 9월 3일을 장제스(蔣介石) 중화민국 총통이 전승절로 정했고, 중화인민공화국도 같은 날을 수용했기 때문이다. 중국은 2015년 9월 3일 베이징 천안문 광장에서 열병식을 포함한 전승절 70주년 기념행사를 위해 30개국의 정상급 지도자들을 초청했다. 이를 통해 대내적으로는 시진핑의 리더십 강화 및 애국주의의 고취를 지향했고, 대외적으로는 국력을 과시하면서 미국에 신형대국관계의 정립을 요구한 것이었다.

한국의 입장과 평가

2015년 들어 중국은 박 대통령의 참석을 지속적으로 요청했다. 미국의 아시아 동맹국들 중 한국을 '가장 약한 고리'로 인식한 것과 연관이 있지만, 한껏 부풀려진 박근혜-시진핑 관계를 활용하려 했던 것이다. 미국의 동맹국 지도자들 중 유일하게 박 대통령의 참석이 확정되자, 중국정부는 참석 인사 명단을 발표하면서 박 대통령을 가장 먼저 언급했다. 또 시 주석은 30개국 지도자들 중 박 대통령에게만 단독 오찬의 기회를 부여했고, 그 외에도 좌석 배치, 의전 및 경호에서 많은 배려를 한 것으로 알려진다.[25]

박 대통령의 전승절 참석은 미국의 반대를 무릅쓰고 이루어져 그 파장이 클 수밖에 없었다. 패전국 일본은 불참이 당연했고, 따라서 한국은 상당한 정치적 부담을 질 수밖에 없었다. 그렇다면 박 대통령은 왜 참석을 결정했는가? 딱히 긴급한 현안이 있었던 것도 아니기에 두 가지 고려가 중요했던 것으로 보인다.[26] 하나는 전략적 측면으로, 당시 한국은 북핵을 포함한 지역 정세와 관련해 중국과 긴밀한 소통의 필요성을 느끼고 있었다. 한국으로서는 동북아 평화협력 구상에 대한 중국의 지지를 끌어내고 비핵화의 기반을 공고히 하려 했던 것이다. 다른 하나는 — 9장에서 상술했듯이 — 2013년과 2014년의 상호 국빈 방문을 통해 갑자기 "마음으로 믿는 가족"이 된 상황에서 중국의 간절한 요청을 딱 잘라 거부하기도 어려웠던 것으로 보인다.

박 대통령의 전승절 참석은 중국 역할론을 언급하며 이뤄졌다는 점에서 중국에 한국의 자주적 이미지를 새기고 신뢰를 쌓았다는 평가가 가능하다. 한국 입장에서는 AIIB 가입과 전승절 외교를 통해 한국이 국익에 따라 움직임을 보임과 동시에 중국에 '마음의 빚'을 지우려는 의도였을 수도 있다. 문제는 우리의 희망과 달리 중국은 이를 부채로 인식하지 않았고, 이는 사드 사태를 통해 자명해진다.

전승절 참석은 같은 해 3월의 AIIB 가입, 그리고 6월의 한·중 FTA 타결과 맞물리며 워싱턴에서 회자되던 '중국 경사론'을 증폭시키는 결과를 만들었다. 무엇보다도 미국의 동맹 체계와 한·미·일 안보협력을 약화시키려던 중국의 접근에 한국정부가 안이하게 대응했던 것이다.[27] 열병식에서 박 대통령만 유일하게 독재 및 권위주의 국가의 지도자들과 어깨를 나란히 한 모습은 바람직한 '보여주기'(optics)가 아니었다. 특히 곧이어 벌어진 사드 사태를 감안할 때, 전승절 외교를 통해 한국이 얻은 실익이 무엇인지 반추할 필요가 있다.

5. 남중국해 문제[28]

남중국해 문제에 대한 한국의 입장은 비당사자로서의 거리두기 및 평화적 해결이라는 원론적 접근으로 요약된다. 2011년 7월 아세안지역포럼(ARF) 회의를 앞두고 외교부 대변인이 밝힌 입장이 이를 잘 드러낸다.

> 남중국해는 주요 해상 교통로의 하나로 … 우리는 남중국해에서 국제해양법상의 평화롭고 자유로운 항행이 존중되어야 한다는 기본 입장을 갖고 있고, 관련국 간 모든 이견이 당사국 행동선언에 따라 대화를 통해 평화적으로 해결되어야 한다는 기본 입장을 갖고 있다.[29]

이 같은 입장은 그동안 일관되게 유지되었는데, 미·중 갈등이 심화되면서 남중국해 역시 제3자 강요의 현안이 된 것이다. 2015

년 6월 3일 러셀(D. Russell) 미 국무부 동아태차관보가 "(남중국해 문제와 관련해) 한국이 목소리를 더 내야 한다"며 보조를 맞출 것을 요구했다. 같은 해 10월 한·미 정상회담을 앞두고 러셀 차관보는 재차 비슷한 언급을 하며 압박했다. 이에 대해 노광일 당시 외교부 대변인은 "해당 지역에서의 자유로운 항행의 보장은 필수적이며 … 우리 정부는 남중국해에서 최근 전개되는 상황에 대해 관심을 갖고 예의 주시하고 있다"고 밝히며 거리두기를 견지했다.[30]

정상회담 직후의 공동회견에서 오바마 대통령은 "중국은 국제규범과 국제법을 준수해야 하며, 이를 지키지 않을 경우 한국도 목소리를 내야 함을 박 대통령에게 강조했다"고 언급했다.[31] 한 달 전 베이징 전승절에 참석한 박 대통령에게 중국에 기울지 말고 국제규범을 따르는 국가가 되라고 한 것이다. 한 달 후, 아세안확대국방장관회의(ADMM-Plus)에서 한민구 장관도 항행과 비행의 자유, 그리고 분쟁의 평화적 해결을 촉구했다.[32] 곧이어 열린 동아시아정상회의(EAS)에서 박 대통령은 항행과 비행의 자유, 분쟁의 평화적 해결과 함께 비군사화 공약의 준수를 제시했다.[33] 비군사화 공약 준수가 중국의 인공섬 구축에 대한 반대라는 점에서 이는 미국 입장에 더 가깝다.

무엇보다 중요했던 것은 2016년 7월에 발표된 PCA 판결에 대한 입장이었다. 『아사히 신문』에 따르면, 미국정부가 중국의 패소를 예상하고 한국 측에 이 판결을 존중한다는 입장의 표명을 요청했다고 한다.[34] 중국정부 역시 PCA는 관할권이 없기에 그 판결은 효력을 결여한다는 자국 입장을 한국이 지지해 줄 것을 요청했다. 딜레마에 직면한 한국정부는 7월 13일 다음과 같이 외교부 대변인 성명을 발표하였다.

> 우리 정부는 그동안 주요 국제 해상교통로인 남중국해에서의 평화와 안정, 항행과 상공 비행의 자유가 반드시 보장되어야 하며, 남중국해 분쟁이 관련 합의와 비군사화 공약, 그리고 국제적으로 확립된 행동규범에 따라 해결되어야 한다는 입장을 일관되게 견지해 왔다. 우리 정부는 7월 12일 발표된 중재 재판 판결에 유의하면서, 이를 계기로 남중국해 분쟁이 평화적이고 창의적인 외교 노력을 통해 해결되기를 기대한다.[35)]

성명의 전반부는 지금까지 견지해 온 입장과 별반 차이가 없다. 반면에 후반부에서는 PCA 판결에 대한 미국 측 입장 — 즉, 최종적이며 구속력을 가짐 — 보다는 상대적으로 약하고, 중국 측 입장 — 관할권이 없기에 효력도 없음 — 보다는 강한 "유의한다"(take note of)의 표현을 쓰고 있다. 미, 중 어디에도 쏠리지 않으려는 입장의 표명처럼 보이지만, 자세히 보면 중국보다는 미국에 조금 더 근접해 있다(표 10-1 참조).

남중국해와 관련해 한국정부가 택한 입장은 미국 관점에서는 오히려 지나치게 원론적이며 성에 차지 않았을 수도 있다. 그럼에도 영유권 문제에 있어 당사자가 아닌 제3국은 신중할 수밖에 없고, 또 수출 중심국인 한국이 남중국해를 지나는 물동량에 대한

표 10-1. 한국의 남중국해 관련 입장

	미국 입장에 근접	중국 입장에 근접	중립에 가까움
특정국 편들지 않기			o
규칙 기반 질서 지지	o		
항행 및 비행의 자유	o		
분쟁의 평화적 해결			o
PCA 결정의 존중			o
구조물 건축 반대	o		

의존이 높은 상황에서 항행의 자유를 강조한 것은 생존을 위한 필요였다. 또 당시 사드 문제로 한·중 갈등이 막 시작되던 시점에 대놓고 미국 편만 들 수도 없었기 때문에 한국은 국익에 따른 입장을 나름대로 견지한 것이었다. 추가적으로, 당시 당사국 5개국을 포함 아세안 국가들도 PCA 판결에 대해 상이한 입장을 노정했기에 한국의 입장만 도드라지는 것을 피한 측면도 있었다.

6. 사드 문제

사드에 대한 한국의 입장 및 그에 대한 평가는 9장에서 상세히 다룬 바 있어, 여기서는 중복을 피하면서 그 후 벌어진 상황에 대한 간략한 평가를 제시한다.

2017년 문재인 정부 출범 이후 중국에 대해 상당히 유화적 입장을 취했음에도 불구하고 사드 제재가 완전히 풀리지 않았음은 이미 언급한 바 있다. 그 와중에 2018년 상반기 중국은 러시아판 사드이자 사정거리 400킬로미터 이상의 S-400 시스템을 산둥성에 배치했으나, 한국정부는 이에 대해 어떠한 언급도 한 바 없다.[36] 또 2019년에는 탐지거리 2,000킬로의 전략무인기 상룽(翔龍) 10여 대 이상을 지린성에 배치했으나, 이에 대해서도 한국정부는 일언반구도 하지 않았다.[37]

박근혜 정부에서 소규모 평가를 한 후 사드를 배치한 것을 문재인 정부는 '임시 배치'로 규정했고, 정식 배치를 위해서는 일반 환경영향 평가가 반드시 필요하다고 적시했다. 그러나 2019년 착수 예정이던 일반 환경영향 평가는 2년이 지난 2021년 초에도 이뤄지지 않았다. 2019년 2월 미군이 사업계획서를 제출했고, 이를 보완한 서류가 3월 말에 공식 접수되었음에도 평가 시행을 위한 위원회조차 구성되지 않았다. 즉, 일반 환경영향 평가는 임시 배치를 지속하기 위한 방편에 불과했던 것으로 보인다.[38] 제3자 강요의 상황에서 이러한 방책이 단기적으로 유용할 수는 있으나, 아무런 해명도 없이 그것이 장기화되면 대외적 설득력은 떨어질 수밖에 없다. 특히 시위대의 저지와 정부의 방관으로 사드 기지로의 군수물자 보급이 공수되어야만 하는 상황은 국익 개념에 대한 진지한 성찰을 필요로 한다.[39] 2020년 6월 사드·패트리어트 통합운용을 위해 새 장비가 반입된 것을 감안하면 일부 조정이 이뤄지고는 있으나, 여전히 떳떳한 안보 주권의 모습이라고 하긴 어렵다.[40]

논란이 많은 '3불 협의 결과'라는 양보에도 불구하고 중국은 여전히 사드를 문제삼고 있다. 2019년판 『국방백서』는 "사드가 아·태 지역의 전략적 균형을 심각하게 파괴한다"고 언급했고, 왕이 외교부장은 강경화 장관을 만날 때마다 사드 문제를 제기했다.[41] 2020년 10월 21일 주일 대사관에 대한 국정감사에서 남관표 대사('3불 협의 결과'의 협상 수석대표)는 "(3불 협의는) 약속도 합의도 아니다"라고 언급했다.[42] 여기서 두 가지 중요한 질문이 제기된다. 첫째, 약속도 합의도 아니라면 당초 한국정부는 그러한 협상은 왜 했던 것인가? 이에 대한 확실한 답이 필요해 보인다. 둘째, 우리는 그렇게 얘기하지만 과연 중국도 똑같이 받아들이고 있을까?[43] 혹여 그렇지 않다면 그 책임은 누가 져야 하는가? 무엇보다 중요한 자국 안보를 위한 주권 및 국격(國格)에 대한 존중을 찾아보기 어렵다는 것이 너무도 안타깝다.[44]

7. 인·태 전략

5장에서 상론한 바와 같이, 오바마 행정부는 중국 견제를 위해 재균형 — 미국 대외전략의 중심을 유럽과 중동으로부터 아시아로 옮기고, 아·태 지역의 군사력을 증강시킴 — 을 제시한 바 있다. 물론 이와 관련해 실질적 행동보다는 담론이 앞섰다는 비판도 많았다. 트럼프 행정부 들어 "오바마가 시행한 모든 것의 배제"(anything but Obama)가 널리 이뤄졌고, 재균형 전략 역시 조정되었다. 우선 오바마가 심혈을 기울였던 TPP가 폐기되었고, 재균형이 있던 자리에는 인·태 전략이 들어섰다.

2017년 인·태 전략이 처음 제시되었을 때, 한국의 초기 대응은 예의 조급한 외교로 드러났다. 한국의 첫 공식 반응으로 2017년 11월 9일 문 대통령의 인도네시아 방문 중 김현철 경제보좌관은 "일본이 '인도·퍼시픽 라인'이라며 일본·호주·인도·미국을 연결하는 외교 라인을 구축하고 있지만, 이에 편입될 필요는 없다"고 언급하였다. 주어를 일본으로 쓰긴 했지만, 인·태 전략의 주도자가 미국임을 감안할 때 이는 부정적으로 비칠 소지가 충분했다.[45] 언론에서는 이 발언이 전날 한, 미 양국이 공개한 발표문 1항에 있는 "트럼프 대통령은 상호 신뢰와 자유, 민주주의, 인권, 법치 등 공동의 가치에 기반한 한·미 동맹이 인도·태평양 지역의 안보, 안정과 번영을 위한 핵심 축임을 강조했다"는 내용과 배치된다고 지적했다. 그러자 청와대는 화자가 트럼프 대통령이었고, 한국 측은 이에 동의하지 않는다는 논평을 내놓았다.[46] 같은 날 오후 조현 외교부 2차관은 이와 관련해 "논의할 충분한 가치가 있다"며 앞서의 입장과는 결이 다른 논평을 내놓았다.[47]

2018년부터 미국은 인·태 전략의 구체적인 내용들을 쏟아냈는데, 국방부가 2019년 여름에 발간한 『인도·태평양 보고서』를 보면 이 구상의 핵심에 '수정주의 세력' 중국에 대한 견제가 있음이 자명하다.[48] 그리고 이를 위해 세 가지 — 군사적 대비, 연결성, 그리고 네트워크로 연계된 지역의 구축 — 를 제시했다.[49] 그러나 2018년 이후의 한국 상황을 볼 때, 9·19 남북군사합의로 한·미 군사적 대비 태세는 극도로 저하되었고, 한·미·일 연계 역시 열악해져 미국 관점에서는 한국이 인·태 전략에 충실히 참여한다고 보기 어렵다.[50]

이 같은 상황에서 미국정부는 한·미·일 안보회의 또는 주한 미국대사를 통해 인·태 전략에 한국이 보다 적극적으로 동참할 것을 요청했다.[51] 인·태 전략이 나온 지 2년 만인 2019년 7월 한국정부가 이에 참여하기로 한 것으로 해석 가능한 언급이 처음 나왔다. 7월 4일 한·미 정상회담 직후 청와대는 "신남방정책과 인·태 전략의 조화로운 협력을 추진할 것"이라고 문 대통령이 발언했음을 확인했다. 그러나 동시에 이 입장이 인·태 전략에 대한 추종이 아님도 분명히 했다. 왜냐하면 "우리 정부는 어떤 지역구상과도 우리의 신남방·신북방정책을 중심으로 접점을 모색하면서 포용성·개방성·투명성·국제규범에 대한 존중 등 우리의 역내 협력 원칙을 기초로 적극 협력해 나간다는 입장을 일관되게 표명해 왔다"고 강조했기 때문이다.[52] 즉, 한국정부가 2017년부터 중국의 일대일로에도 동참해 왔음을 간접적으로 강조한 것이다.

2017년 당시의 혼란과 실책을 감안하더라도, 한국정부가 전략적 모호성과 함께 접점 모색이라는 포용(inclusiveness)의 프레임을 사용한 것은 긍정적 평가가 가능하다. 다만 실질적으로 경제/투자의 비중이 높은 일대일로와 신남방 정책 간 접점을 찾기는 쉬울지 몰라도 그 비중이 낮은 인·태 전략과 관련해 어떻게 접점을 모색할 것인지, 그리고 그것이 한·미 동맹에 미칠 영향은 어떻게 관리할지가 2021년 현재 여전히 숙제로 남아 있다.

8. 화웨이 문제

IT 기술의 굴기와 확산을 중국정부가 악용할 수 있다는 전략적 우려가 미국을 비롯한 서방에 만연해 있다.[53] 그러나 이에 대한 한국에서의 우려 수준은 — 8장에서 상술한 호주와 달리 — 매우 낮은 것이 사실이다. 이 문제가 처음 불거진 2014년 1월 미래창조과학부는 '네트워크 보안연구반'을 구성해 전면적 대응에 나선다고 했지만, 그뿐이었다.[54] 화웨이 설비의 구매가 현안이 될 수밖에 없었던 것은 2018년 미 의회가 통과시킨 〈국방수권법-2019〉에서 이미 예견되었다. 여기서 화웨이와 중싱(ZTE) 두 기업을 미 정부 조달에서의 규제 대상으로 적시했기 때문이다. 그럼에도 한국정부 차원에서 이에 대한 고민과 함께 적절한 대비가 이뤄졌다는 근거는 찾기 어렵다. 가장 많은 우려와 대비를 해야 했던 군에서는 오히려 위험의 실재 가능성을 희석하려는 모습도 보였다. 예컨대 2019년 6월 군사안보지원사령부(구 보안사령부)가 개최한 회의에서 일부 발제자가 중국산 IT 설비에 내장된 '후문'의 위험성을 제기하자 이에 대한 수정을 요청했기 때문이다.[55] 5월에 이미 트럼프 대통령이 미국정부뿐 아니라 민간 기업에 위험성을 지닌 기업이 제조한 장비 구매를 금지하는 행정명령을 내렸다는 점에서 이는 문제의 소지가 매우 크다.[56]

물론 국제사회가 미국에 전적으로 공감을 표하거나 이를 즉각 따른 것은 아니다. 호주, 일본, 캐나다, 이스라엘 등이 미국의 선호를 조기에 수용한 것과는 대조적으로, 영국은 화웨이의 5G 시스템 사용을 부분적으로 허용했으며, 독일과 프랑스도 그 가능성을 배제하지 않았다.[57] 뿐만 아니라 다수의 동남아 국가들 — 태국, 필리핀, 말레이시아, 인도네시아 — 은 5G에 있어 화웨이와의 협력을 천명했고, 싱가포르는 유보적 입장을 표했으며, 베트남 정도

가 화웨이를 명시적으로 배제했다.[58)]

한국의 경우, 2019년 기준 100여 개 기업이 화웨이와 협력 관계를 맺고 있었으며, 이동통신 3대 사업자 중 LGU⁺는 자사 통신망의 30퍼센트를 화웨이 설비로 구축한 상태였다. 시장 점유율이 상대적으로 높은 SKT(42%)나 KT(26%)와 달리 LGU⁺(20%)는 상대적으로 기반이 취약했던 까닭에, 거액의 광고비를 쓰기보다는 저가의 화웨이 설비를 구매하는 방식으로 적자를 줄이려 했던 것이다.[59)]

이 같은 상황에서 2019년 6월 5일 해리스(H. Harris) 주한 미국 대사는 LGU⁺를 적시해 "신뢰할 만한 5G 공급자를 선택하는 것이 중요하다"며 압박을 시작했다. 이에 중국 외교부는 한국 기자단을 초치해 "미국에 끌려다니지 말고 잘 판단해야 할 것"이라며 반대 방향에서 압력을 가해 왔다.[60)] 그러나 결국 LGU⁺는 보안상 이유로 트럼프 대통령의 7월 방한 이전에 용산 미군기지 근처 기지국에 설치된 화웨이 설비를 노키아로 교체했다.[61)] 또 11월 7일 방한한 크라크(K. Clark) 미 국무부 경제차관을 위해 열린 미 대사관 리셉션에도 SKT와 KT와는 달리 LGU⁺ 관계자만 초청을 받지 못했다. 이 리셉션에서 "화웨이 장비 사용 시 미국과의 군사정보 공유가 어려울 수도 있다"는 언급이 있었던 것으로 알려진다.[62)]

한국정부의 대응은 다음 세 가지로 요약된다. 첫째, '기다려 보기' 전략으로, 한국과 비슷한 상황에 있는 국가들이 어떻게 하는지 보면서 시간을 버는 것이다.[63)] 그러나 이를 위해 허용된 시한이 언제까지일지에 대한 고민은 여전히 남아 있다. 뿐만 아니라 우리가 관망하던 영국도 2020년 7월 화웨이의 완전 배제를 선언했는데, 이에는 신규 구매의 금지는 물론이고 기존 장비의 2027년까지의 전수 축출이 포함된다.[64)]

둘째, 시장경제 국가에서 특정 제품이나 설비의 구매와 관련해 정부가 민간 기업에 선택을 강요하는 것이 바람직하지 않다는 논리이다.[65] 실제로 설비 교체에 드는 막대한 비용을 정부가 부담하기도 어려운 상황이기 때문이다. 그런데 사드 사례에서 경험했듯이 정부 정책이 결국은 기업에 악영향을 미칠 수 있다는 점에서, 이렇듯 기업에 모든 결정과 책임을 떠넘기는 것 역시 그리 적절해 보이지는 않는다.

셋째, 결국은 문재인 정부가 미국의 선호에 순순히 따르지 않겠다는 것이다. 미국정부가 "5G는 미국이 반드시 승리해야 하는 전장(戰場)이다"는 말과 함께 '청정 네트워크 구상'(Clean Network Initiative)을 제시하고, 폼페오 국무장관이 SKT와 KT만을 콕 집어 '깨끗한 회사'(clean companies)로 부르는 상황에서 과연 한국에 허용된 공간이 얼마나 될지가 문제이다.[66] 뿐만 아니라 동맹이 본질상 상호적인 것이라면, 우리를 위한 방어만 우선시하고 미국의 선호는 아예 무시할 수 있는지 또한 고민할 수밖에 없다.

9. 중거리 미사일 배치[67]

중국의 반접근 지역거부 전략의 핵심인 중거리 탄도미사일 전력에 대응하기 위해 미국은 2019년 8월 2일 INF에서 탈퇴하고 지상 발사형 중장거리 탄도미사일의 개발에 뛰어들었다. 문제는 에스퍼 국방장관이 미사일이 개발되는 대로 일본과 한국에의 배치를 고려 중이라고 언급한 것이다.[68] 그로부터 일주일도 되지 않아 청와대는 노영민 비서실장의 국회 운영위 답변을 통해 "우리 정부는 관련 논의를 한 적이 없고 검토한 적도 없다. 또 앞으로 계획도 없다"라며 사드의 초기 '3불 원칙'과 유사한 입장을 밝힌 바 있다.[69]

지상 발사형 중거리 미사일은 사드와 달리 공격용 무기이기에 이의 한국 내 배치는 중국과 러시아를 자극할 개연성이 매우 높다. 또 중거리 미사일이기에 반드시 한국에 배치될 필요도 없다. 따라서 "관련 논의를 한 적이 없고 검토한 적도 없다"는 입장 표명은 적절했던 것으로 보인다. 그러나 불확실한 미래에 대해서까지 "앞으로 계획도 없다"라고 단정한 것은 예의 조급한 외교를 그대로 드러낸 것이다.[70]

INF 미사일 문제는 현재도 진행형이다. 미국이 지상 발사형 중거리 미사일을 개발하고 — 그 시점에 미·중 패권 경쟁이 고조되면 — 배치에 대한 압력은 한국에 닥칠 수밖에 없다. 이미 중국은 INF 배치에 대한 반대를 지속적으로 거론해 왔다.[71] 이미 사드와 연관된 제재를 겪었고, 또 한국의 '공중증'(恐中症)이 갈수록 악화되는 상황에서 한국정부가 배치에 동의할 가능성은 현재로서는 낮아 보인다. 문제는 배치 불가를 천명한 이후 대미국 관계와 동맹 관리는 어떻게 할 것인지이겠는데, 2021년 문 대통령의 방미 시 타결된 한국의 미사일 사거리 제한 철폐는 관점에 따라 이 문제에 대해 흥미로운 '출구'를 제공할 수도 있다.

10. 홍콩·신장 문제

두 문제 공히 인권과 연계된 공통점이 있기는 하나, 한국과의 협력 수준의 편차로 인해 신장에 대한 한국인의 관심은 상대적으로 낮고 가시성(visibility) 또한 떨어지는 것이 사실이다.[72] 반면 한국과 지리적으로 가깝고 4대 교역 대상으로서의 홍콩 문제는 그 관심의 정도가 상대적으로 높다. 테러리즘, 이슬람 및 소수민족 문제와는 별개인 민주화 이슈로서의 홍콩은 선발주자이자 모범국으로 자부하는 한국에서 관심의 대상일 수밖에 없다.

홍콩 문제에 대해 나름대로 목소리를 냈던 학계와 민간 단체들과 달리 정부는 상당히 소극적인 모습을 보였다. 우선 2019년 12월 23일 한·중 정상회담에서 ―『인민일보』의 보도에 따르면 ― 문재인 대통령은 시진핑 주석에게 "한국과 중국은 운명공동체이며, 홍콩·신장 모두 중국의 내정 문제"라고 했다. 이 발언이 문제가 되자 청와대는 "시 주석의 언급을 잘 들었다고 한 것일 뿐"이라고 해명했다.[73] 〈국가보안법〉이 큰 이슈가 되었던 2020년에도 한국 외교부의 홍콩 관련 입장은 5월까지 대체로 "관심을 갖고 주시하고 있다" 정도의 소극적 모습이었다.[74] 그러나 국내 학계와 여론이 부정적 평가를 보이자 6월에 외교부는 앞의 입장에 더해 "정부는 1984년 중·영 공동성명의 내용을 존중하며, 중·영 공동성명과 홍콩 기본법에 따라 홍콩이 일국양제하에서 고도의 자치를 향유하면서 안전과 발전을 지속해 나가는 것이 중요하다고 본다"는 추가적 언급을 했다.[75]

2020년 6월 제44차 유엔 인권이사회에서 홍콩 보안법 관련 지지 및 규탄 서한에 서명한 국가는 각 53개국과 27개국이었는데, 한국은 두 서한 중 어디에도 참여하지 않았다.[76] 한국의 기나긴 민주화 역정과 2021년 현재 집권 중인 정치세력의 주된 배경을 감안한다면 진작부터 "중국의 주권은 중시하지만, 동시에 〈기본법〉에 명시된 홍콩의 고도의 자치 역시 존중될 필요가 있다"는 정도의 언급은 있었어야 했다.

종합 평가

2012년 이후 상이한 선호를 가진 미, 중 두 강대국 사이에서 한국은 줄서기 또는 입장 정하기라는 심각한 수준의 딜레마를 겪어 왔다. 이 과정을 면밀히 분석하면서 과연 "한국이 미, 중 양국으로부터 러브콜을 받는 것"이 맞는지 의문을 갖지 않을 수 없었다. 한국은 미국과 중국으로부터 그 정도의 존중을 받고 있기는 한 걸까? 2021년 현재의 한·미 관계와 한·중 관계를 보면서 자신 있게 그렇다고 답하기는 어렵다. 오히려 양국으로부터 오는 압박 내지는 가려진 위협에 어쩔 줄 몰라 하며 눈치를 보는 행태가 너무 많이 눈에 띄기 때문이다.

이들 사례가 주는 함의는 무엇인가? 첫째, 무역/투자/금융과 관련된 TPP/RCEP이나 AIIB 사례에서는 한국 외교가 유연성과 실용주의에 기반했어야 하는데, 오히려 타국의 과도한 안보화를 수용한 것은 국익 차원에서 안타까운 일이 아닐 수 없다. 강대국들이 이를 안보의 틀로 구조화(frame)할지라도 우리 나름의 대응 의지와 협상 논리를 갖췄어야 했는데 그러지 못한 것은 많은 반성이 필요해 보인다.

둘째, 그나마 나름의 논리와 입장을 내보인 CICA와 남중국해 사례를 제외하면 안보 사령탑이 제대로 조율된 전략을 견지했다고 보기 어렵다. 전략의 부재는 곧 미, 중의 눈치를 과도하게 살피는 상황을 초래했고, 이는 곧 우리의 실익을 지켜내지 못하는 장애로 작동했다. 안보 사령탑조차 다른 부처들처럼 일상적 현안에 매몰되어 전략적 대비에 실기(失機)한 것은 안타깝다고밖에 할 수 없다.[77]

셋째, 정해진 입장이 적절했다 하더라도 그것의 발표 시점(timing)이 갖는 중요성은 아무리 강조해도 지나침이 없다. TPP 가입 천명이 미국과의 사전 교감 없이 이뤄진 것은 국격에 대한 안타까운 손상이었고, 또 영국의 가입을 기다렸다는 듯 AIIB 참여를 선언한 것도 우리 외교안보 사령탑의 존재감에 대해 의문을 품게 만든다. 사드 배치 발표를 PCA 판결 며칠 전에 한 것도 그렇거니와, 그 결정에 있어서도 최후통첩(즉, 북한의 추가적 핵실험이나 도발을 조건으로 걸거나)이나 조건부 시한(예컨대 2020년까지 북핵 문제가 해결되지 않을 경우) 설정을 통해 우리의 명분을 충분히 쌓고 중국의 체면도 살리는 노력이 필요했었기 때문이다.

넷째, 한국 외교의 고질병인 근거 없는 낙관론을 빼놓을 수 없다. AIIB 가입을 통해 한국 기업이 우선적 배려를 받을 것이라든지, 전승절 참석을 통해 중국이 한국에 마음의 빚을 질 것이라든지, 사드 '3불 협의 결과'를 통해 문제가 해결되었다든지 등의 근거 없는 낙관론으로 인한 여러 패착이 그것이다. 어떻게 이런 오류들이 걸러지지 않고 정책결정 요인으로 작동했는지 몹시 안타까울 따름이다.

다섯째, 지난 10여 년간 한국정부의 '공중증'이 갈수록 악화되

표 10-2. 한국과 중국의 상호 무역의존도(1990–2019)

연도	교역 총액 (백만 달러)	대중국 무역의존도 (%)	대한국 무역의존도 (%)
1990	3,821	2.8	3.3
1995	16,540	6.3	5.9
2000	31,250	9.4	6.6
2007	145,010	19.9	8.9
2013	228,920	21.0	5.5
2016	211,300	23.4	5.7
2017	239,980	22.8	5.6
2018	268,614	23.6	6.0
2019	243,433	23.3	5.3

출처: 한국무역협회 자료를 근거로 필자가 계산함.

표 10-3. 한국, 일본, 미국의 대중국 경제 취약도 비교(2018)

	총교역액/GDP (%)	대중국 무역/총교역액 (%)	대중국 교역액 중 수출 대 수입 비중 (%)
한국	70.4	23.6	60:40
일본	29.9	21.4	45:55
미국	27.3	11.7	18:82

출처: 대한민국 관세청 자료; Ministry of Finance Trade Statistics of Japan; United States Census Bureau.

었다는 점이다. 국격과 국익에 심대한 영향을 미치는 중국의 발언이나 행위에 대해 적극적으로 반박하지 못하고, 의미 없는 막후 소통만을 주로 해왔음을 가리킨다. 막후 소통은 대개 공식 기록에 남지 않기 때문에 한국은 기록과 전례가 외교의 핵심이라는 것을 망각한 나라에 가깝다. 동시에 한국은 전 세계가 주목하는 중국의 '영향력 확대'(influence operations)에 대한 민감도 역시 매우 떨어지는 국가이다.[78] 2017년 이후 사드 문제로 심각한 제재를 당했음에도 한국의 대중국 의존도에 그리 큰 변화가 없는 것도 유사한 맥락이다(표 10-2 참조). 미국이나 일본과 달리 국내시장의 규모가 작아 교역에 대한 의존도를 급속히 줄이기는 어렵더라도, 교역 상대국의 다변화 및 대중국 수출입 비중의 조정에 대한 명시적인 노력이 잘 보이지 않는 것은 미래 안보를 생각할 때 심히 우려스럽다(표 10-3 참조).[79]

여섯째, 한국의 최적 선택지는 — 7장에서 상론한 것처럼 — 균형/견제와 헤징 사이에 있지만, 이 장에서의 분석을 통해 드러난 한국의 행태는 헤징과 편승 사이 어딘가에 위치해 있다. 이 같은 괴리는 어디에서 오는 것인가? 관련해 가장 중요한 문제는 바로 '국익'이라는 개념에 있다. 한국정부와 국민은 과연 국익이라는 개념을 갖고는 있는가? 국익의 목표와 기준에 대한 공감대가 없다면 외교 전선(前線)에서 뛰는 이들은 도대체 무엇을 준거점으로 삼아야 하는가? 바로 이로 인해 미·중 경쟁적 현안에 있어 한국의 능동적이고 선도적 입장 표명은 실종되고, 그 결과 소극적이며 반응적 외교(주로 눈치 보기로 구현됨)만이 이뤄지는 것은 아닌가? 또 똑같은 이유로 외교를 정치가 삼켜버리는 일이 갈수록 빈번해지는 것은 아닌가? 대한민국의 국익과 국격을 지키기 위해 국민들은 어디까지 불편을 감수할 준비가 되어 있는가? 다음 장에서 이 문제를 함께 고민하고자 한다.

주

1 윤병세 외교부 장관의 2015년 3월 30일 재외공관장 회의에서의 발언.

2 정재호, 『중국의 부상과 한반도의 미래』(서울대학교출판문화원, 2011), p. 450.

3 사드 문제는 9장에서 상술했기에 여기서는 그 이후 과정에 대한 평가만을 다룬다.

4 국영/국유기업에 대한 규제도 상정하고 있어 협상 과정에서 베트남이 어려움을 겪었고, 이는 향후 중국이 거쳐야 할 난관을 내재한 것이다.

5 최석영 전 제네바 대사와의 2019년 11월 19일 대담.

6 『조선일보』, 2013년 11월 30일.

7 『한국경제신문』, 2013년 12월 1일.

8 TPP 가입에 대한 한국의 '소극적' 입장에 대한 중국측 평가로는 詹德斌, "韓國國內再加入TPP問題上的爭論及選擇," 『當代亞太』, 6期(2014), pp. 99-116을 보라.

9 당시 TPP 가입에 신중해야 한다는 관점도 있었는데, 그 논거는 TPP 가입이 일부 국내 산업과 농산물 분야의 추가 개방에 따른 피해를 초래할 수도 있다는 것이었다.

10 2015년 10월 방미 기간 중 박근혜 대통령은 TPP 가입 의사를 밝혔으며, 이는 TPP 기참여국들이 추가 참여국을 수용할 경우 즉각 가입함을 의미했다.

11 김시중, "TPP와 RCEP 사이에서의 한국의 선택," 서울대학교 아시아연구소 미중관계프로그램(편), 『미·중 사이 한국의 딜레마: 사례와 평가』(서울대학교 미중관계연구센터, 2017년 3월), 1장 참조.

12 2020년 8월 31일 한·중 비전포럼에서의 박태호 전 통상교섭본부장의 평가에 기반하였다.

13 한국은 2020년 11월 15일 RCEP 가입을 공식화했다. 바이든 행정부가 CPTPP에 가입할 것인지, 그리고 한국은 또 어떻게 할지가 향후의 관전 포인트가 되겠다.

14 Alex He, *China in the International Financial System: A Study of the NDB and the AIIB*, CIGI Paper No. 106 (June 10, 2016); José De Gregorio, Barry Eichengreen, Takatoshi Ito and Charles Wyplosz, *IMF Reform: The Unfinished Agenda*, Geneva Reports on the World Economy No. 20 (2018),

Ch. 5를 참조하라.

15 David Dollar, "The AIIB and the 'One Belt, One Road,'" Brookings Insitution/OpEd (Summer 2015), at https://www.brookings.edu/opinions/the-aiib-and-the-one-belt-one-road/.

16 중국이 왜 자국이나 제3국보다 한국 기업에 우선적 고려를 할 것인지에 대한 검토는 이러한 낙관적 전망에서 빠져 있다. 張穎, "中國的國際經濟合作新模式: 第三方市場合作,"『現代國際關係』, 4期(2020), pp. 44-51을 보라.

17 필자의 2016년 4월 8일 인터뷰.

18 『중앙일보』, 2014년 7월 4일.

19 『조선일보』, 2014년 7월 9일.

20 *New York Times*, October 9, 2014.

21 『아주경제』, 2014년 10월 24일.

22 시 주석 방한 시 발표될 공동선언문에 AIIB에 대해 원론적 찬성을 넣는 안과 AIIB에 대한 일체의 언급 없이 역내 인프라 투자의 필요성만 밝히는 안 사이에서 한국정부가 고심한 것으로 알려진다. 필자의 2016년 5월 2일 인터뷰. 실제 발표문에는 AIIB에 대한 언급이 없었고, 9항에 "금번 APEC 정상회의를 통해 지역경제 통합 진전, 혁신적 발전, 경제개혁 및 성장 촉진, 포괄적 연계성 및 인프라 개발 강화 등 핵심 의제에서 실질적 성과를 거두어 아·태 지역 발전에 기여할 수 있도록 함께 노력하기로 하였다"는 내용만 들어 있다. https://www.asiae.co.kr/article/2014070316335251795를 보라.

23 당시의 한 고위 인사는 "가입 판단을 미리 했었고, 미국에도 사전 통보했다"고 밝혔지만 그 시점은 명확치 않다. 2020년 11월 24일 인터뷰.

24 "ABOUT CICA," at https://www.s-cica.org/page/about-cica/(검색일: 2020년 11월 18일).

25 Jae Ho Chung and Jiyoon Kim, "Is South Korea in China's Orbit?" *Asia Policy*, No. 21 (January 2016)을 보라.

26 전승절 방문을 통해 한·중 보건의료, 문화 콘텐츠 등 신산업 분야에서의 협력, 문화 분야에 대한 규제 완화, 한국의 유라시아 이니셔티브와 중국의 일대일로 사이의 연계 모색, 그리고 2018년 평창 동계올림픽과 2022년 베이징 동계올림픽에서의 협력이 합의되었지만 이를 긴급 현안이라 보기는 어렵다.

27 전승절 참석이 단순한 이벤트이자 보여주기였기에 한·미 관계의 본질은 변하지 않았다는 평가도 있다. 당시 윤병세 장관은 케리(J. Kerry) 국무

장관과의 면담에서 박 대통령의 방미와 한·미 정상회담 일정을 방중 일정보다 먼저 발표했고, 이를 통해 동맹 우선정책은 변함없음을 전달코자 했던 것으로 보인다.

28 상세한 배경에 대해서는 이 책의 8장을 참조하라.

29 이동률, "남중국해 갈등과 한국의 선택," 서울대학교 아시아연구소 미중관계프로그램(편), 『미·중 사이 한국의 딜레마』, 6장에서 인용하였다.

30 『연합뉴스』, 2015년 6월 4일, at https://www.yna.co.kr/view/AKR20150604128251043.

31 『중앙일보』, 2015년 10월 19일.

32 『조선일보』, 2015년 11월 5일.

33 『중앙일보』, 2015년 11월 23일.

34 2016년 6월 3일 자이며, 이는 이동률, "남중국해 갈등과 한국의 선택," p. 83에서 인용하였다.

35 대한민국 정책브리핑(외교부), 2016년 7월 13일, at http://www.korea.kr/news/pressReleaseView.do?newsId=156141843.

36 『중앙일보』, 2018년 8월 17일.

37 『조선일보』, 2019년 10월 30일.

38 한 정부 인사에 따르면, 내부적으로도 조사 완료 시점이 정해진 것은 없다고 했다. 필자의 2019년 9월 11일 인터뷰.

39 『중앙일보』, 2019년 2월 20일; 『조선일보』, 2019년 12월 9일.

40 『조선일보』, 2020년 2월 17일; 『중앙일보』, 2020년 6월 1일.

41 『조선일보』, 2019년 7월 25일, 8월 2일, 12월 5일과 7일.

42 『조선일보』, 2020년 10월 22일.

43 바로 다음날 중국 외교부는 자오리젠(趙立堅) 대변인을 통해 "그것은 합의였다"라고 반박했다. 『環球時報』, 2020년 10월 22일, at https://world.huanqiu.com/article/40OCWr5j9Ku.

44 바이든 정부는 출범 직후부터 유사시 중국 타격을 상정한 미사일 배치와 미사일 방어망의 강화를 언급하고 있다. 너무 앞서 나간 한국은 이에 어떻게 대처해야 할 것인가? 『조선일보』, 2021년 3월 6일 참조.

45 당시 국가안보실을 놔두고 왜 경제보좌관이 이에 대한 언급을 했는지에 대해 김 전 보좌관은 "당시 외교안보 라인은 북핵/북한 문제를 중심으로 보고 있었고, 아·태 구상에 대해서는 내가 개입할 공간이 있었다"고 언급했다. 2018년 8월 9일의 대화.

46 『중앙일보』, 2017년 11월 10일.

47 『한국경제신문』, 2017년 11월 11일.

48 트럼프 행정부 임기가 끝나기 직전 공개된 『인도·태평양에 대한 미국의 전략 틀』(*The US Strategic Framework for the Indo-Pacific*), at https://news.usni.org/2021/01/15/u-s-strategic-framework-for-the-indo-pacific을 참조하라.

49 Department of Defense, *Indo-Pacific Strategy Report*, pp. 10-11, 24, 61, at https://media.defense.gov/2019/Jul/01/2002152311/-1/-1/1/DEPARTMENT-OF-DEFENSE-INDO-PACIFIC-STRATEGY-REPORT-2019.PDF.

50 "한미, 훈련 한번 못하고 동맹이라 할 수 있나," 『조선일보』, 2020년 10월 6일.

51 『중앙일보』, 2019년 5월 27일; 『조선일보』, 2019년 6월 8일.

52 『중앙일보』, 2019년 7월 5일과 11월 4일.

53 관련 배경은 이 책의 8장을 참조하라.

54 『조선일보』, 2014년 1월 13일.

55 『조선일보』, 2019년 10월 15일.

56 『중앙일보』, 2019년 5월 17일.

57 영국의 입장에 대해서는 8장의 싱가포르 사례 부분을 참조하라.

58 Huong Le Thu, "A Collision of Cybersecurity and Geopolitics: Why Southeast Asia Is Wary of a Huawei Ban," *Global Asia*, Vol. 14, No. 3 (September 2019), pp. 40-46.

59 이는 다른 지역보다 아프리카에서 화웨이 의존도가 높은 것과 유사한 맥락이다. 서울대학교 전기전자공학부 이재홍 교수와의 2019년 7월 17일 인터뷰. 통신사별 시장 점유율은 2019년 11월 말 기준이며, 출처는 『IT 비즈 뉴스』(*IT BizNews*)(http://www.itbiznews.com)이다 .

60 『조선일보』, 2019년 6월 6일.

61 『조선일보』, 2019년 7월 2일.

62 『중앙일보』, 2019년 11월 8일.

63 이는 AIIB 사례로부터 도출된 교훈으로 보이는데, 미국의 최강 동맹 영국이 AIIB에 가입한 후 가입에 대한 한국의 정치적 부담이 적어진 전례를 가리킨다. 이 장의 AIIB 부분을 참조하라.

64 『중앙일보』, 2020년 7월 6일; 『동아일보』, 2020년 7월 15일.

65 예컨대 "보안 점검은 사업자의 몫으로, 기업이 결정할 일에 정부가 나서는 것은 부적절하다"는 입장을 가리킨다. 과학기술정보통신부 박호준 정보보호산업과장의 언급이며, 『중앙일보』, 2018년 12월 10일에서 인용하였다.

66 『조선일보』, 2020년 7월 15일. Clean Network 구상에 대해서는 https://

www.state.gov/the-clean-network를 보라. 〈국방수권법-2021〉에 따르면, 위험한 5G를 쓰는 주둔국에 대해 미국의 장비나 추가 파병에 대한 재고가 있을 것으로 보인다. https://www.congress.gov/bill/116th-congress/house-bill/6395를 참조하라.

67 상세 배경에 대해서는 이 책의 8장을 참조하라.

68 『조선일보』, 2019년 8월 5일.

69 『조선일보』, 2019년 8월 7일.

70 이는 '3불 협의 결과'의 3항인 "한·미·일 안보협력은 동맹으로 가지 않는다"와 매우 유사한 실책으로 보인다.

71 "社評: 日本和韓國, 我們把這話說在前面,"『環球時報』, 2019년 8월 5일. 2019년 12월 4일에 열린 강경화·왕이 회담의 내용도 참조하라. 『조선일보』, 2019년 12월 5일.

72 예컨대 한국 내 싱크탱크에서 열리는 세미나와 간담회에서 홍콩이나 대만 문제를 다룬 사례는 많으나, 신장 문제만을 단독으로 다룬 경우는 거의 없다.

73 『조선일보』, 2019년 12월 24일.

74 『중앙일보』, 2020년 5월 28일.

75 『한국경제신문』, 2020년 6월 30일.

76 53개 지지국의 대중국 수출의존도 평균은 19.5%였고, 27개 규탄국(대부분이 민주국가)의 비율은 6.1%에 불과했다. 의존도가 26%에 달하는 한국에 헤징은 불가피한 선택이었을 수도 있다. Eleanor Albert, "Which Countries Support the New Hong Kong National Security Law?" *The Diplomat*, July 6, 2020, at https://thediplomat.com/2020/07/which-countries-support-the-new-hong-kong-national-security-law/.

77 2021년 초 시점에 우리의 안보사령탑에는 여전히 이 기능을 전담하는 조직이 부재한 상태이다.

78 Kerry Gershaneck, *Political Warfare: Strategies for Combating China's Plan to Win without Fighting* (Quantico, VA: US Marine Corp University Press, 2020).

79 최근의 조사에 따르면, 한국인의 대중국 경제관계에 대한 인식은 무역(60%)과 관광(63%)에서는 긍정적인 반면, 기술협력(75%)과 대중 FDI(63%)에서는 부정적 인식이 압도적이었다. Center for Strategic and International Studies, *Mapping the Future of US China Policy*, at https://chinasurvey.csis.org/를 보라. 지난 4년간 대미국 투자의 급증 추이에 대해서는 『중앙일보』, 2021년 1월 27일을 참조하라.

제11장

국익, 정치 그리고 한국의 미래

"지리적 조건으로 말미암아 항상 주변 강대국 사이의 세력 관계에 따라 국가 운명이 좌우되기 마련인 처지…."[1)]

"우리에게는 잠시의 방심도 허용될 수 없으며, 하물며 주변 정세에 대한 아전인수적인 안이한 관측은 금물입니다."[2)]

"정치부터 바뀌어야 합니다. … 국민통합은 이 시대의 가장 중요한 숙제입니다."[3)]

앞 장에서 지적한 것처럼, 한국에서는 국익에 대한 진지한 논의나 공감대가 거의 없는 듯하다. 외교·안보의 최전선에서 뛰는 사람들에게 교범(field manual)이자 행동의 준거점이어야 할 국익 개념의 결여는 곧 정책결정이나 대외적 설득에서의 근원적인 어려움을 의미한다. 국익이 무엇인지에 대한 합의와 내재화가 없기에 타국의 압력에 대응하여 무엇이 더 중요하고 또 무엇을 반드시 지켜야 하는지에 대한 논리와 전략의 구성이 어렵기 때문이다. 그 결과는 끊임없는 눈치 보기이자 '조용한 외교'이며, 이는 곧 국익 손상과 국격(國格)의 상실로 귀결된다. 상대가 목표를 제시하기도 전에 먼저 나서 순응하거나, 현안 자체가 이분법적이지 않음에도 성급히 피아를 구분하는 패착이 너무도 빈번하다.[4)]

이 장은 책을 맺는 결장(結章)으로 다음 세 절로 구성된다. 1절에서는 국익 개념에 대한 거시적 논의를 제시한다. 보다 중요하게 2절에서는 앞서의 논의에 기반해 한국의 국익은 무엇이어야 하는지에 대한 필자의 고민을 독자들과 함께 나눈다. 마지막 3절에서는 국익이라는 것이 정치적 영향력 앞에서 얼마나 취약하며, 21세기 '민주주의의 전 지구적 퇴행'(global democratic backsliding) 속에서 한국 역시 예외일 수 없음을 적시하며 이 책을 맺는다.

국익이란 무엇인가?

책을 준비하며 끊임없이 고민했던 부분이 바로 이 장이었다. 국가 이익으로서의 국익(national interest)에 대한 많은 기존 연구가 있음에도 불구하고 그에 대한 명확한 답을 찾기 어려웠기 때문이다. 공동체로서의 국가를 지탱해 주는 주권이 '조직된 위선'(organized hypocrisy)으로 특징지어진다면, 그 국가가 추구하는 이익 역시 간단히 일차원적이거나 선형적으로 이해될 수 없는 복합적 성격을 가질 수밖에 없다.[5)]

여기서 국익과 관련된 다양한 연구들의 면면을 소개하고 비평할 의도는 없다. 이 책의 목적에 맞게, 한국이 택해야 할 국익 개념을 제대로 재단하기 위해 어떤 생각의 바구니를 짤지 함께 고민하고 싶기 때문이다. 첫째, 국익 개념은 두 가지 기능을 갖는데, 하나는 외교정책을 설명하는 분석적 기능이며(즉, 국정과제나 정책 목표와는 구별됨), 다른 하나는 특정 정책을 정당화하는 도구적 기능이다.[6)] 전자는 사전적(事前的) 기능을 의미하고, 후자는 대체로 사후적이다. 미국은 대체로 본토의 안보(homeland security), 시장 경제와 번영의 지속, 민주 가치의 창달과 동맹 보호를 국익으로 삼으며, 중국 역시 주권, 안보, 경제이익을 중심으로 자신들의 바구니를 짜고 있다.[7)] 여기서 대두되는 한국의 핵심 문제는 전자의 기능을 담당하는 개념조차 제대로 만들어져 있지 않다는 점이다.

둘째, 국력이 미미했을 때 국익에 대한 한국의 상상력은 빈곤 탈피와 생존 유지 그 이상을 벗어나기 어려웠다. 그러나 많은 이들이 한국을 중진국 또는 중견국으로 평가하는 현 상황에서조차 제대로 된 국익 개념을 갖지 못했다는 것은 심히 안타깝고 부끄러운 일임에 틀림없다. 패전국 독일이 서구공동체의 한 성원으로부터 서서히 '기축 국가'(key state)로 성장해 가면서 자국의 국익 개념을 변화시켰듯이, 한국 역시 이에 대한 진지한 고민이 절실하다.[8] 즉, 우리도 국익 범주를 선제적으로 명시하고, 이를 기반으로 강대국의 다양한 압력에 보다 논리적이고 또 적극적으로 대응해야 함을 의미한다.

셋째, 제대로 된 국익 개념을 갖고 있지 못하다보니 지금까지 한국이 추구해 온 국익은 대체로 화폐 가치로 쉽게 환산되는 무역, 투자, 관광과 같은 단기적이고 경제적인 이익으로 치부되어 왔다. 과연 이는 바람직하고 또 장기적으로 지속 가능한 것일까?[9] '마늘 분쟁'이나 사드 사태에서 보듯, 무역이나 관광에 약간의 타격만 입어도 어쩔 줄 몰라 하는 것이 과연 정상인가? 그리 명시적이지 않고 가치 환산이 쉽게 되지 않더라도 오랜 기간에 걸쳐 마련되는 — 그래서 한 번 망가지면 회복이 힘든 — '국가의 품격'(國格)과 위신, 그리고 명성과 평판은 왜 대가를 치르더라도 반드시 지켜야 할 핵심 국익으로 인식되지 않는 것일까?[10] 이러한 문제들에 대한 치열한 논쟁이 있어야 마땅하고 또 건강한 상태일 텐데 한국에서는 이를 좀처럼 찾아보기가 어렵다.[11]

넷째, 그렇다면 국익을 정의하는 것은 누구며, 또 어떤 과정을 통해 합의 내지는 공감대가 이뤄지는가? 이미 국제정치학계에서는 국익이 단지 통치 엘리트의 이익을 반영하는 수사(rhetoric)에 불과하다는 평가가 나온 바 있다.[12] 이론상으로 국익은 국민 대다수의 생각을 대변해야 하지만, 실제로 국민 대부분은 외교·안보의 제 측면에 대해 잘 알지 못하거나 주요 정보에 대한 접근을 할 수 없으므로, 결과적으로 통치 엘리트가 이를 통제하고 결정하게 된다. 때로는 긴급한 의사 결정이나 비밀스러운 집행이 요구되는 외교·안보 영역에서 국민적 합의나 공감대의 형성은 사치일 수도 있다.[13] 관련해 다음 인용문은 시사하는 바가 적지 않다.

> 도대체 어떤 근거로 월남전은 미국에 있어 핵심 이익(vital interest)이었는가? [그 분쟁이] 미국 본토에 전혀 위협이 되지 않았음에도 불구하고 … 또 남중국해는 어떤 의미에서 중국에 핵심 이익이 되었는가? 중국이 그저 핵심 이익으로 규정하면 그렇게 되는 것인가?[14]

더군다나 몇 년마다 선거를 통해 정권이 바뀌고, 다른 정당이 집권할 때마다 빈번히 발생하는 '시계추 현상'(직전 정부의 정책을 송두리째 부정하고 번복하는 현상)은 국익 개념의 구성과 내재화를 보다 어렵게 만들며, 한국도 이에 예외가 아니다. 과연 통치 엘리트는 국익을 제대로 규정하고 그 우선순위를 계서화(階序化: prioritize)할 능력을 가지고 있는가?

한국의 국익에 대하여

대부분의 국가에 공통으로 적용 가능한 핵심적 국가 이익으로 생존, 통합, 안보, 그리고 번영의 네 가지를 생각할 수 있다.[15] 지도에서 사라지는 국가들이 여전히 존재함을 생각할 때, 생존은 그 무엇보다도 중요한 국익이자 목표임에 틀림없지만, 한국의 현 상황을 중심으로 볼 때 생존 그 자체보다는 이를 떠받치는 구성 부분으로서의 대내적 통합, 대외적 안보, 그리고 경제적 번영을 핵심 국익으로 상정하는 것이 보다 합리적인 것으로 보인다.

통합은 이제 더 이상 탈식민지 과정에서 임의로 획정된 국경선으로 인해 인종, 문화, 종교, 언어적 충돌을 빈번히 겪어야 했던 아프리카 국가들만의 숙제가 아니다. 이민의 급속한 증대로 인해 유럽 대부분의 나라가 겪는 주요 문제이자 — 아래에서 상술하겠지만 — '정치적 부족주의'(political tribalism)의 만연으로 인해 극도의 분열을 맞고 있는 한국을 포함한 많은 민주국가들의 난제이기도 하다. 대외적 안보 역시 재론의 여지없이 국가의 생존과 분리될 수 없는 핵심 이익이며, 이에는 방위 능력의 확보를 통한 국민 보호, 영토 주권의 수호 및 국격의 유지가 포함된다. 경제적 번영은 국민이 향유하는 삶의 질 향상 그 자체로도 중요하지만, 다양한 격차와 불균형으로 인해 대내적 통합에 악영향을 미칠 수 있으며 굳건한 방위력의 유지에도 주된 변수라는 점에서 결코 가벼이 볼 수 없다.

통합, 안보, 번영에 더해 21세기 한국 상황에서는 통일 역시 핵심 이익의 하나로 포함시킬 수밖에 없다. 물론 시기와 세대에 따라 통일을 보는 시각이 반드시 일치했던 것은 아니지만, 한민족과 한반도의 원상으로의 회복이라는 궁극적 통합의 측면에 더해 평화의 달성(안보)과 국가경쟁력의 제고(번영)라는 면에서도 한국인이라면 통일은 쉽게 거부할 수 없는 거대 유인임에 틀림없다. 그렇다고 해서 앞서 제시한 통합, 안보 및 번영을 모두 통일을 위한 수단으로 고스란히 써야 하고 또 쓸 수 있다는 맹목적 관점과 변화 없는 북한까지 그대로 수용하려는 행태에는 동의할 수 없음도 자명하다.

그렇다면 미·중 패권 경쟁이 날로 극심해지고 선택의 딜레마가 빈번히 닥치는 상황에서 국익의 주요 부분들에 대해 어떻게 균형감을 불어넣고, 또 이들을 계서화할 것인가? 우선 역사적으로 한국의 대통령들은 국익에 대해 어떤 인식을 가졌는지가 궁금했다. 2021년 현재 총 19대 대통령까지 배출되었으며, 이들의 취임사 19건을 모두 살펴보았다. 도합 16개 항목을 선정해 이들이 취임사에서 언급된 빈도를 집계한 결과, 가장 많이 나온 것은 예상대로 '경제/발전/번영'(79회, 평균 4.2회)이었다. 그리고 그 뒤를 이어 '민주주의'(61회), '통일'(57회), '평화'(52회)와 '주권/자주/독립'(42회)이 많이 언급되었다.[16] 반면 '국력'은 17회, 그리고 '안보'는 단 16회 언급되었다.

비교의 관점에서 보면, 한국은 경제 영역과 통상 이익에 지나치게 높은 우선순위를 둠과 동시에 이에 집착하는 듯한 모습을 보인다. 그렇다면 다른 국가들은 어떠한가? 동남아에 위치한 '작은' — 그러나 물리적으로만 작은 — 나라 싱가포르를 한번 자세히 보자. 2019년 기준 일인당 GDP 64,000달러(세계 10위)를 자랑하며, 아세안 내에서도 가장 많은 의제 설정(agenda-setting)을 하는 국가인 싱가포르의 국익은 어떻게 구성되어 있는가? 싱가포르의 뇌리에서 떠날 수 없는 인접국 말레이시아로부터 베트남 및 인도네시아에 대한 안보 우려, 그리고 더 넓게는 미국과 중국 사이에서의 전략적 고민을 피할 수 없는 싱가포르의 핵심 국익은 무엇인가? 발라크리슈난(V. Balakrishnan) 싱가포르 외교부 장관이 2017년 부내에서 행한 연설을 통해 한번 들여다보자.

> 우리 외교정책의 최우선 목표는 그 무엇보다도 독립과 주권의 수호이다. 그다음이 우리 국민들이 겪을 수밖에 없는 지리적 한계를 극복할 기회를 제공하는 것이다. … 역사는 실패한 소국의 예

> 로 점철되어 있기에 … 우리는 '분연히 일어서고 또 우리의 중요성을 인정받을 준비가 되어 있어야 한다'(prepared to stand up and be counted) … 우리는 결코 '예속국'(vassal state)이 되지 말아야 한다. 우리는 타국에 매수되어서는 안 되며, 그렇다고 그들의 힘에 휘둘려서도 안 된다.[17]

이 연설의 상당 부분은 싱가포르보다 훨씬 크고 국제관계에서의 가시성도 더 높다고 평가받는 한국정부의 발언과 성명에서는 찾아보기 어려운 어휘들로 구성되어 있다.[18] 한국의 대외환경이 싱가포르보다 더 안정적이고 평화롭다 단정할 수 없는 상황이기에 대조는 보다 선명해진다. 싱가포르 역시 경제와 번영을 매우 중시하지만, 우리처럼 여타 영역을 희생하면서까지 무역, 투자, 관광을 앞세우지는 않는다. 사드 사태를 통해 경제제재를 일방적으로 겪으면서도 대중국 경제의존도가 줄지 않는 한국을 보면서 싱가포르는 어떤 생각을 했을까?[19] 싱가포르의 싱크탱크들이 외부의 영향력에 대해 고도의 민감성을 유지하며 경각심을 늦추지 않음을 보며, 국가를 잃고 처절한 식민지 시대를 경험한 한국에서 오히려 이에 대한 경계가 지나치게 느슨하다 비판하지 않을 수 없다.[20]

물론 싱가포르는 조약상의 동맹을 갖고 있지 않기 때문에 한국과는 상황이 다름에 틀림없다. 그럼에도 불구하고 이 '작은' 나라가 주권 수호를 위해 강대국에 휘둘리지 않고 국익 제고에 전력을 경주함에 경의를 표하지 않을 수 없다.[21] 싱가포르는 민주체제가 아니기에 우리에 비해 국익의 규정과 수호가 상대적으로 용이하다는 지적을 할 수 있다. 일견 맞는 말이지만, 다른 민주국가들(예컨대 미국, 일본 등)과의 협상에서도 빈번히 밀려온 한국에 이

는 반드시 적절한 평가가 아닐 수도 있다.[22]

나라를 잃고 처절한 식민지를 경험한 한국에서 주권, 국격, 그리고 자국에 대한 평판이 그 무엇보다도 중요하다는 인식이 널리 공감대를 형성하고는 있을까?[23] 무역, 투자, 관광에서의 일부 손실에도 불구하고 안보 주권의 수호와 강대국에 휘둘리지 않는 것에 대한 넓은 공감대가 있었더라면 사드 사태와 같이 수치스러운 상황은 피할 수 있지 않았을까? 단기적이며 물질적 손실에 집착해 중장기적인 국익과 품격을 지켜내지 못한 한국 외교는 그 증상이 이미 너무 심각해 향후 복원이 가능할지에 대해 의문을 갖지 않을 수 없다.[24]

위의 논의처럼 주권 수호와 국격의 유지를 우리 국익의 핵심 축이라고 본다면, 또 다른 축은 이론의 여지없이 안보의 확보일 것이다.[25] 한국의 학계와 정책 서클에서는 "미·중 사이에서 반드시 한쪽을 선택할 필요는 없다"라거나 "미·중 관계는 제로섬(zero-sum)의 성격을 갖지 않아 우리가 활용할 공간이 많다"는 담론이 여전히 회자되고 있다. 이론적으로 볼 때 완전히 틀린 말은 아니지만, 실제 현안들과 2017년 이후의 과정을 상세히 들여다보면 이는 제대로 된 평가가 아니다. 대부분이 우리의 희망적 사고(또는 예의 낙관론)에 불과하며, 대개의 경우 한국정부는 그와 같은 공간을 찾을 의지나 능력을 갖고 있지 않았다.

지난 10년의 한국 외교를 소위 '균형외교'라는 개념으로 포장하지만, 그때그때 현안의 대처에만 집중하는 대증외교(對症外交)를 미화하는 것은 아닌지 성찰이 필요하다. 균형외교가 제대로 작동하려면 다음 세 가지 전제가 필요하다. 첫째, 항시 생동(生動)하는 두 개의 거대국가 미국과 중국 사이에 균형점이 실존한다는 것, 둘째 실제로 존재하는 균형점을 정확히 포착 및 규명할 능력이 있어야 한다는 것, 그리고 마지막으로 현실에서 그것을 정책으로 구현해 내는 능력을 갖추는 것 이상 세 가지이다. 그러나 이 세 가지 모두 — 이미 8장의 호주, 싱가포르 및 필리핀 사례에서, 그리고 10장의 한국 사례를 통해 보았듯이 — 전제가 잘 성립되지 않는 것으로 보인다. 특히 북한이라는 위협적 존재를 달고 살고 있으며, 한·미 동맹이 안보의 근간을 이루는 한국의 상황에서 균형의 모색 자체가 적잖은 모순을 내포하고 있기 때문이다.[26)]

그렇다면 위의 논의는 자동적으로 미국이 우리의 당위적 선택이며, 또 동맹 강화가 합리적인 귀결임을 보여주는가? 이와 관련해 패권국 미국과 부상국 중국 사이에서 싱가포르의 전략적 좌표를 오랫동안 고민해 온 리콴유 전 총리의 혜안이 유의미한 준거점을 제공해 준다.

> 미국은 태평양 건너 8,000~9,000킬로미터나 떨어져 있어, 일본을 군사력 투사를 위한 기지로 사용하더라도 바로 건너에서 힘을 행사할 중국과 비교하면 이는 그리 간단한 일이 아니다. … 이렇듯 변화된 상황에서 우리가 중국의 성장엔진을 꼭 붙들고 가야 하지만, 그럼에도 미국과의 연계는 지속되어야만 한다. 우리는 동남아 대륙의 중심에 위치해, 미국 역시도 이 지역에서 영향력을 지속하려면 우리를 무시할 수는 없다. … 싱가포르가 대국이라면 잘못된 정책의 채택을 크게 우려하지 않겠지만, 소국에는 조금의 실수도 매우 짧은 시간 안에 치명적 결과를 초래한다는 점을 명심해야 한다.[27)]

미국의 지전략적 한계를 명확히 인지하면서도 미국과의 전략적 연계가 싱가포르의 국익에 얼마나 핵심적인지를 꿰뚫은 리콴유 전 총리의 직관은 시사하는 바가 크다. 얼핏 불리해 보이는 자국의 지정학적 입지를 강대국에 대한 '상관성'(relevance)의 여지로 인식하는 것 역시 우리에게는 결여된 시각의 하나이다. 더 나아가 자신의 불리(不利)를 언제든 뒤집을 수 있는 강대국과 달리 하나의 작은 실수도 중소국에는 치명적임을 경고하는 혜안 역시, 이 같은 실수를 빈번히 저지르는 한국에 대한 뼈아픈 질책으로 받아들이지 않을 수 없다.[28]

한국의 원죄는 — 굳이 국권 상실을 초래한 조선 말기로 돌아가지 않더라도 — 분단으로 인한 북한의 존재에 있다. 수십 년간 한국을 위협하고 도발해 온 북한이 없었더라면 지금까지 논란이 되고 있는 한·미 동맹의 당위성도 당연히 약화될 수밖에 없으며, 따라서 미·중 사이에서 한국의 보다 역동적인 전략과 정책의 구사도 가능할 수 있다. 그러나 2018년 GDP 기준 무려 54배나 더 큰 경제를 갖고도 한국은 단독으로 북한을 제어, 압도할 수 없는 상황에 처해 있다.[29] 우리가 '킬 체인'(kill chain) 운운하는 사이 북한은 잠수함 발사 탄도미사일(SLBM) 기술과 다탄두 기술의 개발에 매진했고, 방어가 어려운 변칙 기동 미사일을 확보 중이다.[30] 그 와중에 2018년 이래 '보여주기'(optics)로 점철된 대북 협상은 제대로 된 성과를 내지 못했고, 한국군과 한·미 동맹의 손발만 묶여 있는 실정이다.

시대를 초월한 진리인 "평화를 원한다면 전쟁을 준비하라"(*Si vis pacem, para bellum*)는 대명제는 무시되고, 내용 없는 가짜 평화가 외교도 안보도 다 집어삼킨 현 상황에서 사전 대비와 국익을 위한 보험으로서의 동맹이 설 자리는 점차 좁아지고 있다. 중국사회과학원(CASS)의 왕샤오링(王曉玲) 연구원의 조사에 의하면, 중국의 군사력이 위협이라고 본 한국인의 비율이 무려 80.5퍼센트에 달하며, 미·중 충돌 시 미국 지지는 39퍼센트, 중립 유지는 53퍼센트, 그리고 중국 지지는 아주 미미한 수준이었다.[31) 『중앙일보』의 2020년 조사에 따르면, 한국 국민의 대중국 적대감은 사드 사태를 거치며 2015년의 16퍼센트에서 2020년 무려 40퍼센트로 증가했고, 한·미 동맹의 강화에 대한 지지도 2020년 역대 최고인 45퍼센트(2005년에 30퍼센트, 2010년에 38퍼센트, 2015년에 43퍼센트)로 증가했다.[32) 서울대학교 통일평화연구원의 2020년 조사에 따르면, 한반도 전쟁 발발 시 미국이 한국을 돕는다고 본 응답자는 65퍼센트였고, 중국이 북한을 지원한다고 본 비율은 59퍼센트에 달했다.[33)

지난 4년의 과정을 보면, 국민들의 이러한 인식이나 선호와는 상당히 다른 방향으로 정부 정책이 흘러가고 있음을 알 수 있다. 특히 문재인 정부가 가진 미국에 대한 비판적 입장과 친중(親中) 성향이 국익 제고를 위한 최선의 합리적 선택이었는지, 아니면 집권 엘리트가 가진 이념적 경직성에 인한 것인지 의문이 있을 수밖에 없다.[34) "멀리 사는 친척보다 가까운 이웃이 낫다"(遠親不如近隣)는 말이 있다.[35) 흥미롭게도 2014년 시진핑 주석의 방한 시 썼던 담론이 "친척 방문하기"(探親)였고, 2020년 11월 왕이 외교부장도 방한과 관련해 "친척처럼 자주 찾아오기"란 언급을 했다. 술 한 잔에도 너무 쉽게 호형호제하는 한국인들에게 친척이란 상당한 무게감을 주는 말이다.[36) 과연 중국은 정치적 수사를 떠나 실제로도 우리에게 그토록 가까운 친척이며 그에 걸맞게 행동하고 있는가?

관련된 비유로 '원교근공'(遠交近攻: 멀리 있는 이들과 가까이 지내고 가까운 곳에 있는 이들을 경계함)이란 것도 있다.[37) 손자병법의 36계 중 24계인 이 개념을 국제정치학의 논리로 풀어보면, 인접국들은 서로 '근접성의 저주'(curses of proximity)로 묶여 있어 영토와 역사 문제로 인한 불신과 충돌의 높은 가능성을 내재한다는 의미이다.[38] 왜 한국이 지구 반대쪽에 위치한 칠레와 FTA를 최초로 체결했으며, 또 미국과는 왜 영토 및 역사를 둘러싼 갈등이 없는지를 보면 이는 쉽게 이해되는 부분이다. 혹시라도 이어도와 동경 124도선의 획정을 두고 중국이 군사적 도발을 할 경우, 한국은 이에 대응할 의지와 능력을 가지고 있는가?[39]

모든 것을 제쳐두고 국익의 최우선 순위여야 할 자국의 영토와 역사를 둘러싼 문제에 대해 한국정부가 얼마나 둔감하고 미래에 대한 세밀한 고려가 없는지를 보여주는 사례가 있다. 발발 70주년인 2020년에 벌어진 한국전쟁의 성격에 대한 논쟁이 그것이다.[40] 중국은 외교부 성명을 통해 한국전쟁에의 참전은 "가정을 지키고 국가를 수호하는" 전쟁이었으며, 그 발발의 핵심 요인은 '내전'이라고 명시했다. 더 나아가 여러 매체를 통해 '항미원조' 전쟁은 아직 끝나지 않았으며, 최후까지 싸워 반드시 승리를 이룰 것임을 호언했다.[41] 심지어 "한국전쟁의 발발 요인에 대한 다양한 시각이 있다"는 내용으로까지 희석, 보도되었다.[42]

이와 관련해 한국정부는 며칠 동안이나 침묵을 지켰고, 6월 25일 미 국무부 오테이거스(M. Ortagus) 대변인이 나서 "북한이 마오쩌둥의 지원을 받아 남한을 침략한 것"이라며 중국의 입장을 반박했다. 정부의 무입장에 대한 국내 학계와 언론의 비판이 거세지자 외교부 대변인이 "한국전쟁의 발발은 북한의 남침에 의한 것"이라고 밝혔지만, 26일에 열린 국회 외교통일위원회 국정감사에서 강경화 외교부 장관은 여야 의원들의 요청에도 불구하고 중국에 대한 공식 항의에 대해 유보적 입장을 밝혔다.[43] 안보와 역사해석(국격)이라는 두 가지 핵심 국익에 대해 이렇게 — 예의 '조용한 외교' 방식으로 — 다뤄도 되는지, 또 이것이 향후 한국의 입지에 대해 가질 함의와 관련해 고민은 해 봤는지 묻지 않을 수 없다.

모든 것을 압도하는 정치

1968년에 출간한 저서에서 미국의 한 정치학자는 한국을 가리켜 '소용돌이의 정치'(politics of vortex)라고 표현했다. 즉, 한국에서는 모든 이슈와 영역들을 정치가 집어삼키는 현상이 벌어진다는 의미이다.[44] 그로부터 19년 후 많은 어려움 속에서 민주화가 이뤄졌고, 또 그 후로 무려 33년이 지났지만, 한국 사회에 대한 이 같은 표현은 여전히 유효한 것으로 보인다. 정치(특히 청와대와 국회)가 관료, 학계, 재계와 언론을 압도하고 있어 외교·안보에서의 정무화(즉, 좋게 말해 표 얻기, 그리고 솔직히 말하면 인기 영합을 위주로 모든 것을 가늠하는 것) 추세가 우려할 수준을 이미 넘어선 것으로 평가된다.[45]

특히 외교·안보 영역에서는 교통 및 통신 기술의 획기적 발전에 힘입어 더 이상 대사나 외교사절만이 이를 전담하지 않으며, 당일이나 짧은 일정으로도 외국 방문이 가능해졌다. 외교·안보 이슈가 지닌 높은 — 대중매체들이 선호하는 — 가시성으로 인해 정치인들(특히 집권 엘리트)이 매우 중시하는 영역이 되었으며, 이를 통해 외교·안보의 정무화 추세는 보다 가속화되었다.[46] 여기서 특기할 것은 인터넷, SNS, 그리고 '오픈 소스'(open sources)의 확산을 통해 정치인들도 외교·안보에 대해 나름의 견해(opinions)를 갖게 되었는데, 문제는 적잖은 이들이 이를 '전문적 식견'(expertise)으로 오해 내지 착각한다는 점이다.[47] 안 그래도 정치가 모든 영역을 압도해 온 한국 상황에서 전문가 무시가 두드러지는 시대가 온 것이다.[48] 특히 한국을 포함한 민주국가들에서 권위주의적 퇴행이 적잖이 드러나면서, 전문가와 전문지식을 도외시하는 추세 역시 강화되고 있다.[49]

한국만큼 외교·안보·통일에 대한 국내외 회의가 많이 열리는 나라도 없다. 심지어 언론사들까지 매년 엄청난 경비를 들여 관련 회의를 대규모로 열곤 한다. 게다가 학회, 싱크탱크, 대학연구소에서 개최하는 그 많은 세미나까지 감안하면 한국의 외교·안보는 최소한 지금보다는 나은 상황이어야 하고, 통일의 기반도 적잖이 마련되었어야만 한다. 그럼에도 현실이 이와 너무도 다른 이유는 무엇인가? 그건 바로 우리가 지난 10여 년 가까이 '사분지 일'의 과정에만 계속 머물고 있기 때문이다. 학계와 정책 서클에서의 진지한 비판과 논의(1/4)에 이어 이것이 정책결정 구조에 제대로 전달되고(2/4), 또 이 중 최소한 일부는 정책에 충실히 반영되어야만(3/4) 상대국에 대해 유효한 외교(4/4)를 할 수 있다. 그러나 우리의 경우, 대체로 첫 단계만 빈번히 일어날 뿐 그다음 단계로의 실질적 이행이 거의 이뤄지지 않는다. 그 핵심 요인은 다름 아닌 정치, 정치인들의 오만에 있다.

물론 이는 한국만 겪는 문제는 아니다. 민주주의의 전 지구적 퇴행은 이미 국제학계가 주목해 온 주제이며, 짧은 4년이었지만 트럼프 시기가 이를 여실히 보여주었다.[50] 정해진 절차에 의해 선출된 권력이 국민으로부터의 수권(受權)을 빌미로 새로운 제도와 규정을 임의로 제정해 민주주의의 비중을 줄여간 것이다. 지난 몇 년간 한국 정치에서 일어난 협치의 부재, 편 가르기 정치, 그리고 법치 훼손의 문제는 이러한 현상과 떨어져 있지 않다.[51] 더 큰 문제는, 안타깝게도 제대로 된 해결책이나 대안이 마땅치 않다는 점이다.

국가 간 현안은 대체로 형세(形勢: 구조적 여건)와 기세(氣勢: 행위자의 능력과 역할)의 우열을 통해 결정된다. 미국이나 중국보다 규모가 작고 국력도 약한 한국이 자국에 보다 유리한 형세를 만들어내기란 쉽지 않다. 오랜 기간 그런 경험만 하고 살다보니 일단 유사한 형세만 봐도 기가 죽고, 의지와 전략에 바탕을 둔 적극적인 협상을 하기보단 눈치 외교에 익숙해져 버린 것 같다.

의지와 전략의 결여는 다음 세 가지에 기인한다. 첫째, 근거 없는 낙관론(대개 plan-B에 대한 고려가 없는 발상)으로, 대부분 편향된 정무적(청와대만 바라보는) 판단일 가능성이 높다. 주권과 안보의 수호를 담당하는 외교·안보 부처는 단 0.1퍼센트의 가능성에도 대비해야 하기에, 시기에 관계없이 험난한 안보 환경에 처해 온 한국이 이같이 해이한 인식을 갖는다는 것 자체가 제대로 설명되기 어렵다.[52)]

둘째, 지나친 정무화의 또 다른 폐해인 조급한 외교를 벗어나야만 한다. 그저 대통령의 성과 부풀리기에 급급해 국익이라는 큰 전략적 그림을 놓치지 말아야 하며, 혹여 향후에 불리해질 수 있는 외교적 기록과 선례를 남기지 않기 위해 모든 디테일을 끝까지 챙기는 강한 의지가 필요하다. 중소국의 한 번 실수는 쉽게 전례(precedent)가 되어버리고, 그 후로 강대국 관계에서 변경이 불가한 규례가 되기 때문이다.

셋째, 이제는 진정으로 조용한 외교를 멈출 때가 되었다. 그것이 중국이건 미국이건, 우리 국익을 기준으로 필요하다면 과감히 — 그러나 명민(明敏)하게 — 문제를 제기하고 논쟁하길 두려워하지 않는 동시에 상관성(relevance), 즉 상대가 우리를 계속 필요로 하게끔 만드는 조건들을 끊임없이 창출해야 한다.[53)] 미국의 위상을 넘보며 급속히 커가는 중국이 한·미 관계를 이미 20여 년 가까이 연구해 왔다.[54] 한·중 관계를 여전히 화이 질서의 시각으로 바라보는 중국이 생각하는 미래가 우리에게는 어떻게 다가올 것인가? 향후 '두 분의 시어머니'를 섬길지 아니면 '두 명의 시언니'만 둘지는 우리의 의지와 결기에 달려 있기에, 지금 우리가 뭘 어떻게 하는지가 곧 우리의 미래를 규정하게 될 것이다.

어려운 형세에서 그나마 기세를 잡고 또 이를 유지해 갈 건 사람밖에 없다. 이론의 여지없이 대통령을 정말 잘 뽑아야겠지만, 거기서 모든 것이 끝나지는 않는다. 우리나라 대통령들은 대부분 대통령이 되기 위한 공부만 열심히 했지, 대통령이 된 다음 뭘 어떻게 해야 국익을 수호하고 국격을 제고할지에 대한 준비는 미흡했던 것으로 평가된다. 개헌만 하면 모든 문제가 해결된다는 주장 역시 어처구니없다. 국회에서조차 협치가 안 되면서 내각제만 되면 사람은 바뀌지 않았는데 뭐가 어떻게 좋아진다는 것인가? 제도의 변화만이 능사가 아니다. 어떻게 하면 대통령을 설익은 외교안보 전문가로 만들지 않고, 어떻게든 제대로 된 전문가들의 얘기를 성실히 경청하는 사람으로 만들지에 대해 깊은 고민이 필요하다. 안 그래도 외교·안보의 정무화가 만들어내는 독취(毒臭)가 그득한데 대통령까지 자만과 오기에 빠지면 그보다 더 위험한 일이 없기 때문이다.

향후 10년 정도를 바라볼 때 한국이 처하게 될 전략 환경은 매우 위태로우며, 최악의 경우 생존의 기로를 맞을 수도 있다. 미·중 관계의 본질이 점차 구조적인 갈등과 대립으로 바뀌고 있으며, 다양한 영역에서 양국의 선호는 더 큰 괴리를 노정하고 있다.[55] 따라서 미, 중 양국을 동시에 만족시키고 또 우호적 관계를 유지하는 것은 보다 어려워질 수밖에 없다. 미, 중 모두 줄 세우기를 하지 않겠다고는 하지만, 현실은 상반된 쪽으로 나아갈 것이다.

2013년 12월 방한 시 "미국의 반대편에 배팅하는 것은 좋은 선택이 아니다"(It's not a good bet to bet against the United States)라고 했던 바이든(J. Biden)의 시대가 이제 시작되었다. 우리가 전가의 보도로 사용하던 전략적 모호성의 유효 기간이 끝나가고 있는 것이다. 중립을 '더러운 말'(dirty word)과 동일시하는 미국의 정치문화를 감안할 때, 우리 국익 기준의 선제적 제시와 함께 대응 논리의 철저한 무장 없이는 앞으로 한국의 대외관계가 지금보다 훨씬 더 어려워질 수밖에 없다.[56)]

2022년 한국에는 또 한 번의 대통령 선거가 있게 된다. 과연 우리는 통합, 안보, 번영, 그리고 통일의 국익을 제대로 펠 소양과 의지를 지닌 인물을 세워 기울어 가는 대한민국호를 구해낼 수 있을까? 이 어려운 시기가 오히려 재도약의 초석이 되려면, 현재 닥친 위기에 대한 심도 있는 인식과 넓은 공감대가 우선되어야 한다. 포퓰리즘의 정치가 주변을 다 집어삼키는 상황에서 과연 그와 같이 깊은 성찰과 반성이 이뤄질 수는 있을까? 그래도 무대에서의 공연은 계속되어야 하기에 가슴 깊숙이 울컥함을 누르고 다시 한번 희망을 끈을 잡아본다.

주

1 제4대 윤보선 대통령 취임사(1960년 8월 13일). 행정안전부 국가기록원 대통령기록관(https://www.pa.go.kr/research/contents/speech/index.jsp?spMode=view&catid=c_pa02062&artid=1310437).

2 제9대 박정희 대통령 취임사(1978년 12월 27일). 행정안전부 국가기록원 대통령기록관(https://www.pa.go.kr/research/contents/speech/index.jsp?spMode=view&catid=c_pa02062&artid=1306606).

3 제16대 노무현 대통령 취임사(2002년 2월 25일). 행정안전부 국가기록원 대통령기록관(https://www.pa.go.kr/research/contents/speech/index.jsp?spMode=view&catid=c_pa02062&artid=1309347).

4 한 예로, 2016년 11월 21일 방위사업청장이 미국 방문 중 "트럼프 행정부가 방위비 인상을 요구하면 받아들일 수밖에 없다"고 언급해 협상을 하기도 전에 백기 투항하는 모습을 보인 것을 들 수 있다. 실제 상황이 그랬다 하더라도 이 같은 발언은 결코 공개적으로 해서는 안 되기 때문이다. 『조선일보』와 『한겨레신문』, 2016년 11월 22일.

5 관련해 Stephen Krasner, *Sovereignty: Organized Hypocrisy* (Princeton: Princeton University, 1999); Stephen Krasner (ed.), *Problematic Sovereignty: Contested Rules and Political Possibilities* (New York: Columbia University Press, 2001), pp. 7-12를 보라.

6 이는 James Rosenau, "National Interest," in David Sills and Robert K. Merton (eds.), *International Encyclopedia of the Social Sciences* (New York: Macmillan, 1968), pp. 34-35에서 따온 것이다.

7 예컨대 Graham Allison et al., *America's National Interests: A Report from The Commission on America's National Interests* (Cambridge, M.A.: Belfer Center for International Affairs, Harvard University, July 2000), p. 5; Charles A. Beard, *The Idea of National Interest* (Chicago: Quadrangle, 1966), Chs. 3, 4, 5, 8을 보라. 중국과 관련해서는 Allen Carlson, *Unifying China, Integrating with the World: Securing Chinese Sovereignty in the Reform Era* (Stanford: Stanford University Press, 2005); 이민규, 『국가핵심이익』(서울연구원, 2020), 2장을 참조하라.

8 냉전 시기 독일에서는 국익에 대한 거론 자체가 터부시되었다. 그러나 현재 NATO의 불가결한 성원이자 '정상 국가'인 독일은 평화와 민주주

의의 수호를 국익으로 명시하고 있다. Kaare Dahl Martinsen, "National Interests in German Security White Books," *National Identities*, Vol. 12, No. 2 (June 2010), pp. 161-180을 보라.

9 국가 이익은 본질적이고 준항구적이어야 하는데, 한국에서는 국익의 정의보다는 국익 획득의 효율적 수단에만 관심이 있다는 한 정치철학자의 평가는 많은 성찰의 여지를 제공한다. 박성우, "국익의 철학적 토대와 철학적 국익 추구의 가능성," 『국제정치논총』, 54권, 3호(2014년), pp. 10, 13.

10 문재인 정부 들어 국격의 훼손이 상당히 심각해졌다. 대외관계의 초점이 북한에만 맞춰지고 북한이 어떤 발언과 행위를 하든 이를 감싸는 행태가 지속되면서 주변국과 국제사회가 한국을 보는 시선이 부정적으로 변했기 때문이다. 왜 최근 들어 아랍에미리트(UAE), 인도네시아, 뉴질랜드, 이란 등이 한국에 명시적으로 불만을 표했는지에 대한 진지한 반추가 필요하다. 『조선일보』, 2017년 12월 18일, 2020년 8월 3일과 12월 8일 참조. 국제정치에서의 평판의 중요성에 대해서는 Jonathan Mercer, *Reputation and International Politics* (Ithaca: Cornell University Press, 2010)를 참조하라.

11 패권적 영향력을 장악한 직후 미국에서는 국익에 대한—특히 자국 이익(self-interest)과 이상(ideals)에 대한—치열한 논쟁이 벌어졌었다. 관련해서 Cornelia Navari, "Hans Morgenthau and the National Interest," *Ethics and International Affairs*, Vol. 30, No. 1 (2016), pp. 47-54를 보라.

12 예컨대 Jack Snyder, *Myths of Empire: Domestic Politics and Internaitonal Ambition* (Ithaca: Cornell University Press, 1991), Ch. 1; John Mearsheimer, *Why Leaders Lie: The Truth about Lying in International Politics* (New York: Oxford University Press, 2011), pp. 7-8을 참조하라.

13 Shaohua Hu, "A Framework for Analysis of National Interest: United States Policy toward Taiwan," *Contemporary Security Policy*, Vol. 37, No. 1 (2016), pp. 145-146.

14 Ramesh Thakur, "Follow the Yellowcake Road: Balancing Australia's National Interests against International Anti-Nuclear Interest," *International Affairs*, Vol. 89, No. 4 (2013), p. 947.

15 예컨대 Christopher Hill, *The National Interest in Question: Foreign Policy in Multicultural Societies* (Oxford: Oxford University Press, 2015), rev. ed., p. 134를 보라.

16 16개 항목에는 반공, 평화, 선린, 통일, 자유, 주권/자주/독립, 경제/발전/

번영, 민주주의, 근대화, 안보, 국력, 중진국, 안정, 선진국/선진화, 통합, 그리고 분배가 포함되었다.

17 "Full Speech: Five Core Principles of Singapore's Foreign Policy," *Strait Times*, July 17, 2017.

18 인구 600만의 싱가포르가 인구 2억 7천만의 인도네시아를 상대로 벌인 '먼지 전쟁'은 시사하는 바가 많다. 2014년 〈초국경 미세먼지법〉을 제정해 인도네시아 회사들에 대한 조사 및 규제를 시행했고, 2015년 이 문제를 유엔 지속개발정상회의 의제로 채택시켰다. 또 군 병력과 헬기 지원을 통해 인도네시아 산불 진화에 도움을 줘, 2016년 이후 인도네시아발 미세먼지는 크게 줄었다. 이와 대조적으로 한국이 겪는 미세먼지 문제의 1/3가량이 중국발이라는 사실이 한·중·일 공동연구를 통해 밝혀졌는데도, 한국정부는 관련 협력은 고사하고 제대로 된 항의조차 하지 못하고 있다. 『조선일보』, 2019년 3월 12일과 2020년 11월 17일.

19 중국이 보는 싱가포르 외교의 1순위 역시 주권과 안보이다. 魏煒, 『李光耀時代的新加坡外交研究』(北京: 中國社會科學出版社, 2007), pp. 84, 98-99를 보라.

20 예컨대 Muhammad Faizal Abdul Rahman, "Defending Singapore Against Foreign Interference," *RISIS Commentary*, No. 171 (September 3, 2019)를 보라.

21 싱가포르는 2020년 12월 기준 코로나로 단 30명만 사망했지만, 화이자 백신을 이미 확보해 접종을 시작한 상태였다. 『동아일보』, 2020년 12월 28일.

22 예컨대 조태열, 『자존과 원칙의 힘』(나남, 2020), 2~3장을 보라.

23 100년 가까이 '준식민지' 상태를 경험한 중국의 1순위 국익은 주권이다. 王逸舟(主編), 『中國學者看世界 — 國家利益卷』(北京: 新世界出版社, 2007)에 실린 20편의 논문 중 7편이 명시적으로 주권에 대한 것이다.

24 앞서 10장에서 밝힌 것처럼, 2017년 10월의 '3불 협의 결과'와 2020년 10월 국회 국정조사에서 이뤄진 당시 협상 수석대표의 발언은 대한민국의 국격을 다시 한번 낮추는 수치스러운 일이었다고 평가할 수 있다.

25 경제발전과 번영의 부분에 대해서는 여기서 따로 상론하지 않는다. 이와 관련해서는, 오히려 정부가 서툴게 개입하지 않고 이미 국제화된 기업들의 역동성을 적극적으로 살려주고 지원하는 것에 해답이 있다고 보기 때문이다.

26 미·중 사이 균형(즉, 동등한 배려)을 주장하는 학자들의 가장 큰 맹점은 한국의 안보가 한·미 동맹 없이도 지탱될 수 있는 것처럼 얘기하거나(제

대로 된 대안의 제시 없이), 혹은 한·미 동맹의 필요성은 인정하면서도 한국이 중간에 설 수 있다거나 또는 서야 한다는 비논리적인 주장을 한다는 점이다.

27 Lee Kuan Yew, *One Man's View of the World* (Singapore: Strait Time Press, 2013), pp. 43, 72, 74.

28 예컨대 한국에서의 대사 임명에 대해 한번 살펴보자. 강대국에서는 대사 임명을 집권자의 열성 지지자들에 대한 '상패'(trophy)로 쓸 수도 있다. 소양과 능력이 부족한 외교관의 실수를 국가의 압도적 힘으로 언제든 뒤집을 수 있기 때문이다. 그러나 소국은 국제관계의 독립변수가 되기 어렵기에 아무리 작고 미시적인 정보라도 실수 없이 포착해 본국에 전달해야 한다. 그런 의미에서 최근 한국 외교관들의 기강 해이와 어학 능력의 저하도 큰 문제지만, 외부에서 임명된—특히 정치인 출신—대사들의 소양과 능력에 대해서는 참으로 진지한 반성이 필요하다.

29 북한에 대해서도 그러한데, 하물며 중국에 대한 안보 대비는 언급할 필요도 없을 것이다. 예컨대 Dan Collyns, "It's Terrifying: Can Anyone Stop China's Vast Armada of Fishing Boats?" *The Guardian*, August 25, 2020; "중국 어선 하루 240척, 밤 되면 몰려온다," 『중앙일보』, 2021년 4월 23일을 보라.

30 『조선일보』, 2019년 8월 14일.

31 『중앙일보』, 2019년 1월 14일.

32 『중앙일보』, 2020년 7월 6일.

33 『단절의 시대, 통일의식 변화』(2020년 10월 13일 온라인 회의 자료집), pp. 66, 69를 보라.

34 현 정부 내 인사들과 관변 학자들은 문재인 정부가 결코 친중적이지 않다고 강변하지만, 한 가지 사실로 이를 쉽게 반박할 수 있다. 2020년 11월 왕이 외교부장 겸 국무위원이 방한했을 때, 그가 누구를 만났는지를 보면 알 수 있기 때문이다. 2박 3일의 짧은 일정에 그는 대통령, 국회의장, 집권당 현 대표 및 전임 대표, 외교부 장관, 대통령 외교안보특보 등을 두루 만났다. 중국 내 서열 30위 밖의 인사가 한국에서 이렇게 특별 대접을 받게 되면, 시진핑 주석이나 양제츠 정치국원에게는 어떤 대우와 의전을 해야 하는지에 대해 제대로 된 시각을 가진 사람이 정부 안에 없다는 것은 국격을 생각할 때 안타까운 일이 아닐 수 없다.

35 중국에서는 이를 '隣居好比堂兄弟'라고 표현한다.

36 이 책의 9장을 참조하라. 중국의 천하(天下) 개념에서의 비/핵심 행위자 구분과 '친인'(親人), '숙인'(熟人), 그리고 '생인'(生人)의 구별에 대하여

錢栖榕·游國龍, "天下體制下的角色與角色確認問題,"『國際政治研究』, 4期(2016), pp. 86-101을 참조하라.

37 이는 서구의 '근린 궁핍화'(beggar thy neighbor) 논리와도 일맥상통한다.

38 군사기술의 획기적 진보에도 불구하고 전 지구적 투사력이 없는 대부분의 국가들에는 안보의 딜레마가 여전히 인접국들 사이에서 훨씬 강하게 인식되는 것이 사실이다.

39 동경 124도선의 변경 관련해 중국에 대한 우려는『중앙일보』, 2013년 11월 30일과 2021년 1월 27일을 보라. 이어도 관련한 우려에 대해서는 이서항 외,『동아시아 해양분쟁과 중국의 회색지대 전략』(인간사랑, 2020)을 보라.

40 한국정부가 워낙 소극적인 대응을 했기에 이것을 논쟁으로 불러야 하는지도 의문이지만, 최소한 미국 국무부가 대신 나섰기에 그나마 논쟁의 성격을 조금 띠었다고 할 수는 있겠다.

41 Gerry Shih, "China, and Xi, Commemorate the Korean War as Victory over United States," *Washington Post*, October 23, 2020; "抗美援朝戰争, 我們不能忘記這些人和事,"『中國新聞網』, 2020년 11월 5일, at http://www.chinanews.com/gn/2020/11-05/9330649.shtml.

42 "一個朝鮮戰争, 各自表述: 在韓引争議,"『聯合早報』, 2020년 10월 28일, at http://www.uzaobao.com/xinqi/20201028/80041.html.

43 『조선일보』, 2020년 10월 24일과 27일;『중앙일보』, 2020년 11월 17일.

44 Gregory Henderson, *Korea: The Politics of the Vortex* (Cambridge: Harvard University Press, 1968).

45 서울대학교 미중관계연구센터(편),『미·중 사이 한국의 딜레마: 사례와 평가』(서울대학교 미중관계연구센터, 2017), pp. 56-58을 보라.

46 Thomas E. Copeland (ed.), *The Information Revolution and National Security* (Carlisle: Strategic Studies Institute, 2000), pp. 31-46; Mary Graham, *Democracy by Disclosure: The Rise of Technopopulism* (Washington, D.C.: Brookings Institution Press, 2002)을 보라.

47 필자만 해도 2021년 기준 중국 정치와 미·중 관계 연구를 한 지가 38년 되었으나, 필자 앞에서 이들 주제에 대해 너무도 쉽게 의견 개진을 하는 정치인들을 적잖이 보았다. 그러나 그 의견의 대부분은 전문지식의 범주에 속할 수 없는 내용이었다.

48 2000년대 초반부터 소위 '캠프'(camp) 시대가 열리면서 많은 대학교수나 연구소 박사들이 여의도에 줄을 대기 시작했고, 이는 곧 지식인들의 정치화와 함께 '기준을 따지지 않는 지식'의 만연으로 이어졌다. 이로 인해 한국 정치에서 제대로 된 전문가에 대한 삼고초려는 사라지고, 학계

에 대한 정계와 관계의 저평가가 시작되었다. 물론 이에는 외교부의 위상 저하 및 단순 집행기관으로의 도태도 포함된다. 『조선일보』, 2020년 10월 27일을 참조하라.

49 이 추세에 대해서는 Tom Nichols, *The Death of Expertise: The Campaign against Established Knowledge and Why It Matters* (Oxford: Oxford University Press, 2017); Glenn Tiffert, "The Authoritarian Assault on Knowledge," *Journal of Democracy*, Vol. 31, No. 4 (October 2020), pp. 28-43을 보라.

50 Steven Levitsky and Daniel Ziblatt, *How Democracies Die* (New York: Broadway Books, 2018).

51 최장집, "다시 한국 민주주의를 생각한다," 『한국정치연구』, 29권, 2호 (2020년 6월), pp. 1-26을 보라.

52 관련해 앞서 언급한 리콴유의 시각은 많은 것을 시사한다. 이 장의 각주 27을 참조하라.

53 Joshua D. Kertzer, *Resolve in International Politics* (Princeton: Princeton University Press, 2016), Ch. 6; 최훈, "스스로 누군지를 분명히 해야 휘둘리지 않는다," 『중앙일보』, 2019년 8월 20일.

54 정재호, "한·미 동맹을 둘러싼 갈등," 정재호(편), 『중국을 고민하다』(삼성경제연구소, 2011), pp. 252-261을 보라.

55 중국에서는 동맹과 파트너십의 '건설적 병존'이 가능하다고 하지만, 실제로 그 가능성은 갈수록 줄어들 수밖에 없다. 그 같은 중국 측 시각에 대해서는 張笛, "建設性并立: 構建美韓同盟與中韓戰略合作伙伴關係互動的新模式," 『當代亞太』, 6期(2017), pp. 124-148; 楊原, "對抗還是讓步? 大國崛起進程中的鷹鴿策略取捨邏輯," 『當代亞太』, 5期(2020), pp. 4-34를 보라.

56 중립을 바라보는 미국의 시각에 대해서는 Paul Pillar, *Why America Misunderstands the World: National Experience and Roots of Misperception* (New York: Columbia University, 2016), p. 137을 보라.

후기

이 책의 원고는 2021년 3월에 탈고되었으며, 그 후 대략 반년의 교정과 수정 작업이 이뤄졌다. 따라서 이 책의 시기적 대상은 2008년부터 2020년까지이며, 2021년 1월에 시작된 바이든 행정부하에서의 미·중 관계는 간헐적 언급에도 불구하고 그리 상세히 다뤄질 수가 없었다. 이 후기는 부분적으로나마 이를 보완하기 위해 교정 작업 중이던 8월 말에 씌어졌다.

비록 다양한 일탈의 기억에 의해 지금은 가려져 있지만, 아마도 20~30년 후 트럼프 시기와 관련해 역사학자들은 최소한 그의 중국 정책에 대해서만큼은 '거대한 반전'(colossal reversal)이었다고 평가할지도 모른다. 수교 후 40년 가까이 유지되던 외교의 관성을 거스르는 — 그리고 전임자들도 해내지 못한 — 대담한 결정을 그가 내렸기 때문이다.

흥미롭게도 바이든 행정부 역시 — 비록 취임 후 1년도 채 되지 않았지만 — 중국 정책에서만큼은 트럼프와 방향을 같이하고 있을 뿐 아니라, 세 가지 측면에서는 오히려 이를 보다 강화하고 확대시키는 추세를 보인다. 첫째는 대중국 견제 및 압박의 강화 및 심화를 가리킨다. 트럼프 행정부의 대중국 견제가 주로 무역 영역에 그 초점을 맞췄다면, 바이든 행정부는 무역, 투자, 과학기술, 전략 산업 등 경제 전반과 그 이상으로 전선을 확대시키고 있다. 이와 관련해 상무부, 에너지부, 국방부, 그리고 보건부가 공동 작성 및 발표한 *Building Resilient Supply Chains, Revitalizing American Manufacturing, and Fostering Broad-based Growth* 보고서(2021년 6월)는 시사하는 바가 매우 많다.

둘째, 트럼프 행정부의 중국 견제가 독단적·일방적으로 이뤄졌다면 바이든 행정부는 '대중국 견제 연합'(counter-coalition against China)의 구축을 지향한다. 관련해 여러 움직임이 포착되었지만, 그 첫 단초는 2021년 6월 영국에서 열린 G7 정상회의에서 드러났다. 바이든의 어조를 따온 "더 좋은 세상 다시 만들기"(build back a better world)와 함께 코로나 기원의 재조사, 신장/홍콩/대만 및 강제노동 문제가 거론되었기 때문이다. 곧이어 열린 NATO 정상회의에서 중국을 '집단 안보에 대한 도전'으로 적시한 것도 결을 같이한다. 또 연말에 열릴 '민주주의 정상회의'(Summit for Democracy) 또한 이와 궤를 같이할 것으로 보인다.

셋째, 바이든 행정부는 대중국 압박과 견제를 넘어 자아 성찰에 기반한 '자기 발전'(self-development)에도 중점을 두고 있다. 다양한 기초과학 및 응용과학 기술의 개발 — 특히 AI, 양자 연산, 신재생 에너지 — 에 막대한 재원을 쏟아 부어 중국과의 '극단적 경쟁'(extreme competition)에 대비함을 가리킨다. 이와 관련해 〈혁신과 경쟁 법안〉(U.S. Innovation and Competition Act: USICA, 2021년 6월 8일 상원 통과)은 큰 의미를 가진다.

문제는 중국이 이에 물러서지 않고 강력히 대응할 의지를 다진다는 점이다. 대내적으로는 여론, 언론 및 사적 영역에 대한 전례 없는 통제를 강화하고 있으며, 대외적으로는 안보 환경의 변화를 강조하며 미국의 견제에 맞서 극단의 대비(예컨대 중국 나름의 decoupling을 통한 '자력갱생'의 강조, 핵전력의 강화, 중국적 가치/규범의 확산 등) 필요성을 언급하며 기싸움에 지지 않고 나서고 있다(2021년

3월 앵커리지 및 7월 톈진에서의 양국 외교·안보 고위급 회담 참조).

이는 향후 미·중 사이에서의 한국의 생존 방정식이 '러브콜'도 아니고 '꽃놀이'는 더더구나 아닌 매우 민감하고도 생존이 달린 '줄타기'가 될 것임을 예고한다. 그러나 국익과 국격의 중요성에 대한 대국민 교육, 국가안보와 군의 가치를 재인식하는 교육 개혁, 외국어 능력과 협상 능력 및 국익에 대한 인식을 제고하는 외교관/공무원 교육의 강화, 그리고 11장에서 누차 강조했던 정치개혁의 실행이 전제되지 않고서는 그 누가 대통령이 되더라도 한국 외교는 예의 '반응 외교'와 '눈치 외교'를 벗어나기 어려울 것이다. 지난 20여 년간 우리는 오로지 대통령이 되기 위한 노력만 했지, 대통령이 된 후 정말 뭘 어떻게 해야 할 것인지에 대한 고민이 절실했던 대통령을 만나보지 못했다.

이 책에서 지난 13년간의 외교 및 안보정책에 대해 매우 부정적이고 비판적인 평가를 내린 바 있다. 이제는 정말 근거 없는 낙관적 외교, 조급한 외교, 그리고 조용한 외교와 확실히 선을 그을 때가 되었다. 이제 미국, 중국, 북한으로 나눠 외교의 판을 짜는 시대는 지나갔다. 과연 우리의 새 대통령들은 '융합 외교'의 비전과 비책을 가지고 있을까? 문득 안보 문제에 관심이 많은 한 기업가의 집무실 벽에 걸린 액자 속 글귀가 떠오른다. '천하수안 망전필위'(天下雖安 忘戰必危: 세상이 평안해 보여도 전쟁의 기억을 잊으면 반드시 위기를 맞게 됨). 지금은 세상이 전혀 평안해 보이지도 않음을!

앞으로 10년 후인 2031년 — 여전히 지력, 시력 그리고 체력이 뒷받침해 준다면 — 아마도 이 책의 속편이자 3부작의 완결판이 나오게 될 수도 있다. 과연 그때는 대한민국의 외교에 대해 아낌없는 칭찬을 할 수 있을까? 아무쪼록 그렇게 되기를 간절히 희망하고 또 염원한다.

찾아보기

ㅇ

ㅎ

정재호(鄭在浩)

서울대학교 국어교육과를 졸업한 후, 미국 Brown University에서 역사학 석사(1985), University of Michigan에서 정치학 박사 학위(1993)를 받았다. 홍콩과기대(HKUST)에서 3년간 조교수로 재직했으며, 1996년 서울대학교 외교학과 교수로 부임해 현재 정치외교학부 교수로 재직 중이다. 미국 Brookings 연구소의 초빙연구원(2002~2003)과 중국인민대학 국제관계학원의 Korea Foundation Visiting Professor(2007)를 지냈다. 서울대학교 국제문제연구소 소장과 중국연구소 소장을 역임했으며, 2013년부터 서울대학교 아시아연구소(SNU-AC)의 미·중관계 프로그램(PUCR)을 맡고 있다.

*China Quarterly*에 실린 6편을 포함해 90여 편의 학술지 논문과 편집서 게재 논문이 있다. 도합 19권의 저서를 출간했는데, 단독 저서로 『중국의 중앙-지방관계론』(1999), 『중국의 부상과 한반도의 미래』(서울대학교출판문화원, 2011), *Central Control and Local Discretion in China*(Oxford University Press, 2000), *Between Ally and Partner*(Columbia University Press, 2007)와 *Centrifugal Empire*(Columbia University Press, 2016)가 있다. 편집서로는 『중국정치연구론』(2000), 『중국의 강대국화』(2006), *Charting China's Future*(Lynne Rienner, 2006), 『중국연구방법론』(서울대학교출판문화원, 2010), *China's Local Administration*(Routledge, 2010), *China's Crisis Management*(Routledge, 2011), 『미·중관계 연구론』(서울대학교출판문화원, 2014), *Assessing China's Power*(Palgrave, 2015), 『평화적 세력전이의 국제정치』(서울대학교출판문화원, 2016)가 있다. 2009년에 서울대학교 학술연구상, 2012년에 한국국제정치학회 학술상, 2017년에는 *Choice* Award를 수상했다.